U0851724

“十四五”高等职业教育城市轨道交通机电技术专业系列教材

编审委员会

主　任： 段树华

副主任：（按姓氏笔画排序）

冯　博　刘继光　张　琳　张敏海　唐春林

委　员：（按姓氏笔画排序）

王　斌　王博运　邓　成　邓　勇　邓景新

严　俊　李　伟　李晓丹　张春红　陈　庆

曹学谦　崔锦涛　蒋逢灵　谭　超　潘峘安

中国交通教育研究会城市轨道交通专业课程教材
与资源建设专项课题（GDZD202301）研究成果

“十四五”高等职业教育城市轨道交通机电技术专业系列教材

城市轨道交通
综合监控系统维护

刘乙橙　杨　韬◎主　编
杨高鹏　董　常　朱　超◎副主编
甘建文◎主　审

中国铁道出版社有限公司
CHINA RAILWAY PUBLISHING HOUSE CO., LTD.

内 容 简 介

本书为“十四五”高等职业教育城市轨道交通机电技术专业系列教材之一。本书紧密贴合城市轨道交通运营企业建设与运维的实际生产需求，将近几年新建线路陆续使用的云技术、智慧运维、数字孪生与人工智能等内容融入书中。本书共三大模块：模块一是城市轨道交通常规综合监控系统，模块二是基于综合监控的智慧运维系统，模块三是基于云技术的综合监控系统。

本书适合作为高等职业教育专科城市轨道交通机电技术专业核心课“城市轨道交通综合监控系统维护”的教材，也可作为高等职业教育本科城市轨道交通设备与控制技术专业核心课“城市轨道交通综合监控系统管理”的教材，亦可作为城市轨道交通运营管理专业拓展课程教材，还可供城市轨道交通从业人员学习参考。

图书在版编目(CIP)数据

城市轨道交通综合监控系统维护 / 刘乙橙，杨韬主编. -- 北京 : 中国铁道出版社有限公司, 2025. 5. (“十四五”高等职业教育城市轨道交通机电技术专业系列教材). -- ISBN 978-7-113-32128-4

Ⅰ. U239.5

中国国家版本馆 CIP 数据核字第 2025TD8228 号

书　　名：城市轨道交通综合监控系统维护
作　　者：刘乙橙　杨　韬

策　　划：李中宝　　**编辑部电话：**(010)83527746
责任编辑：李中宝　徐盼欣
封面设计：刘　颖
责任校对：苗　丹
责任印制：赵星辰

出版发行：中国铁道出版社有限公司(100054,北京市西城区右安门西街 8 号)
网　　址：https://www.tdpress.com/51eds
印　　刷：北京联兴盛业印刷股份有限公司
版　　次：2025 年 5 月第 1 版　2025 年 5 月第 1 次印刷
开　　本：787 mm×1 092 mm 1/16　**印张：**15.25　**字数：**395 千
书　　号：ISBN 978-7-113-32128-4
定　　价：52.00 元

版权所有　侵权必究

凡购买铁道版图书，如有印制质量问题，请与本社教材图书营销部联系调换。电话：(010)63550836
打击盗版举报电话：(010)63549461

前　言

随着人工智能、云计算、物联网等前沿技术的发展，传统基建的数字化赋能及智慧化升级成为当前我国基础设施建设发展的重要方向，新一代信息技术驱动下的智慧轨道交通运营将成为智慧城市的主要标志之一，也是新基建中融合技术设施建设的重要方向。综合监控系统作为现有轨道交通的综合信息化平台，是打造“智慧运维”“智慧车站”的软硬件基础和信息来源。因此，全国各大城市轨道交通运营企业一方面持续强化综合监控系统设备的检修维护工作以提升安全运营保障能力，另一方面充分借助综合监控系统的自动化管控能力，延展开发出众多基于综合监控系统的智慧运维专用在线监测系统。

本书紧密贴合城市轨道交通运营企业建设与运维的实际生产需求，参考城市轨道交通企业用户需求书、安全工作规程、设备检修规程等技术文件，将近几年新建线路使用的云技术、智慧运维、数字孪生与人工智能等内容融入书中，致力于培养具有科学精神、工程思维、创新意识和数字素养的高技能“现场工程师”，进而强劲推动轨道交通行业快速发展。

本书是综合监控系统工作手册式教材，整体上按照“大模块＋单任务”的架构编写，其内容紧紧围绕城市轨道交通综合监控系统运维的实际需求与真实案例展开。教材共三大模块：模块一是城市轨道交通常规综合监控系统，包括综合监控系统（ISCS）检修及应急故障处置、环境与设备监控系统（BAS）检修及应急故障处置、火灾自动报警系统（FAS）检修及应急故障处置、门禁系统（ACS）检修及应急故障处置、电力监控系统（PSCADA）检修及应急故障处置；模块二是基于综合监控的智慧运维系统，包括一键开关站系统检修及应急故障处置、换乘站融合检修及应急故障处置、机电设备远程巡检和自诊断系统检修及应急故障处置、智慧能源系统检修及应急故障处置；模块三是基于云技术的综合监控系统，包括基于云技术的综合监控系统（ISCS）检修及应急故障处置。

本书所有图片与视频均来源于企业的真实案例。教材实现“纸质＋数字资源”的有机融合，体现“互联网＋”新形态教材理念。通过扫描书中二维码可观看相应资源，满足“人人皆学、处处能学、时时可学”的学习创新空间，提供“能学、助教、助训”的课程资料。

本书编写团队既有企业一线高级工程师，也有多年在教学一线的老师。编写组90%的成员为“双师型”教师。本书由四川交通职业技术学院刘乙橙、成都地铁运营有限公司杨韬任主编，成都地铁运营有限公司杨高鹏、成都地铁运营有限公司董常、国电南京自动化股份有限公司朱超任副主编，德阳城市轨道交通职业学院陈本旺、成都轨道交通职业学院邓雪、中电建成都建设投资有限公司彭学银、成都工业职业技术学院胡媛媛、中铁二院工程集团有限责任公司郝勇、成都轨道交通职业学院刘玲、四川交通职业技术学院王述升参与编写。具体编写分工如下：模块一中任务一由陈本旺、朱超编写，任务二由董常、刘乙橙编写，任务三由邓雪、彭学银编写，任务四由胡媛媛、郝勇编写，任务五由刘玲编写；模块二由杨高鹏、杨韬、刘乙橙编写；模块三由杨韬、王述升编写。刘乙橙、杨韬负责本书的统筹工作。本书由北京城建设计发展集团股份有限公司教授级高级工程师甘建文主审。

本书配套图片与视频教学资源制作均使用了城市轨道交通行业主流产品，分别由诺蒂菲尔(中国)有限公司、成都宣志孪生数字科技有限公司提供。

感谢四川交通职业技术学院、成都地铁运营有限公司等单位领导和同事在本书编写中给予的大力支持。感谢轨道交通相关企业各位专家对本书提出的宝贵建议。在本书编写过程中，编者查阅和参考了众多文献资料，在此向其作者致以诚挚的谢意。

由于编者水平有限，书中疏漏和欠妥之处在所难免，敬请广大读者批评指正，以便进一步完善。

编　者

2025 年 1 月

目 录

模块一 城市轨道交通常规综合监控系统 …… 1

任务一 综合监控系统(ISCS)检修及应急故障处置 …… 1
任务二 环境与设备监控系统(BAS)检修及应急故障处置 …… 44
任务三 火灾自动报警系统(FAS)检修及应急故障处置 …… 68
任务四 门禁系统(ACS)检修及应急故障处置 …… 104
任务五 电力监控系统(PSCADA)检修及应急故障处置 …… 126

模块二 基于综合监控的智慧运维系统 …… 148

任务一 一键开关站系统检修及应急故障处置 …… 148
任务二 换乘站融合检修及应急故障处置 …… 164
任务三 机电设备远程巡检和自诊断系统检修及应急故障处置 …… 178
任务四 智慧能源系统检修及应急故障处置 …… 196

模块三 基于云技术的综合监控系统 …… 217

任务 基于云技术的综合监控系统(ISCS)检修及应急故障处置 …… 217

参考文献 …… 236

模块一

城市轨道交通常规综合监控系统

任务一 综合监控系统(ISCS)检修及应急故障处置

任务目标

知识目标：

1. 掌握 ISCS 系统的硬件设备与组态软件。
2. 掌握 ISCS 系统架构与功能。
3. 掌握 ISCS 系统与外部系统的接口。
4. 掌握 ISCS 设备巡检、操作及检修工序。

能力目标：

1. 能快速辨别 ISCS 系统的硬件组成设备，熟知其功能。
2. 具备熟练操作 ISCS 系统各组态软件的能力。
3. 具备 ISCS 设备巡检、维护及应急故障处置的能力。

素养目标：

1. 具有安全操作意识和认真细致的工作态度。
2. 在遇到系统重大故障需应急处置时，具有临危不乱的心态。
3. 具有良好的沟通能力和团队配合意识。

任务导入

某地铁线路运营期间综合监控系统(integrated supervisory and control system, ISCS)突发故障，各子系统界面卡顿，操作无反应。运营控制中心(operation control center, OCC)值班人员安排 ISCS 值班员甲快速赶赴 OCC 调度大厅了解情况，并做好协调和信息报送工作；安排 ISCS 值班员乙快速赶往综合监控设备房检查设备运行状态，做好应急处置准备；安排正线工班赶赴邻近车站，检查设备运行状态，配合 OCC 工班现场处置。经各部门人员按故障应急处置流程，及时恢复 ISCS 系统正常显示和工作，保障了整条地铁线路的正常运营。

任务描述

通过本任务的学习，学生可以掌握 ISCS 各硬件构成与组态软件功能，了解相关外部系统的接口;掌握 ISCS 计划检修与应急故障处置的相关理论知识;参照 ISCS 系统相关作业流程与标准开展实训练习,拉近学习与上岗的距离。

核心知识

综合监控系统硬件设备包括工控机、服务器、交换机、前端处理器、防火墙、综合后备盘、不间断电源、磁带机(部分城市线路已被磁盘阵列取代)或磁盘阵列、大屏幕投影设备、接口转换器(主要用于外部系统互联,根据现场情况确定用途)等。其中磁盘阵列(或磁带机)与大屏投影设备仅设置在控制中心,而综合后备盘设置于车站控制室内;不间断电源在不同城市的线路配置存在差异,部分城市线路将该部分功能与专用通信系统进行了合并。

ISCS 系统软件在适应服务器、工作站及前端处理器(front-end processor,FEP)操作系统的基础上,监控受控设备工作状态,为运营指挥提供信息支持,能基于不同运行工况正确处理各设备间的关系,能及时正确地实现各种设备间的联动功能,并采用图像、文字、数字、图表等静态及动态显示 ISCS 系统。

一、ISCS 系统硬件设备

1. 服务器

城市轨道交通综合监控系统采用通用型服务器,是一种在网络环境下为客户端(client)提供数据处理等服务的专用计算机,安装有网络操作系统(如 Windows Server 2022、Linux、UNIX 等)和各种服务器应用系统软件(如 Web 服务、电子邮件服务),具有高速中央处理器(central processing unit,CPU)运算能力、长时间的可靠运行、强大的输入/输出(input/output,I/O)外部数据吞吐能力以及良好的扩展性等特点,在稳定性、安全性、性能等方面要求较高。服务器是综合监控系统中枢,为线路受监控的集成或互联子系统、工作站提供计算或者应用服务,当客户端发送的请求(如改变设备状态、参数查询等)交给服务端处理时,服务端处理完毕后反馈给客户端。

服务器包括处理器、硬盘、内存、系统总线等,用于数据处理和存储。综合监控系统常用机架式服务器(按照服务器的机箱结构来划分,服务器可分为塔式、机架式、机柜式、刀片式四种类型),机架式服务器有 1U(1U = 1.75 英寸 = 44.45 mm)、2U、4U 等规格。根据主要功能分为布置在线路车站的车站级实时服务器(场段及车辆基地视作为一个车站,配置与车站相同)、布置在线路控制中心的中央级实时服务器和中央级历史服务器(仅设置于控制中心),以上服务器均采用双主机冗余的方式配置。

车站与中央的服务器差异如下:

视频

ISCS服务器柜

(1)中央级实时服务器和中央级历史服务器分别进行全线数据的运算和存储,数据量较大,应用于现场采用级别较高的服务器。

(2)车站级实时服务器主要运行本站的实时数据库,负责数据采集、分析、计算、存储等工作,数据量相对较小,应用于现场普遍采用较低端的服务器。

(3)车站的实时服务器将交换机或 FEP 传输过来的数据信息进行实时处理,但是不具备存储数据功能。

此外,区别于车站综合监控系统,中央历史服务器的工作原理是将车站末端设备的实时数据存储下来,便于历史数据的查询。

服务器与普通的计算机内部结构类似,都配置 CPU、硬盘、内存,系统、系统总线等(见图 1-1-1)。

但服务器依据工作环境及负载处理具备强化能力，能避免任何单点故障可能造成的停机和数据的破坏与丢失，在出现故障时实现负载均衡。

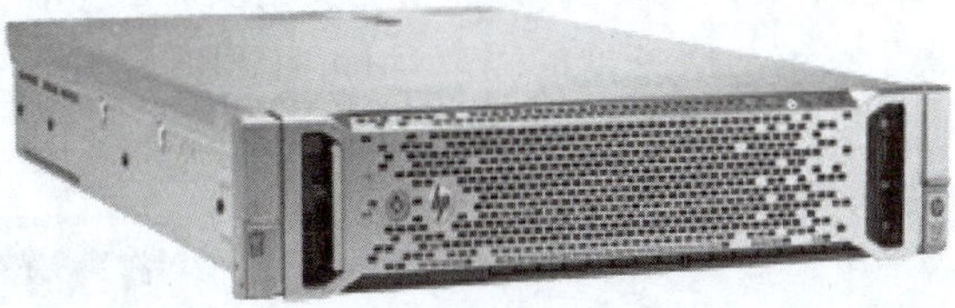

（a）

（b）

图 1-1-1　服务器（产品图）

城市轨道交通中服务器普遍采用双机集群（行业常称为主备机，服务器称为主服务器、备服务器）及双机热备份技术（即同时进行相同的工作），具有高度的容错性，在主机出现故障时由备份主机接管所有的应用，无须人工干预，稳定、有效、快速实现热切换（即不停机操作，一般基于操作系统级或硬件级的切换），不影响系统的正常运作。此外，服务器提供了热插拔 I/O 板卡、冗余的热拔电源和冗余冷却散热风扇，可以在不中断系统运行的情况下更换以上部件，系统的可靠性较高。

互为冗余配置的两台历史服务器采用并行方式运行，各自从当前的主实时服务器上获取历史数据。冗余历史服务器之间会采用数据同步操作来保持双方数据的一致性，数据同步操作主要发生在两台冗余服务器建立通信连接时。例如，主服务器和备服务器是互为冗余配置的两台历史服务器，主服务器由于检修（或网络中断）停止运行了一段时间（几个小时或几天），此时备服务器仍继续工作，收集并存储历史数据。当主服务器检修完毕重新启动（或网络中断恢复）时，主服务器会检测备服务器是否存在。若备服务器存在，则主服务器会将其这段时间缺失的数据从备服务器同步到主服务器，保证双方数据的一致。

城市轨道交通所用服务器配置有通用的多用户、多任务操作系统。软件系统具有高度可靠性、安全性、开放性，支持主流网络协议，包括 TCP/IP（transmission control protocol/internet protocol，传输控制协议/互联网协议）、SNMP（simple network management protocol，简单网络管理协议）、FTP（file transfer protocol，文件传送协议）、NFS（network file system，网络文件系统）等多种网络协议；提供了完善的操作系统监控、报警和故障处理；支持远程管理。

2. 前端处理器

前端处理器（FEP）以基于嵌入式实时操作系统的工业单板机为核心模块，配置有串口模块和以太网交换机模块，实现数据交换和通信，又称互联开关、通信控制器。其显著特点为：支持多种协议转换、多个独立的以太网端口或串口（RS-232/422/485）供受控子系统（或设备）接入，各端口（或串口）对应配置指示灯显示状态，各功能模块具有自诊断功能；单点故障不影响系统功能，如图 1-1-2 所示。

FEP 主要担负综合监控系统与各相连子系统的接口管理,通过协议转换、数据采集和数据下发等功能,完成服务器与子系统设备间的数据交互,实现对相连子系统设备的监控;将不同格式的实时数据转换为主控系统规定的数据对象格式后,提交给实时服务器和需要数据的工作站、历史服务器等;实现外部互联子系统与服务器的隔离运行,且 FEP 配置工业级杀毒软件,实现较高的网络安全性。

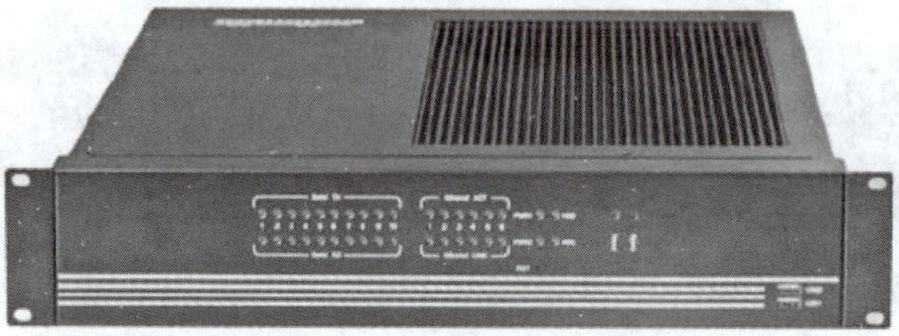
(a)外观

(b)安装现场图

图 1-1-2　FEP 外观及安装现场图

车站 FEP 采用冗余配置,用于管理车站主体系统与各子系统的接口如 PA(public address,广播系统)、PIS(passenger information system,乘客信息系统)、AFC(automatic fare collection system,自动售检票系统)、ACS(access control system,门禁系统)及 PSD(platform screen door,站台门)等(不同城市线路的 FEP 与外部系统接入范围规定不同,如部分城市将 PSD 接入纳入交换机)。车站 FEP 具有转换硬件接口、软件协议的能力,同时能有效地把主体系统与各系统的数据进行隔离。车站实时服务器通过车站 FEP 获得各系统的数据,同样也通过车站 FEP 完成发往各系统的数据和命令。

中央 FEP 同样采用冗余配置,但 FEP 性能较车站 FEP 性能高,用于管理 OCC 综合监控系统与接口系统,如 ATS(automatic train supervision,列车自动监控)、PA、PIS、AFC 等。中央 FEP 主要承担着到站信息处理及转发(部分城市线路已将该功能从 ISCS 系统移除,改为通过 ATS 与 PIS、PA 的接口直接触发)、大屏带电显示、运行列车状态监视和通信相关子系统主要设备状态和故障信息收集等功能。中央实时服务器通过中央 FEP 获得各系统的数据,同样也通过中央 FEP 完成发往各系统的数据和命令。

3. 网络设备

(1)交换机。综合监控系统设备通过网络实现站点及控制中心的联网运行,因此离不开交换机。鉴于综合监控系统的应用环境及监控对象,普遍采用工业以太网交换机。其功能与民用型相同,尽可能地减少和过滤网络中的数据流量。但工业以太网交换机具有更高的稳定性和可靠性,能够在更加恶劣的环境下正常工作,具有高效的多层交换性能和路由功能。符合国际铁路行业标准(international railway industry standard,IRIS)及 IEEE 802.3、IEEE 802.3u 以及 IEEE 802.3ab/z 的规定。

ISCS 中用于组成车站级(含车辆段)局域网和全线主干网,实现不同网段下的各子系统与综合监控服务器相互通信功能,根据功能可分为中央级交换机和车站级交换机(见图 1-1-3),都采用双机冗余配置,具有热备切换功能,实现综合监控网络的主备网络冗余切换。其主要结构包括:有冗余功能的电源模块、具有不同接口和数量较大 IP 接口的路由/介质模块等。

(2)防火墙。防火墙用于满足 ISCS 所有前端接入(包括但不限于工作站、服务器等)、系统互联等防护需求，其端口接口带宽与交换机匹配。防火墙具有丰富的安全攻击防范能力，支持外部攻击防范、内网安全管理，具有防御端口及地址扫描、黑名单、内容过滤等功能。

中央级综合监控系统边界部署中央级千兆防火墙，其他车站（车辆段/停车场）级综合监控系统边界部署车站（车辆段/停车场）级千兆防火墙（见图 1-1-4）。防火墙与服务器、FEP、交换机共架安装。

图 1-1-3　车站安装的交换机

视频

ISCS网络柜内设备

图 1-1-4　车站安装的防火墙

4. 工作站

操作员工作站（车站为值班员）采用高性能、高速度和高可靠性的工业级计算机（简称工控机）。其主要构成与普通计算机相似，主要部件为显示器与主机，在工作环境针对性强化（如不间断工作时间）。车站级 ISCS 工作站配有标准的键盘、鼠标，如图 1-1-5 所示。

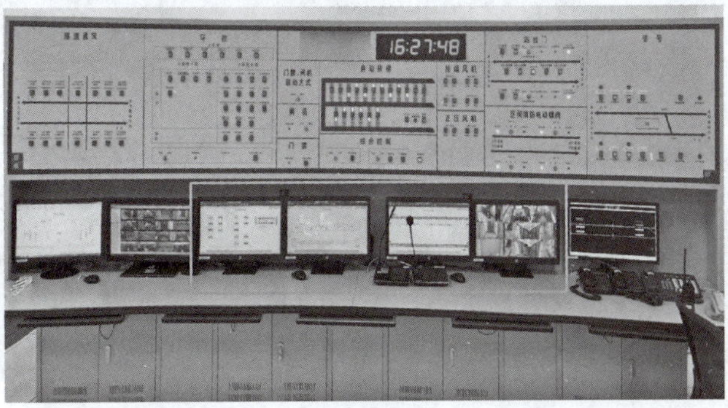

图 1-1-5　车站级 ISCS 工作站

此外,工作站自带音响功能,在异常情况时可发出声音警报。安装综合后备盘(integrated backup panel,IBP盘)配套的工作台内,与IBP盘融为一体,保证适用的前提下兼顾美观。

5. 综合后备盘

综合后备盘(IBP盘)是设置在每个车站控制室中的按键式模拟监控盘。当中央级发生通信故障或车站级发生故障时(行业称为软件控制失效),IBP盘作为后备设备可完成车站设备的监视和控制功能。IBP盘面根据现场控制需求设置不同的功能集中区。IBP盘提供的后备控制操作包括但不限于:SIG的紧急停车、扣车和放行;环控通风排烟系统的紧急控制(模式控制)和消防联动功能;PSD紧急开门控制;AFC闸机释放控制;自动扶梯停止控制;门禁的门锁解锁;消防水泵启停控制;专用排烟风机启停控制;消防水管电动蝶阀关闭控制等。设置重要系统的报警音响指示以及指示灯测试等。

(1)信号系统控制区:在IBP盘上设置信号系统的"紧急停车/取消紧停""扣车/终止扣车"等按钮实现对列车的相关控制。该部分由信号专业人员负责按钮安装与功能调试,以及后期的故障处置及检修等具体工作;综合监控专业提供安装盘面及供电等辅助工作,如图1-1-6(a)所示。

(2)站台门控制区:可完成紧急情况下手动控站台门功能,如图1-1-6(b)所示。

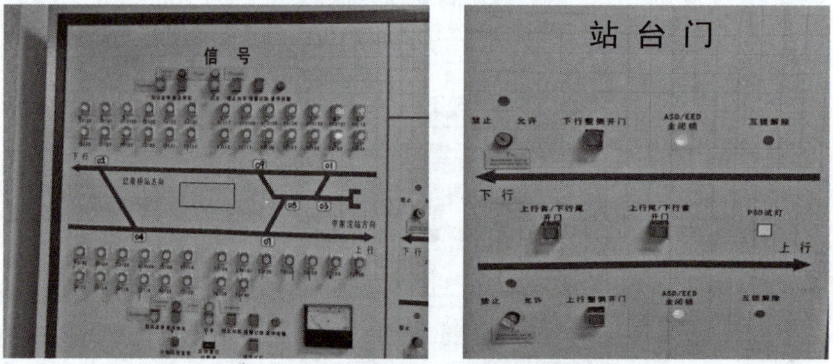

(a)IBP盘信号部分盘面　　(b)站台部分盘面

图1-1-6　IBP盘信号部分盘面与站台门部分盘面

(3)自动售检票控制区:可完成紧急情况下本站内所有AFC闸机全部释放功能,如图1-1-7(a)所示。

(4)电扶梯控制区:可完成紧急情况下本站所有自动扶梯的紧停功能,如图1-1-7(b)所示。

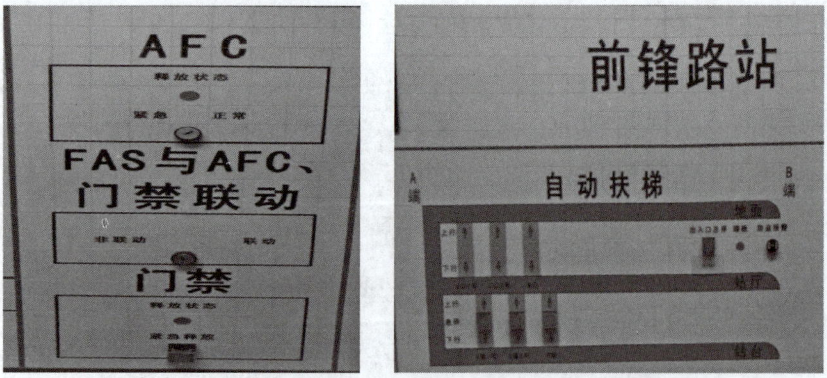

(a)IBP盘AFC部分盘面　　(b)自动扶梯部分盘面

图1-1-7　IBP盘AFC部分盘面与自动扶梯部分盘面

（5）车站、隧道紧急通风控制区：可完成车站、隧道各地及各种模式下的通风控制功能，如图 1-1-8 所示。

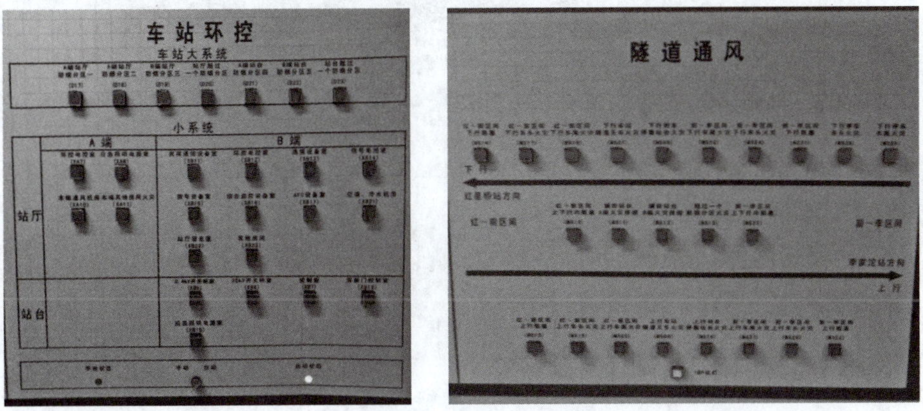

（a）　　（b）

图 1-1-8　IBP 盘环控通风盘面

在安装有防淹门的车站，IBP 盘还需提供防淹门的控制区，用以完成多级水位报警、防淹门开与关等功能。

不同城市线路的 IBP 盘功能大致相同，但也具有个别差异。如部分城市线路的 IBP 盘因功能需要，将主要水泵的应急启动按钮集成至 IBP 盘以确保快捷操作。此外，因智慧车站功能的逐渐普及，IBP 盘盘面也发生较大改变，如设置有集中显示面板，增加显示操作需要，大幅度减少了操作按钮，同时还对车站控制室进行了一体化设计，使 IBP 盘融入整体的车站控制室设计中，如图 1-1-9 所示。

图 1-1-9　智慧车站使用的 IBP 盘

6. 调度员操作台

安装于 OCC 调度大厅，用于将 OCC 操作人员使用的不同计算机、通信器材、显示器和操作设备集中顺序安置，为使用人员提供实用而舒适的办公环境。此外因电子设备集中安装，因此调度台配置有高效的通风设备，考虑到美观及防尘普遍采用隐藏式安装。调度员操作台设置在 OCC 或备用 OCC 调度指挥大厅，如图 1-1-10 所示。

图 1-1-10　调度员操作台

7. 大屏幕投影系统

大屏幕投影系统(open projector system,OPS)主要由大屏幕投影墙、投影机列阵和显示控制系统组成,其中,显示控制系统是 OPS 的核心。显示墙普遍使用拼接式液晶显示器(liquid crystal display,LCD)面板、背投显示单元或小间距发光二极管(light-emitting diode,LED)拼接屏;受惠于技术进步,各城市的新建线路普遍采用液晶显示屏组合形成显示墙(多采用 3 行 × 10 列排列方式显示组成显示墙体)。显示墙作为统一逻辑屏形成一个超大桌面,用以显示大信息量的 SIG(signaling system,信号系统)行车信号系统、综合监控系统(ISCS)和 CCTV(closed-circuit television,闭路电视)系统、PSCADA(power supervisory control and data acquisition,电力监控)系统等投送的显示信息。全屏可任意分配多个功能区,各功能区将按照应用需要显示各种信号,如图 1-1-11 所示。

视频
调试中的大屏系统

图 1-1-11　大屏显示器实景

较为普遍的画面配置方式是将整个大屏系统划分为三个显示区域,分别显示 SIG、CCTV、PSCADA 画面,显示方式为:SIG 系统拼接规模为 2 × 10(列),CCTV 系统拼接规模为 1 × 8(列),ISCS 系统(电力监控)拼接规模为 1 × 2(列)。因显示内容可根据需要灵活调整,因此不同城市线路的大屏幕系统具体显示内容存在差异。

8. 不间断电源

不间断电源(uninterruptible power supply,UPS)在市电故障时利用自带的电池组释放电能,经UPS逆变后对负载进行不间断供电,续电时长由电池组容量大小决定。ISCS系统的UPS供电时间普遍按照1 h续航时长需求配置。部分城市线路的综合监控系统已不再独立设置UPS,不间断供电功能由通信专业的UPS系统承担。

二、ISCS系统组态软件

综合监控系统组态软件建立在不依赖硬件设备的分布式软件系统平台之上,组成系统的软件部件按照具体项目的硬件配置进行部署;具有良好开放性和与大规模监控系统相适应的软件构架,丰富的数据和通信接口,根据工程要求扩展开发新的数据和通信接口,在网络的支持下既可实现与机电设备系统的信息互通,也可与其他更高层的系统实现信息互通。

ISCS系统软件在计算机操作系统支撑下运作,由一系列基于服务器和基于工作站的软件模块组成,提供一种基于通用中间件的、标准的、先进的、客户/服务器(client/server,简称C-S架构)结构,具有开放的、模块化、标准化、实用化、可复用和可扩展的特征。ISCS系统普遍采用"平台设计+应用设计+工程设计"三层结构,具有良好开放性,适合组成城市轨道交通大规模综合监控系统。系统软件的构成示意图如图1-1-12所示。

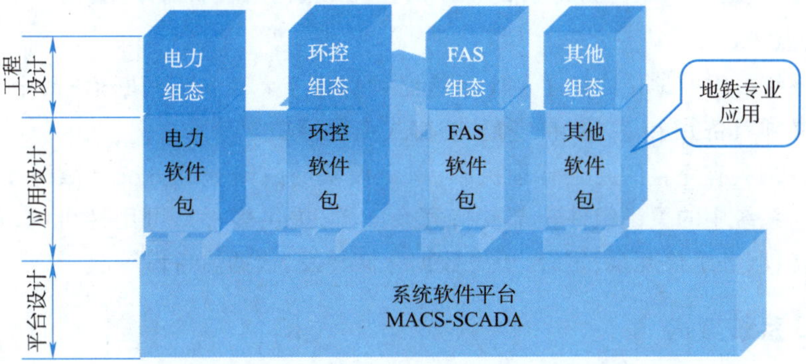

图1-1-12 系统软件的构成示意图

1. 软件配置

中央级综合监控系统配置以下软件:中央级综合监控系统系统应用软件、操作系统软件、数据库管理软件、接口管理软件、防毒杀毒软件、网络管理软件、系统维护软件、系统组态管理软件。

车站级综合监控系统配置以下软件:车站级综合监控系统应用软件、操作系统软件、接口管理软件、防毒杀毒软件、网络管理软件、系统维护软件。

车站级综合监控系统配置的软件功能较中央级性能降低,监控点位数要求等较少。其中综合监控系统应用软件和接口管理软件(含中央级)是由各大综合监控的集成商在立足自有软件内核的基础上,依据各城市线路监控功能要求定制开发完成,如人机界面、报警管理机制等,具有较强封闭性、单一性。

2. 软件模块组成

综合监控系统的软件模块包括但不限于:人机界面模块、数据处理模块、实时数据库模块、日志和历史数据管理模块、报警管理模块、时间表等控制模块、事件触发控制模块、各系统功能模块、操作员权限管理模块、网络状态监视模块、时间同步模块、软件监视模块、备份和文档管理模块、配置管理模块。虽然不同综合监控系统集成商在各模块命名上不一致,但软件模块功能相似。

每个模块由一个服务器端和客户端 API(应用程序调用系统功能接口)构成,采用中间件技术消除通信协议、数据库查询、应用逻辑与操作系统间潜在的不兼容问题,以保证可靠数据交换,如图 1-1-13 所示。

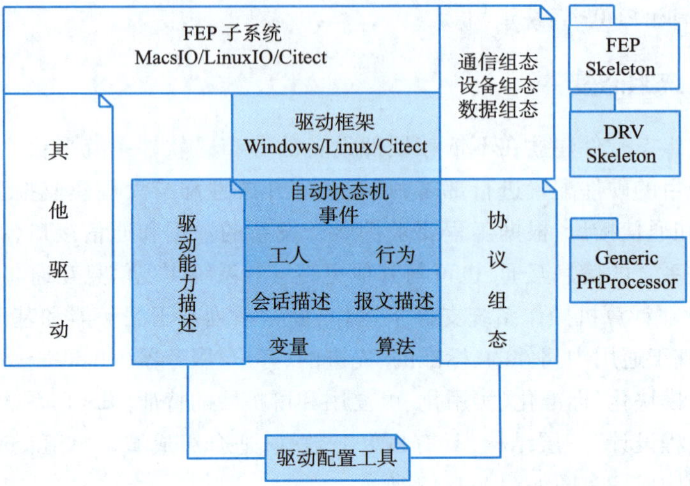

图 1-1-13　组态软件的通用串行通信协议组态支持能力示意图

3. 系统特点

综合监控系统的重要地位决定了整个系统必须保证 7 × 24 h 不间断运行,全天候提供服务,所以系统软件必须具备冗余、容错、自恢复、防御式编程等功能。

综合监控系统具有完善的冗余管理机制,单个模块的故障或部分交叉故障不会导致数据丢失或系统瘫痪。系统中的关键组件全部支持冗余配置,提供多种高可用性机制,包括接口冗余,分布式体系架构,服务组件冗余,报警、历史数据存储转发,数据热备份等。

三、ISCS 系统架构

综合监控系统(ISCS)是用系统化方法将各个分散的自动化系统连接为一个有机的整体,形成一个典型的大型分层、分布式结构的监控系统,以集成或互联的方式实现各专业系统之间的信息互通、资源共享。集成部分包括电力监控系统(PSCADA)、环境与设备监控系统(BAS)、火灾自动报警系统(automatic fire alarm system,FAS)和站台门(PSD)、防淹门(flood gate,FG)等系统。互联部分包括信号系统(SIG)、自动售检票系统(AFC)、门禁系统(ACS)、广播系统(PA)、闭路电视系统(CCTV)、乘客信息系统(PIS)、通信集中告警系统(ALM)、无线通信系统(RTS)和时钟分配系统(CLK)等系统,如图 1-1-14 所示。集成与互联方式主要差异是下位集成子系统的网络通信直接经交换机转发即可与服务器完成通信,不经过 FEP 进行通信信息的先期处理,且互联子系统普通具有自己的服务器及专用网络等,可独立工作。

视频

OCC工作站页面

综合监控系统采用三级控制方式,即中央级、车站级和现场级三级控制。综合监控系统通过设备的"远程"和"本地"转换开关获得(或取消)设备操作权限。在城市轨道交通中设备设置为"远程"状态,则该设备接受"中央"或"车站"控制命令并执行及反馈。其中,设备处于"本地"状态时操作优先权限为最高级,如图 1-1-15 所示。

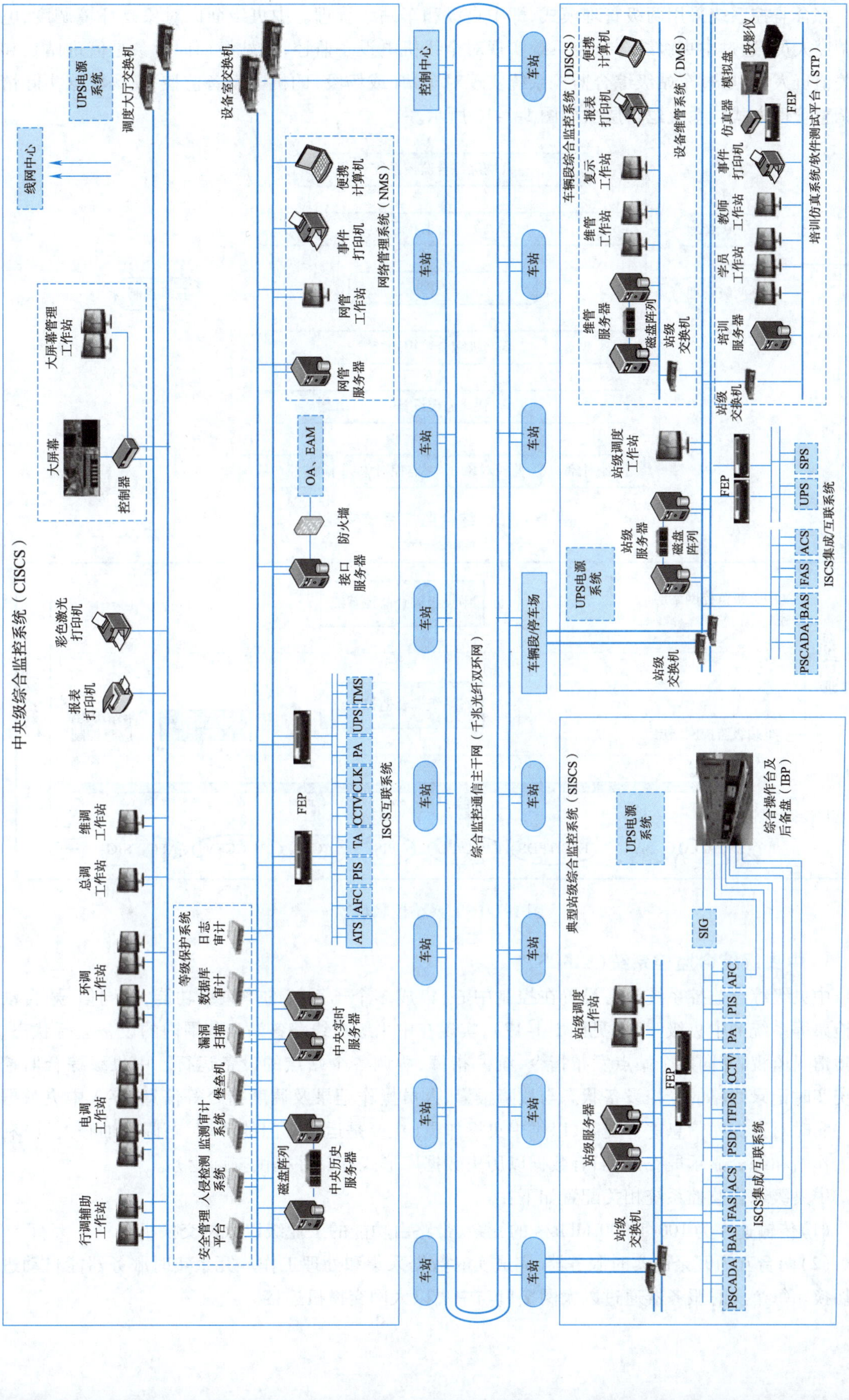

图 1-1-14　综合监控系统构成示意图

综合监控系统采用两级管理模式，即中央级和车站级管理。中央级面向对象是环境调度、电力调度人员，通过中央级综合监控系统实现对全线机电设备监控；车站级面向对象是值班站长和相关值班人员，通过车站级综合监控系统实现对车站（或场段）的机电设备监控；现场根据实际情况调整管理方式。系统逻辑层次如图 1-1-16 所示。

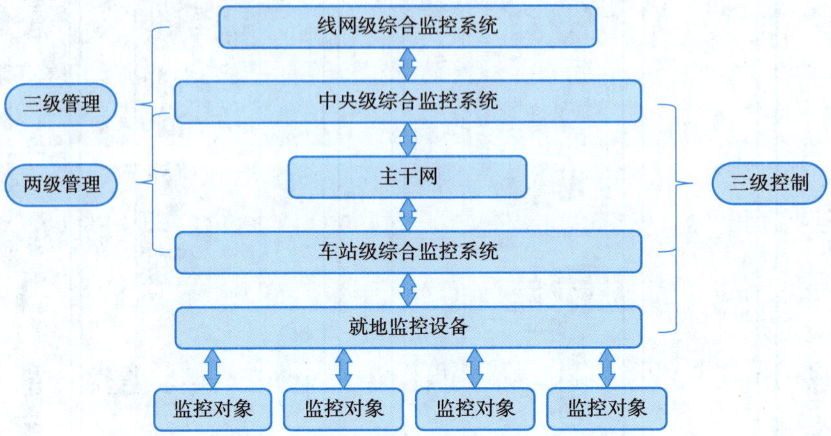

图 1-1-15　综合监控系统构成图

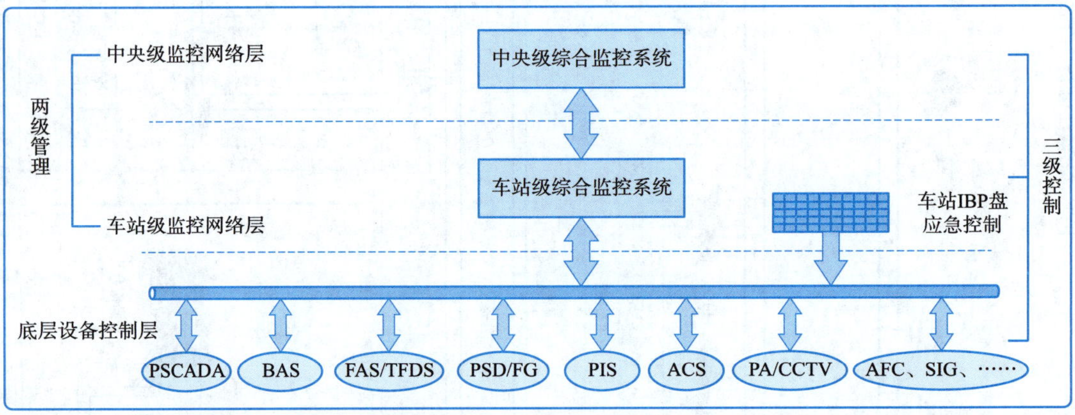

图 1-1-16　系统逻辑层次

1. 中央级综合监控系统（CISCS）

中央级综合监控系统设备设置在控制中心，集成多个子系统的中央级功能，并同信号、自动售检票等系统的中央级互联（见图 1-1-17），实现在中央级对线路各站点范围内的设备运行状态、故障情况监视，并向各个站点发布指令，统一指挥、协调各个站点的设备运行。中央级综合监控系统实时记录线路的受控设备状态与故障报警、人员操作记录及调度指令等信息，存入中央数据库并实时对数据库信息进行更新，以供中央操作员（主要是运营部门的环调、电调及维修人员）利用工作站和综合显示屏查询；旧有数据以历史数据库形式存储并提供查询业务。

中央级综合监控系统相关配置如下：

（1）传输速率为 100/1 000 Mbit/s 的冗余、带路由功能的工业级以太网交换机。

（2）两台互为冗余的实时服务器，完成实时数据采集和处理工作。冗余实时服务器能自动进行切换。每个实时服务器通过以太网接口与中央以太网交换机连接。

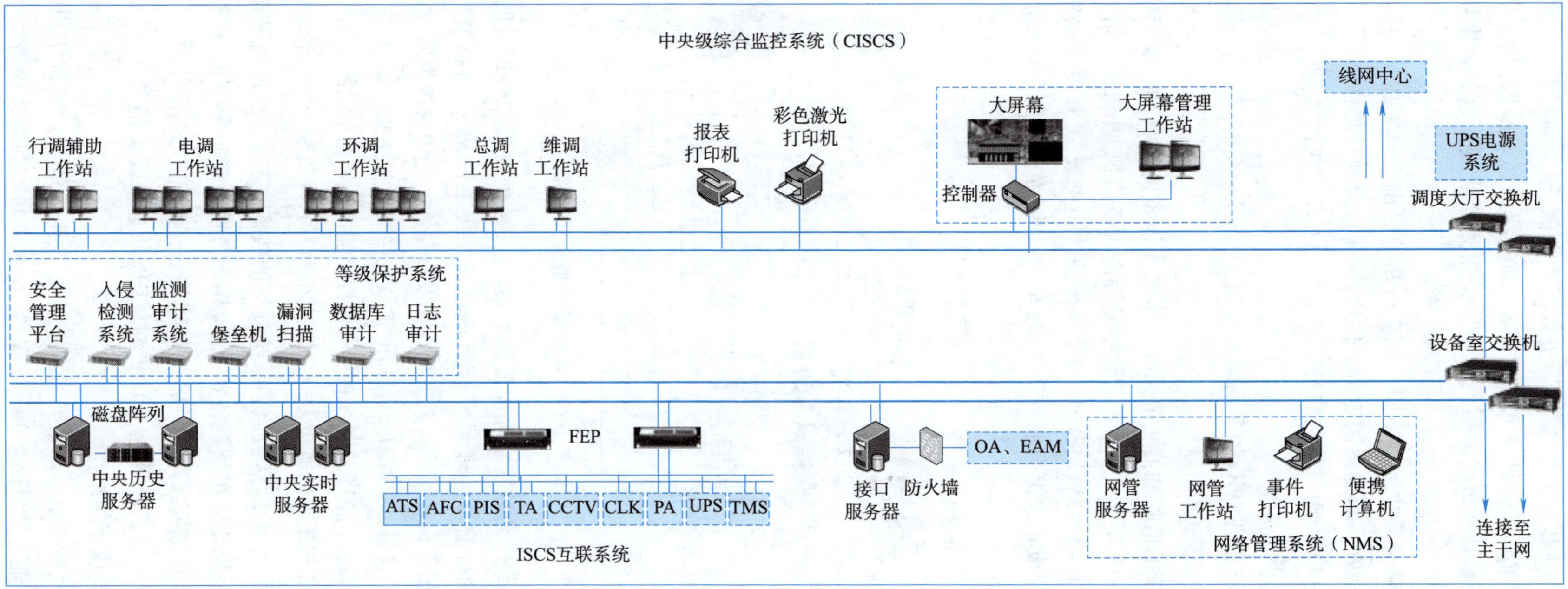

图 1-1-17　中央级综合监控系统图

(3)两台互为冗余的历史服务器，完成历史数据的存储、记录和管理等工作。冗余历史服务器能自动进行切换，并配置外部磁盘阵列和磁带机（新建线路已逐步取消）。历史服务器配置关系型数据库管理系统，用来管理历史数据。每个历史服务器通过冗余的以太网接口与中央以太网交换机连接。

(4)调度员工作站（部分城市配置不同）：两套行车辅助调度员工作站、两套电力调度员工作站、两套环控调度员工作站、一套维护调度员工作站、一套总调度员工作站。

(5)两台互为冗余的 FEP，用以接收和发送控制中心互联系统的信息。

(6)报表打印机和图形打印机。

(7)大屏幕显示系统，实现 OCC 的显示监控功能。

2. 车站级综合监控系统（SISCS）

车站级综合监控系统的监控功能主要是完成本站点设备监控、管理，集成或互联了多个子系统的车站级功能（见图 1-1-18），一方面负责管辖范围内设备监视，并根据本站的情况向下级子系统发布控制指令；另一方面将本站设备的运行数据传输给中央级，并接受中央级运行指令。车站级综合监控系统设备主要设置在综合监控设备室、车控室等，面向的操作对象是车站值班员。

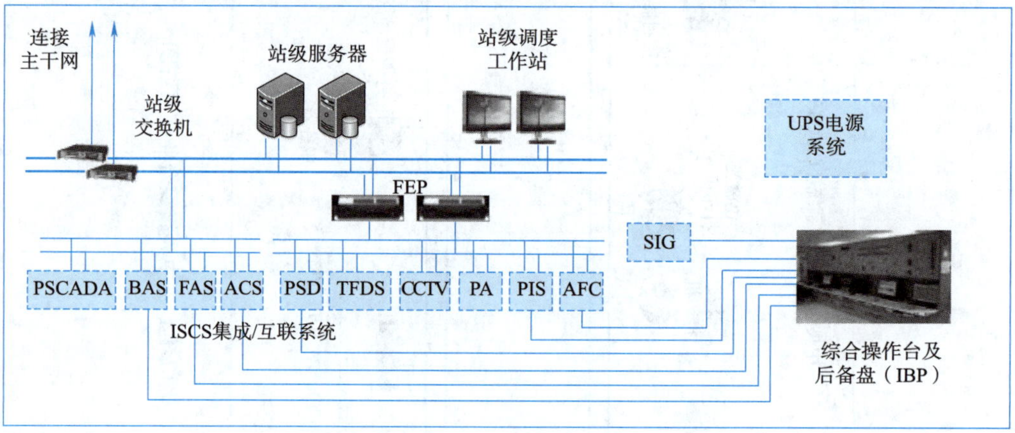

图 1-1-18 车站综合监控系统图

视频
车站工作站页面

车站级综合监控系统设置在车站，主要由两台工业级以太网交换机、两台实时服务器、两台前端处理器（FEP）、两套车站级工作站、一台报表打印机和一套车站 IBP 盘及操作台等组成。其主要设备及设备性能与中央级类似（如以太网交换机、服务器、FEP 具备冗余切换功能），但参数规格与设备性能较低，其中 IBP 盘及操作台是车站独有设备。主变电站所的综合监控功能接入邻近车站的车站级综合监控系统（部分城市线路将主变电所作为一个独立站点对待，并按照一个车站配置相关设备）。

车站综合监控系统存储、处理从被监控系统读取的数据，实时反映现场设备状态的变化并生成报表。车站综合监控系统记录车站设备状态、操作记录及故障报警等信息，存入车站数据库并实时更新信息（部分综合监控集成商提供的组态软件数据存储方式不同，可存入中央数据库，车站不存入数据）。车站值班员通过设置在车控室的工作站查询设备信息和下达控制命令，控制命令传送至被控系统并反馈执行结果。

为保证在中央级监控系统或车站级监控系统灾害及阻塞等特殊情况下出现瘫痪时，重要监控对象仍能被控制，并为乘客提供必要的逃生条件，在各车站控制室内设置综合性的 IBP 盘。车站 IBP 盘采用统一的远程 I/O 来实现紧急情况下相关设备的后备手动控制与显示功能。

3. 现场级设备

作为车站级、中央级的被监控对象，现场级设备是广泛分布于地铁车站的机电设备主体，由 BAS、FAS、PSCADA、PSD、FG、CCTV、PIS、SIG、AFC、ACS 等系统组成。面向的操作对象主要是车站管理人员和维修人员，可以进行现场单台设备的操作。

4. 车辆段维修管理系统

车辆段维修管理系统主要用于 ISCS、FAS、BAS、PSCADA 的维修管理、仿真测试及培训（根据功能可分为综合监控维修管理系统、培训管理系统、仿真测试系统与网络管理系统），也可独立完成车辆段各个系统的监控工作，接入正线车站的综合监控网络时则与车站同级，设备构成与车站基本相同（见图 1-1-19），是全线 ISCS 的基本单位，接受中心级的监控，提供车辆段的实时数据支撑服务，同时向任何需要车辆段数据的用户提供车辆段全部实时和历史数据的服务（部分城市线路不接入正线综合监控网络，作为一个独立个体存在，此方式控制中心无法获知车辆段的相关信息）。此外，车辆段的 UPS 设置原则与车站一致。

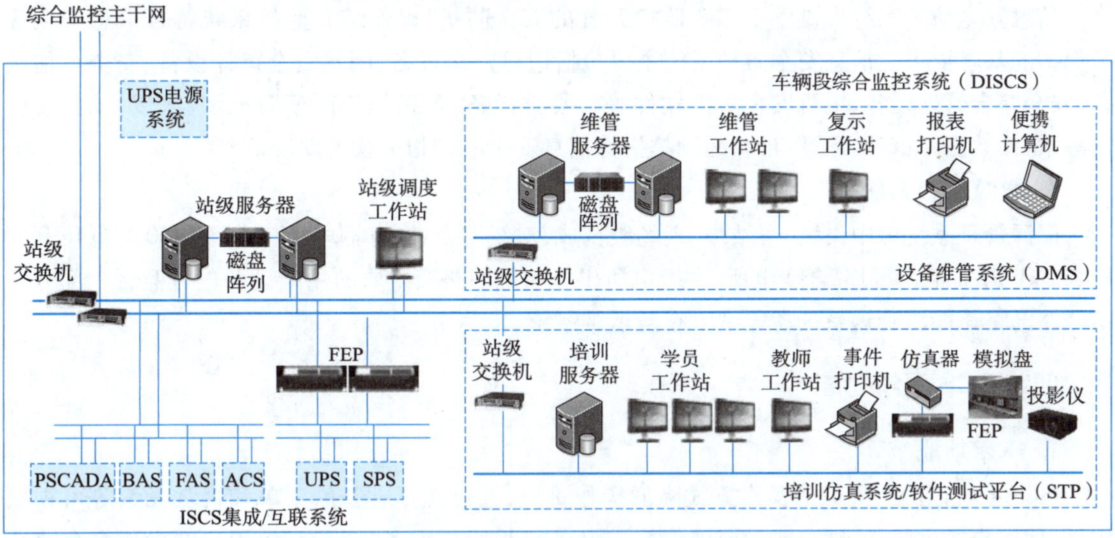

图 1-1-19　车辆段综合监控系统图

5. 综合监控系统网络

综合监控系统的网络大致可以分为主干传输网络、中央及车站级局域网。

（1）主干传输网：用于综合监控系统控制中心与各车站、车辆段局域网的连接。主干网采用三层交换机和三层网络协议配置。通过将不同集成或互联子系统的通信划分在不同虚拟局域网（virtual local area network，VLAN）运行等技术减少网络广播风暴的发生，增加网络运行的可靠性。

主干传输网通过通信系统提供的单模光纤实现连接。中央、车站和车辆段与主干网的连接采用 1 000 Mbit/s 单模光纤接口。主干传输网的交换设备采用工业级的以太网交换机。主干网采用冗余双环拓扑结构进行构建（城市轨道交通多采用双环跳站连接方式）。综合监控系统网络构成如图 1-1-20 所示。

（2）局域网，包括控制中心及各车站、车辆段、停车场的综合监控系统内部局域网。

①中央综合监控系统局域网。中央局域网为双冗余的 1 000 Mbit/s 以太网，符合 IEEE 802.3 系列的相关标准。中央采用冗余千兆工业以太网交换机组建，配置千兆单模光纤接口模块，用于

与主干传输网的连接,具备路由功能。

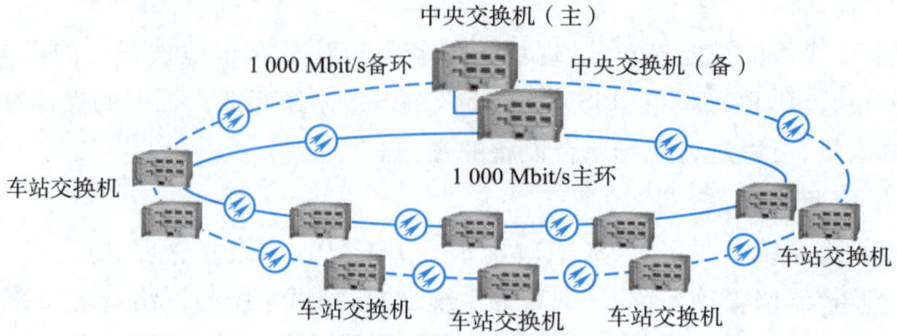

图 1-1-20　综合监控系统网络构成

②车站级局域网。车站级局域网为双冗余的 1 000 Mbit/s 以太网,符合 IEEE 802.3 系列的相关标准。车站级局域网采用冗余工业以太网交换机组建(通过千兆单模光纤接口连接主干传输网)。

6. 信息安全防护系统

信息安全防护系统提供整个综合监控系统的安全防护,确保综合监控系统符合信息安全等级保护的基本要求。信息安全防护系统主要包括边界隔离设备、网络安全审计设备、安全评估设备、安全综合管理设备、主机安全防护软件等软硬件设备,包括但不限于防火墙、入侵检测、安全管理平台、数据库审计、运维审计、漏洞扫描等信息安全防护相关软硬件设备。

7. 能源管理系统

能源管理系统由中央级、车站级、现场级构成,对线路车站、车辆段、停车场的 400 V 低压开关柜、35 kV 开关柜、牵引混合变电所、主变电所供电系统回路及重要的用电设备进行监管。部分城市线路已将该能源管理系统功能纳入智慧运维系统。

四、ISCS 系统功能

1. 通用功能

ISCS 系统以图形界面的操作方式降低操作难度,通过图形、图标、菜单和视觉元素等可视化组件,使用户通过鼠标、键盘或触摸屏等输入设备与受监控设备进行交互,用户的操作命令执行后在屏幕上得到可视化反馈。主要表现在对受控设备状态的实时显示,异常告警与历史数据查询,控制指令的下发、执行反馈显示等。

ISCS 系统的图形界面包括人机界面(human machine interface,HMI)、I/O 数据处理功能、数据库管理功能、系统安全与权限管理、操作互斥和操作授权、遥控功能、设备状态与报警功能、时间同步功能、数据点的禁止/允许及内部运算功能、自我诊断及监督功能、组态维护功能、设备管理功能、历史数据存档和查询、状态概况、趋势、设备禁止、指导和在线帮助功能等。

2. 相关机电系统功能

ISCS 系统以通用集成或互联方式完成对车站机电系统设备的监视与控制功能。集成方式主要监控的是电力监控系统(PSCADA)系统功能、环境与设备监控系统(BAS)功能、火灾自动报警系统(FAS)功能、门禁系统(ACS)功能;互联方式主要监控的是能源管理(EMS)功能系统、站台门系统(PSD)功能、信号系统(SIG)功能、自动售检票系统(AFC)功能、广播系统(PA)功能、乘客信息系统(PIS)功能、通信集中告警(ALM)系统、无线通信系统(RTS)功能、时钟分配系统(CLK)功能、防淹门(FG)系统功能等。

为避免ISCS程序控制发生异常，在城市轨道交通各车站控制室内设置统一的综合后备盘（IBP），当发生故障和紧急情况时，对各监控系统的关键控制命令在IBP盘上通过手动按键操作下发，直接由电缆接入（也称硬线接入）各子系统。

3. 大屏幕显示功能

ISCS系统将全线行车、电力、环控、常规系统运行状态及各站的CCTV视频监控集中接入到控制室中并显示在大屏幕上指定区域，再分别由各个专业的人员独立控制本应用区域的内容显示。综合监控系统和信号系统通过以太网接口向大屏控制器提供相关的显示状态信息，大屏系统负责有关的图像生成和显示。

4. 网管功能（NMS）

综合监控系统的网络管理系统（network management system，NMS）支持TCP/IP和SNMP标准，负责对全线ISCS进行功能维护和网络管理。在网管工作站上能进行网络管理、配置管理、网络监控、故障报告、事件记录、参数调制，以及创建、编辑和删除数据库等操作。网管维护人员对全线网络组态和计算机设备进行管理，收集报警日志记录，产生统计表，对整个ISCS运行状况进行图形维护、数据库的管理维护、参数库维护和新应用程序的开发等。

5. 仿真测试平台（STP）功能

仿真测试平台（STP）用于对综合监控系统与各机电设备系统硬件接口、软件协议的模拟仿真测试。

6. 培训管理系统（TMS）功能

培训管理系统（training management system，TMS）对操作人员、运行维护人员进行上岗培训功能，使其掌握综合监控系统的运行管理、操作，以及日常维护、故障排除等业务。

此外，综合监控系统的正常运行离不开网络支持，因此必须具备强大的信息安全系统功能。包括防火墙功能。包括防火墙功能、入侵检测功能、检测审计功能（用于对ISCS系统网络中的网络设备运行状况、网络流量、用户行为等进行日志记录，根据记录数据进行分析，并生成审计报表）等。如在综合监控系统部署入侵检测设备，对综合监控系统中的应用层协议进行深度解析检验协议格式，并与规则策略对比验证内容合规性，实现对综合监控系统的入侵检测和分析业务操作是否存在异常。自动发现网络中的活动设备，设备开放的端口以及设备的网络连接，并通过预设、自学习等方法制定白名单策略，自动监视异常的违规业务。对网络中传播的病毒、木马以及对系统已知漏洞的攻击行为进行检测。

五、ISCS系统与外部设备的接口

ISCS系统与外部设备接口功能及分界见表1-1-1。

六、ISCS系统设备计划性检修周期与工作内容

ISCS系统设备检修可分为按照时间划分周期性计划检修和针对单一问题或项目的专项维修（简称专项修）。

1. 周期性计划检修

计划检修按照时间划分为每日远程巡检、双周现场检查、季度计划检修与每年期计划检修。

（1）每日远程巡检。每日远程巡检简称日巡检，工作内容为：利用综合监控系统集中监控显示的优势，通过安装在维修工班驻地的工作站，逐站检查故障报警记录、监视设备运行状态，完成基于综合监控设备远程巡检系统、综合监控系统集中告警界面（部分城市线路不具备此功能时，通过查询历史记录的方式实现）的远程巡检等。其目的是及时发现所监控各子系统或设备的异常情况。

表 1-1-1　ISCS 系统与外部设备接口功能及分界

编号	外部设备	ISCS 功能	外部设备功能	接口分界图
ISCS. UPS. 1	不间断电源（UPS）	接受 UPS 提供的不间断电源	向 ISCS 提供不间断电源	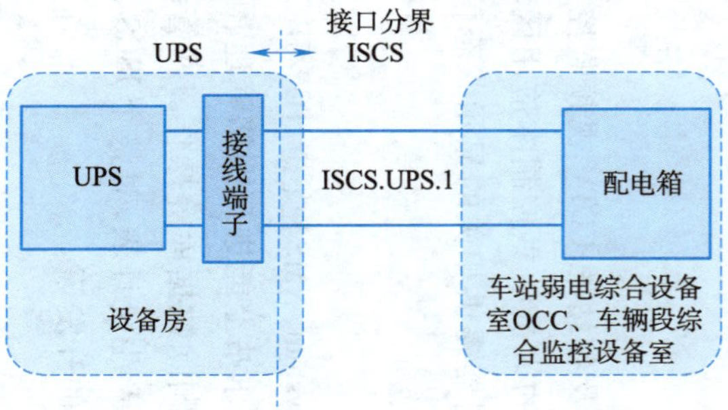 ISCS 和 UPS 在正线车站、OCC 及车辆段等处通过电源线进行物理连接
ISCS. PIS. 1	乘客信息系统（PIS）	编辑如下信息并发送： （1）城市轨道交通运营的提示信息。 （2）火灾信息	接收 ISCS 下发的数据，并显示	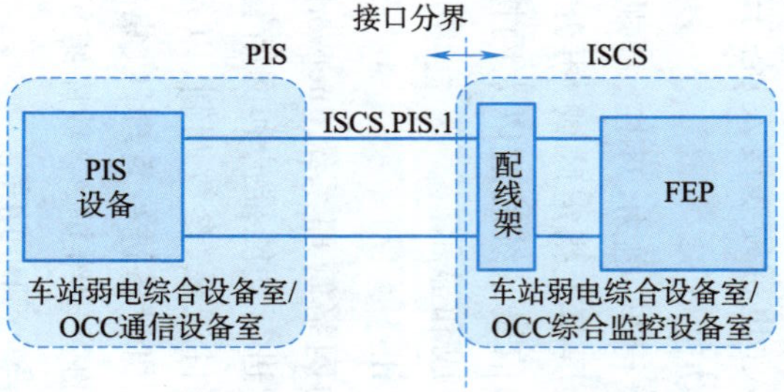 ISCS 与车站 PIS 的接口采用以太网标准接口 RJ-45，使用基于以太网的 Modbus TCP/IP 协议，ISCS 系统的 FEP 配置为主机，PIS 系统的通信设备配置为从机，详细协议由 ISCS 提供；接口 ISCS. PIS. 1 网络接口普遍要求采用热备冗余设计，双方系统通过互相监察对应接口的工作状态，实现冗余切换

续表

编号	外部设备	ISCS 功能	外部设备功能	接口分界图
ISCS. PSCADA. 1	电力监控系统（PSCADA）	（1）在控制中心综合监控系统的人机界面对供电系统设备运行状态、供电系统负荷进行实时监测并实施对供电设备的控制。 （2）在控制中心综合监控系统对相关遥测信号进行处理。 （3）保护整定值及故障录波数据的采集，接收状态变更信息及所包含的时间标签，在综合监控系统的人机界面上显示及存储到数据库。 （4）按照要求综合计算计电量信息，并提供适当的人机界面来实施能源管理及高峰值的预测。 （5）在综合监控系统的人机界面对能源数据实时动态监测，统计、报表打印。 （6）在大屏幕和复示终端上实现 PSCADA 相关内容的显示，向 PSCSDA 系统提供网络时间同步信息	（1）提供信息包括但不限于：开关柜运行状态、控制反馈信号的状态；保护跳闸监视、闭锁及故障报警信号；计量、电能、电压、电流等；系统运行及控制模式；实时测量有功功率、无功功率、电流、电压和功率因数等。 （2）传送给综合监控系统的状态变更信息应包括时间标签，以显示该变更的时间。一般输入点的时间信息为年、月、日、时、分、秒；事件序列（SOE）点的时间信息应为年、月、日、时、分、秒、毫秒。 （3）提供所有计量信息。 （4）按照接收到的程控、顺序控制指令进行开关器的合闸或分闸动作。 （5）对于现场设备的数据需在 1 s 内传送到本接口综合监控系统侧，对于综合监控系统下达的控制指令需在 1 s 内被执行。 （6）传送 PSCADA 显示内容到综合监控系统的大屏幕控制器并负责生成图形文件。 （7）传送 PSCADA 显示内容到综合监控系统的在各供电车间设置的复示终端上	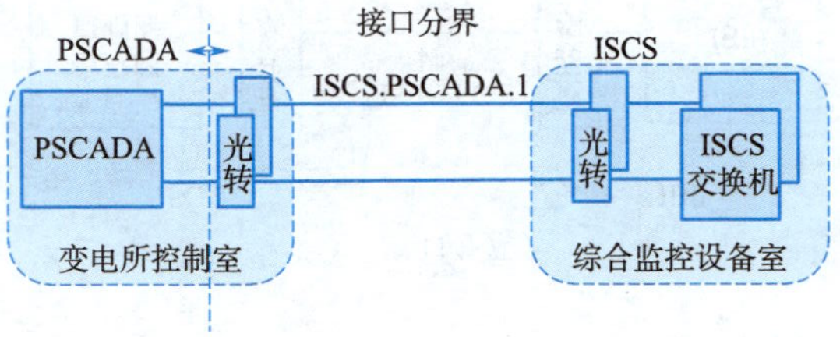 ISCS 与 PSCADA 的接口通常采用 100 Mbit/s 基于以太网的标准 IEC 60870-5-104 协议（行业内简称 104 协议），通信协议由 ISCS 提供；ISCS. PSCADA. 1 网络接口采用热备冗余设计，双方系统通过互相监察对应接口的工作状态，实现冗余切换

续表

编号	外部设备	ISCS 功能	外部设备功能	接口分界图
ISCS. FG. 1	防淹门系统（FG）	（1）每隔一定时间，采集下列数据：设备状态信息；设备报警信息；通道状态信息。 （2）每隔一定时间，ISCS 对 FG 与 ISCS 之间的通道进行检测。 （3）向 FG 提供网络时间同步信息	（1）按约定好的数据格式提供：设备状态信息、设备报警信息、通道状态信息。 （2）回应 ISCS 对 FG 与 ISCS 之间的通道检测。 （3）接收 ISCS 提供的网络时间同步信息	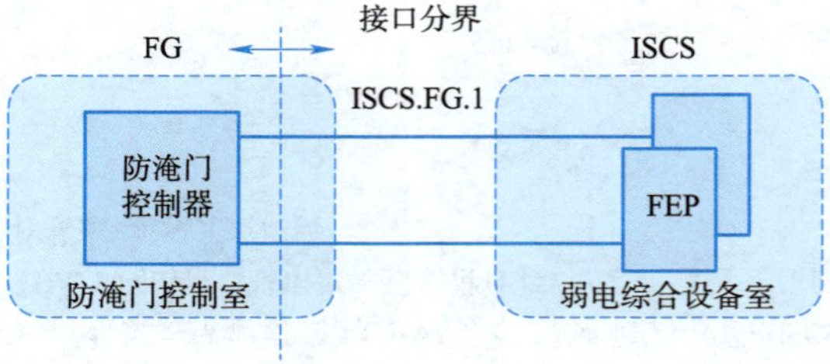
ISCS. FG. 2		统一设计 IBP 盘，提供 IBP 盘的按钮和指示灯	接收来自 ISCS 的 IBP 的控制，向 IBP 上传防淹门状态，并驱动 IBP 上开/关门操作的相关指示	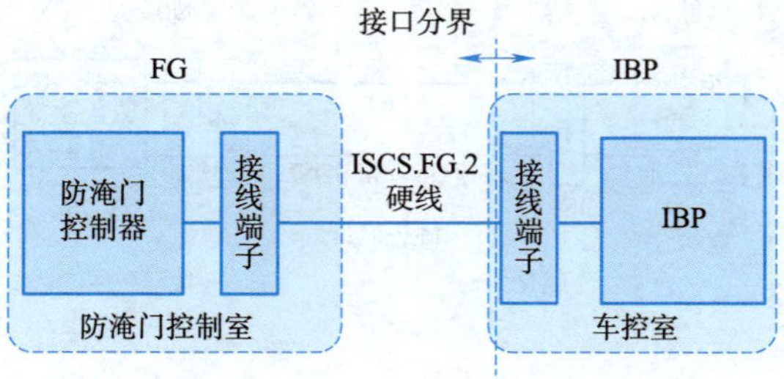 接口 ISCS. FG. 1 采用基于以太网的标准 Modbus TCP 协议，ISCS 系统的 FEP 配置为主机，FG 系统的通信设备配置为从机，通信协议由 ISCS 提供；网络接口采用热备冗余设计，双方系统通过互相监察对应接口的工作状态，实现冗余切换，接口 ISCS. FG. 2 不考虑冗余。 接口 ISCS. FG. 1 采用基于以太网的标准 Modbus TCP 协议，ISCS 系统

续表

编号	外部设备	ISCS 功能	外部设备功能	接口分界图
ISCS. PA. 1	广播系统（PA）	（1）固定间隔时间采集数据。 （2）按约定格式发送广播控制命令	（1）按约定格式提供数据。 （2）接收 ISCS 控制命令并执行	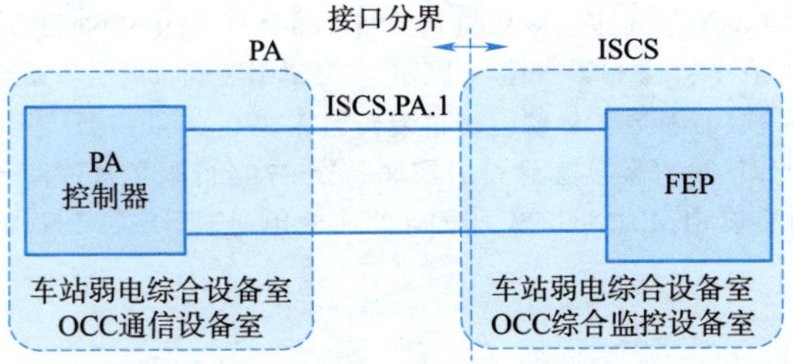 接口采用以太网标准接口 RJ-45，物理分界在 ISCS 机柜 FEP 网络接口处；ISCS. PA. 1 使用基于以太网的 Modbus TCP/IP 协议，ISCS 系统的 FEP 配置为主机，PA 系统的通信设备配置为从机，详细协议由 ISCS 侧提供；网络接口采用热备冗余设计，双方系统通过互相监察对应接口的工作状态，实现冗余切换
ISCS. ALM. 1	通信集中告警系统（ALM）	接收并显示通信各子系统（PIS、CCTV、CLK、电话、传输、无线设备、电源等）维护管理终端输出的重要告警信息	发送通信各子系统（PIS、CCTV、CLK、电话、传输、无线设备、电源等）维护管理终端输出的重要告警信息	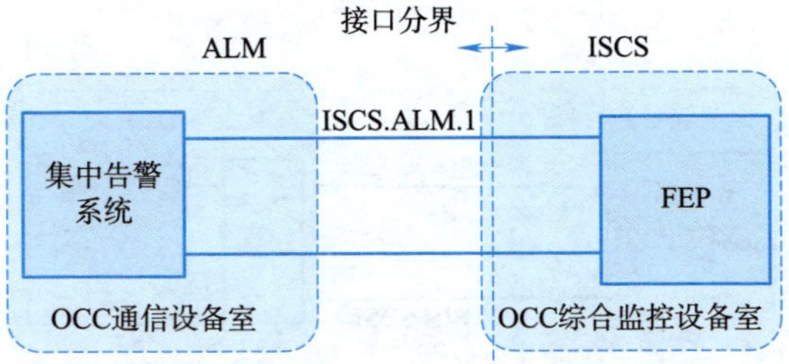 ISCS. ALM. 1 使用基于以太网的 Modbus TCP/IP 协议，ISCS 系统的 FEP 配置为主机，ALM 系统的通信设备配置为从机，详细协议有 ISCS 侧提供；接口 ISCS. ALM. 1 网络接口采用热备冗余设计，双方系统通过互相监察对应接口的工作状态，实现冗余切换；接口 ISCS. ALM. 1 当 ALM 机柜与 ISCS 机柜距离超过 80 m 时，采用光缆敷设

续表

编号	外部设备	ISCS 功能	外部设备功能	接口分界图
ISCS. BAS. 1	设备监控系统（BAS）	(1)固定间隔时间采集下列数据：设备状态信息、设备故障信息、设备操作位置信息。 (2)对监控设备进行模式控制、时间表控制、单体设备点动控制及参数下载。 (3)每隔一定时间，ISCS 对 BAS 与 ISCS 之间的通道进行检测。 (4)向 BAS 系统提供网络时间同步信息	(1)按约定好的数据格式提供：设备状态信息、设备故障信息、设备操作位置信息。 (2)接收并执行控制命令，接收时间表、参数并更新参数设置。 (3)回应 ISCS 对 BAS 与 ISCS 之间的通道检测。 (4)接收 ISCS 提供的网络时间同步信息	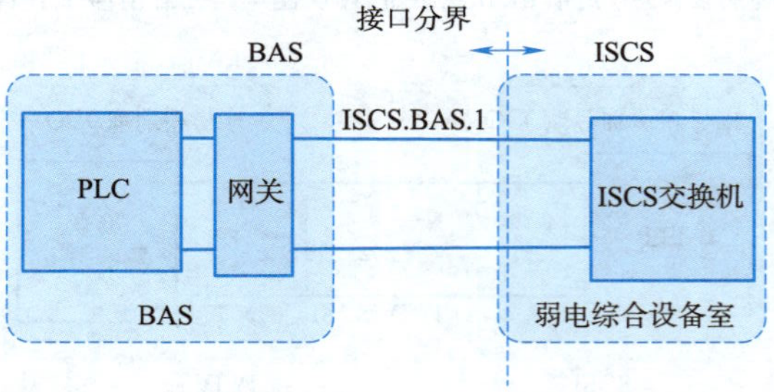
ISCS. BAS. 2		统一设计 IBP 盘，提供 IBP 盘的按钮和指示灯	接收来自 ISCS 的 IBP 控制，并驱动 IBP 上车站防排烟模式指示灯	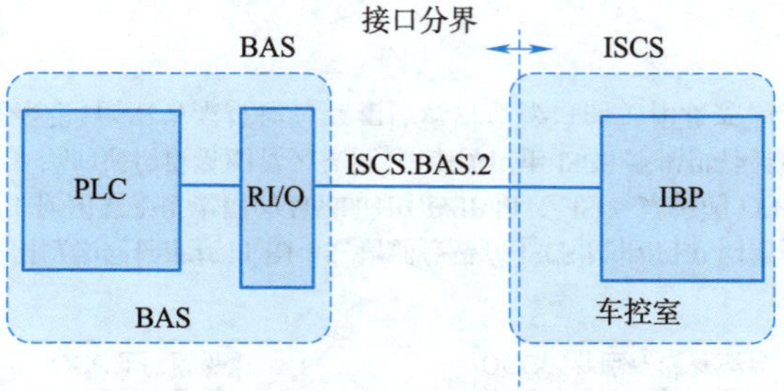 ISCS. BAS. 1 通信协议使用基于以太网的 Modbus TCP/IP 协议，ISCS 系统的服务器配置为主机，BAS 系统的通信设备配置为从机，详细协议由 ISCS 侧提供；接口 ISCS. BAS. 1 网络接口采用热备冗余设计，双方系统通过互相监察对应接口的工作状态，实现冗余切换，接口 ISCS. BAS. 2 暂不考虑冗余，接口 ISCS. BAS. 1 当 BAS 机柜与 ISCS 机柜距离超过 80 m 时，采用光缆敷设

续表

编号	外部设备	ISCS 功能	外部设备功能	接口分界图
ISCS. FAS. 1	火灾自动报警系统(FAS)	(1)固定间隔时间采集下列数据:①FAS、气体灭火系统设备故障信息;②FAS、气体灭的火灾报警信息;③FAS 监测的相关设备状态;④火灾模式。 (2)每隔一定时间,ISCS 对 FAS 与 ISCS 之间的通道进行检测,向 FAS 系统提供网络时间同步信息	(1)按约定好的数据格式,发送以下信息:①FAS、气体灭火系统设备故障信息;②FAS、气体灭火系统探测器的火灾报警信息;③FAS 监测的相关设备状态;④火灾模式。 (2)回应 ISCS 对 FAS 与 ISCS 之间的通道检测,接收 ISCS 提供的网络时间同步信息	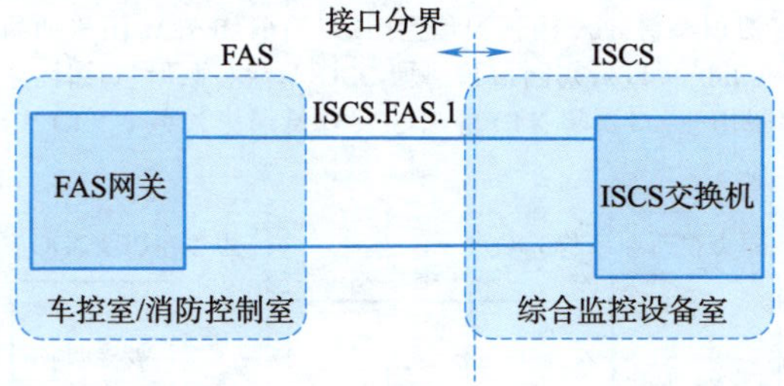]ISCS. FAS. 1 使用基于以太网的 Modbus TCP/IP 协议,ISCS 设备配置为主机,FAS 设备配置为从机,详细协议由 ISCS 侧提供;接口 ISCS. FAS. 1 网络接口采用热备冗余设计,双方系统通过互相监察对应接口的工作状态,实现冗余切换;接口 ISCS. FAS. 1 当 BAS 机柜与 ISCS 机柜距离超过 80 m 时,采用光缆敷设
ISCS. ACS. 1	门禁系统(ACS)	(1)固定间隔时间采集下列数据:设备状态信息、设备报警信息、通道状态信息。 (2)固定间隔时间 ISCS 对 ACS 与 ISCS 之间的通道进行检测	(1)按约定好的提供数据格式:设备状态信息、设备报警信息、通道状态信息。 (2)回应 ISCS 对 ACS 与 ISCS 之间的通道检测	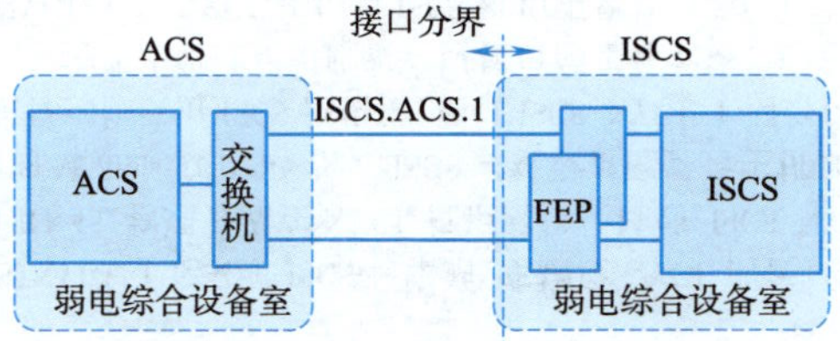 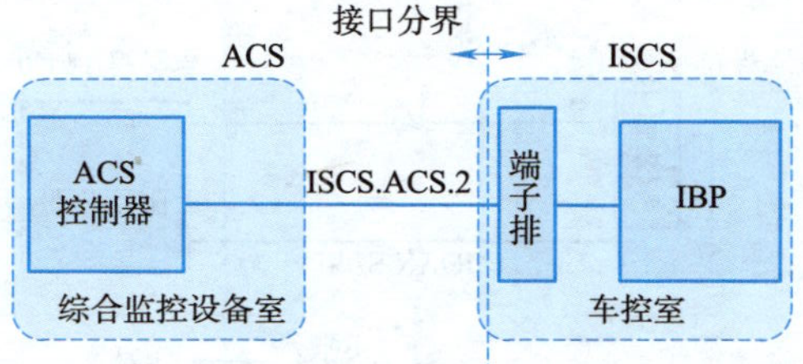 接口 ISCS. ACS. 1 定义了 ISCS 与 ACS 的接口,采用以太网标准接口 RJ-45 或 M12 接口,物理分界在 ISCS 机柜 FEP 网络接口处,接口 ISCS. ACS. 2 定义了 ISCS(IBP)与 ACS 的接口,采用硬线连接,物理分界在车站控制室 IBP 接线端子
ISCS. ACS. 2		统一设计 IBP 盘,提供 IBP 盘的按钮和指示灯、手自动转换开关	接收来自 ISCS 的 IBP 的控制,并驱动 IBP 上开门操作的相关门锁	

续表

编号	外部设备	ISCS 功能	外部设备功能	接口分界图
ISCS. NYGL. 1	消防电源监测系统（NYGL）	（1）实时测量电能的电度、有功、无功、电流、电压和功率因数等数据。 （2）自动生成分项电能报表数据（时报表、日 报表、月报表）、故障记录、历史曲线、对配电系统电能进行监测和统计。 （3）提供图形人机界面	（1）按约定好的数据格式提供测量数据、报警信息。 （2）接收 ISCS 提供的网络时间同步信息	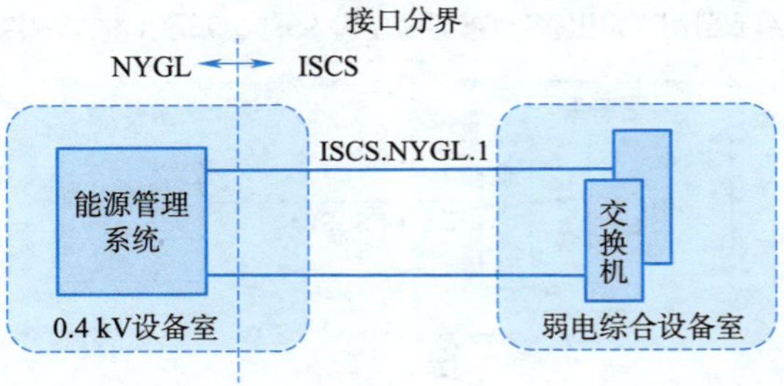 接口 ISCS. NYGL. 1 定义了 ISCS 与车站、车辆段 NYGL 的接口，采用以太网标准接口 RJ-45，物理分界在 NYGL 机柜网络接口处；ISCS. NYGL. 1 使用基于以太网的 Modbus TCP/IP 协议，ISCS 系统设备配置为主机，NYGL 设备配置为从机，详细协议由 ISCS 侧提供；接口 ISCS. NYGL. 1 网络接口采用热备冗余设计，双方系统通过互相监察对应接口的工作状态，实现冗余切换；接口 ISCS. NYGL. 1 当 NYGL 机柜与 ISCS 机柜距离超过 80 m 时，采用光缆敷设
ISCS. CLK. 1	时钟系统（CLK）	固定间隔时间接受一次毫秒级的标准时间信息	（1）CLK 传送到接口分界的时间信息与北斗/GPS 时间误差需少于 100 ms。 （2）按照约定的数据格式，固定间隔时间发送一次毫秒级的标准时间信息	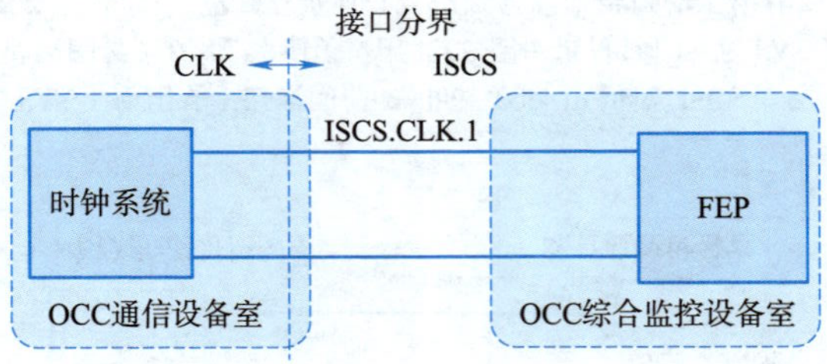 接口 ISCS. CLK. 1 定义了控制中心 ISCS 与 CLK 的接口，采用符合 TCP/IP 标准的以太网接口，物理分界在 OCC 通信机房网络接口处；ISCS. CLK. 1 网络和传输层应采用 TCP/IP 协议，应用层协议采用 NTP 传输协议，详细协议由 ISCS 侧提供；接口 ISCS. CLK. 1 接口采用热备冗余设计，双方系统通过互相监察对应接口的工作状态，实现冗余切换

续表

编号	外部设备	ISCS 功能	外部设备功能	接口分界图
ISCS. TFDS. 1	隧道火灾探测系统（TFDS）	（1）固定间隔时间采集下列数据：①隧道火灾探测系统设备故障信息，包括隧道火灾探测系统的故障信息、区间感温光纤温度等；②隧道火灾探测系统报警信息（包括编号、位置）。 （2）固定间隔时间 ISCS 对隧道火灾探测系统与 ISCS 之间的通道进行检测。 （3）向隧道火灾探测系统提供网络时间同步信息	（1）按约定好的数据格式提供：①隧道火灾探测系统设备故障信息，包括隧道火灾探测系统的故障信息、区间感温光纤温度等；②隧道火灾探测系统报警信息（包括编号、位置）。 （2）回应 ISCS 对隧道火灾探测系统与 ISCS 之间的通道检测。 （3）接收 ISCS 提供的网络时间同步信息	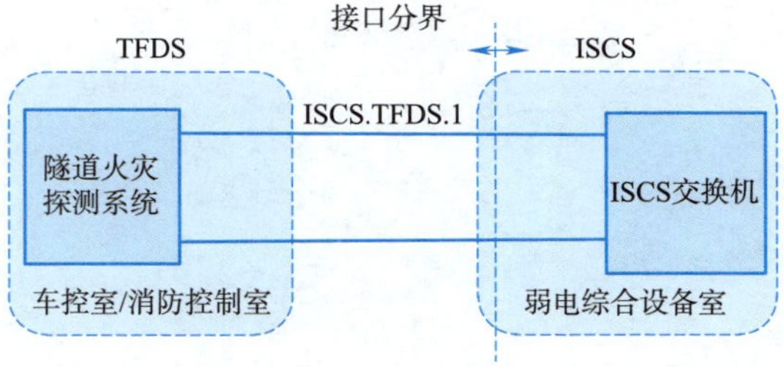 接口 ISCS. TFDS. 1 定义了 ISCS 与 TFDS 的接口，采用以太网标准接口 RJ-45，物理分界在 ISCS 机柜网络接口处；ISCS. TFDS. 1 使用基于以太网的 Modbus TCP/IP 协议，ISCS 系统设备配置为主机，TFDS 系统的通信设备配置为从机，详细协议由 ISCS 侧提供；接口 ISCS. TFDS. 1 网络接口采用热备冗余设计，双方系统通过互相监察对应接口的工作状态，实现冗余切换
ISCS. RTS. 1	无线通信系统（RTS）	接收来自车辆上传的信息	提供 ISCS 所需的车辆的关键信息，如列车内火灾自动报警信息等	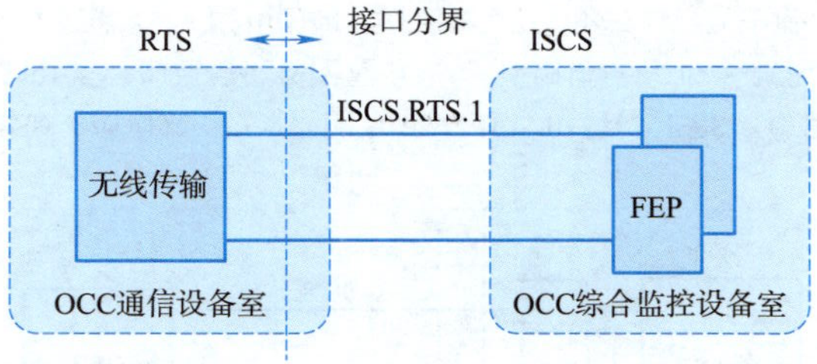 接口 ISCS. RTS. 1 定义了控制中心 ISCS 与 RTS 的接口，采用以太网标准接口 RJ-45，物理分界在 OCC 无线通信系统机柜网络接口处；ISCS. RTS. 1 使用基于以太网的 Modbus TCP/IP 协议，详细协议由 ISCS 侧提供；接口 ISCS. RTS. 1 网络接口采用热备冗余设计，双方系统通过互相监察对应接口的工作状态，实现冗余切换；接口 ISCS. RTS. 1 当 RTS 机柜与 ISCS 机柜距离超过 80 m 时，采用光缆敷设

续表

编号	外部设备	ISCS 功能	外部设备功能	接口分界图
ISCS. PSD. 1	站台门系统（PSD）	（1）固定间隔时间采集下列数据：①设备状态信息；②设备报警信息；③通道状态信息。 （2）固定间隔时间 ISCS 对 PSD 与 ISCS 之间的通道进行检测。 （3）向 PSD 系统提供网络时间同步信息	（1）按约定好的数据格式提供：①设备状态信息；②设备报警信息；③通道状态信息。 （2）回应 ISCS 对 PSD 与 ISCS 之间的通道检测。 （3）接收 ISCS 提供的网络时间同步信息	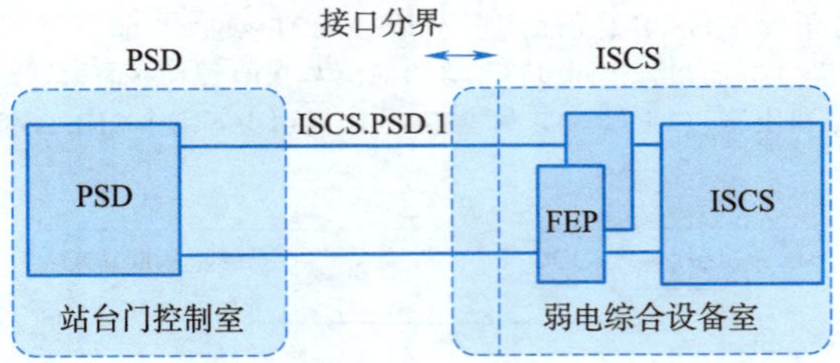 ISCS. PSD. 1 使用基于以太网的 Modbus TCP/IP 协议，ISCS 系统设备配置为主机，PSD 系统的通信设备配置为从机，详细协议有 ISCS 侧提供；接口 ISCS. PSD. 2 定义了 ISCS（IBP）与 PSD 的接口，采用硬线连接，物理分界在车站控制室 IBP 盘接线端子；接口 ISCS. PSD. 1 网络接口采用热备冗余设计，双方系统通过互相监察对应接口的工作状态，实现冗余切换；接口 ISCS. PSD. 2 暂不考虑冗余；接口 ISCS. PSD. 1 当 PSD 机柜与 ISCS 机柜距离超过 80 m 时，采用光缆敷设
ISCS. PSD. 2		统一设计 IBP 盘，提供 IBP 盘的按钮和指示灯	接收来自 ISCS 的 IBP 控制，并驱动 IBP 盘上开/关站台门指示灯	

(2)双周现场检查。双周现场检查简称双周检，工作内容为：对综合监控系统设备的外观检查、设备的清洁、设备房的巡视检查、检查故障报警记录等；对设备运行状态、指示灯进行监测、记录；检查杀毒软件运行情况、设备运行状况及事件记录是否正常，发现异常及时处置。其目的是及时处理系统异常情况，保持系统的工作环境正常。

注意：检查过程中应注意先检查备用设备，再检查主用设备。

(3)季度计划检修。季度计划检修简称季检，工作内容为：除了包含双周保养工作内容之外，还应有设备线路检查、基本功能测试、冗余功能测试等。其目的是测试系统的正常功能是否符合要求。

注意：检修过程中应注意先检查备用设备，再检查主用设备，切换设备前先检查备用设备数据采集是否正常以确保切换后系统能正常运行。

(4)每年期计划检修。每年期计划检修简称年检，工作内容为：除了包含季度的内容外，还应有系统、数据备份，设备的机械特性、电气特性、重要接口功能测试、设备的零部件保养或更换。

七、ISCS系统设备维修保养作业标准及要求

1. 日巡检

日巡检作业标准及要求见表1-1-2。

表1-1-2 日巡检作业标准及要求

序号	作业内容	作业标准及要求	补充说明及简图
1	受控设备状态检查	查看综合监控系统各受控设备页面和综合监控系统集中告警界面，检查服务器、工作站、交换机、FEP、防火墙(如有)各项指标，若有异常，及时处理： ①通过综合监控设备远程巡检系统检查综合监控设备是否异常报警。 ②服务器、交换机与FEP状态：服务器各网口通信状态是否正常；内存占用率与CPU使用率是否低于标准数值；服务器软件运行状态是否正常；工作站各网口通信状态是否正常；内存占用率、CPU使用率与硬盘使用率是否低于标准数值；FEP内存占用率与CPU使用率是否低于标准数值；通信端口是否正常。 ③观察各站综合监控NMS报警页面和集中告警界面，检查是否异常报警。 ④交换机端口是否正常	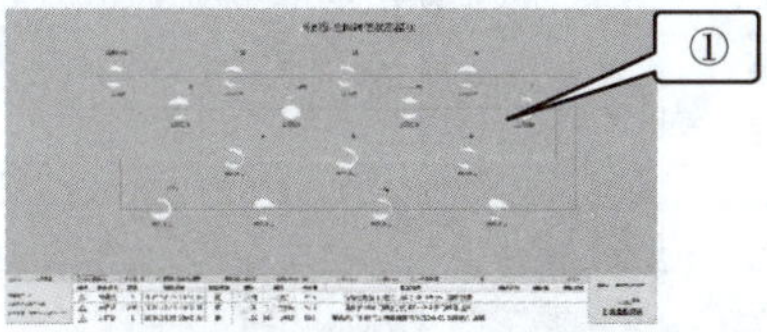 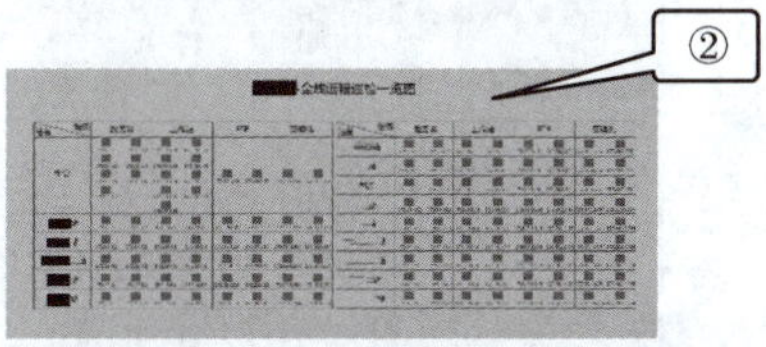 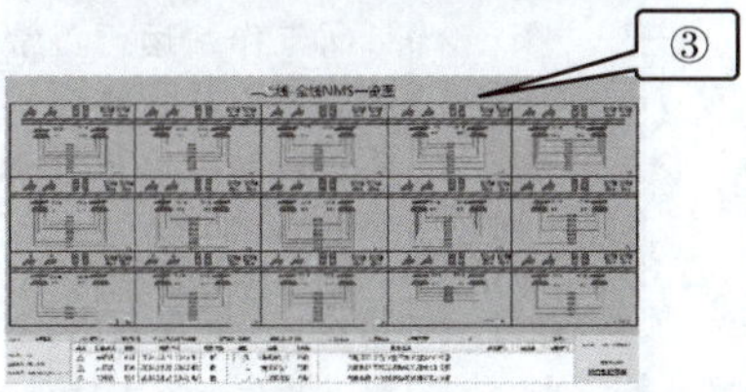 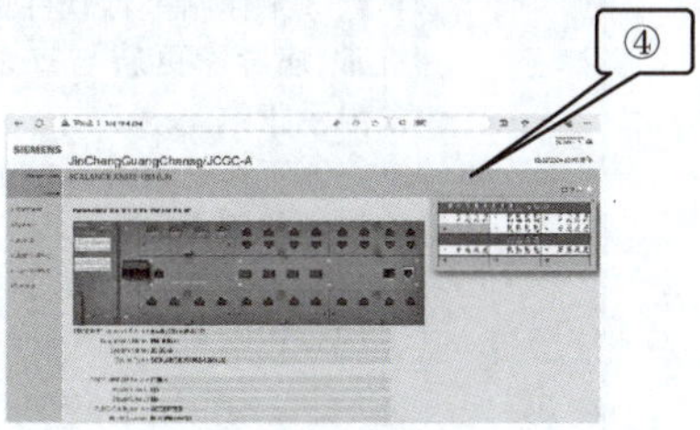

2. 双周检

双周检作业标准及要求见表1-1-3。

表 1-1-3　双周检作业标准及要求

序号	作业内容	作业标准及要求	补充说明及简图
1	IBP 盘检修	检查 IBP 盘面卫生、盘面按钮及柜内设备、元器件、接线、封堵及柜体等是否正常： ①盘面保持干净，IBP 盘面按钮及标识齐全，固定无脱落。 ②通过点灯按钮测试盘面指示灯显示正常。 ③柜体表面无大面积刮痕脱漆；柜顶无积灰。 ④柜内整洁有序、线缆齐整，接线端子无松脱落。 ⑤标签及铭牌无脱落；孔洞封堵完好；内部无积尘积灰。 ⑥柜内、桌面设备是否齐备且摆放整齐，硬件是否设备完好。 ⑦开关接线无破损、松动，标签无松脱	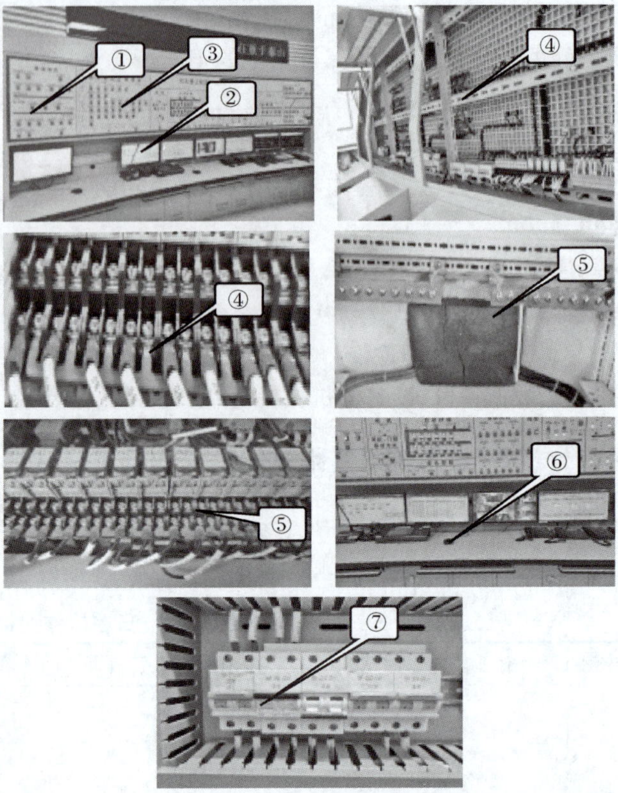
2	工作站检修	检查工作站软件运行、网络状态、硬件、时钟对时及报警记录等是否正常： ①工作站运行正常，无异响杂音（如风扇）。各子系统页面显示正常，各进程无卡滞或停止。 ②各系统网络状态正常，报警数据正常显示。 ③工作站杀毒软件运行正常，病毒库更新与查杀日志显示正常。 ④工作站时钟误差在误差规定范围内。 ⑤各系统报警数据、事件记录正常	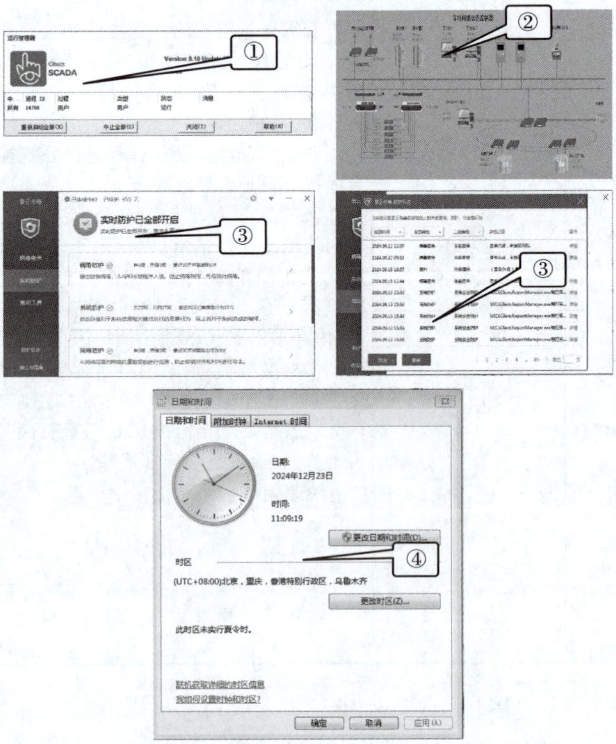

续表

序号	作业内容	作业标准及要求	补充说明及简图
3	服务器检修	检查服务器卫生、附属设备、端口指示灯杀毒及软件等运行情况： ①设备表面盖板无污渍、无破损；机箱内部散热风扇运行正常，无异响。 ②机架固定设备螺钉无缺失松动；盖板无变形，活动线槽无松脱。 ③端口指示灯显示正常，无红色指示灯报警。 ④杀毒软件运行正常，病毒库更新及查杀日志显示正常。 ⑤显示器显示画面正常、清晰，网络连接正常。 ⑥服务器外部线路紧固无松脱（通过硬件设置或软件程序）。 ⑦服务器时钟误差应在规定范围内	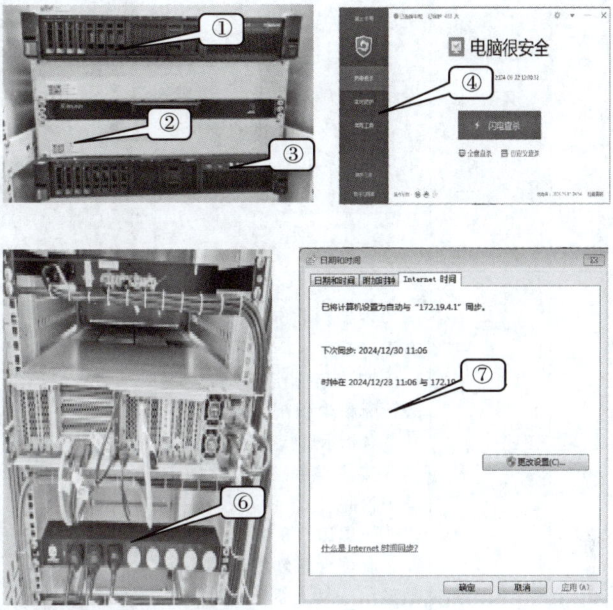
4	FEP检修	检查 FEP 运行状态，设备卫生、端口指示灯、对时、设备有无发热情况等： ①设备齐全，设备表面盖板无污渍、无破损，面板无变形。 ②端口指示灯显示无异常。 ③网络指示灯周期性闪烁。 ④使用红外测温枪检查 FEP 设备无异常发热。 ⑤进入 FEP 操作页面，检查时钟状态，误差应在 1 s/天以内	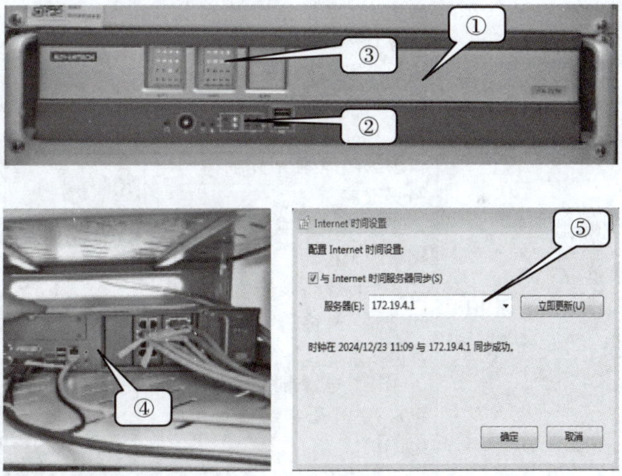
5	交换机检修	检查设备是否齐全、端口指示灯是否正常、接口线缆是否牢固、附属设备运行是否运行正常： ①交换机安装稳固无松动，固定螺钉无缺失松动；表面无灰尘。 ②端口及面板指示灯、电源指示灯显示正常；网络状态指示灯周期性闪烁。 ③接口线缆齐整；标签无缺失脱落。	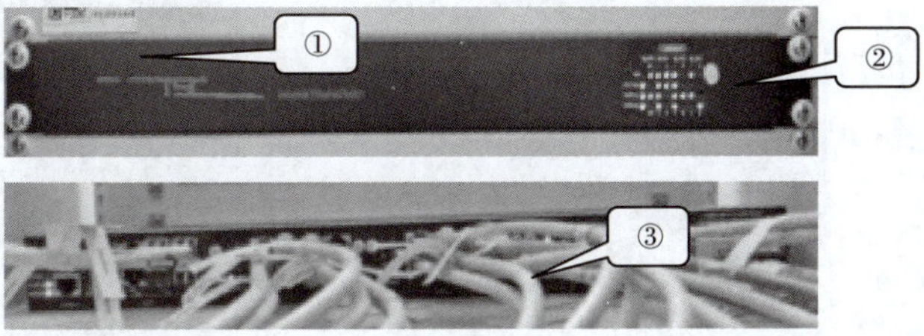

续表

序号	作业内容	作业标准及要求	补充说明及简图
5	交换机检修	④光电转换器电源灯、收发指示灯显示正常。 ⑤用红外测温枪测试交换机表面温度正常	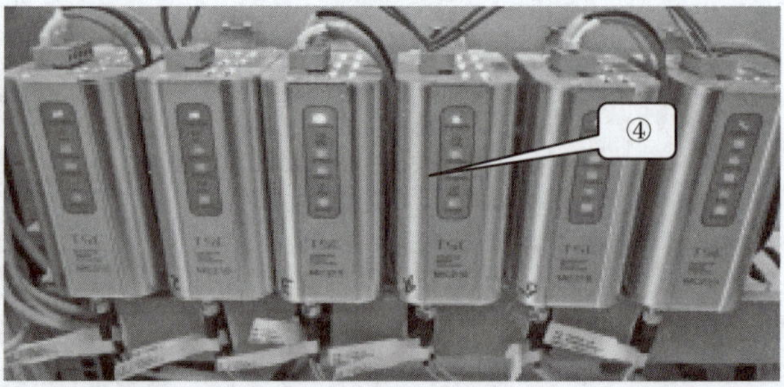
6	网络防火墙检修	检查端口指示灯、零部件有无异常： ①安装稳固无松动，设备表面无积尘积灰。 ②各指示灯状态显示正常。 ③接线牢固，线缆标识无缺失松脱。 ④风扇运行正常无异响。 ⑤利用管理软件查看各参数显示一切正常，CPU 占用率低于标准值	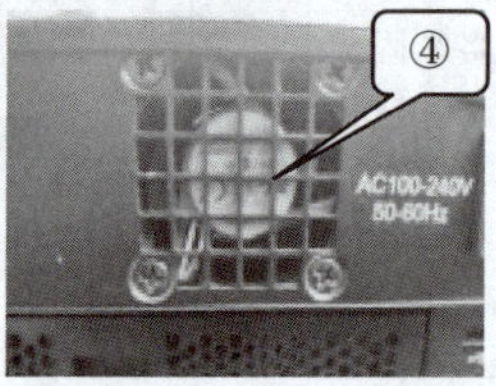
7	机柜内设施检修	检查风扇、配线架、线缆、插板空开、孔洞封堵、柜顶、模块表面、导轨、附属等设备有无异常： ①散热风扇无异响；灯具照明正常。 ②配线架处接线无破损、接线端无松动。 ③柜内设备及线缆摆放整齐，标签及铭牌无缺失、无脱落。 ④检修电源插孔通电使用正常；空开正常给设备供电（如有）。 ⑤柜内孔洞封堵完好，柜顶、模块表面、导轨处无积灰。 ⑥光纤熔接盒、光转设备表面无灰尘	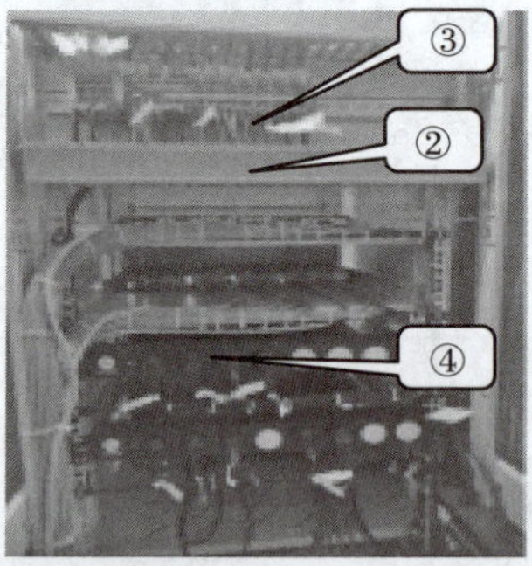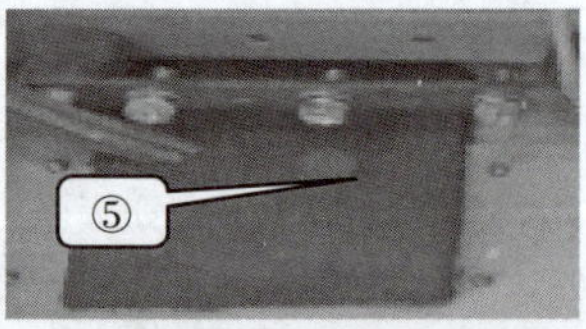
8	配电箱检修	检查接线端子、空开及柜内卫生是否正常： ①目测接线端子接头无松动、裸露及变色。	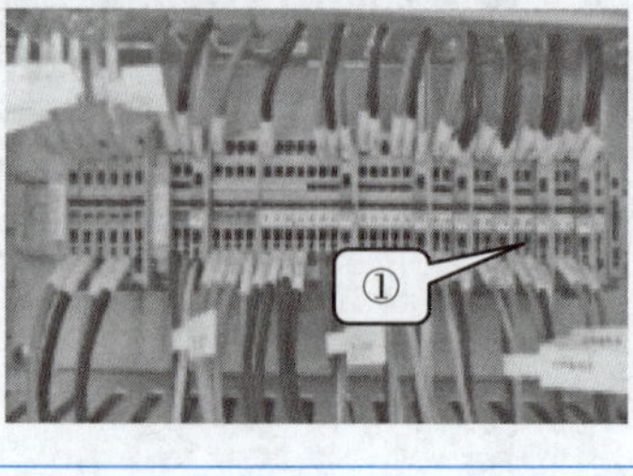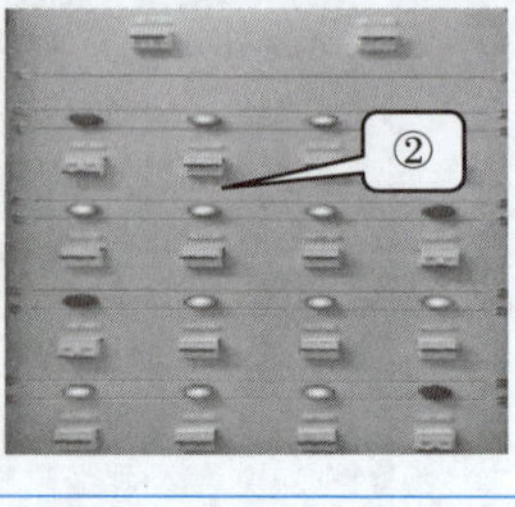

续表

序号	作业内容	作业标准及要求	补充说明及简图
8	配电箱检修	②开关指示灯处于正确位置。 ③柜内无异物、表面无积尘积灰	
9	房间设施检查	检查设备房温度、灭火器、标志标识、吊顶、出风口、墙面、静电地板、多联机、工作台、离壁沟等部位有无异常： ①设备房温度不超规定值，湿度不超限定值。 ②灭火器瓶表针处于绿色区域，巡检无超期。 ③安全标志、标识的无松脱、粘贴位置正确。 ④吊顶无损坏或脱落。 ⑤空调口、出风口干净，用途标识标志正确。 ⑥墙面无渗水、破损。 ⑦静电地板无凸起、塌陷，地面干净。 ⑧多联机出风口卫生干净，功能正常。 ⑨工作台表面卫生干净，设备摆放整齐。应急操作指引等技术资料齐备情况	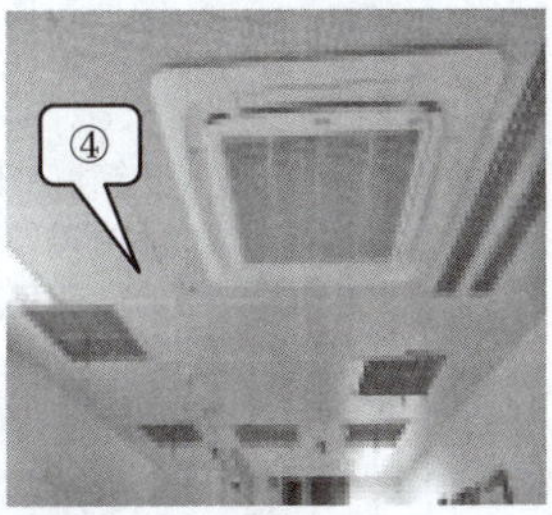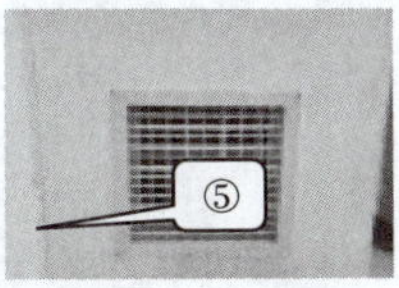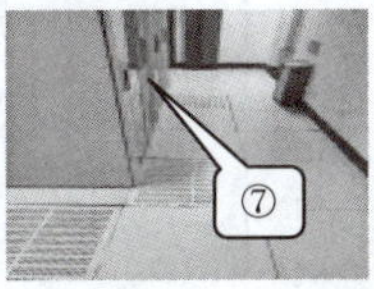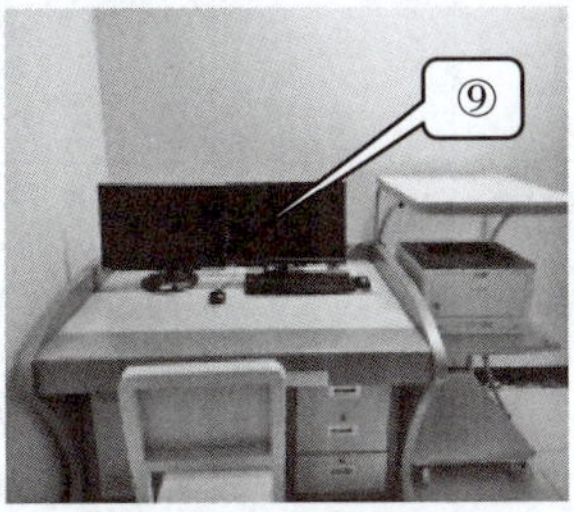

3. 季检

季检作业标准及要求见表1-1-4。

表 1-1-4　季检作业标准及要求

序号	作业内容	作业标准及要求	补充说明及简图
1	IBP 盘检修	除双周检全部项目外还需检查 IBP 盘盘面、附属设备、线缆接头是否正常： ①灯管、风扇、设备表面的清洁与除尘。 ②紧固 IBP 盘柜内接线、端子排接头，确保无松动。 ③IBP 盘面无破损脱扣，标识标签无松脱、老化破皮。 ④柜内卫生清扫与除尘	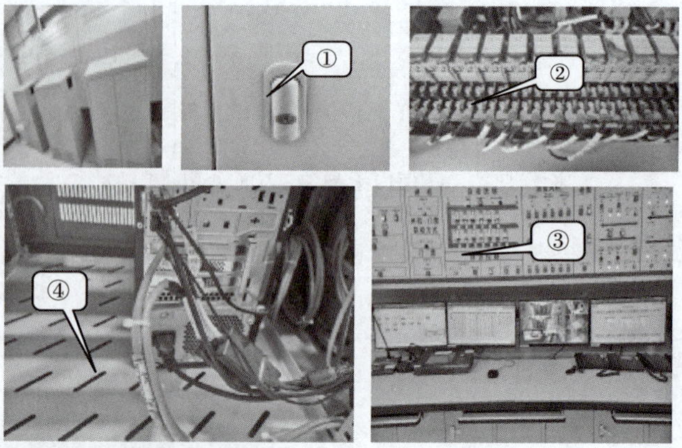
2	工作站检修	除双周检全部项目外还需检查工作站卫生是否清洁、软件是否为最新版本： ①对工作站停机后对机箱开箱清洁除尘，使用软毛刷、干棉布及吹风机吹扫，确保手摸及目测均无积灰。 ②软件为最新版本。 ③杀毒软件及病毒库为最新版本，更新病毒库。 ④开机操作 HMI 界面各子系统画面正常显示无离线。 ⑤线路、线缆、铭牌完好无松动脱落	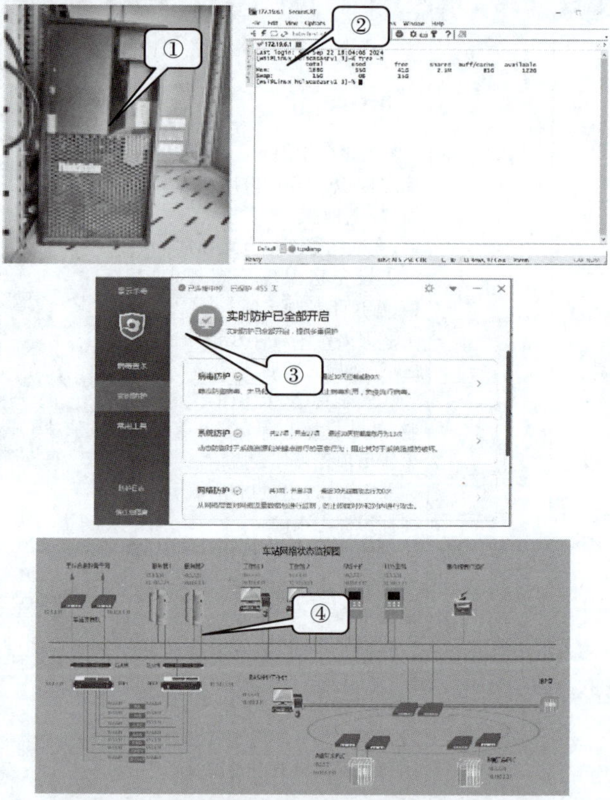
3	服务器检修	除双周检全部项目外，还需查工作站卫生是否清洁、软件是否为最新版本： ①利用专用移动存储设备备份综合监控运行软件，检查运行软件版本正确。	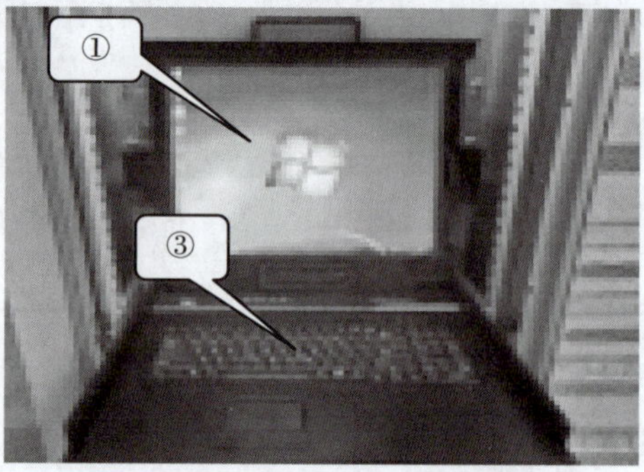

续表

序号	作业内容	作业标准及要求	补充说明及简图
3	服务器检修	②测试主备服务器的冗余功能：关闭主活动节点服务器，切换至备非活动节点服务器运行，综合监控软件服务启动正常且网络状态正常；开启主服务器，关闭备服务器，并切换至主服务器运行，综合监控软件服务启动正常且网络状态正常。 ③KVM 显示面板无花屏、无破损；操作切换主备服务器，正常切换无卡滞及延时；各功能按键操作功能正常。 ④通过 KVM 查看显示画面正常且清晰，无网络连接异常。 ⑤杀毒软件及病毒库版本为最新	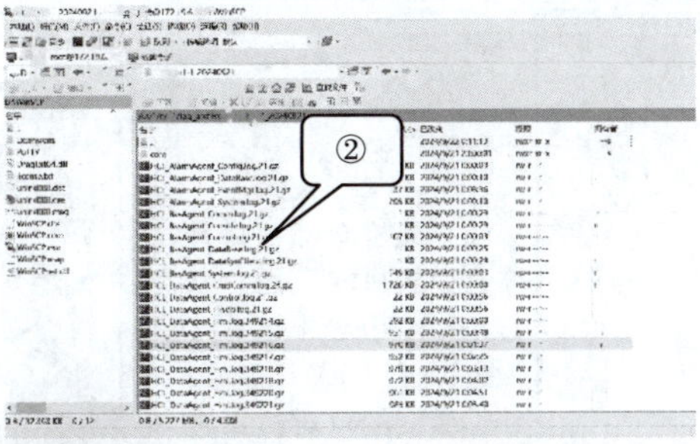 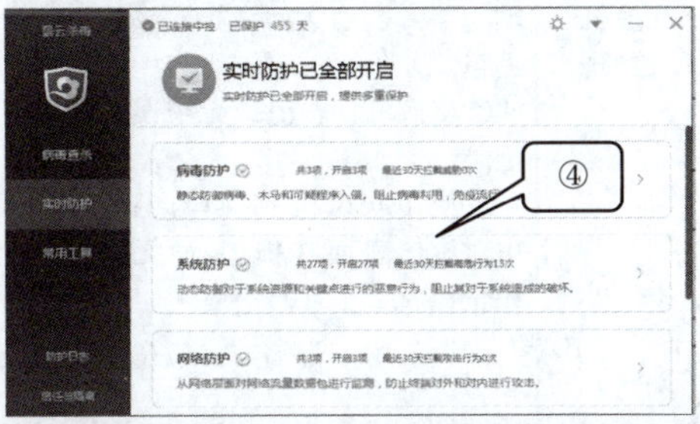 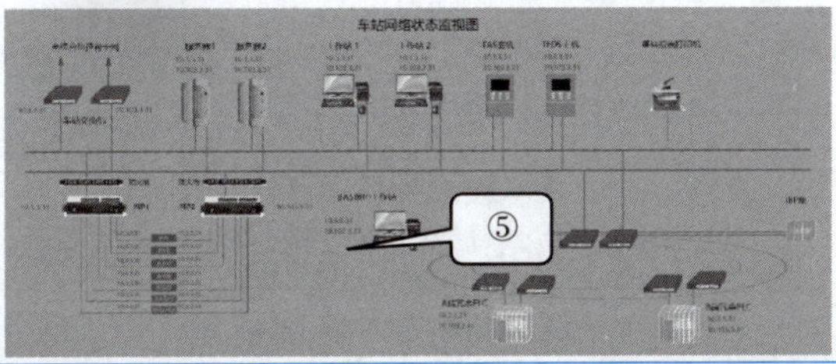
4	FEP 检修	除双周检全部项目外，还需查 FEP 冗余等功能是否正常等： ①紧固机架安装固定螺钉，确保机体无松动。 ②线缆固定牢靠、线缆无破皮、标签无缺失、无脱落。 ③测试 FEP 冗余功能：对主 FEP 做停机，自动切换至备 FEP 运行；开启主 FEP 后，切换至主 FEP 运行，测试期间综合监控各子系统画面显示正常，主备切换报警信息正常。 ④进入 FEP 操作页面，检查时钟状态，误差应在 1 s/天以内。 ⑤利用专用移动存储设备备份 FEP 运行软件，检查运行软件版本正确	  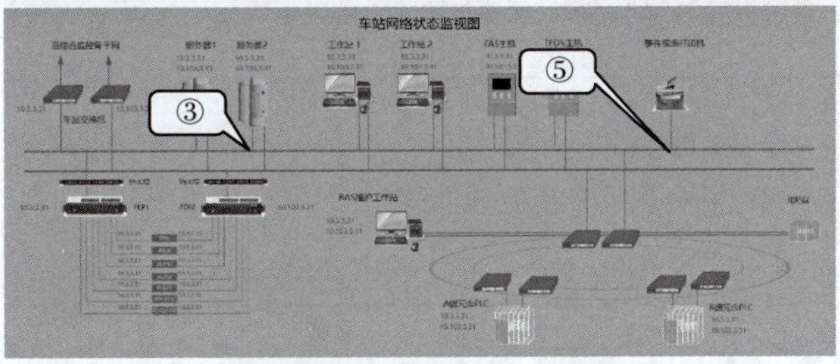 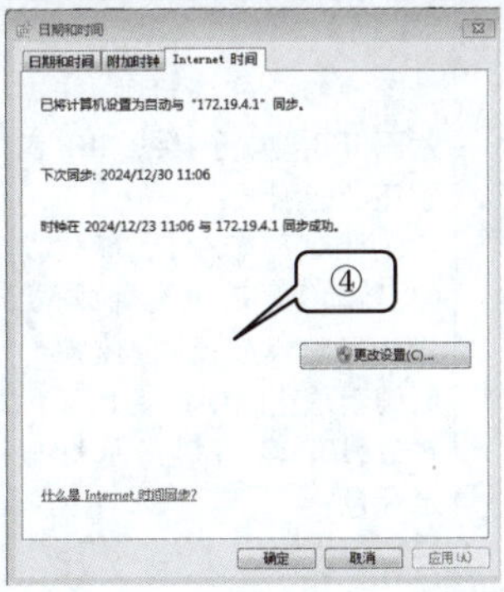

续表

序号	作业内容	作业标准及要求	补充说明及简图
5	交换机检修	除双周检全部项目外，还需查交换机端口运行状态、日志内容是否错误进行检查： ①通信端口运行正常，各端口报表无大量错误或丢包。 ②交换机日志记录无错误记录。 ③使用吹风机、毛刷与毛巾对机体表面吹扫，表面无积尘积灰	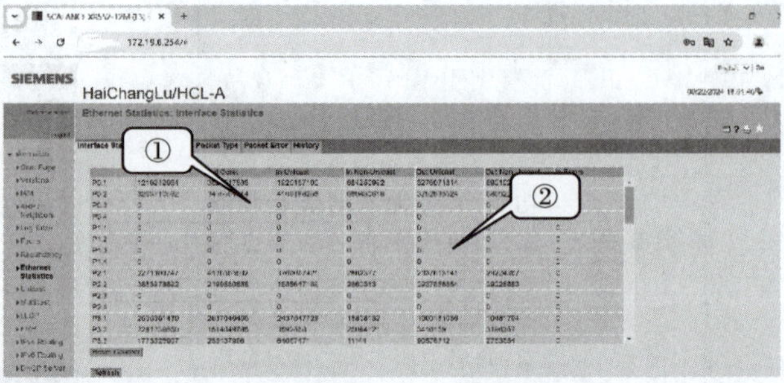 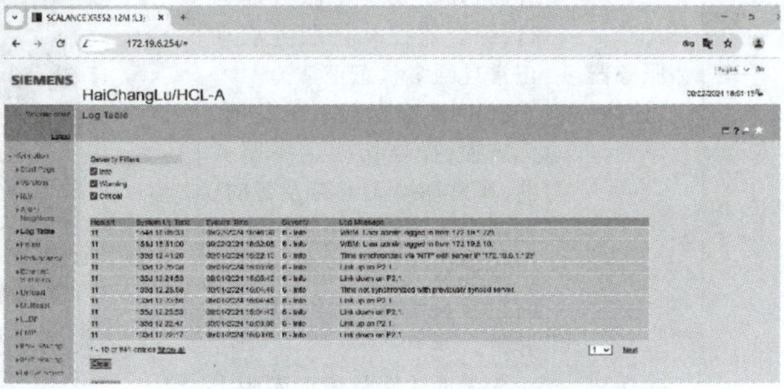
6	柜内设施检查	除双周检全部项目外，还需检查各类线缆情况、版本情况及信息数据有无异常： ①各种线缆齐整，紧固接线端子，线缆无破损情况。 ②通过 KVM 查看交换机版本正确，无异常信息。 ③柜内封堵正常无松脱、灯管、风扇、等正常工作，标识、标签与铭牌无松脱	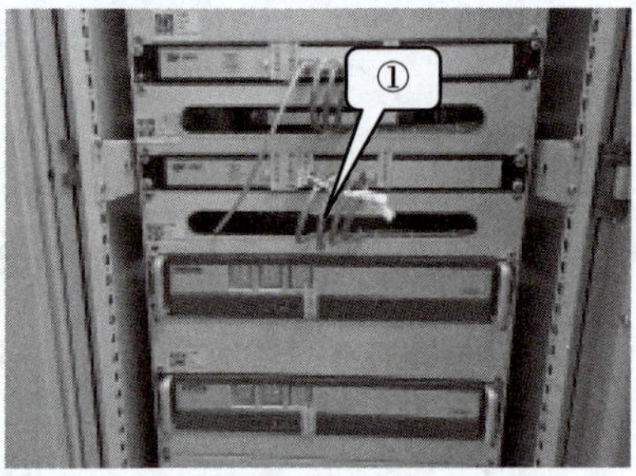

4. 年检

年检作业标准及要求见表 1-1-5。

表 1-1-5　年检作业标准及要求

序号	作业内容	作业标准及要求	补充说明及简图
1	IBP 盘检修	除季检全部项目外，还需紧固 IBP 盘端子接线、IBP 盘按钮功能测试： ①测试门禁/AFC 释放功能：转动钥匙开关至释放位，就地门磁释放，综合监控界面门禁总览图中设备均显示释放，IBP 盘门禁指示灯显示绿色。	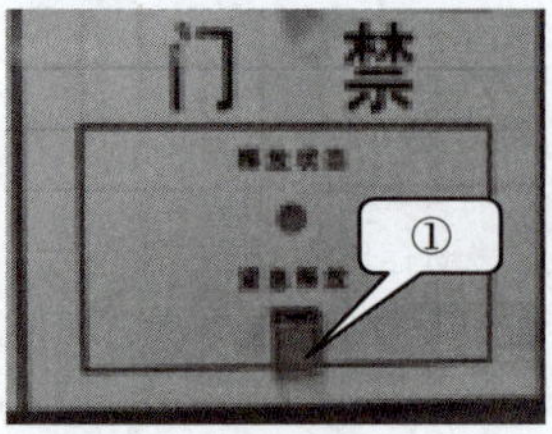 

续表

序号	作业内容	作业标准及要求	补充说明及简图
1	IBP 盘检修	②测试进站限流功能:按下车站限流按钮时,售票机停止售票,转入只出不进状态。 ③测试门禁与闸机自动状态下的火灾工况联动释放功能:处于自动位时,火灾联动时门禁与 AFC 系统闸机自动释放并反馈。 ④测试消防泵(或给排水泵组)启/停泵:按压启动/停止按钮,对应消防泵组(或给排水泵)实现启/停泵,状态显示灯显示与泵组状态一致。 ⑤测试防排烟风机启/停:按压启动/停止按钮,对应风机实现启/停,状态显示灯显示与风机状态一致。 ⑥测试电动蝶阀开/关:通过专用钥匙开/关电动蝶阀,对应电动蝶阀实现启/停,状态显示灯显示与现场状态一致。 ⑦测试电扶梯停止功能:实现急停功能,正确反馈状态并点亮显示灯。 ⑧测试通风空调火灾模式下发与反馈功能(工作站及 IBP 盘):通过综合监控工作站及 IBP 盘向环控系统下发火灾模式命令(即模式号),环控系统正常接收模式命令(即模式号)并执行,执行状态如实反馈工作站或点亮 IBP 盘对应显示灯。 ⑨紧固 IBP 盘端子接线,功能正常	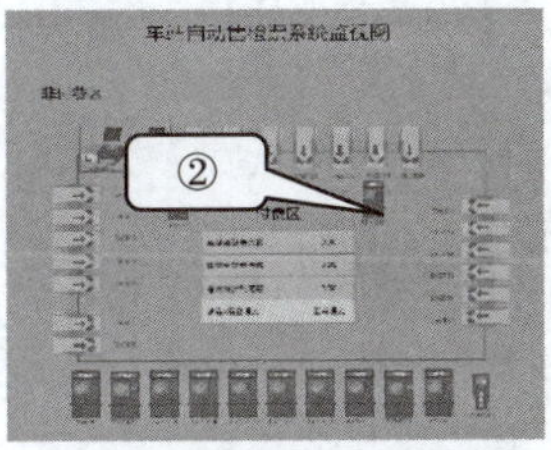 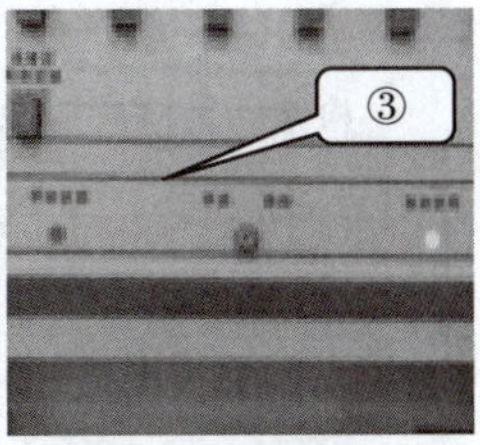  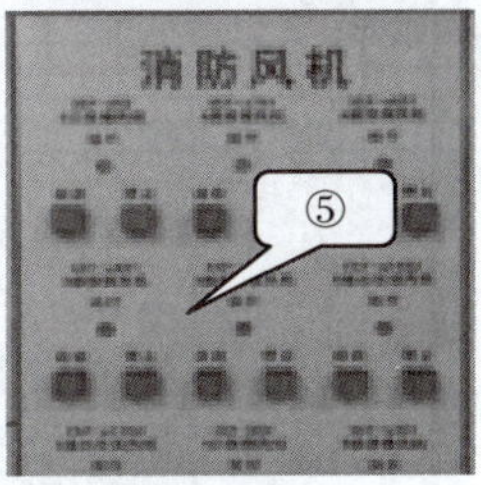 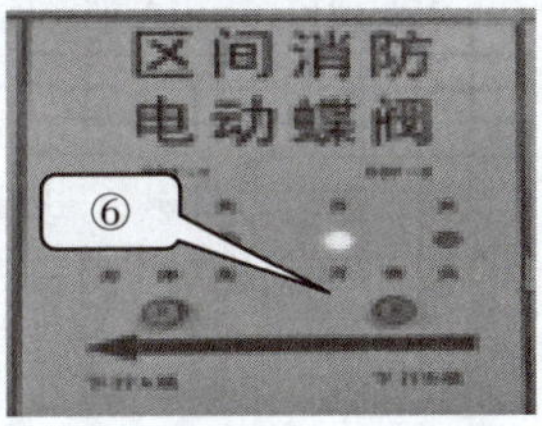
2	工作站检修	除季检全部项目外,还需进行工作站全盘扫描杀毒、内部清洁、数据备份等: ①开启杀毒软件全盘扫描,确保无病毒,扫描记录应显示正常。 ②主机内部清扫:关闭工作站,断电拆除主机箱并开盖除尘;利用吹风机逐一对板卡吹扫。操作期间应注意控制吹风机功率;对主机机箱内防尘网重点吹扫;吹扫结束,组装工作站,开机验证各项功能应正常。	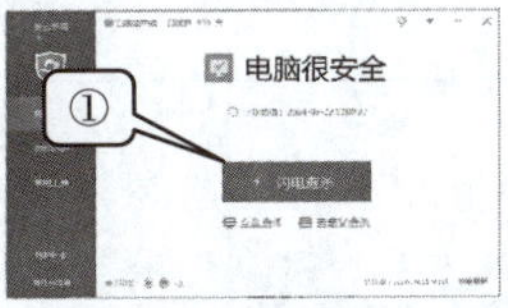  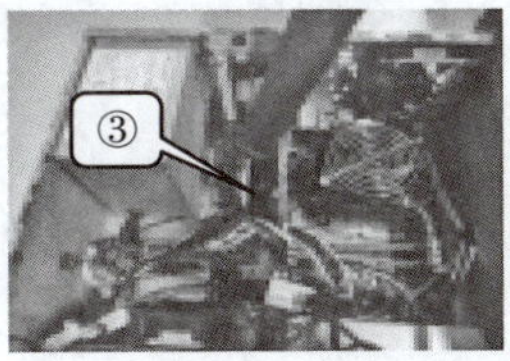 

续表

序号	作业内容	作业标准及要求	补充说明及简图
2	工作站检修	③使用专用移动存储设备对工作站的软件、配置、日志等数据迁移备份。 ④火灾工况下的联动功能测试(与消防维保单位协同施工):火灾工况下综合监控系统调度所辖设备(包括 PIS 播放应急信息、AFC 释放,ACS 释放等)转入火灾工况且正确显示设备反馈信息。 ⑤手动操作 PA 与 PIS 播放应急信息、AFC 释放、ACS 释放等、各子系统执行命令后正常反馈显示	
3	服务器检修	除季检全部项目外,还需对服务器杀毒软件、冗余功能、内部清洁、数据备、线缆整理等方面进行检查: ①开启杀毒软件全盘扫描查杀无病毒,杀毒软件扫描记录正常。 ②服务器开箱清洁:电源模块风扇无明显积灰;主板区域无灰尘;机箱内散热风扇无明显灰尘。清洁后将各组件依次装回服务器内,开机检查确认各项功能正常。 ③整理线缆,确保美观同时避免线缆预留距离合规。 ④使用专用移动存储设备对服务器已有的软件、配置等数据进行备份	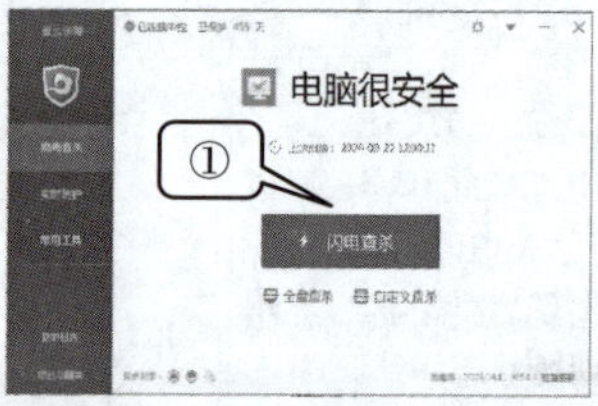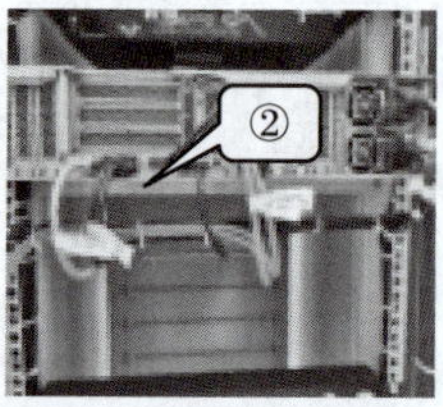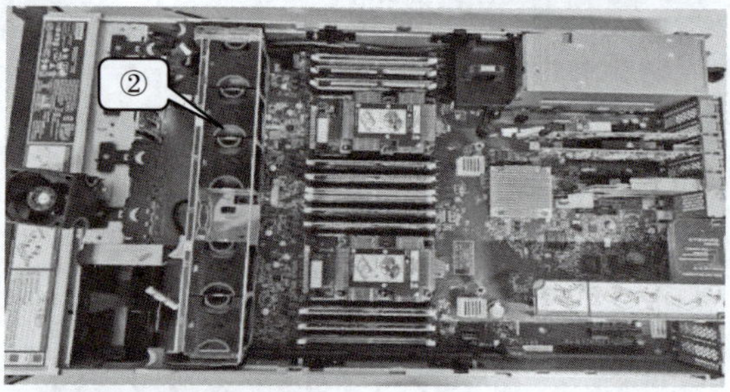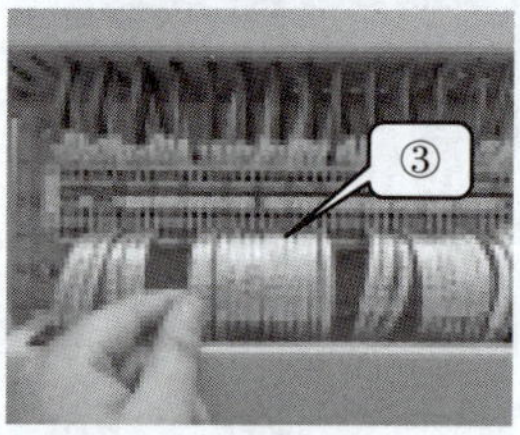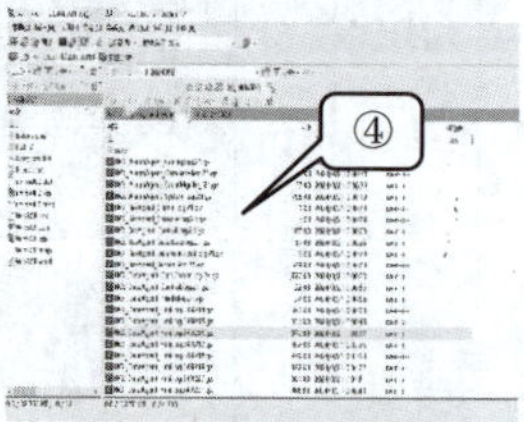
4	FEP 检修	检修:除季检全部项目外还需对 FEP 备份查看数据传输是否正常: ①使用专用移动存储设备备份 FEP 中运行软件、已有的配置、日志等数据。	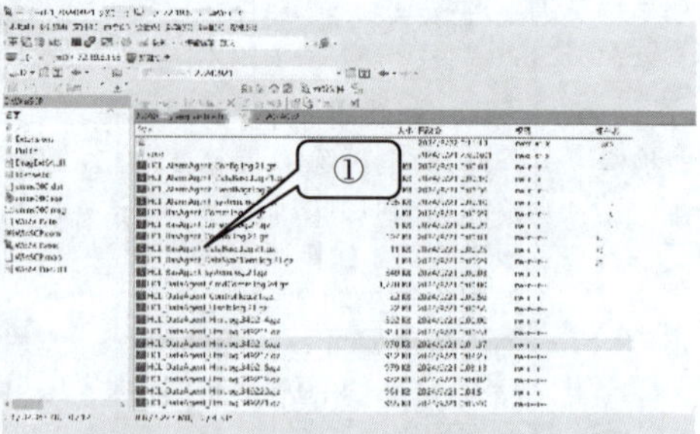

续表

<table>
<tr><th>序号</th><th>作业内容</th><th>作业标准及要求</th><th>补充说明及简图</th></tr>
<tr><td>4</td><td>FEP
检修</td><td>②利用 ping 命令检查链路中有无异常丢包</td><td>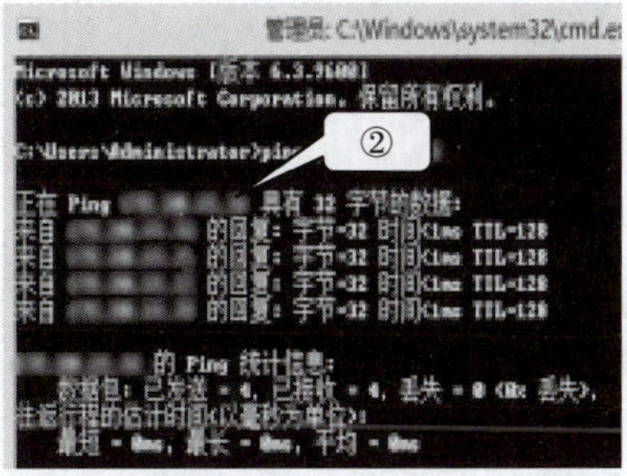
</td></tr>
<tr><td>5</td><td>交换机
检修</td><td>除季检全部项目外还需查看交换机数据传输及配置是否正常：
①车站至主干网数据丢包率及数据包往返时间在标准范围内。
②使用专用移动存储设备对交换机配置、日志等数据进行备份。主备交换机冗余切换正常，各端口通信数据无掉线。
③利用 KVM 查看交换机日志、路由表、配置正确，模块运行状态正常。
④外接网络线缆牢固，线缆齐整标识齐全</td><td>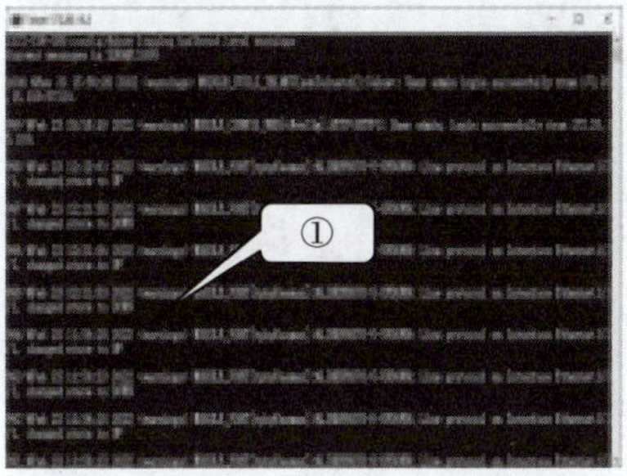

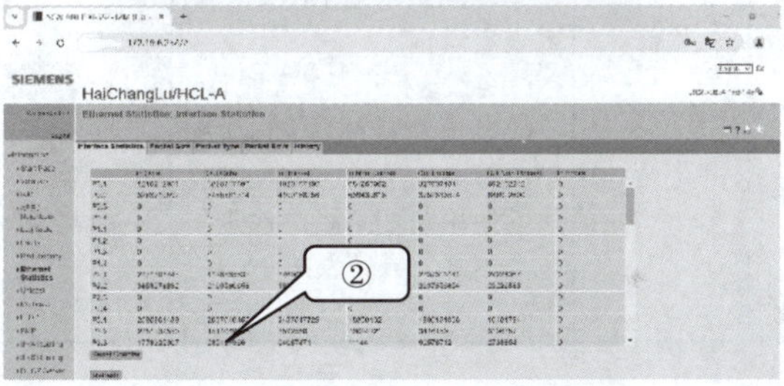

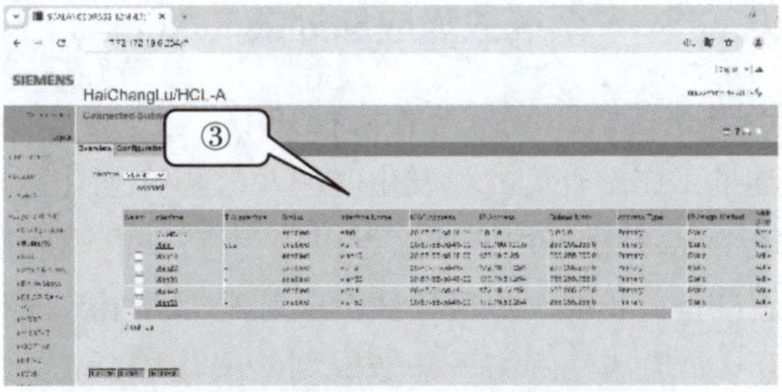

</td></tr>
</table>

续表

序号	作业内容	作业标准及要求	补充说明及简图
6	网络防火墙检修	除季检全部项目外还需重启防火墙、备份、检查更新策略： ①重启后设备正常登录，综合监控网络状态显示无掉线或闪断。 ②防火墙备份索引与策略匹配，无异常状态。防火墙策略无丢失，策略防护范围不包含异常 IP	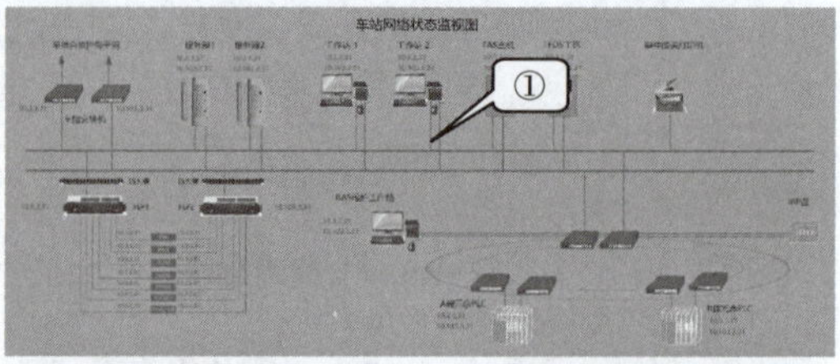 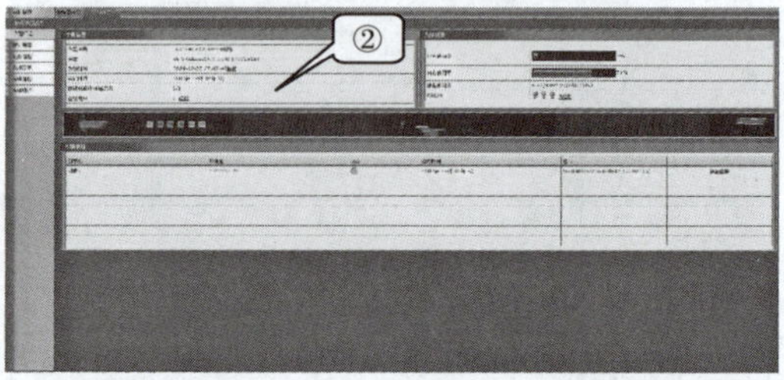
7	配电箱检修	除双周检全部项目外还需紧固端子排、检查线缆、跨接地线以及对箱内测温： ①紧固配电箱内端子排，端子排无破损及松脱。 ②线缆接线稳固，无松脱或表皮风化。 ③各线缆标识标签无脱落。 ④接地跨接线完好、无松动脱落。 ⑤使用红外测温枪检查配电箱内部无异常发热	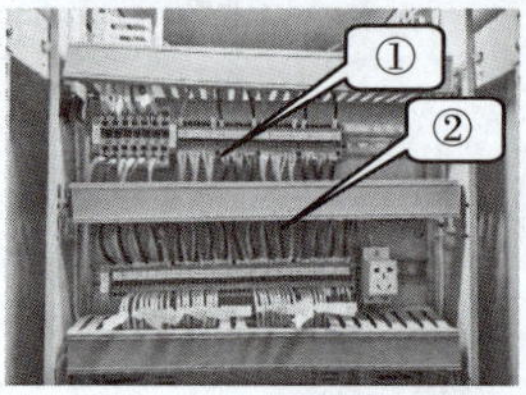  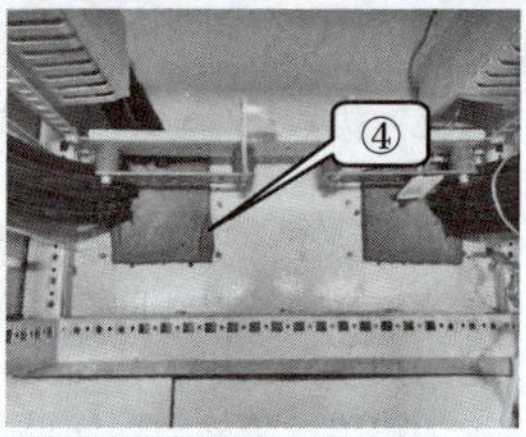

八、ISCS 系统故障应急处置

ISCS 系统故障应急处置流程如下：

通过工作站查询故障发生时间及故障详细信息；OCC 值班人员安排一人快速赶赴 OCC 调度大厅了解情况，并做好协调和信息报送工作；一人快速赶往综合监控设备房检查设备运行状态，做好应急处置准备。正线工班应快速响应赶赴邻近车站，检查设备运行状态，配合 OCC 工班现场处置。

(1)如果遇见网络风暴造成网络通信中断：

①拆除综合监控主干网 A 网光纤环网上任意一节点(车站或 OCC)上行或下行的光纤跳线，使 A 环断开，A 网以总线方式运行。

②观察网络是否恢复，若未恢复，再断开主干网 B 网光纤环网上任意一节点(车站或 OCC)上行或下行的光纤跳线，使 B 环断开，B 网以总线方式运行。

(2)如果遇见交换机故障造成通信中断：

查看环网同一链路多车站综合监控系统离线，定位故障交换机位置，对故障交换机进行更换，导入备份数据。

故障恢复后需留守观察 5 min 以上，确认设备运行正常。

技能训练

1. ISCS 系统维护保养

(1)某号线 OCC 综合监控设备日巡检表见表 1-1-6。

表 1-1-6　某号线 OCC 综合监控设备日巡检

日期：　　　　　　　　　　　　巡检人员：

序号	检修工作内容	检修步骤	检修标准	检修状态	故障说明
1	交换机	检查设备是否齐全、端口指示灯是否正常	机架固定无松动,面板指示灯、网络指示灯千兆通信口显示正常并周期性闪烁	□	
2	实时服务器	通过任务管理器查看 CPU 状态、内存状态、联网状态	CPU 使用率、内存使用率、联网状态正常(填写导致异常进程名称,无则画√)	□	
		各子系统状态	各子系统无离线状态	□	
		查看服务器软件及进程运行状态	通过 KVM 查看各软件及进程运行正常,无进程卡滞及设备异常告警	后台程序□	
				调度程序□	
				工作台 □	
				报警采集□	
				数据采集□	
				带电推导□	
				并行程控□	
		查看系统对时状态	时间显示与 IBP 盘一致	□	
3	历史服务器集群	通过任务管理器查看 CPU 状态、内存状态、联网状态	CPU 使用率、内存使用率、联网状态正常(填写导致异常进程名称,无则画√)	□	
		通过系统工具查看硬盘状态	磁盘阵列、硬盘使用率正常(填写错误代码,无则画√)	□	
		查看历史服务器集群状态	历史服务器集群运行正常	□	
4	FEP	通过任务管理器查看 CPU 状态、内存状态、联网状态	CPU 使用率、内存使用率、联网状态正常(填写导致异常进程名称,无则画√)	□	
		查看 FEP 软件运行状态	软件运行正常	□	
		查看系统对时状态	时间显示与 IBP 盘一致	□	
5	工作站	检查综合监控平台系统软件运行情况	各软件及进程运行正常	□	
		检查系统资源利用情况	CPU 及内存使用正常,CPU 的使用率低于标准值(CUP 高于标准值时记录异常数值,无则画√)	□	
		检查各系统网络状态	网口状态无异常,各子系统无离线状态	□	
		检查硬件状态	鼠标、键盘、音响等状态正常	□	
		检查系统对时状态	时间显示与 IBP 盘一致	□	

续表

序号	检修工作内容	检修步骤	检修标准	检修状态	故障说明
6	柜内附属设备	检查柜内设备运行及外观	灯具照明、PDU、空开工作正常,外观完好	□	
		检查柜内线缆、铭牌、孔洞封堵情况	柜内设备及线缆摆放整齐,标签及铭牌无缺失、无脱落,柜内孔洞封堵完好	□	
7	信息安全系统	检查各网络端口状态是否正常	网线端口左边状态灯如不亮,检查网线对端是否未接,如接上,进入两端设备查看端口是否打开,并检查网线是否正常	□	
		查看运行日志、网络监控记录是否正常	登录 Web 管理页面,选择系统日志,查看是否有重启、账户登录、网口 DOWN 的日志记录	□	
		检查设备面板上的报警指示灯是否有报警	无异常告警信息(填写异常信息,无则画√)	□	
检查结果					
备注	检查结果正常在对应□内打√;不正常在□内打×,并在故障说明中注明故障现场,是否处理,处理方法				

(2)某号线综合监控系统维护检修(季度)记录表见表 1-1-7。

表 1-1-7　某号线综合监控系统维护检修(季度)记录

巡检人员:　　　检修地点:　　　　　　　　日期:　　年　月　日　时　分至　时　分

序号	检修内容	检修步骤	检修标准	检查结果	故障说明
1	工作站	工作站运行状况检查	工作站电源指示灯、网络连接及显示器画面均正常	□	
		重启工作站	工作站重启后均正常使用	□	
		使用任务管理器查看设备性能	CPU、内存占用较低	□	
		检查软件是否存在更新情况	能与软件管理台账保持一致	□	
		检查线路、线缆、铭牌的情况	线路、线缆、铭牌完好无破损,整齐	□	
		检查工作站机箱	机箱表面无积尘,风扇无异响	□	
2	IBP 盘	检查 IBP 盘面无破损	无松脱,锈化、破皮现象	□	
		检查机柜内卫生	柜内清洁无积尘	□	
		灯管、风扇、锁具是否完好	灯管、风扇、锁具完好	□	
		检查各线缆、接头是否完好无松动	线缆、接头完好无松动	□	
		检查各柜电源是否正常	各柜电源正常、开关无异常发热	□	
		检查 IBP 盘按钮和指示灯状态是否与现场设备运行一致	IBP 盘显示状态与现场设备状态一致	□	

续表

序号	检修内容	检修步骤	检修标准	检查结果	故障说明
3	服务器	检查服务器报警指示灯是否有报警,使用KVM查看显示器显示画面是否正常与清晰无坏点	指示灯及显示器画面显示正常	□	
		网络连接、网卡运行是否正常,检查操作系统运是否正常	网络连接正常,网卡运行良好,操作系统运行正常	□	
		清除服务器灰尘	手摸及目测均无积尘积灰	□	
		服务器重启	正常重启,检查各程序运行正常	□	
		服务器冗余测试	主备服务器正常切换,各子系统进程、功能正常、无掉线或通信中断	□	
		检查是否存在软件更新情况	软件版本为最新状态	□	
4	KVM 系统	KVM 与服务器及外设连线是否紧固	KVM 与服务器及外设连线紧固	□	
		通过 KVM 系统显示器和鼠标键盘能否在两台服务器间切换	通过 KVM 系统显示器和鼠标键盘能顺利在不同设备间切换	□	
5	FEP	检查网络柜中设备是否齐全,各连接点是否紧固,FEP 指示灯状态	目测设备齐全,散热正常,清洁无积尘,检查通过 FEP 接口的系统连接线紧固,指示灯正常	□	
		检查冗余是否正常	主备 FEP 正常切换,冗余正常,无异常报警产生	□	
		检查线缆连接是否正常	接口紧固不松动,电线无破皮潮湿现象,线缆完好、整齐	□	
		FEP 重启	重启后 CPU 占用率低于限定值,各软件运行正常	□	
6	交换机	检查交换机外观、指示灯、温度、卫生	硬件齐全、散热正常、清洁无积尘	□	
		检查电源是否正常,检查线路、端子紧固、铭牌完好,查看交换机端口信息	指示灯显示正常,网络连接正常,缆线与交换机端口连接牢固	□	
		通过工作站进入 Web 模式,查看交换机是否出现异常的情况	网络通信正常,数据正常,无异常数据,设备无异响,车控室工作站人机界面 NMS 画面通信均为绿色为正常	□	
7	配电箱	检查箱体是否完好,空气开关位置及接线端子是否正常,配电箱接地	箱体(门扇、门锁完好),箱体内无异味、异响,空气开关位置正常,接线端子无松脱、破皮、锈化,接地正常	□	

续表

序号	检修内容	检修步骤	检修标准	检查结果	故障说明
8	防火墙	检查电源、运行指示灯、端口指示灯状态是否正常，网络连接是否正常	电源、各指示灯显示正常，网络连接正常	□	
		检查硬件是否齐全、安装是否牢固、外观是否完好整洁	硬件齐全、散热正常、清洁无积尘	□	
9	病毒查杀	更新病毒库，并全盘扫描查杀病毒	病毒库为最新状态，全盘扫描查杀后无病毒，日志正确记录信息	□	
10	数据备份	对服务器、FEP、交换机、工作站等软件、配置、日志等数据进行备份	顺利完成数据备份，并按照日期、站点、设备、数据种类方式分文件夹存储	□	
备注	检查结果正常在对应□内打√；不正常在□内打×，并在故障说明中注明故障现场，是否处理，处理方法				

2. ISCS 系统应急故障处置

ISCS 系统故障应急故障处置见表 1-1-8。

表 1-1-8 ISCS 系统故障应急故障处置表

故障名称	检修内容	状态	故障说明
综合监控全线通信中断	OCC 综合监控工作站查看车站主干网络状态显示	□	
	中断站点的综合监控交换机状态指示灯检查	□	
	中断站点的网线、光纤连接情况检查	□	
	光纤转换盒状态检查	□	
	查看全线综合监控离线，确认为网络风暴	□	
	拆除主干网任意一节点光纤跳线，使主网以总线方式运行	□	
	若未恢复，拆除备主干网任意一节点光纤跳线，使备网以总线方式运行	□	
	确认非网络风暴，查看环网同一链路多车站综合监控系统离线，判断车站交换机故障	□	
	定位故障交换机位置后，更换交换机	□	
备注	故障处置顺序进行，完成一项检查且结果正常则在□内打√，否则打×，并在故障说明中描述故障特征，以备故障原因追溯		

任务评价

任务评价见表 1-1-9。

表 1-1-9　任务评价

任务一　综合监控系统（ISCS）检修及应急故障处置		日期：	
姓名：	班级：	学号：	教师签名：
自评：□熟练　□不熟练	互评：□熟练　□不熟练	师评：□合格　□不合格	
日期：	日期：	日期：	

评分细则

序号	评分项	得分条件	分值	自评	互评	师评
1	接受任务	明确工作任务，理解任务在企业工作中的重要程度	5			
2	前置知识	本次实训前需要掌握的知识程度	5			
3	能力评价	能根据 ISCS 系统主要设备作用，简述计划性检修一般要求	5			
		能够描述 ISCS 系统主要故障及应急处理措施及程序	10			
		结合车站 ISCS 系统工作单，对 ISCS 系统设备进行巡检作业	10			
		结合 ISCS 系统现场检修标准，进行检修作业	20			
		能根据 ISCS 系统全线通信中断表征，采取有效措施进行应急处置	15			
4	素养评价	工作计划性强，安排得当	5			
		团队合作能力强，善于沟通合作	5			
		自主学习能力强，勇于克服困难	5			
		严谨认真，积极参与课堂	5			
5	评价反馈	学生能快速、正确地识别图片中设备，以小组评价方式组织客观评价	5			
		对学生在任务实施过程中发现问题，进行小组审议后及时反馈	5			
总　分			100			

巩固与练习

1. ISCS 系统基础知识

（1）综合监控系统所采用三级控制方式，是__________、__________、__________三级控制。

（2）车站级综合监控系统主要由__________、__________、__________、__________、一台报表打印机和一套车站综合后备盘（IBP）及操作台等组成。

（3）综合监控系统网络分为__________、__________。

（4）ISCS 系统的 UPS 供电时间普遍按__________续航时长需求设计。

2. ISCS 系统设备计划性检修术语与定义

（1）ISCS 系统设备计划性检修包含__________、__________、__________与每年期计划检修工作内容。

（2）每日远程巡检工作的目的是__________系统异常情况。

（3）季度计划检修过程中应注意先__________。

（4）年检工作内容为__________。

3. ISCS 系统设备检修与应急处置

（1）简述服务器季度检修流程及作业标准。

（2）简述综合监控全线通信中断的应急处置。

视野拓展

地铁里的“智慧指挥官”——地铁综合监控系统

地铁的车站控制室，这个看似不起眼的玻璃房间，实则是整个车站运作的“心脏”与“大脑”。在这里，各类高科技设备紧密协作，如IBP盘、综合监控系统、视频监控系统等。它们如同车站的“眼睛”，时刻监控着列车的运行、设备的状态以及乘客的安全。当发生紧急情况时，这些设备能够迅速被启动，工作人员及时响应，共同保障车站的安全与乘客出行顺畅。

车站的“眼睛”——综合监控系统(ISCS)：车控室摆放着一排计算机，它们被称为综合监控系统，相当于车站的“眼睛”，如图1-1-21所示。通过这些“眼睛”，工作人员能够对车站环控系统、火灾报警系统、视频监控系统、乘客信息显示、站台门、闸机等进行实时监控。

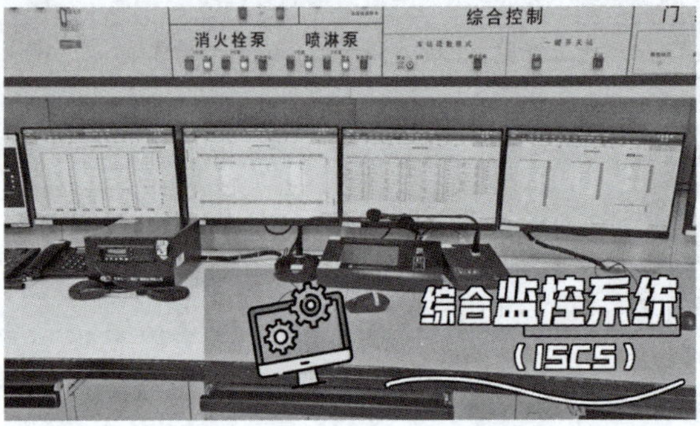

图1-1-21　综合监控系统

任务二　环境与设备监控系统(BAS)检修及应急故障处置

任务目标

知识目标：

1. 掌握BAS系统计划性检修工作内容。
2. 掌握BAS系统主要设备故障处理措施及程序。
3. 掌握BAS系统作业总体流程。
4. 掌握BAS设备巡检、操作及检修工序。

能力目标：

1. 具备BAS系统作业总体流程操作的能力。
2. 具备BAS设备巡检、操作及检修的能力。

素养目标：

1. 具有BAS系统检修安全作业的操作意识。
2. 具有标准化完成BAS系统检修作业的工程思维。

任务导入

成都地铁5号线环境与设备监控系统(building automation system，BAS)对41座车站、1座车辆段、2座停车场的通风空调系统设备、给排水设备、自动扶梯、照明设备、导向标志、车站事故照明电源等车站设备进行全面、有效的自动化监控及管理，确保设备处于安全可靠、高效节能的最佳运行状态。

BAS系统作为子系统完全融入综合监控系统，其中央级、车站级设备及功能由综合监控系统实现。BAS现场级通过过程控制技术，对地铁通风空调系统等，设备设施按功能、运行工况和环境标准等要求进行监测、控制和科学管理，并配合火灾自动报警控制子系统等，为地铁线路创造舒适、安全可靠的乘车环境，并达到节能的目的。车站BAS系统设备如图1-2-1所示。

（a）　　　　（b）

图1-2-1　车站BAS系统设备

任务描述

环境与设备监控系统（BAS）检修及应急故障处置围绕常规线路的BAS用户需求展开介绍，包含常规线路BAS的三级架构、系统设备功能，为学生学习BAS检修与应急故障处置打下理论基础，学生参照BAS系统设备维修保养作业标准及要求，并依照BAS与外部接口界面延伸的维保界面开展实训学习，掌握检修要领，拉近学习与上岗的距离。

核心知识

一、BAS系统组成

城市轨道交通中BAS系统实行“两级管理（控制中心和车站）、三级控制（中央级、车站级及现场控制级）”模式（BAS监控对象示意图见图1-2-2，车站级BAS系统架构见图1-2-3）。BAS系统的中央级控制以子系统方式集成于综合监控系统，并由综合监控实现功能配置，它设置于控制中心的中央控制室；BAS系统的车站级在车站（含地下区间隧道）、场段等地设置，它通过冗余通信接口与车站级综合监控系统连接，实现车站级信息集中上传。BAS系统的现场控制级是在车站、区间隧道、车辆段及停车场等地设置，它主要通过输入/输出模块实现监控。

视频

BAS隧道模式控制（OCC工作站）

BAS系统在车站级单独组网后接入所在车站的综合监控系统网络，并通过综合监控主干网形成连接控制中心的全线监控网络。BAS系统的设备监控界面以子系统方式集成在综合监控系统工作站软件界面（见图1-2-4），供值班人员上位管理工作需要。

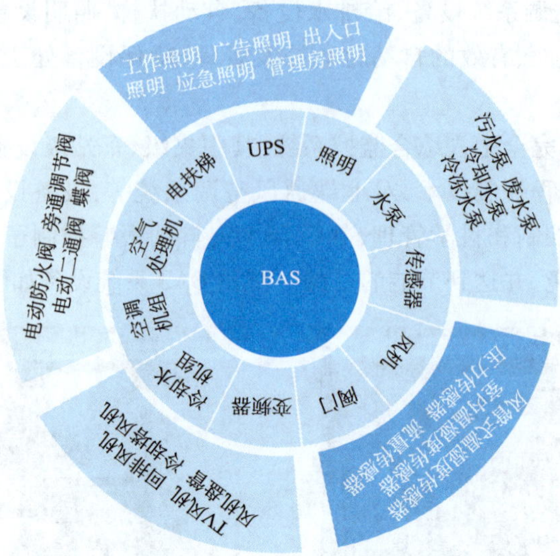

图 1-2-2 BAS 监控对象示意图

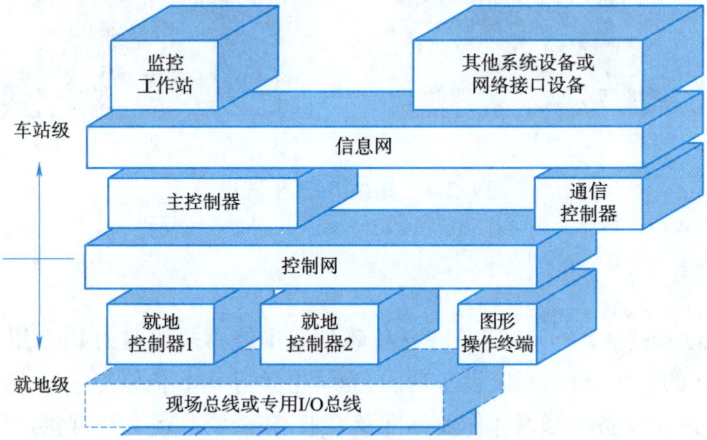

图 1-2-3 BAS 系统架构

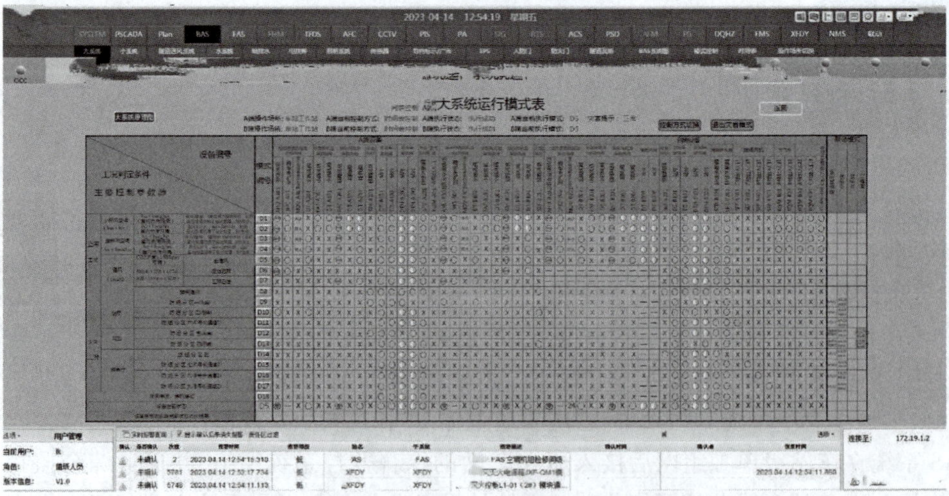

图 1-2-4 综合监控系统工作站软件界面 BAS 页面

1. 中央级 BAS 系统组成

中央级 BAS 系统的重要作用是对车站通风空调、给排水、应急电源设备（emergency power supply，EPS）等设备进行监控，特别是以整体方式显示和控制区间隧道的通风系统设备。中央级 BAS 系统集成在综合监控系统中，其监控功能由综合监控系统实现，功能如下：

（1）监视、记录各车站和管理设备用房的温度、湿度等环境参数。记录全线路各受控主要设备的运行状态，统计受控设备运行时间并掌控运行时间均衡，根据运营要求实现维修及检修的预告警，生成检维修报告。

视频　BAS隧道通风系统模式控制（车站工作站）

（2）对各种信息进行实时、历史记录；可以进行查询和分析，自行编辑报表，生成日、周、月的报表；可以进行档案资料的记录和存储。能打印各类根据运营需要而自由配置的数据统计报表、操作和报警信息。

（3）接收通信系统同步时钟信号，并把时钟信号下达到各车站，实现全线 BAS 系统时间统一。

视频　BAS小系统模式

2. 车站级 BAS 系统组成

车站级 BAS 系统由 PLC 控制器、输入/输出模块（RI/O）、各类变送器、BAS 维修工作站等设备组成。主要功能为：监视并记录车站（或场段）中典型区域及重要设备房的温度、湿度等环境参数。接收车站级 FAS 系统的火灾模式指令，控制车站（或场段）通风空调及相关设备转入灾害模式运行。具备车站控制室人工应急操作功能，即利用 IBP 盘（或消防联动控制盘）上的紧急按钮控制防排烟设备按火灾模式运行。监控本车站（或场段）的通风空调系统、给排水系统、自动扶梯、智能照明系统、EPS 等设备的运行（车站级 BAS 典型网络见图 1-2-5。），并将受控设备运行状态、报警信号及测试点数据及时上传至控制中心中央级，接收和转发中央级下达的模式控制指令。发生故障时及时发出报警。

视频　BAS水泵控制（车站工作站）

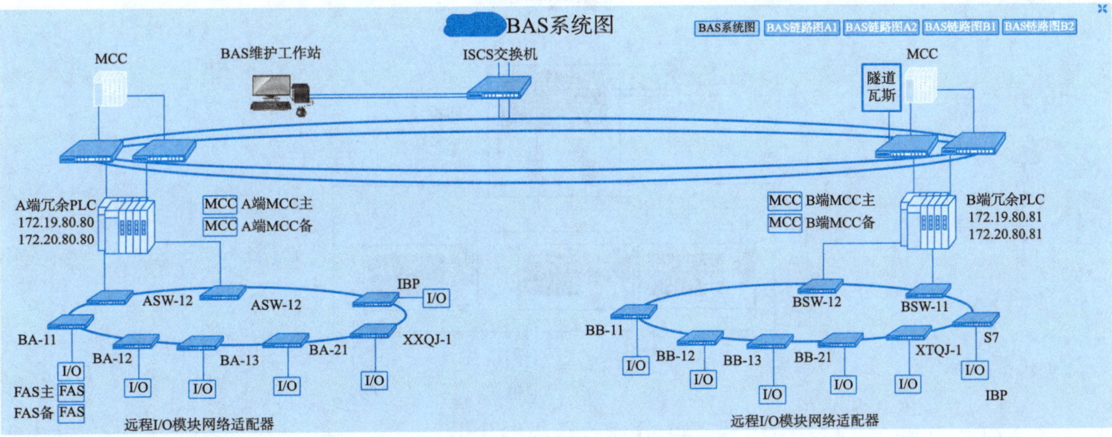

图 1-2-5　车站级 BAS 典型网络

视频　BAS控制柜内冗余状态运行的PLC

（1）PLC 控制器。由 CPU 模块、电源模块、通信模块、数据同步模块等组成。采用可编程存储器，用于存储执行逻辑运算、顺序运算、计时、计数和算术运算的指令，通过数字或模拟输入/输出控制环控、给排水等设备的监视与控制，从而实现轨道交通机电设备的数字化操作，为确保运行安全，城市轨道交通线路普遍采用双机冗余方式工作。车站现场主备 PLC 控制器如图 1-2-6 所示。

视频
BAS交换机

(2)工业级交换机。工业级交换机是组成 BAS 底层冗余双工业以太网环网的基础硬件设备,提供的以太网 RJ-45 接口和光纤接口用以建立车站主机和控制器网络之间的通信连接,实现复杂的工业环境中的实时以太网数据传输为确保安全运行,工业级交换机也采用双机冗余方式工作。工业级交换机如图 1-2-7 所示。

图 1-2-6　车站现场主备 PLC 控制器

图 1-2-7　工业级交换机

视频
运行中BAS
IO模块

(3)RI/O 。承担连接 PLC 和受控设备的通道作用,用于接收和采集来自输入设备的各种信号并向受控设备转发控制信号。通过配置地址实现不同设备的监控(见图 1-2-8)。在轨道交通中常用数字量输入模块(DI 模块)、数字量输出模块(DO 模块)、模拟量输入模块(AI 模块)和模拟量输出模块(AO 模块)四种。

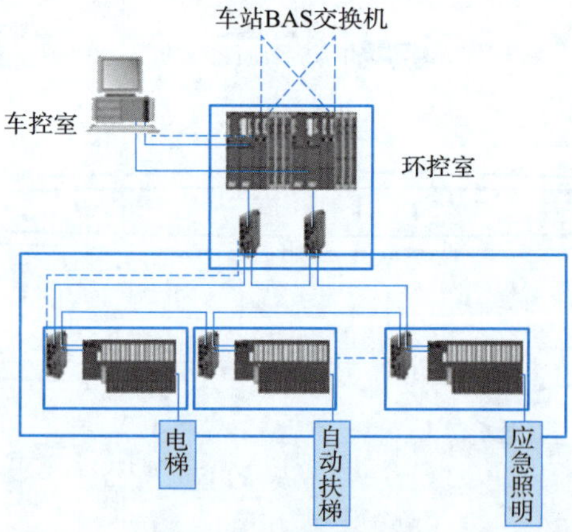

图 1-2-8　RI/O(红框内)

(4)各类变送器。温湿度传感器(见图 1-2-9)将安装位置周围的温度量和湿度量转换成电信号的设备或装置,由 BAS 系统面向对环控系统的 PID 控制提供数据。二氧化碳浓度传感器(见图 1-2-10)安装于公共区,用于检测公共区域的环境情况,用以控制调节送风量,增加乘客的舒适度。

(5)BAS 工作站。专用工业级 PC,提供 HMI 工作操作显示界面来监视各设备的工作情况,可使用鼠标操作、控制车站机电受控设备,如通过模式控制按钮,来控制设备的联动。

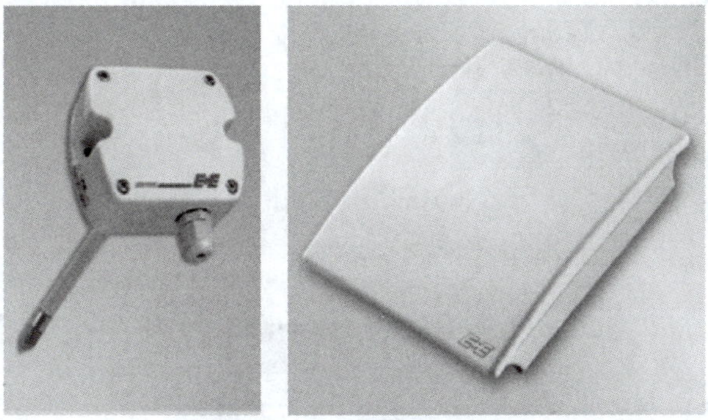

图 1-2-9　温湿度传感器

图 1-2-10　二氧化碳浓度传感器

3. BAS 现场控制级组成

现场控制级由主、从 PLC 控制器（见图 1-2-11）、RI/O、各类通信网关、交换机搭建的以太环网或现场总线、各类变送器和调节阀等组成。现场级监控设备一般集中于环控电控室，部分分散设置于现场被监控设备的附近，一般在通风空调配电室（或低压室）、照明配电间、通风空调机房、冷水机房、水泵房、自动扶梯等附近设就地控制柜（箱）等，主要作用为实现监控系统与受控设备之间的接口功能。

PLC 主控制器与从控制器之间、主控制器与 IBP 盘 RI/O 之间、主控制器与该端现场 RI/O 之间、从控制器与该端现场 RI/O 之间通过由交换机构建的光纤环状以太网进行连接，传输介质为光纤。城市轨道交通的车站 BAS 组网方式可归纳为两种：一种为车站 A\B 端的下位末端设备全部接入一个大环网形式（见图 1-2-12）；另一种为车站 A\B 端的下位末端设备独立成环，即 A\B 端设备单独组成一个小型环网形式（见图 1-2-13）。每一台 PLC 控制器以及 RI/O 节点采用 DLR（设备级环网）分别与不同的交换机连接，实现各个控制器之间可靠的数据通信，如图 1-2-14 所示。

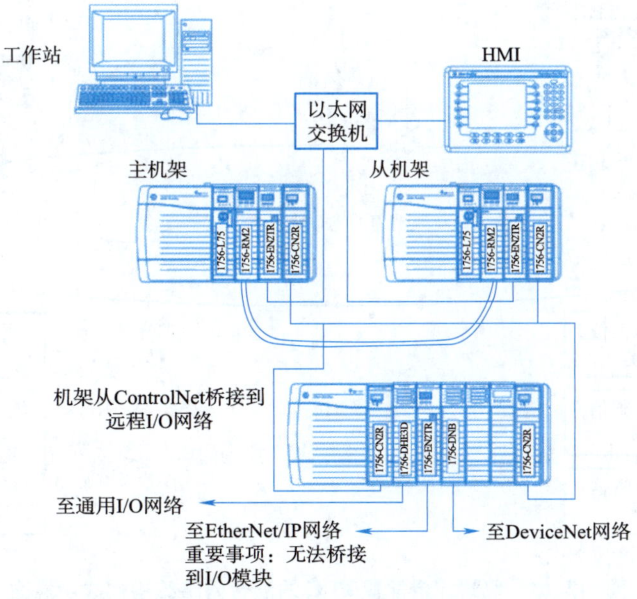

图 1-2-11　PLC 的硬件冗余系统

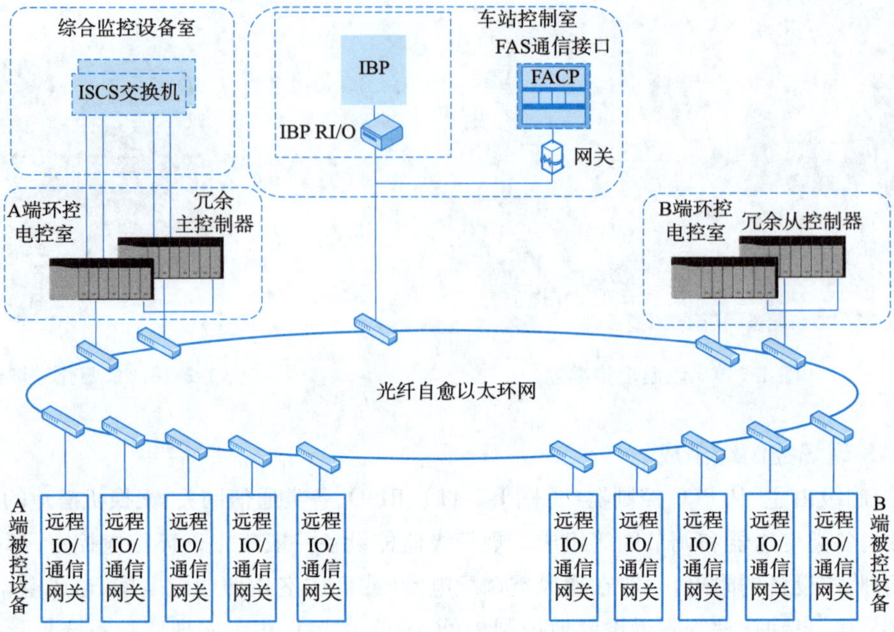

图 1-2-12　双端冗余配置 PLC 的以太环状网络结构构成示意图

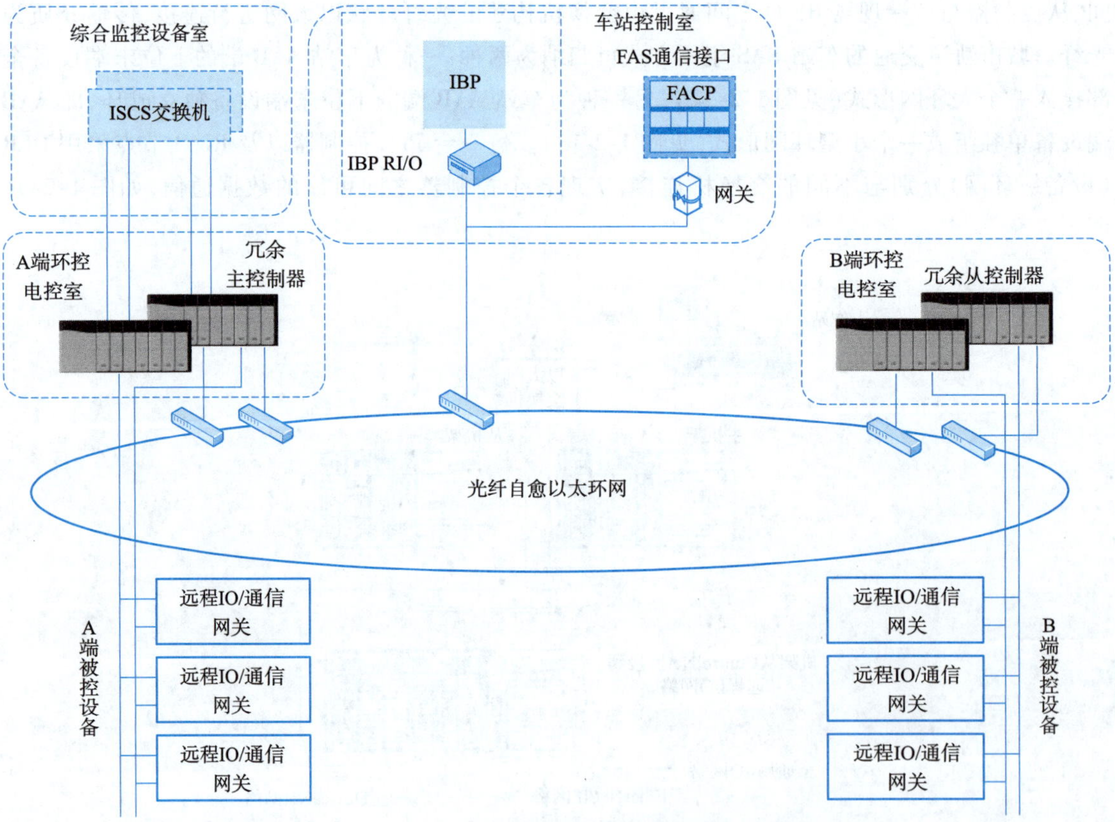

图 1-2-13　双端冗余配置 PLC 的混合网络结构构成示意图

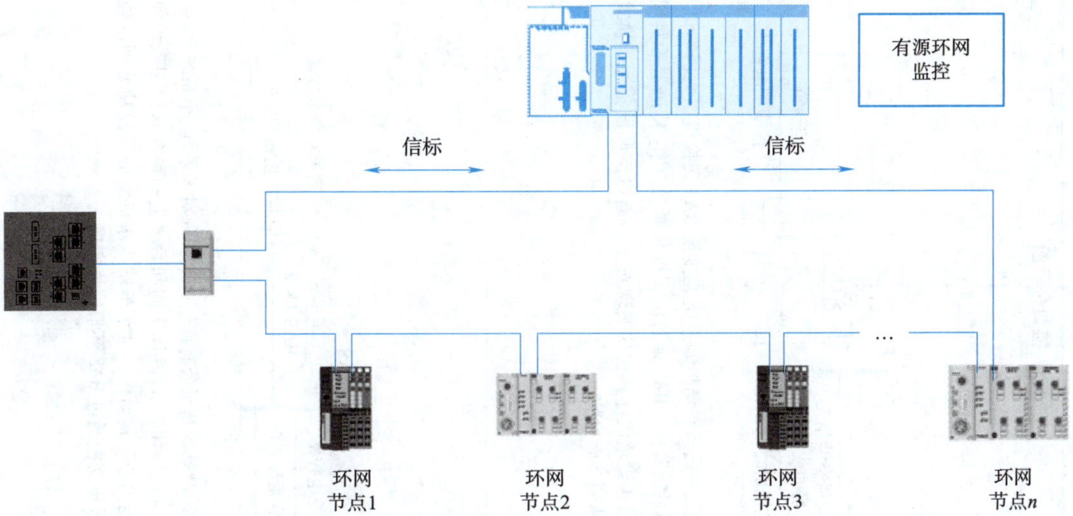

图 1-2-14　DLR 环网

二、BAS 系统与外部设备的接口

BAS 系统与外部设备接口功能及分界见表 1-2-1。

三、BAS 系统设备计划性检修周期与工作内容

BAS 系统设备检修可分为按照时间划分周期性计划检修和针对单一问题或项目的专项维修（简称专项修）。

1. 周期性计划检修

计划检修按照时间划分为月度计划检修、半年期计划检修与每年期计划检修。

（1）月度计划性检修。月度计划检修简称月检，主要工作内容为：对 BAS 系统设备及末端设备的外观检查、外观清洁、巡视检查；通过专用工作站检查故障报警记录、查看设备运行状态等；对 I/O 模块箱开箱检查内部设备或模块的运行状态、指示灯等进行检查，填写月度检修记录，发现异常后及时调校、排除。月检是 BAS 系统计划性检修周期内的最小时间单位检修，目的是确保 BAS 系统及末端设备的工作环境，发现异常及时处理系统异常。

（2）半年期计划性检修。半年期计划检修简称半年检，工作内容为：除完成月检全部工作内容外，还需对设备线路线缆标识及接头紧固性检查、系统基本功能进行测试。目的是利用专用工作站、综合监控工作站或 IBP 盘监控操作，测试系统功能是否正常。因测试内容需启动通风环控系统的风机、风阀等设备，故 BAS 系统半年检一般与通风空调系统同站作业，以同步完成 BAS 系统与通风空调系统的接口功能测试。半年检是对全线车站 BAS 系统及末端设备进行的较为全面的保养与质量检查；对检查结果进行分析后，对故障率较高的部件进行预防性更换（如处于潮湿环境的模块）。

表 1-2-1　BAS 系统与外部设备接口功能及分界表

编号	外部设备	BAS	外部设备功能	接口分界图
BAS. TK. 1	通风空调系统	（1）监视温度、湿度、CO_2 浓度等参数。 （2）结合通风空调模式要求，实现对电动二通阀控制	（1）上传空调系统各类传感器、电动二通阀的参数信息。 （2）接收 BAS 的电动二通阀开度控制信号	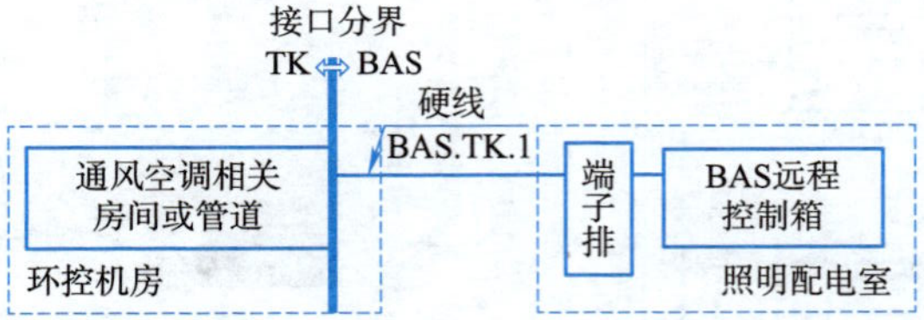 利用智能网关将通风空调控制系统连接至 BAS 交换机以太网端口上，实现对通风空调系统监控。BAS 通过温湿度传感器、CO_2 传感器等实现环境信息感知，通过预设焓值计算公式实现对车站通风空调设备运行模式的优化控制，从而达到节能目的
BAS. TK. 2		（1）正常情况下，监视车站通风空调系统相关设备及冷水系统相关设备（包括冷水机组、冷却塔、冷冻水泵、冷却水泵、电动蝶阀、各类传感器）的状态信息和运行参数。 （2）故障报警及管理。 （3）向节能控制系统传送统一开关信息。 （4）重要数据存储	（1）上传水系统相关设备（包括冷水机组、冷却塔、冷冻水泵、冷却水泵、电动蝶阀、各类传感器）的状态信息、运行参数及报警信息。 （2）向 BAS 上传车站通风空调系统相关设备的状态信息。 （3）接收 BAS 传来的相关环境参数和开关信息。 （4）完成对水系统的联动连锁和保护。 （5）完成冷水机组的自动加载减载功能	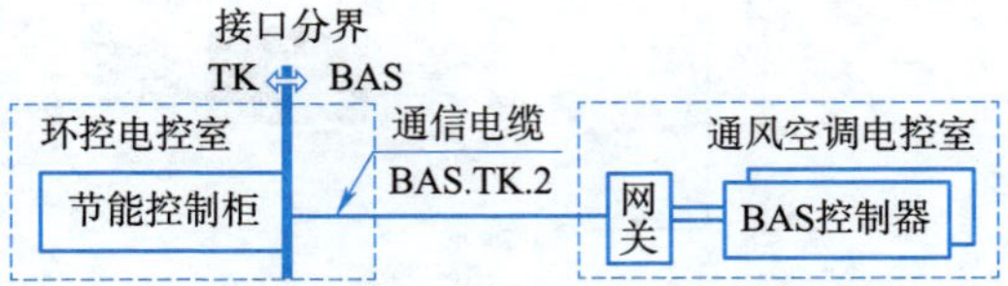 BAS 与节能控制系统基于公有通信协议实现对大系统、小系统、水系统内相关设备的自动监控和调节；具体房间和管道上的系统阀门则采用硬线连接，以电信号输出控制其动作。对于车站冷水机组的群控功能则以现场总线方式监控，数据交换通过 BAS 环形网络实现

续表

编号	外部设备	BAS	外部设备功能	接口分界图
FAS. BAS. 1	FAS	(1)进行火灾的探测、确认及报警,并向 BAS 发送相应火灾模式指令,联动 BAS 按既定原则执行火灾运行模式。 (2)接收 BAS 反馈的模式执行状态信息	(1)接收 FAS 发送的火灾模式信息,按既定原则执行火灾运行模式,实现关联设备的运行。 (2)向 FAS 反馈模式执行状态信息。 (3)进行故障报警及处理	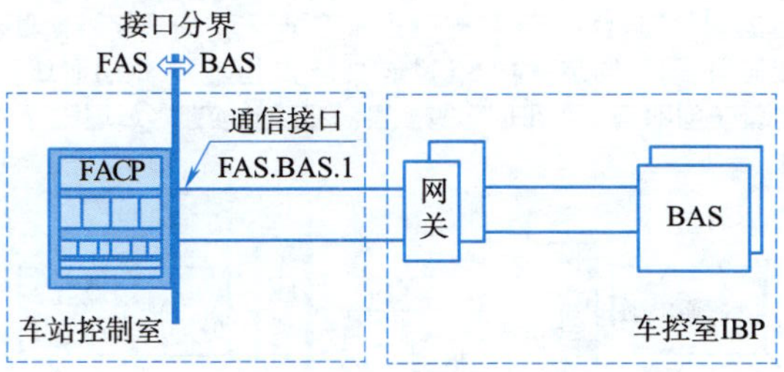 BAS 与 FAS 之间利用 FAS 系统的超级网关实现通信(具备冗余切换功能),基于公有通信协议(常用 RS-485 协议)实现数据交换,在接收 FAS 发送的火灾模式信息后,BAS 按既定原则执行火灾运行模式,使受控机电设备转入灾害工况下运行
BAS. MCC. 1	低压动力照明	负责整个车站机电设备间的联动控制、模式控制、时间表控制等功能。具体包括: (1)设备状态、报警。 (2)现场设备控制位置及控制优先级信号采集。 (3)现场设备控制命令下达。 (4)通信链路诊断及故障处理。 (5)网络通道冗余切换。 (6)向智能低压提供网络时间同步信息	每隔一定时间,采集下列数据: (1)将设备状态及报警信息上传 BAS。 (2)接收 BAS 下达的控制指令,控制相关机电设备按监控要求运行或停止。 (3)接收 BAS 系统提供网络时间同步信息。 (4)负责接收 BAS 的模式号,向下级设备发送指令	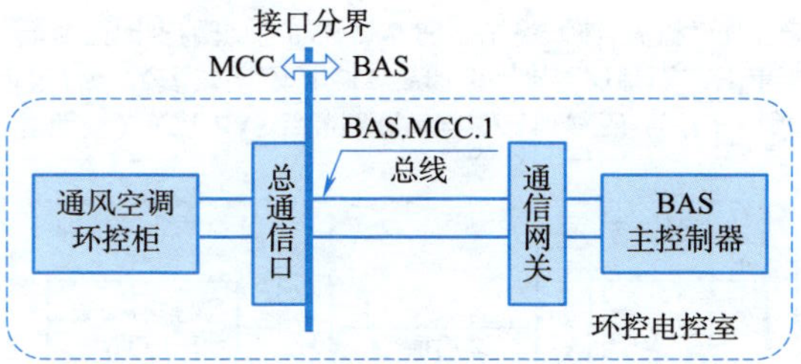 利用在环控电控柜内的智能低压网关(具备冗余切换功能),将 MCC(马达控制中心)以公有协议方式接 BAS 系统专用环形网络,BAS 控制器经 MCC 转发实现对区间射流风机、区间隧道事故风机 TVF、车站轨道排热风机 TEF、新风机、送风机、排风机、排烟风机、电动组合风阀、变频器、软启动器、轴振动装置、轴温监测装置等设备的监控

续表

编号	外部设备	BAS	外部设备功能	接口分界图
BAS. DZ. 3	风机风阀控制箱	(1)采集智能照明装置的运行状态及故障报警信息，显示于ISCS的车站级及中央级。 (2)监控智能照明系统中各照明回路（公共区、设备区、区间等地的工作照明、节点照明、应急照明等回路）。 (3)向智能照明装置提供网络时间同步信息。 (4)火灾时，向智能照明下达火灾模式控制命令，并接收其反馈状态	(1)提供智能照明装置的运行及故障报警信号。 (2)提供照明回路的状态信息，接收BAS的控制指令。 (3)接收BAS系统提供的网络时间同步信息。 (4)接收BAS发送的模式信息，按既定原则执行各类工况下对照明回路的控制，并向BAS反馈模式执行状态信息	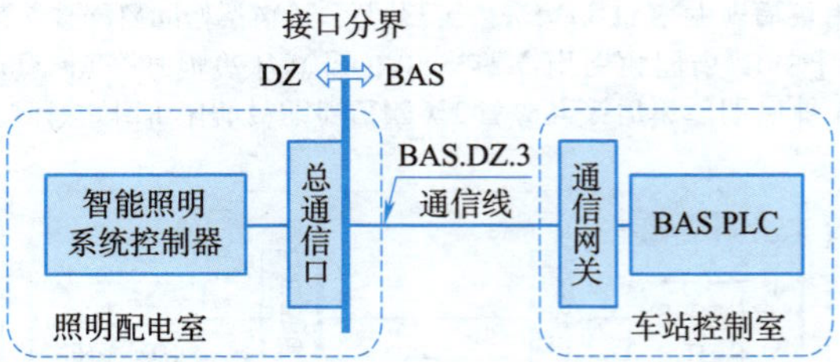 由低压智能网关实现BAS与智能照明系统通信，基于公有通信协议（常用RS-485协议）实现数据交换并达到对智能照明系统的监控；提供网络时间同步信息。智能照明系统接收BAS转发的火灾模式后，按既定原则执行灯具开关控制
BAS. ZNSS. 1	消防应急照明和疏散系统	(1)采集并显示消防应急照明和疏散系统设备运行状态、故障状态等信息。 (2)下发通风空调火灾模式号给疏散系统。 (3)向消防应急照明和疏散系统提供网络时间同步信息	(1)上传消防应急照明和疏散系统设备运行状态、故障状态等信息。 (2)根据BAS下发模式号做出相应动作。 (3)接收BAS系统提供网络时间同步信息	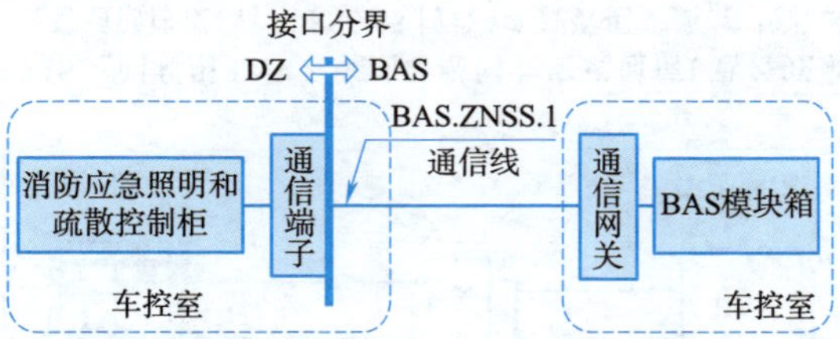 在BAS与消防应急照明和疏散标识系统之间也是由智能网关提供通信通道，基于公有通信协议（常用RS-485协议）实现系统间通信，达到消防应急照明和疏散系统的监控；在火灾工况下控制疏散指示灯的智能切换和时间同步功能

续表

编号	外部设备	BAS	外部设备功能	接口分界图
BAS. JP. 1	给排水系统	对于车站废水泵房废水泵、污水泵房污水泵、区间水泵、一体化提升装置不仅监视其运行状态、手/自动状态、故障状态、水泵控制箱的故障状态、水位报警信息、电源状态信息，紧急情况下对其远程控制	（1）提供水泵运行状态、手/自动状态、故障状态、控制箱故障状态、水位报警信息、设备电源状态状态信号。 （2）接收 BAS 对车站废水泵房废水泵、污水泵房污水泵、区间水泵的远程控制信号	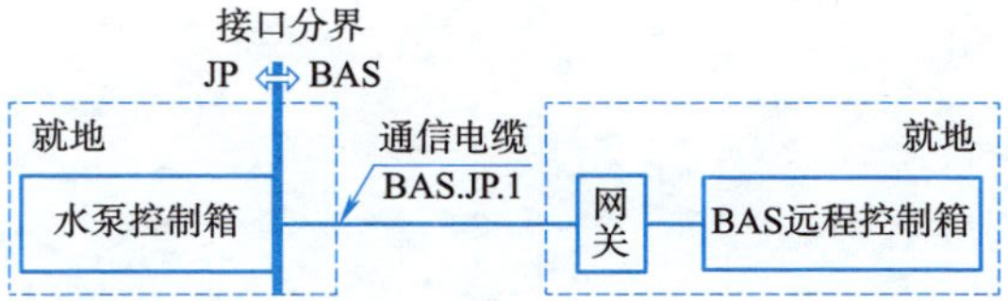 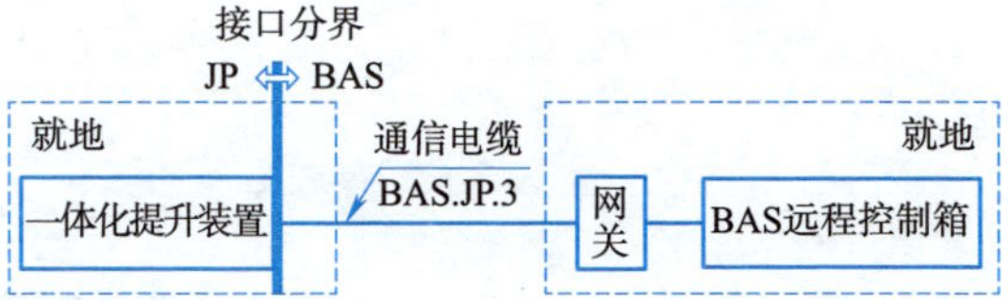 在 BAS 与给排水泵控制箱、一体化提升装置之间由智能网关提供通信通道（短距离则直接接入 BAS 工业交换机），基于公有通信协议（常用 RS-485 协议）实现系统间通信，达到监控目的。 需注意：部分城市轨道交通线路为实现区间排水泵的应急操作，增加了紧急情况下通过设置在紧急后备控制盘（IBP 盘）上的按钮，以确保对区间排水泵的远程手动紧急启动控制功能（部分城市线路特有功能）
BAS. FT. 1	电扶梯	（1）采集扶梯设备状态，并通过车站综合监控系统工作站、BAS 维护工作站上显示自动扶梯的状态及提供报警功能。 （2）BAS 远程控制电扶梯上行、下行、停梯	（1）上传自动扶梯的状态信息。 （2）执行 BAS 远程控制上下行及停止控制命令	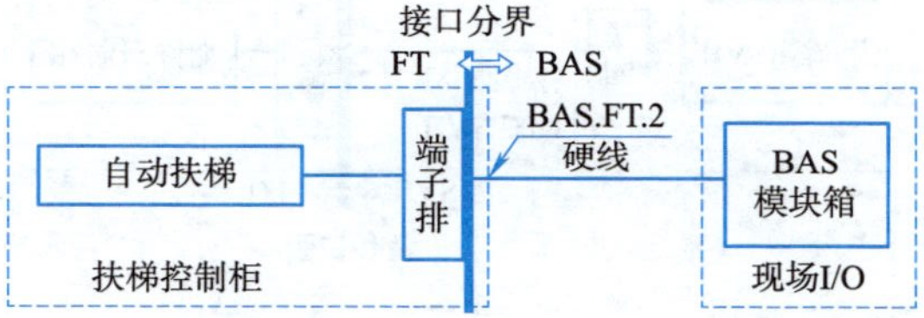

续表

编号	外部设备	BAS	外部设备功能	接口分界图
BAS. FT. 2	电扶梯	BAS实现对自动扶梯的远程急停控制	执行BAS远程急停控制命令	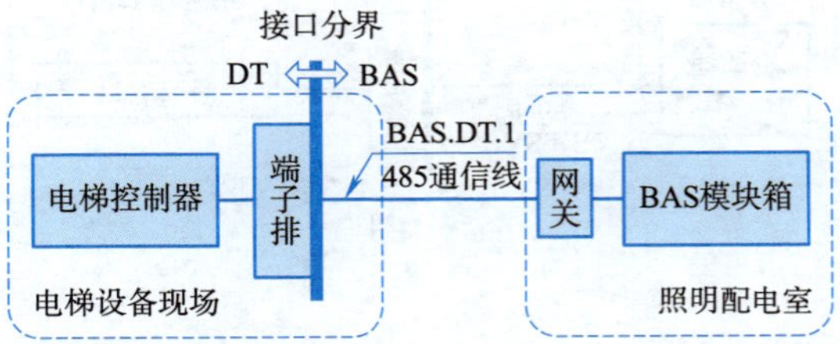 BAS通过RI/O实现对自动扶梯、电梯运行状态的监视，利用设置在IBP盘上的专用按钮实现电扶梯的上、下行及停梯控制，实现对扶梯的远程急停控制。BAS通过RI/O实现实现电梯运行状态、故障状态等监控
BAS. DT. 1		监控电梯运行状态、故障状态等	将电梯运行状态、故障状态等反馈给BAS	

(3)每年期计划性检修。每年期计划检修简称年检,工作内容为:除完成月检和半年检的全部内容外,还需对机械特性(即设备安装的稳固性、标识标牌的固定、接地线缆紧固等)与电气特性测试(如电气防火测试、接地性能测试等)、零部件年度保养或计划性更换,对运行记录进行导出另存与病毒查杀等。年检的目的是对 BAS 系统及末端设备的软硬件全面检修,确保系统的可靠运行。可对设备质量进行评估、统计、分析,为后期大中修积累真实而翔实的基础数据。

2. 专项维修

(1)BIOS 电池更换。在城市轨道交通 BAS 系统中使用的 PLC 和专用工作站主板安装有基本输入输出系统(basic input/output system,BIOS)电池,因 PLC 工作站为全天候运行设备,为避免 BIOS 电池无电故障导致时间错误,造成系统配置丢失,因此以专项修的方式在规定时间对 BIOS 电池进行集中批量更换。

(2)UPS 定时放电测试。对于设置有 BAS 系统独立不间断电源供电系统(UPS)线路[一般存在于较早开通线路车站、站间距较大的中间风井(尤其是市域线路地下段)BAS 系统],定期对 UPS 电池充放电有利于电池健康运行,因此需对 BAS 系统专用 UPS 进行规定时间间隔的放电测试,放电测试相关的放电前、放电开始及放电结束时的电压、电流参数都必须如实记录。在线路设置有车站综合 UPS 供电的,不进行单系统的 BAS UPS 定时放电测试。

四、BAS 系统设备维修保养维修作业标准及要求

1. 月检

月检作业标准及要求见表 1-2-2 。

表 1-2-2　月检作业标准及要求

序号	作业内容	作业标准及要求	补充说明及简图
1	BAS PLC 主控制器检修	检查 BAS PLC 主控器电源、通信线缆、各类模块: ①DC 24 V 电源模块供电指示灯绿色,网关通信指示灯周期闪烁。 ②目测连接电缆紧固,接头无异样,无裸露导线,柜内设备安装紧固,柜内无异物。 ③网关运行正常,网关连接电缆无松动。 ④PLC 电源模块指示灯长绿;CPU 模块、以太网模块、总线模块、冗余模块运行正常。 ⑤风扇运行正常;空气开关分/合正常,标示完整。 ⑥接地线完整无松动(电表测试无漏电现象);控制柜内设备清洁,无尘积	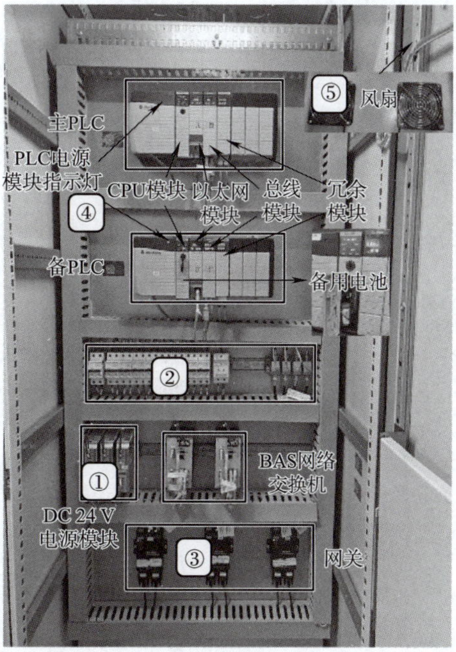

续表

序号	作业内容	作业标准及要求	补充说明及简图
2	BAS 就地控制箱检修	检查 BAS 就地控制箱内电源、通信线缆、各类模块及机柜附属设备运行是否正常，检查柜体表面及柜内卫生： ①控制箱完好，表面清洁无尘积。 ②24 V 电源指示灯长绿。 ③箱体接地线紧固无松动。 ④通信适配器（或者接口模块）的通信状态指示灯正常（绿色长亮）	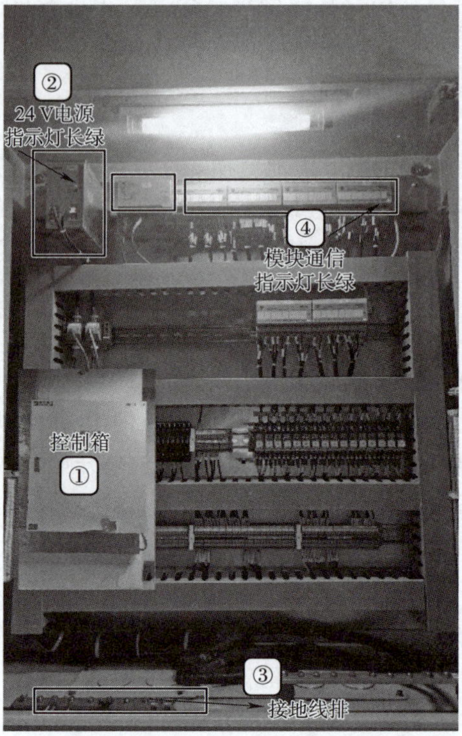
3	IBP 盘 PLC（早期部分线路设置，新建线路取消，功能与主控制器合并）	检查 PLC 运行及模块通信状态： ①PLC 机架清洁无尘积，各模块清洁无异物，PLC、导轨支架安装紧固，无松动。 ②PLC 电源模块指示灯长绿。 ③通信适配器（或者接口模块）的通信状态指示灯正常（绿色长亮）	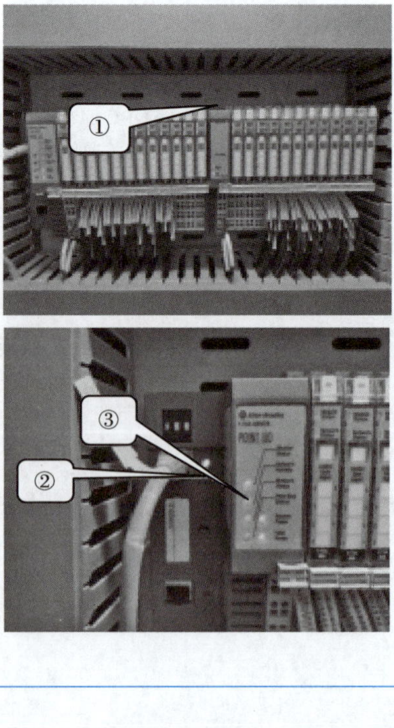

续表

序号	作业内容	作业标准及要求	补充说明及简图
4	BAS 交换机	检查 BAS 工作站网络状态图是否正常： ①通信功能：在工作站使用 ping 命令检查 BAS 交换机及相关网络设备正常，无丢包。 ②指示灯状态：各端口指示灯正常（绿色闪烁）	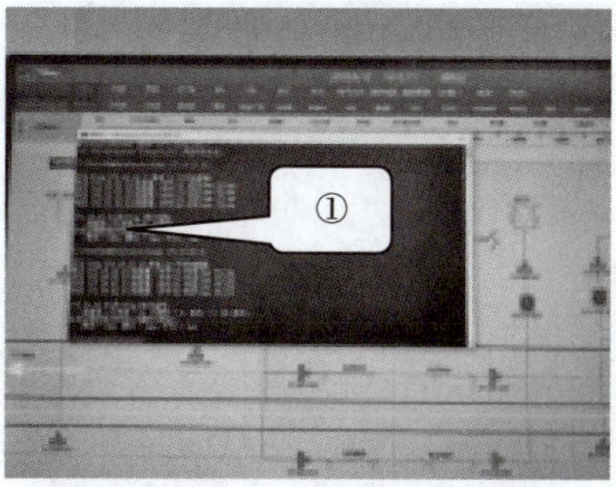 
5	BAS 维护工作站	检查 BAS 工作站电源指示灯为绿色、显示器、平台软件界面、时钟是否正常： ①电源指示灯为绿色；显示器无坏点，键盘、鼠标可正常使用；通过 ping 命令检查车站服务器网关运行正常。 ②能成功进入综合监控系统平台软件界面并对其操作，时钟正常；平台无死机以及通信中断现象	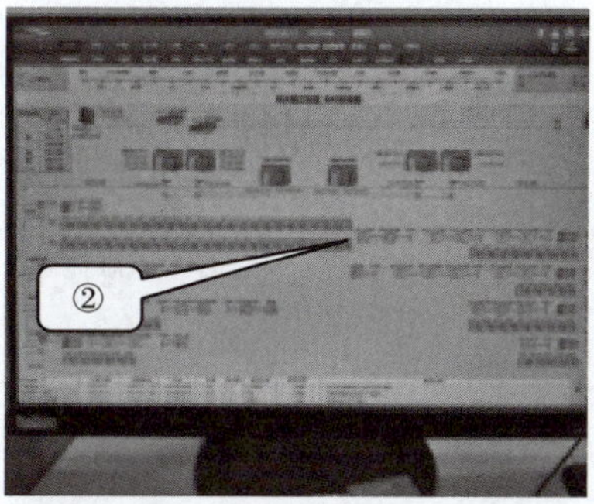 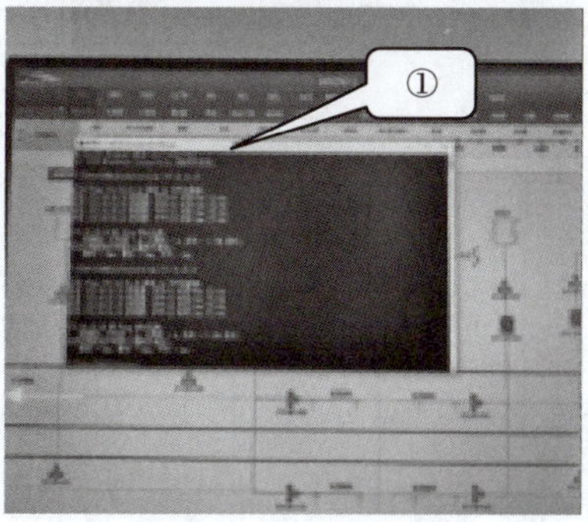

2. 半年检

半年检作业标准及要求见表1-2-3。

表1-2-3　半年检作业标准及要求

序号	作业内容	作业标准及要求	补充说明及简图
1	BAS PLC主控制器检修	除月检内容外还需断电卫生打扫及PLC冗余测试： ①PLC冗余测试：检查PLC主备无异常后，先关掉主机电源，检测备机是否自动切换为主机，待稳定后关掉PLC电源，等待1 min后，重新开启原主PLC。 ②使用吹风机和软毛刷对机架、模块除尘，控制柜内设备清洁，无尘积。 ③查看并清除PLC程序内错误日志	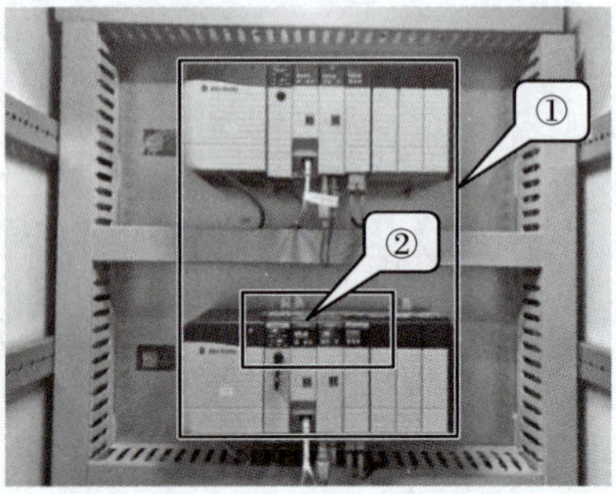
2	BAS就地控制箱检修	除完成月检全部项目外： ①连接电缆紧固，无裸露导线，箱内无异物。 ②箱内设备（电源模块、适配器模块、接线端子、继电器底座、继电器、断路器、三孔插座）安装紧固；I/O模块端子底座安装紧固无松动。 ③模块每个通道数据接收正常（查看指示灯显示）	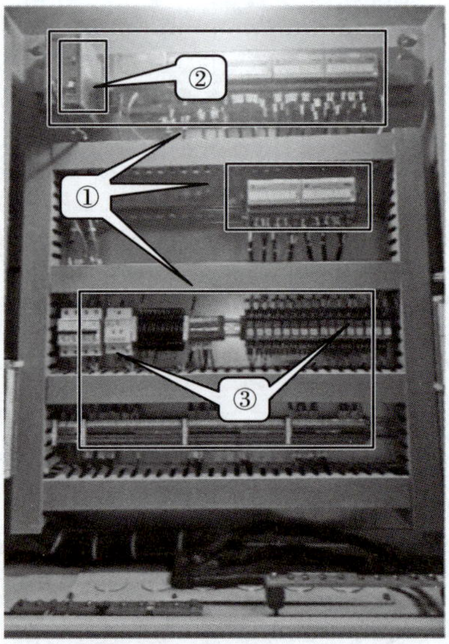
3	BAS网络交换机检修	除月检内容外还需检查交换机日志信息及模块运行状态是否正常： ①日志信息中无网络通信故障报警。 ②交换机页面显示，每个模块或卡件通信正常	

续表

序号	作业内容	作业标准及要求	补充说明及简图
4	BAS 维护工作站检修	除月检内容外还需清洁工作站、检查工作站运行情况及抽测接口功能是否正常： ①使用软毛刷、干棉布除尘，工作站无积尘；线路、线缆完好无破损。 ②重启工作站，重启后联动进程正常开启；一般情况下，CPU 的使用率应低于限定值。 ③线路、线缆完好无破损。 ④HMI 正常监控 EPS、温湿度传感器、电梯、给排水等设备；综合监控平台能正常监控环控通风系统，照明系统、空调水系统等 BAS 监控设备，并能实现相应设备单控、模式控制和焓值控制	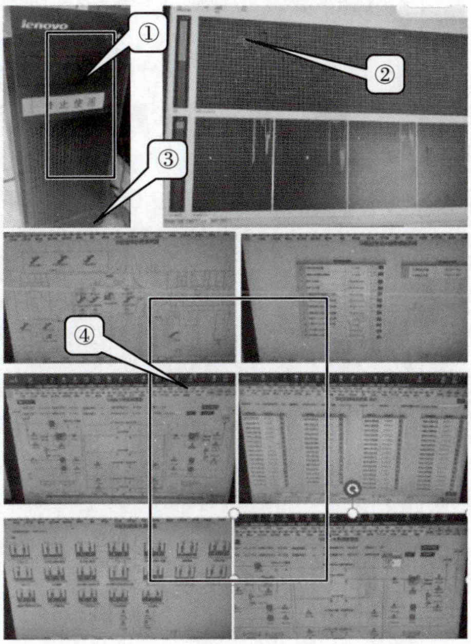

3. 年检

年检作业标准及要求见表 1-2-4。

表 1-2-4　年检作业标准及要求

序号	作业内容	作业标准及要求	补充说明及简图
1	BAS PLC 主控制器检修	除半年检项目外，需检查模块 LED 灯状态及存储卡状态、支架安装情况、线缆连接情况及模块运行情况： ①紧固模块；更换已损坏的接头、RJ-45 或光纤接口；电缆连接紧固无松动，线缆无损坏；紧固已松动的模块。 ②紧固存储卡，并进行程序数据确认和备份。 ③模块 LED 运行状态指示灯长绿，通信指示灯闪烁，网线连接紧固无松动或损坏	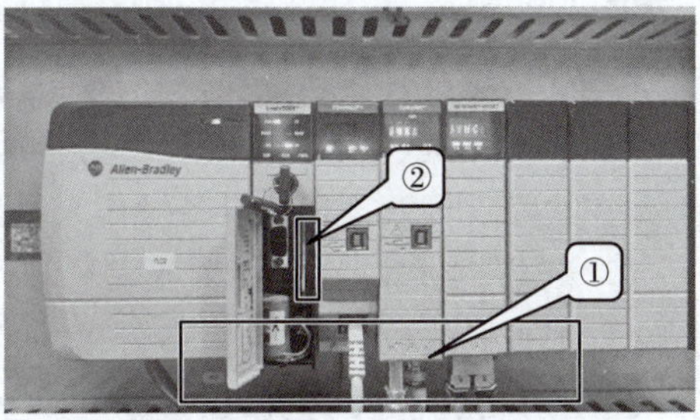
2	BAS 网络交换机检修	除半年检项目外还需进行网络接线紧固及丢包率检查： 通过电缆或光缆测试仪检查所有交换机连接电缆是否完好（含光缆和双绞线），接线紧固，连接完好	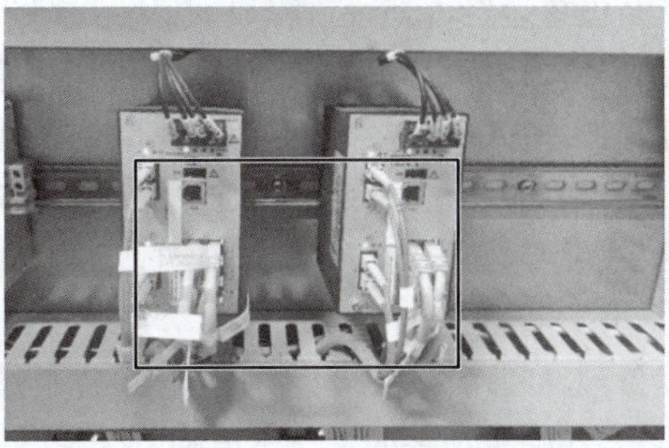

续表

序号	作业内容	作业标准及要求	补充说明及简图
3	BAS 维护工作站检修	除半年检项目外还需开展工作站杀毒、工程备份及工作站清灰： ①工作站杀毒软件运行正常，扫描无病毒。 ②工作站内外无积尘。 ③对工作站工程进行备份	 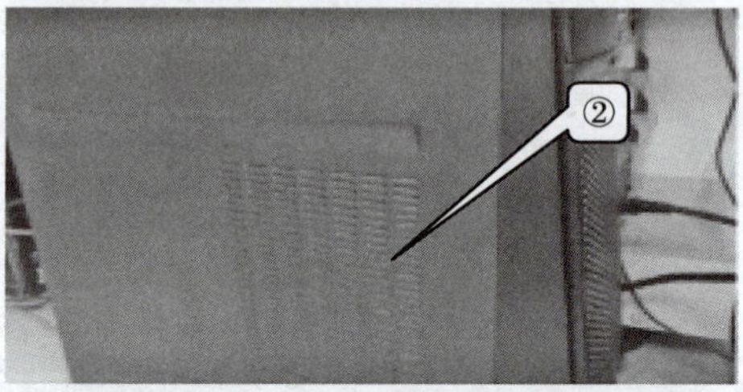 

五、BAS 系统故障应急处置

1. BAS 系统控制器和模块故障应急处置

处置流程如下：

通过工作站查询故障发生时间及故障详细信息；在到达现场后，对设备进行断电复位。若设备故障依旧，应及时启动专项检查及维修。

(1)若网络完全失效或 PLC 控制器冗余功能失效，则通报环控调度，申请环控位或就地位运行，并在故障现场安排环控设备操作人员值守。检查各模块状态指示灯，确定故障点。

(2)若为软件故障，则在设备现场利用移动工作站连接设备，对设备程序进行更新。若为硬件故障，则更换故障设备，导入备份程序，修复故障。

2. BAS 系统维修工作站故障应急处置

BAS 系统维修工作站是不同于综合监控工作站的备用监控工作站，其故障不影响 BAS 系统其余设备运行。处置流程如下：到达故障现场，在排除工作站断电及硬件损坏后应按照“先软件后硬件”方式处置，对于卡滞软件可通过重启软件或重启软件进程进行处置；如故障依旧则重启计算机，进入操作系统、启动系统应用软件，检查操作功能是否正常。

(1)若设备故障依旧，则重点检查故障设备外部线路连接和内部硬盘、CPU、板卡、内存、电源、线缆等，必要时更换故障配件。

(2)检查操作系统及软件参数设置是否正常，更新软件或修改错误参数。若故障依旧，则在设备现场利用工程师移动工作站顶替工作站工作。确定故障原因后更换备件或更新软件修复故障，替换临时顶替的笔记本电脑。

3. BAS 系统网络故障应急处置

在工作站上检查故障发生时间及故障详细信息后，到达现场立即对设备进行专项检查及维修。处置流程如下：首先应根据表征故障表征确定影响范围，再定位故障原因并针对性处置。排查故障时应检查线路、光纤及光电转换器等连接无异常无松动后，重点检查网络节点设备，如交换机、光电转换器等的工作状态，更换故障设备；还应检查网络电缆、光缆的连接情况，使用备用电缆和光纤进行替换。

（1）若全站 BAS 系统离线，但 BAS 工作站查看内网正常：

①检查综合监控交换机与 BAS 系统交换机线路接口（检查指示灯闪烁异常、通信端口丢包、数据超限报警等）是否出现问题；有异常则重启交换机，如重启无法解决则重新导入配置文件。

②检查综合监控服务器相应进程是否卡滞，正常不运行。如异常则重启 BAS 进程。

（2）若全站 BAS 系统离线，BAS 工作站内网通信不通：

①检查 BAS 交换机运行是否正常，有无卡滞现象，有异常则重启交换机，如重启无法解决则重新导入配置文件。

②检查两端 BAS 系统交换机有无频繁收发数据，导致网络风暴现象，关闭收发指示灯异常闪烁的交换机；如有网络风暴先兆，应及时关闭异常端口、修复异常收发网络。

③若所有交换机均正常，则检查 A 端环控交换机运行配置情况有无问题，有问题则连接笔记本电脑重新导入先期备份的配置文件。

（3）若仅车站单端（或中间风井）BAS 系统离线：

①前往对应的 A\B 端环控电控室，检查交换机与 PLC、环控系统接线是否牢固。

②检查 PLC 运行是否卡滞，收发数据指示灯是否正常闪烁；有异常则重启 PLC，如重启无法解决则重新导入 PLC 程序，还无法解决则利用笔记本电脑虚拟下位受控设备的通信环境，检查定位故障问题并修复。

③检查环控 MCC 侧运行是否正常，有无出现卡滞现象；有异常则重启 MCC，如重启无法解决则利用笔记本电脑虚拟 PLC 通信环境，检查定位故障问题并修复。

故障恢复后观察 5 min，确认设备运行正常则故障修复。无法及时修复的应向 OCC 申请降级运行，并在受影响的站点安排专业人员值守。

4. BAS 系统 UPS 主要故障应急处置

（1）若电池故障。因电池变形、漏液、过热等原因造成的故障，在切除电池供电后通过市电经逆变器供给负载设备，及时电池进行维护、更换，待故障处理完毕后，恢复电池供电。

（2）若主机故障。因主机内模块故障，不能将市电或电池提供的电能逆变供给负载，应转换到由市电直接供给负载状态，并切除电池开关后对故障模块进行维护或更换，故障排除后再投入主机，将市电或电池提供的电源经逆变后供给负载设备。

（3）若输入电源故障。因输入电源故障，设备会自动切换到电池供电的状态，断开 UPS 电源输入开关，并切除一些非关键设备，保证关键设备的供电，处理电源故障，待故障处理完毕后，合上 UPS 电源输入开关，再由市电经逆变后供给负载，并对电池进行充电。

技能训练

1. BAS 系统维护保养

某号线 BAS 系统维护保养（半年）记录见表 1-2-5。

表 1-2-5 某号线 BAS 系统维护保养(半年)记录

车站名称： 检修人： 检修时间：

设备位置/名称		检修内容	检修结果	故障说明
环控电控室	配电柜	环境温度、保洁卫生、照明情况检查	□	
		UPS 设备运行情况、参数检查	□	
		蓄电池状态检查	□	
		UPS 放电测试情况	□	
		电缆接线、开关状态检查	□	
		柜体封堵情况检查	□	
	控制柜	柜内温度、清洁卫生、照明情况检查	□	
		PLC 各模块运行情况、状态指示灯检查	□	
		冗余测试	□	
		交换机运行状态检查	□	
		网关运行状态检查	□	
		光纤转换盒状态检查	□	
		各类电缆、开关、端子连接情况检查	□	
		柜体封堵情况检查	□	
照明配电室/空调机房	就地控制箱	柜内温度、保洁卫生、照明情况检查	□	
		各模块运行情况、状态指示灯检查	□	
		网关运行状态检查	□	
		电缆接线、开关状态检查	□	
		模块、继电器安装紧固	□	
		柜体封堵情况检查	□	
车控室	IBP 盘后柜	柜内温度、清洁卫生、照明情况检查	□	
		PLC 各模块运行情况、状态指示灯检查	□	
		网关运行状态检查	□	
		交换机运行状态检查	□	
		电缆接线、开关状态检查	□	
BAS 维护工作站	硬件	电源指示灯	□	
		网络连接	□	
		键盘鼠标	□	
		机箱风扇	□	
BAS 维护工作站	软件	用户访问及页面显示	□	
		系统时间	□	
		BAS 系统图状态	□	
		温湿度传感器测量数据	□	
		历史记录	□	
		工程备份	□	
		病毒查杀	□	

续表

设备位置/名称		检修内容	检修结果	故障说明
BAS 维护工作站	接口功能测试	EPS 接口	□	
		环控系统执行	□	
		冰蓄冷及常规冷源系统接口	□	
		照明导向接口	□	
		电梯/扶梯接口	□	
		给排水接口	□	
备注	检查结果正常则在□内打√,否则打×,并在故障说明中说明故障现象、是否处理、处理现象,若在该站无此设备,则在故障说明中备注“无此设备”			

2. BAS 系统应急故障处置

BAS 系统应急故障处置见表 1-2-6。

表 1-2-6　BAS 系统故障应急故障处置

故障名称		检修内容	状态	故障说明
全站 BAS 系统离线	全站 BAS 系统离线,但 BAS 工作站查看内网正常	BAS 工作站查看图元等显示正常,正常下发控制命令	□	
		综合监控与 BAS 之间的电缆、光纤连接情况检查	□	
		综合监控交换机接口(BAS 线路插口)状态指示灯检查	□	
		光纤转换盒状态检查	□	
		BAS 系统交换机接口状态指示灯检查	□	
		综合监控服务器 BAS 进程无丢失	□	
		综合监控服务器 BAS 进程无卡滞	□	
	全站 BAS 系统离线,BAS 工作站内网通信不通	综合监控与 BAS 之间的电缆、光纤连接情况检查	□	
		工作站与 BAS 之间的电缆、光纤连接情况检查	□	
		综合监控交换机接口(BAS 线路插口)状态指示灯检查	□	
		BAS 系统交换机接口状态指示灯检查	□	
		光纤转换盒状态检查		
		通过移动工作站检查 BAS 系统交换机有无频繁收发数据,存在网络风暴先兆	□	
		通过移动工作站检查 BAS 系统交换机、通信端口数据异常、数据丢包较多	□	
		检查 A 端环控交换机运行配置情况有无问题	□	

续表

故障名称	检修内容	状态	故障说明
车站单端(或中间风井)BAS系统离线	离线端BAS系统的电缆、光纤连接情况检查	□	
	各模块运行情况、状态指示灯检查	□	
	网关运行状态检查	□	
	通过移动工作站检查BAS系统交换机、通信端口数据异常、数据丢包较多	□	
	检查环控MCC侧运行是否正常,有无出现卡滞现象	□	
备注	故障处置顺序进行,完成一项检查且结果正常则在□内打√,否则打×,并在故障说明中描述故障特征,以备故障原因追溯		

任务评价

任务评价见表1-2-7。

表1-2-7　任务评价

任务二　环境与设备监控系统(BAS)检修及应急故障处置			日期:			
姓名:		班级:	学号:		教师签名:	
自评:□熟练　□不熟练		互评:□熟练　□不熟练	师评:□合格　□不合格			
日期:		日期:	日期:			
评分细则						
序号	评分项	得分条件	分值	自评	互评	师评
1	接受任务	明确工作任务,理解任务在企业工作中的重要程度	5			
2	前置知识	本次实训前需要掌握的知识程度	5			
3	能力评价	能根据BAS系统设备作用,简述计划性检修一般要求	5			
		能够描述BAS系统主要故障及应急处理措施及程序	10			
		结合车站BAS系统工作单,对车站BAS系统设备进行巡检作业	10			
		结合车站BAS系统现场检修标准,进行检修作业	20			
		能根据BAS系统主要故障表征,采取有效措施进行应急处置	15			
4	素养评价	工作计划性强,安排得当	5			
		团队合作能力强,善于沟通合作	5			
		自主学习能力强,勇于克服困难	5			
		严谨认真,积极参与课堂	5			
5	评价反馈	学生能快速、正确地识别图片中设备,以小组评价方式组织客观评价	5			
		对学生在任务实施过程中发现问题,进行小组审议后及时反馈	5			
总　分			100			

巩固与练习

1. BAS 系统设备计划性检修术语与定义

(1)BAS 系统设备计划性检修包含__________、__________、__________等工作内容。

(2)(每月)工作内容目的是保持系统的__________系统异常情况。

(3)(半年)工作内容除包含每月工作的内容外,还应有__________、__________等,目的是测试系统的正常功能是否符合要求。

(4)__________除包含每月和半年检的内容外,还应有设备的机械特性与电气特性测试、设备的零部件保养或更换等,目的是确保系统的__________。

(5)为优化工班检修作业计划,现要求 BAS 和低压专业的__________及以上检修作业采取联合作业方式,以便对 BAS UPS 进行充分放电测试。

2. BAS 系统设备维修保养维修工作内容、标准及周期

(1)检查 PLC 正常状态下 DC 24 V 电源模块供电指示灯________,网关通信指示灯______。

(2)检查 BAS 维修工作站,正常状态下平台无______以及通信______现象。灯长______。

(3)BAS PLC 主控制器检修的冗余测试:关闭主 PLC 电源,检测备机是否__________,全程不发生系统__________。

(4)BAS 系统控制器和模块主要故障处置,在到达现场后应及时对设备进行__________。

(5)BAS 系统维修工作站主要故障处置排除硬件故障后,应重启计算机,进入__________、启动__________,检查__________是否正常。

(6)发生 BAS 系统网络故障无法及时修复时,应及时申请__________。

3. BAS 系统设备检修与应急处置

(1)简述 BAS 系统半年检的 PLC 主控制器检修流程及作业标准。

(2)简述 BAS 系统网络故障的应急处置。

视野拓展

宁波轨道交通打造绿色节能示范工程

我国明确提出,将力争 2030 年前实现碳达峰、2060 年前实现碳中和。实现碳达峰、碳中和是一场广泛而深刻的经济社会系统性变革。

城市轨道交通作为大容量公共交通基础设施,是城市引导承载低碳出行的骨干交通方式,肩负着绿色低碳发展、节能减排的重任。宁波轨道交通立足生态文明建设新发展阶段,自觉、准确、全面贯彻绿色低碳新发展理念,坚持绿色低碳高质量发展道路,打造“基于云平台的智能能源系统节能示范工程”,为构建绿色低碳轨道交通、助推经济社会绿色高质量发展贡献力量。

宁波轨道交通以碳达峰碳中和战略为导向,以“更节能、更先进、更友好”为目标,以数字化、智能化为手段,紧紧围绕节能减排、绿色低碳、智能高效的主题,以 3 号线二期、4 号线、5 号线一期工程为依托,打造“基于云平台的智能能源系统节能示范工程”,并在轨道交通行业率先提出“供用管”协同一体的综合节能技术体系,为轨道交通行业实现更高水平的节能减排,迈向绿色低碳、可持续发展的道路输出方案。在管理侧,研究构建基于云平台、大数据的能源管理系统,以数字化管理手段,优化节能策略,实现能源系统的智能化、精细化管理。在供能侧,全面采用绿色新能源技术,从能源输送、能源转换、能源结构等多个角度挖掘节能潜力。在用能侧,研究应用车站通风空调全局优化技术、直流集中供电智能照明技术,从车站通风空调系统、照明系统等多系统提升节能降耗水平。

任务三 火灾自动报警系统(FAS)检修及应急故障处置

任务目标

知识目标:

1. 认识火灾自动报警系统的组成和系统设备。
2. 掌握消防联动控制中各子系统的接口分界及功能。
3. 掌握 FAS 检修工作内容和作业流程。
4. 掌握 FAS 主要设备故障应急处置措施及程序。

能力目标:

1. 具有按流程检修作业的能力。
2. 具备快速区分外观相似的末端设备的能力。
3. 具有判断消防联动设备是否正常的能力。
4. 具备判断不同子系统设备消防联动状态的能力。
5. 具备 FAS 设备巡检、操作及检修的能力。
6. 具备处置 FAS 系统主要设备故障的能力。

素养目标:

1. 养成团队合作意识,具备沟通交流能力。
2. 养成认识问题、分析问题和解决问题的能力。
3. 养成一丝不苟、精益求精的工匠精神。
4. 养成沉着冷静、临危不乱的思想意识。

任务导入

某城市地铁正处于下班客流高峰期,某线路主要换乘站的站厅因乘客携带充电宝冒烟触发火灾自动报警系统(FAS)烟雾探测器,进而引发车站设备进入消防联动状态。各相关部门启动 FAS 系统联动应急处置程序,车站现场人员、维保人员按照应急处置流程顺序处置,及时将设备复位,恢复了车站的非消防电源、开启车站正常照明等,保障了高峰时段车站的正常运营。

任务描述

通过本任务的学习,学生可以掌握 FAS 主要组成设备及功能,FAS 消防联动功能与受控子系统接口内容,FAS 检修与应急故障处置的理论知识,对照 FAS 设备检修作业标准及要求、FAS 应急故障处置流程开展实训练习,以达到掌握 FAS 日常维护和应急处置要领的目的,为今后从事相关工作打下基础。

核心知识

一、FAS 系统的组成

火灾自动报警系统用于自动完成监视火情并及时报警。FAS 广泛使用在轨道交通中,对地铁运营过程的火灾危险进行早期探测和相关消防设备的监控,火灾发生时要清楚指明火灾危险地点并能联动消防设备进行救灾。同时,FAS 要深度集成于综合监控系统,以便于线路、线网级的集中管理和应急处理。轨道交通 FAS 概览如图 1-3-1 所示。

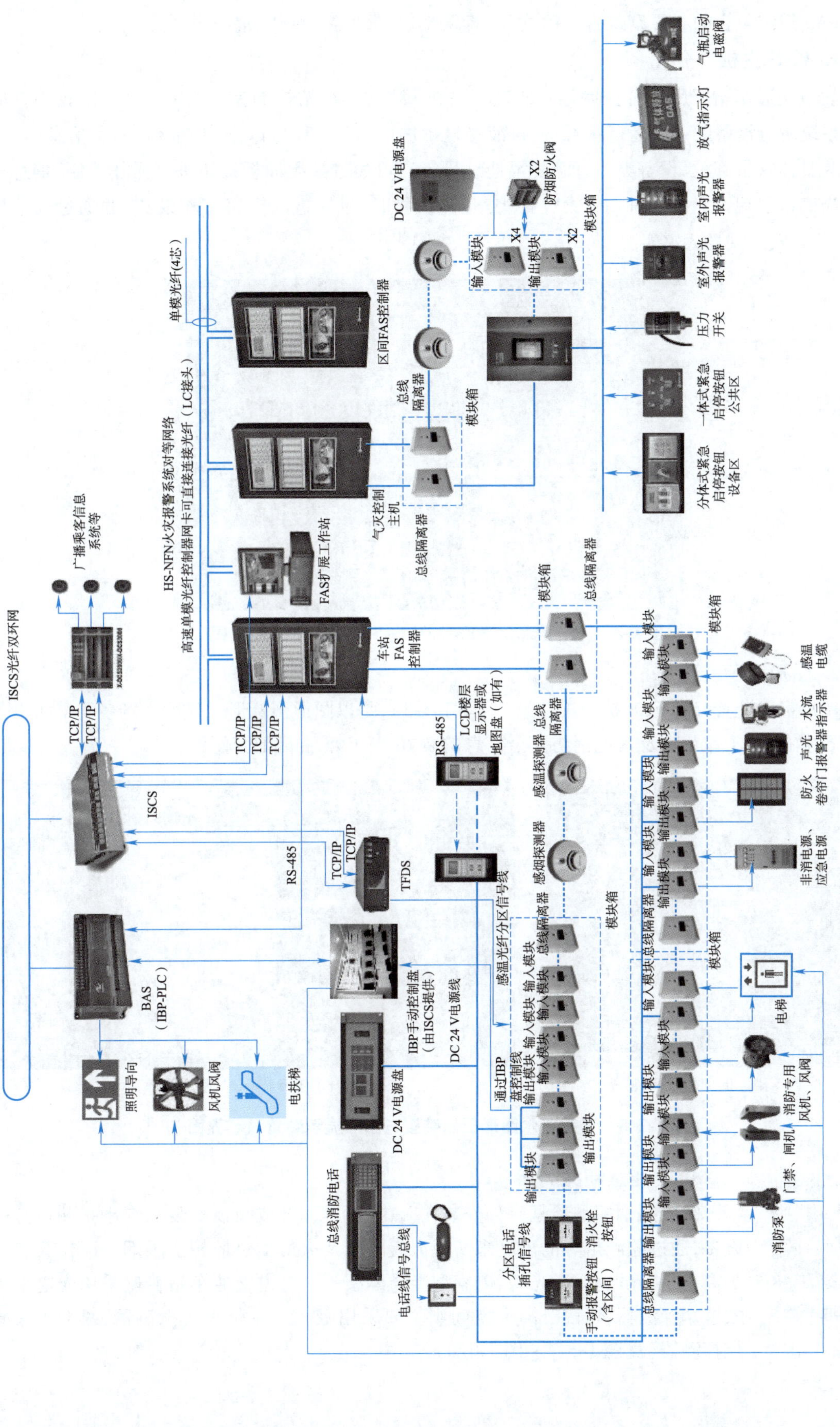

图1-3-1　轨道交通FAS系统概览

FAS 系统包含的主要设备有 FAS 主机、探测器、报警按钮、警铃、消防电话等。

1. FAS 主机

轨道交通车站所用报警控制器(即 FAS 主机)设置于车站控制室,它平时用于接收并存储 FAS 系统所有设备的主要运行状态,通过液晶显示屏(见图 1-3-2)以全中文形式显示信息(显示内容为具体报警部位、设备类型、回路号、地址号等),可通过控制面板按钮进行操作控制、信息查看。当确认出现火灾报警时发出火灾报警声、光信号时,迅速进入灾害工作模式,并通过通信接口向 ISCS 发送现场火灾实况、向 BAS 发出火灾模式指令。

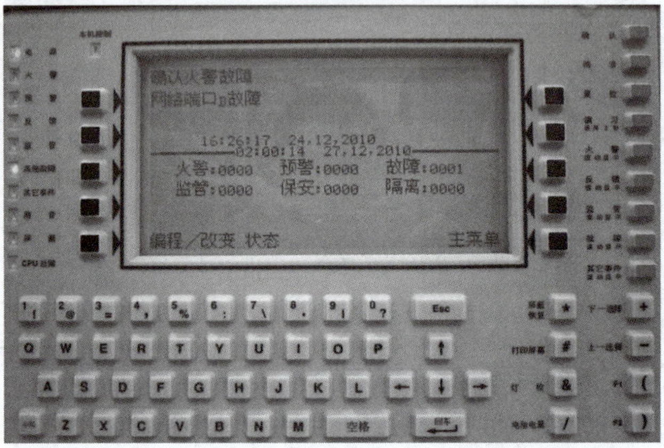

图 1-3-2 诺蒂菲尔 NFS-3030FAS 主机显示操作面板

2. 图形显示装置

图形显示装置又称 FAS 扩展工作站(见图 1-3-3),是以图形图标形式显示现场各类消防设备在建筑中布局、工作状态及其他消防安全信息的装置,与 FAS 主机配套使用。

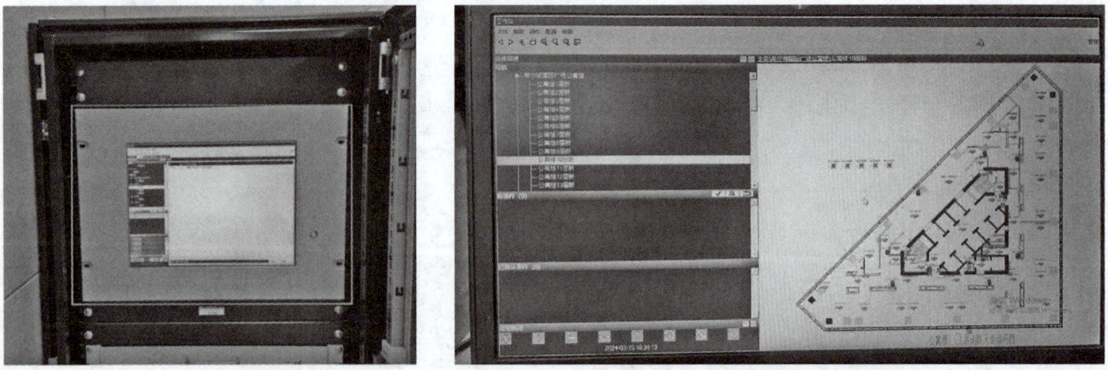

(a)诺蒂菲尔图形显示装置　　(b)图形显示装置显示界面

图 1-3-3 诺蒂菲尔图形显示装置与图形显示装置显示界面

视频

FAS烟感触发

3. 智能感烟探测器

智能感烟探测器是一种安装在天花板吊顶上(或吸顶安装),自动探测烟雾的设备,通过监测烟雾的浓度来实现火灾防范及火情信息监控。感烟探测器又可分为离子型、光电型、激光型、电容型半导体型等。轨道交通车站普遍采用光电型点式感烟探测器,场段等高大空间则主要采用吸气式感烟火灾探测器、线性光束感烟探测器(见图 1-3-4 ~ 图 1-3-6)。

图 1-3-4　点式感烟探测器

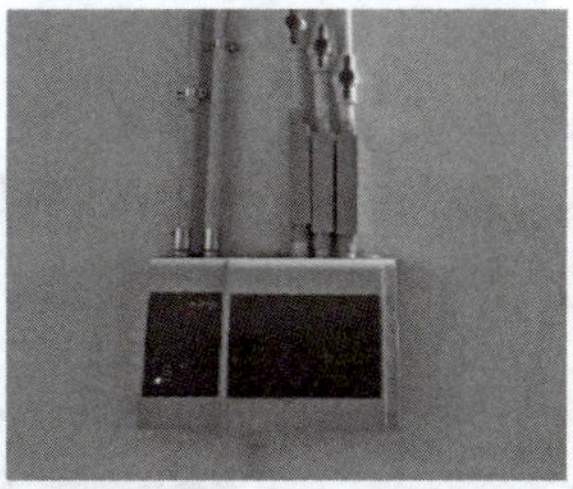

图 1-3-5　吸气式感烟火灾探测器

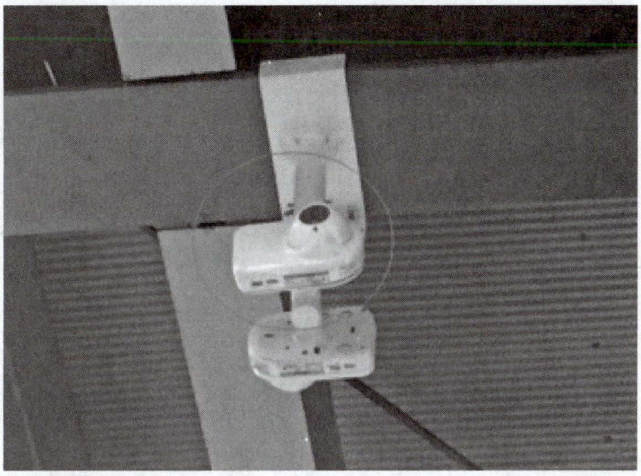

图 1-3-6　线性光束感烟探测器

4. 智能感温探测器

智能感温探测器通过自动探测周围环境温度的变化来实现火灾探测。轨道交通车站、场段及主体建筑普遍采用点式感温火灾探测器(简称温感),安装于统一且不带电子线路板的底座之上。当被监视区域温度参数达到报警值或温度突变(单位时间内温度上升)达到报警条件时,探测器报警确认灯点亮(指示灯红色长亮),保持至报警状态被复位,并向 FAS 主机发送火警信息,实现火情信息监控。

5. 手动报警按钮

视频

FAS手报触发

手动报警按钮简称手报,是一种人员手动触发的报警装置(见图 1-3-7)。与火灾报警主机配套使用,通过 FAS 系统编码接入回路,利用编码附址功能实现位置监视,安装在区间隧道、宽大车间、车站通道、站厅、站台等处。火灾发生时,人为操作后按钮的火警指示灯点亮,同时火灾报警主机发出报警音响,并显示报警地址。

6. 消火栓报警按钮

消火栓报警按钮简称消报,是一种人员手动触发的报警装置,其作用是向 FAS 主机发送启动消防泵控制信号(消报的动作信号仅作为报警信号及启动消防泵的联动触发信号,由 FAS 主机联动控制消火栓泵的启动),又通过 FAS 主机接收消防泵启动反馈信号并显示(见图 1-3-8)。

7. 警铃

警铃是火灾自动报警的声音输出设备。当报警系统发生火警时,系统通过输出控制模块启动警铃。警铃安装在车辆段、车站设备区的走廊或疏散通道上,其与控制模块配合使用时,应能以极低的电流消耗实现高声强的输出(见图 1-3-9)。

图 1-3-7　手动报警按钮

1-3-8　消火栓报警按钮

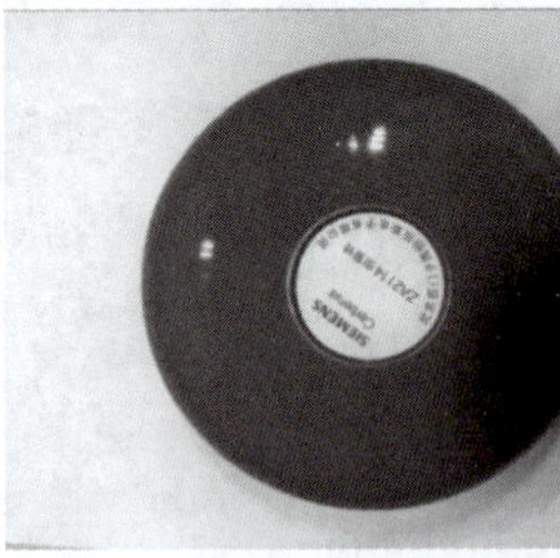

图 1-3-9　警铃

8. 模块

火灾自动报警系统的模块按照功能可分为控制模块和隔离模块。控制模块在有控制要求时输出信号或者提供一个开关量信号使被控设备动作;或接收设备的反馈信号并向 FAS 主机报告。根据信号路径分为输入模块和输出模块(见图 1-3-10),输入、输出通过 FAS 系统编码接入回路,利用编码附址功能实现对所处位置受控设备的状态监视,如监视信号阀、水流指示器、压力开关等开关量的状态;对 EPS、消防专用风机进行启停控制等。

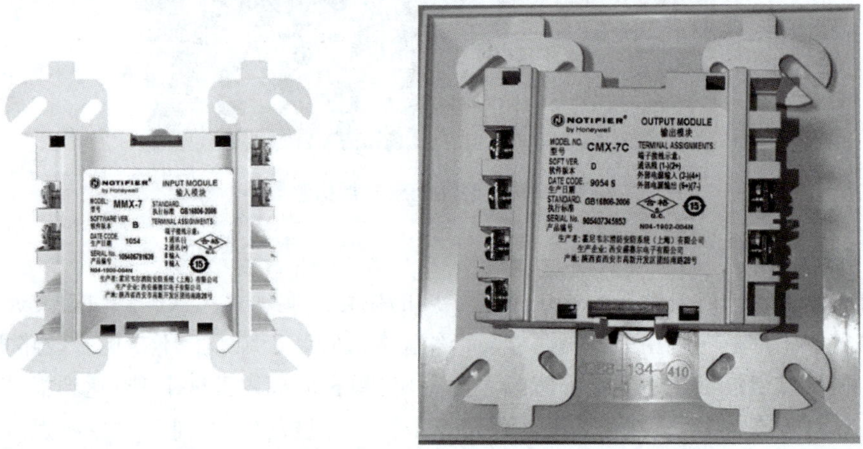

(a) 输入模块　　(b) 输出模块

图 1-3-10　输入模块和输出模块

隔离模块对 FAS 回路起保护作用,本身可自动实现常开和常闭功能。当外部设备的线路出现短路或者接地故障时,隔离模块会第一时间转成断开状态,此时火灾自动报警控制器与该回路的线路会暂时断开。待线路恢复后,隔离模块会自动恢复,实现对报警控制器的保护作用。

由于受控设备分布于各处,各模块受控性能的限制,因此城市轨道交通中普遍采用箱体成套方式集中布置各类控制模块及隔离模块。模块箱(见图 1-3-11)内一般预制有带接线端子排,便于模块拆装和接线维护。每个模块箱配有箱号标识牌。箱门配有铭牌标记,便于巡检与维护。

9. DC 24 V 电源

DC 24 V 电源又称 24 V 直流备用电源或 24 V 消防联动电源(见图 1-3-12),是由蓄电池向 FAS 所有设备,包括 FAS 系统控制模块(主要为输出)、消防电话主机、感温电缆控制器、吸气式感烟探测器(数量较多时需单独配置 24 V 直流电源)、光电转换器等消防设备的备用电。电池容量根据维持 FAS 用电设备在主电源断电后的 3 h 正常工作计算得出,DC 24 V 操作电源安装在车控室或消防控制室消防立柜的机架上。

图 1-3-11　模块箱

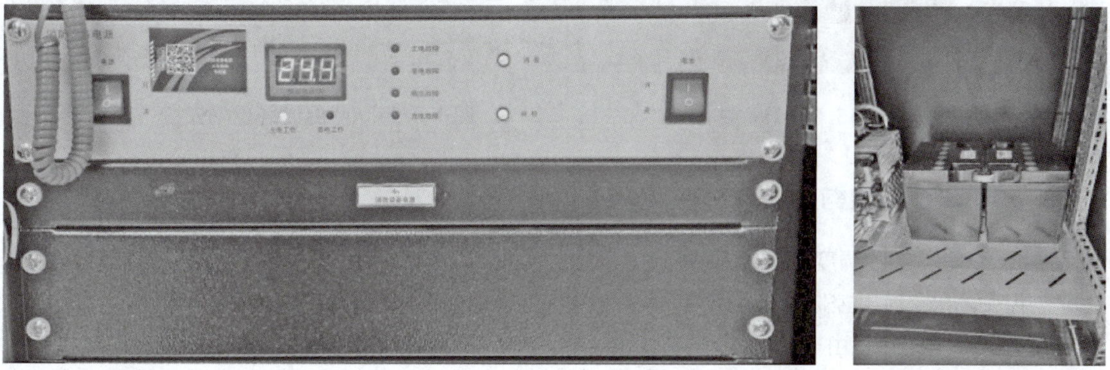

（a）　　（b）

图 1-3-12　24 V 消防联动电源

10. 消防电话

消防电话是消防专用的通信系统，是火灾自动报警系统中不可缺少的通信设备。它用于火灾发生时，控制室与现场通信和指挥救援等特殊场合。通过语音通话功能可迅速实现对火灾情况的人工确定。主要由消防电话主机（见图 1-3-13）、消防电话分机和消防电话插孔组成。

11. 消防联动控制盘

为满足消防控制室的设备直接启动功能定制产品，值班人员通过消防联动控制盘上的按钮直接启动或停止与之相连的消防设备（消防泵、防排烟风机等），并显示设备的状态（见图 1-3-14）。普遍设置在车辆段、停车场和控制中心的消防控制室内；而车站部分消防联动控制盘的功能集成至综合监控系统 IBP 盘内。

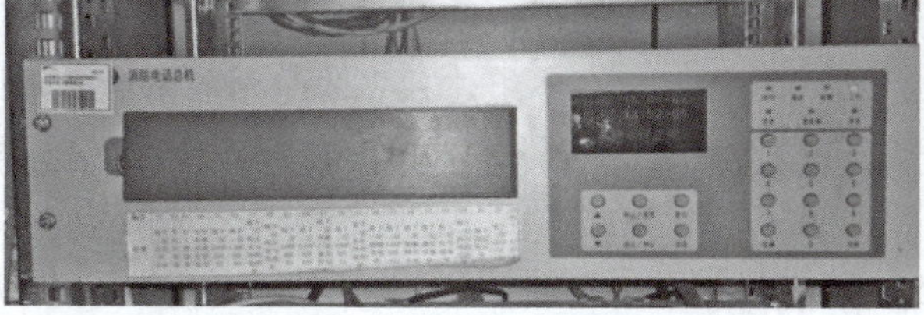

图 1-3-13　消防电话主机

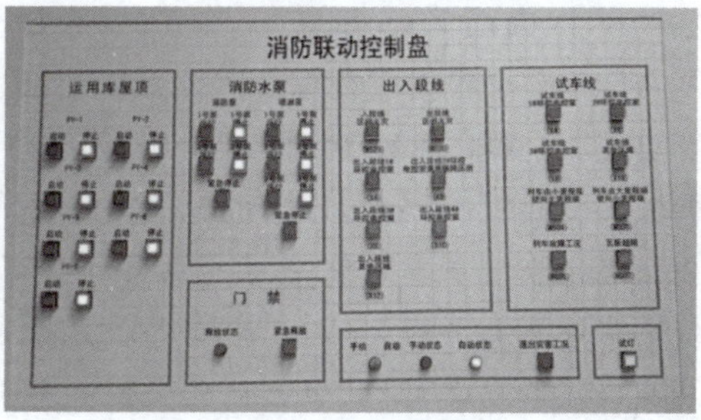

图 1-3-14　消防联动控制盘

12. 隧道火灾探测系统

隧道火灾探测系统(TFDS)用于对地铁区间隧道的温度、火灾进行可靠的监视、预警和报警。TFDS 主机(见图 1-3-15)设置在车控室,采用壁挂在墙壁或内嵌方式安装在消防立柜中,感温光纤设置于隧道疏散平台侧的隧道壁上(见图 1-3-16)。

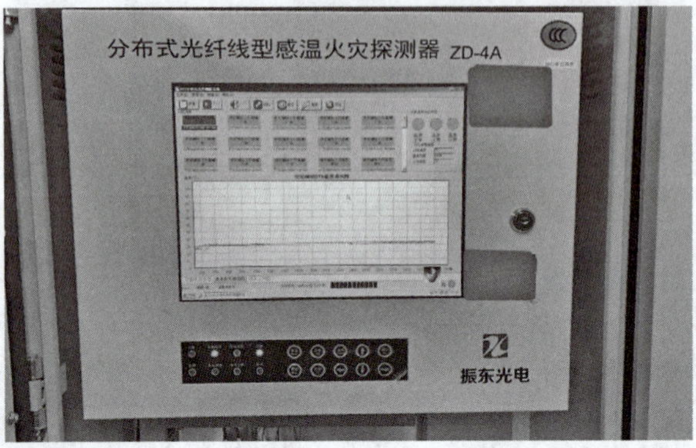

图 1-3-15　TFDS 主机

图 1-3-16　感温光纤现场安装(红色线缆)

二、FAS 系统架构

全线 FAS 系统按调度指挥级别划分为三级。第一级为中央级,由 ISCS 实现,作为 FAS 系统集中监控中心,设置于控制中心(OCC)中央控制室。第二级为车站级,由 ISCS 和 FAS 共同实现。第三级为 FAS 现场级,由 FAS 现场设备组成。

注意:

(1)全线消防系统所有的指挥调度权在中央级。

(2)中央级监视全线 FAS 系统,而车站级负责监视本站 FAS 系统及相邻的区间隧道机房及隧道区间,主变电所 FAS 作为第三方系统接入就近车站 FAS 主机系统由车站级监视(部分城市线路的主所作为一个站点对待)。

(3)车站级在车站控制室的 FAS 系统主机、综合监控系统工作站和 FAS 扩展工作站上显示火灾报警信息和设备状态信息,并提供联动功能,火灾报警信息同时上传给 OCC 中央级。

(4)中央级在控制中心的控制室综合监控系统工作站上全线显示火灾报警系统的火灾报警信息及火灾状态信息,并提供火灾模式命令下发。

(5)中央级实时检测与车站级 FAS 系统通信状态,向各个 FAS 扩展工作站下发时钟信号,由 FAS 扩展工作站向 FAS 主机对时(部分城市线路的 FAS 对时是在车站采用 NTP 方式完成)。

1. 中央级 FAS 系统

FAS 中央级集成在综合监控系统中,设备由综合监控系统负责配置,功能由综合监控系统负责实现。全线的 FAS 通过各自的 FAS 主机上双冗余以太网口接入车站、车辆段、控制中心大楼的局域网交换机,对全线 FAS 系统不独立组网的线路,因 FAS 自身不组建独立的专用网络,在车站级与综合监控系统集成,综合监控系统为 FAS 提供逻辑上独立的(VLAN)传输通道(全线 FAS 系统架构见图 1-3-17)。对于全线 FAS 系统独立组网的线路,各站 FAS 系统基于 HS-NFN 网络组成线路级冗余 FAS 环网,火灾自动报警主机通过协议转换网关,直接连接至交换机上,在 OCC 设置独立的 FAS 系统工作站。

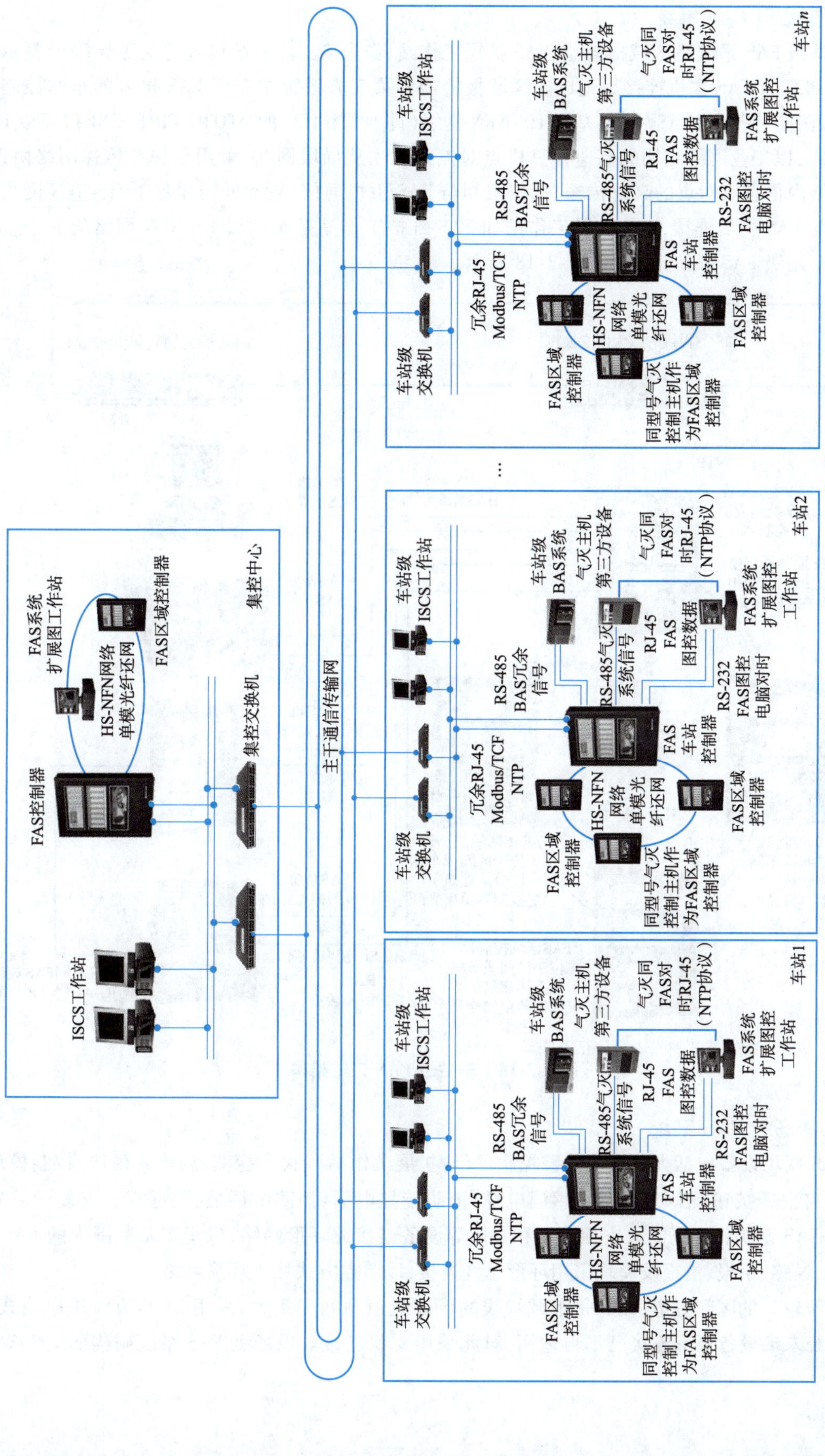

图1-3-17　全线FAS系统架构

2. 车站级FAS系统

车站级FAS系统是区域报警器、FAS扩展工作站、作为第三方系统接入的主变所FAS、复示屏和BAS PLC与FAS主机连接后组成。区域报警器和第三方系统主变所FAS接入的车站控制室(或场段消防控制室)FAS主机,基于HS-NFN网络(即NOTIFIER的NOTI·FIRE·NET,简称HS-NFN网络,以工业网络结构的高速计算机点对点式无主从局域网络,采用令牌环传递网络协议,用于网络内信息点对点的高速传输)通信机制与FAS主机通信,复示屏同样基于HS-NFN网络通信机制与FAS主机连接,FAS扩展工作站和FAS维护工作站是车站级HS-NFN网络的一个重要节点。车站级FAS系统架构如图1-3-18所示。

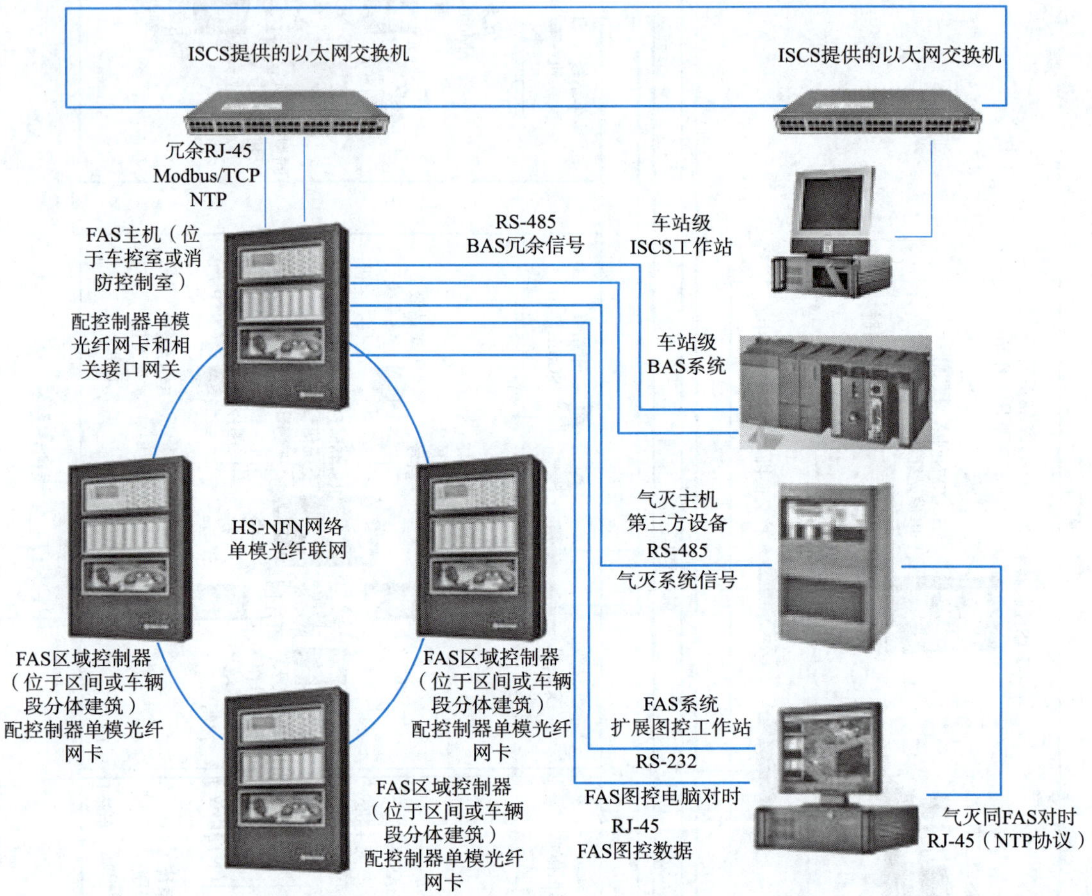

图1-3-18 车站级FAS系统架构

3. 现场级FAS系统

FAS现场设备包括火灾自动报警控制器(含扩展工作站)、火灾探测器、输入模块、控制模块、手动火灾报警按钮、消火栓按钮、感温电缆、消防壁挂电话、消防电话插孔、远程火灾复示屏等。现场级FAS系统将现场的火灾探测器和监控等设备连接成环形网络,位于车站范围内的FAS系统烟感、温感、手报、消报及模块采用环形总线连接,以节点方式接入环形网络。

对于较长的区间隧道,尤其是市域快线的区间隧道站间间距大,采用24 V直流供电模式的FAS系统末端设备环形连接已不再适用,对此采用支状连接。现场级FAS系统架构如图1-3-19所示。

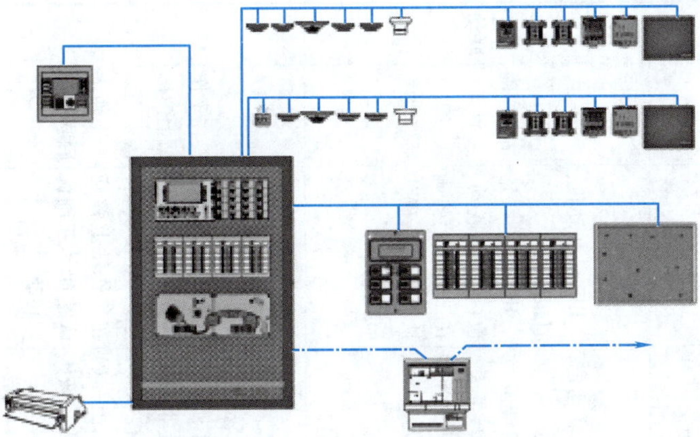

图 1-3-19　现场级 FAS 系统架构

三、消防联动控制

1. 车站/场段的消防联动控制

城市轨道交通的消防联动控制由火灾自动报警系统(FAS)、防火卷帘门、应急照明系统、BAS 系统、ACS 系统、AFC 系统、消火栓系统、综合监控及其辅助救灾子系统(如 PA、PIS)共同实现。能达到协助疏散人员、防止火灾蔓延、减少财产损失的目的。

FAS 主机在火灾报警后经逻辑确认(或人工确认),在 3 s 内按设定的控制逻辑向各相关受控设备发出准确的联动控制信号,控制现场受控设备按预定的要求动作,当消防设备动作后将动作信号反馈给消防控制室并显示,保证消防管理人员及时了解现场受控设备的动作情况。

注意:

(1)火灾自动报警系统联动控制的消防设备,其联动触发信号应采用两个独立的报警触发装置报警信号的“与”逻辑组合。联动控制信号电压控制输出采用直流24 V,由 FAS 系统消防联动电源提供,其电源容量满足受控消防设备同时启动且维持工作的控制容量要求。

(2)消防联动是城市轨道交通车站/场段发生火灾情况下,有效地组织各个设备系统实施灭火、人员疏散的重要保障。涉及灭火、排烟、疏散、应急照明等设施在 FAS 预设逻辑调度下执行动作并将动作信息反馈至 FAS 主机。目前,城市轨道交通的消防联动控制规则无统一标准,控制原则由设计单位在线路运营开通前出具,不同设计单位出具的联动规则存在一些差异,机电建设单位按照设计单位出具的联动控制规则落实执行,并经消防检测、专项测试等进行调试验证。某线路消防联动规则见表 1-3-1。

2. 换乘车站的消防联动控制

视频

车站消防联动现场

换乘车站是以线路为单位,依据城市规划分期分线独立建设,因此火灾自动报警系统及机电设备也按此建设。为分线路设置的各线路火灾自动报警系统之间,应通过互设信息模块、信息复示屏和消防电话分机(或插孔)的形式实现信息互通及消防联动。

注意:目前城市轨道交通的换乘站普遍按照一座车站且一次火灾设计,发生火灾线路经确认发送火灾信息至换乘线路,换乘线路 FAS 系统调度车站设备资源转入火灾联动,所辖设备按预设程序动作并反馈信息。换乘站的消防联动控制规则无统一标准,由设计单位在线路运营开通前出具,不同设计单位出具的联动规则存在一些差异。

表 1-3-1　某线路消防联动规则

报警情况	环控防排烟模式	智能照明及疏散导向	应急照明	非消防电源切除	声光报警器	电梯	防火卷帘（隔断）	防火卷帘（疏散）	消防泵	喷淋泵	广播	CCTV	门禁（释放所有门禁）	AFC	PIS	消防专用风机
1 个报警信号	—	—	—	—	—	—	—	—	—	—	—	—	—	—	—	—
任意一个防烟分区 2 个独立的报警信号（不含 2 个手报）	IBP 自动模式:联动 IBP 手动:不联动	联动:执行火灾模式	联动	联动	联动与广播交替播放	联动	联动	半降/卷帘门旁温感报警全降	—	—	联动与声光报警器交替播放	在工作站上弹确认界面,人工确认后联动	IBP 盘联动位:直接联动 IBP 盘非联动位:不直接联动,在工作站上弹确认界面,人工确认后联动	IBP 盘联动位:直接联动 IBP 盘非联动位:不直接联动,在工作站上弹确认界面,人工确认后联动	在工作站上弹确认界面,人工确认后联动	联动
任意一个防火分区 2 个手报	人工确认后手动联动相应模式	联动:执行火灾模式	联动	联动	联动与广播交替播放	联动	联动	半降/卷帘门旁温感报警全降	—	—	联动与声光报警器交替播放	在工作站上弹确认界面,人工确认后联动	IBP 盘联动位:直接联动 IBP 盘非联动位:不直接联动,在工作站上弹确认界面,人工确认后联动	IBP 盘联动位:直接联动 IBP 盘非联动位:不直接联动,在工作站上弹确认界面,人工确认后联动	在工作站上弹确认界面,人工确认后联动	联动

四、FAS 系统与受控子系统接口

当发生火灾时,FAS 主机接收同一防火分区两个火灾探测器的火灾报警信号后,根据预先设定好的逻辑程序判断确认探测器报警的防火分区发生着火,输出回路控制信号,一路信号将上传至综合监控系统,通过综合监控系统联动 PIS、PA、CCTV 等辅助救灾系统,FAS 主机显示火灾现场地址(如烟感编号),记录下发生火灾的时间,同时启动警报装置发出报警声响,告诫火场现场人员投入灭火操作或从火灾现场疏散;另一路信号启动 FAS 主机联动控制设备及 BAS 控制设备进入灾害模式。因此 FAS 系统与受控子系统的接口功能就极为重要。

视频

车站消防联动监视页面

FAS 系统与受控子系统接口功能及分界见表 1-3-2。

五、FAS 系统设备检修周期与工作内容

FAS 系统设备检修可按照时间划分为周期性计划检修与针对单一问题或项目的专项检修。

1. 周期性计划检修

FAS 系统的周期性计划检修按照时间划分为日常设备巡检、月度计划性检修、季度计划性检修与年度计划性检修。

(1)日常设备巡检。日常设备巡检简称日巡检,工作内容为:FAS 系统设备及末端设备的外观检查、主要设备外观清洁、巡视检查。通过 FAS 主机(或 FAS 扩展工作站)、消防电话主机、TFDS 主机等检查故障报警记录、远程查看设备运行状态等;对 FAS 模块、消防电话分机、声光报警器等现场设备进行抽检,查看内容为运行状态、指示灯、标识标牌等,查看防火卷帘、电动防火门遮挡或堆放杂物等,填写日巡检记录;根据设备运行状况及事件记录发现异常,并及时调校、排除。

注意:日巡检是 FAS 系统计划性检修周期内最小时间单位的检修,目的是确保 FAS 系统及末端设备的工作环境,发现并及时处理系统异常。

(2)月度计划性检修。月度计划性检修简称月检,工作内容为:区间 FAS 系统末端设备的外观检查、安装稳固性巡视检查。主要依据巡查人员目视发现异常,异常情况主要为设备固定松脱、漏水导致的锈蚀等。针对发现的问题及时处置,不能永久处置的应按照“先通后复”的原则采取临时措施后报计划专项处置。

注意:月检是针对城市轨道交通区间消防设备安装位置和区间行车安全等实际情况制订的检修计划。目的是确保 FAS 系统安装于区间的末端设备工作环境,发现异常及时处理。

(3)季度计划性检修。季度计划性检修简称季检,工作内容为:对车站(或场段)FAS 系统设备及接入车站(或场段)FAS 系统的区间、中间风井的末端设备进行基本功能测试等,目的是通过在 FAS 主机控制的末端设备模拟火情进行报警功能(如利用烟雾生成工具触发烟感、按压手报模拟乘客报警等)、联动控制功能等验证测试。如测试联动控制功能是否正常;受控子系统(或末端设备)能否根据预设功能动作及时反馈信息。

注意:季检是以线路车站为单位对车站 FAS 系统及末端设备进行的主要功能检查;根据检查结果分析,对故障率较高的部件进行预防性更换。

(4)年度计划性检修。年度计划性检修简称年检,工作内容为:除完成季检的全部内容外,还需完成对 FAS 系统设备的机械特性与电气特性进行测试、设备的零部件年度保养或计划性更换、对运行记录进行导出另存与病毒查杀等。

表 1-3-2　FAS 系统与外部子系统接口功能及分界

编号	外部子系统	FAS	功能	接口分界图
FAS. JL. 1	防火卷帘	（1）监视非疏散通道上防火卷帘、全降状态； （2）监视疏散通道上防火卷帘半降状态、全降状态	向 FAS 提供非疏散通道上防火卷帘的故障、全降状态；向 FAS 提供疏散通道上防火卷帘的故障、半降状态、全降状态	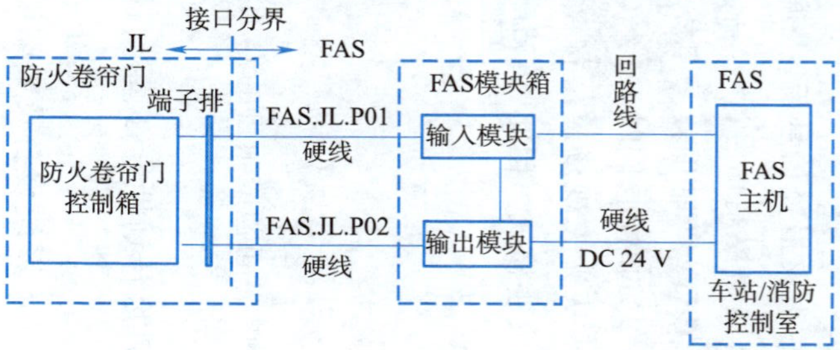 FAS 主机通过控制模块对防火卷帘进行远程升/降操作控制、接收防火卷帘状态反馈信息。 当确认出现火灾时，FAS 主机通过控制模块向防火卷帘控制器发出下降命令，控制器控制防火卷帘下降，并通过 FAS 控制模块向主机反馈动作信息 视频 防火卷帘联动控制
FAS. JL. 2		（1）对非疏散通道上防火卷帘进行全降控制； （2）疏散通道上防火卷帘进行半降、全降控制	（1）根据监控点表能实现 FAS 全降控制功能； （2）根据监控点表能实现 FAS 半降、全降控制功能	
F01	挡烟垂壁	对电动挡烟垂壁的全降监视	向 FAS 提供电动挡烟垂壁的全降状态	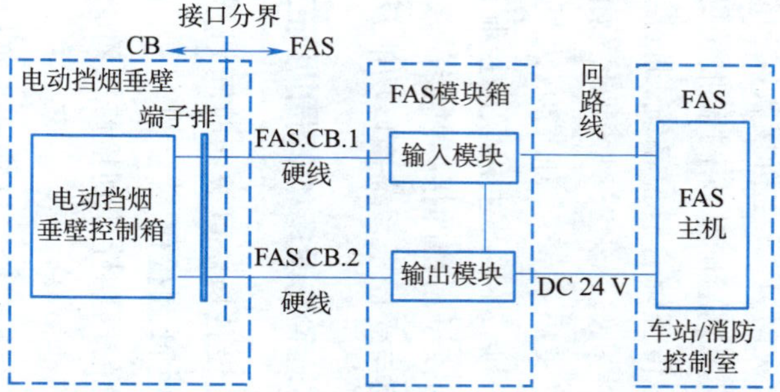 FAS 主机通过控制模块对电动挡烟垂壁进行远程升/降操作控制、接收电动挡烟垂壁状态反馈信息。 当确认出现火灾时，FAS 主机通过控制模块向电动挡烟垂壁控制器发出下降命令，控制器控制电动挡烟垂壁下降，并通过 FAS 控制模块向主机反馈动作信息
F02		对电动挡烟垂壁的全降控制	根据监控点表能实现 FAS 全降控制功能	

续表

编号	外部子系统	FAS	功能	接口分界图
FAS. LIF. 1	垂直电梯	实现归首状态监视	反馈动作完成信息	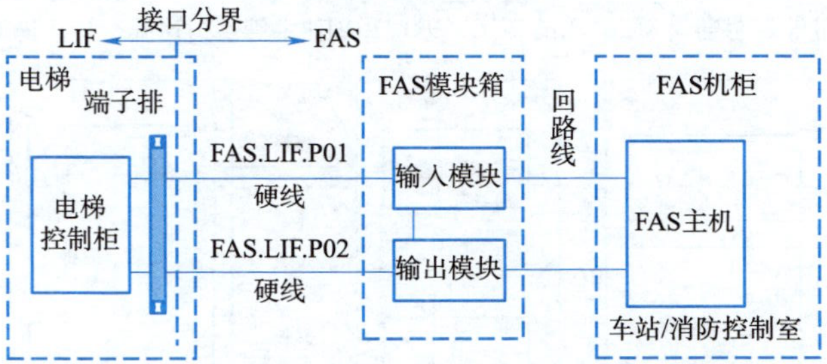 FAS 主机通过控制模块实现火灾时对车站垂直提升电梯进行归首控制，并接收车站垂直提升电梯状态反馈信息。 FAS 主机平时不接收车站垂直提升电梯状态。当确认出现火灾时，FAS 主机通过控制模块向垂直提升电梯控制器发出下降命令，控制器控制垂直电梯归首，并通过 FAS 控制模块向主机反馈动作信息
FAS. LIF. 2		实现归首控制控制功能	执行归首控制	
FAS. PA. 1	PA	实现在火灾情况下对消防广播的强启功能	接收控制信号并启动消防广播	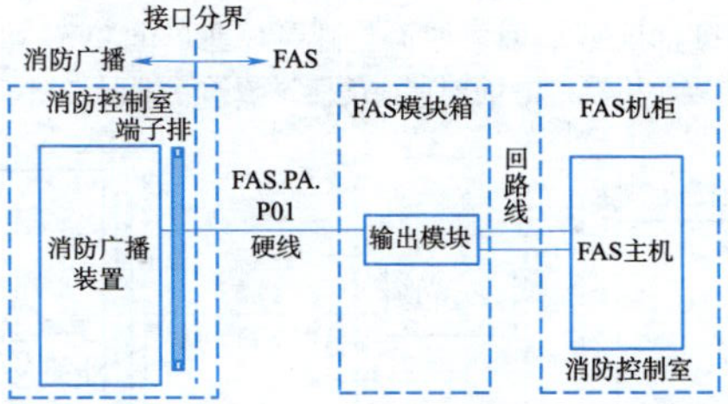 FAS 主机通过控制模块实现发生火灾时火灾警报声音和车站火灾应急广播词的循环播放。 需注意：城市轨道交通不独立设置消防应急广播，而是由车站普通广播在紧急情况下强制切入消防应急广播的功能。此外，实现火灾警报声音和车站火灾应急广播词方法较多，通过 FAS 控制模块实现循环播放只是其中一种 视频 FAS联动声光报警与广播轮循播放

续表

编号	外部子系统	FAS	功能	接口分界图
FAS. EPS. 1	EPS	实现对强启 EPS、疏散指示系统接口的状态监视及报警功能	提供所需监视信息点表	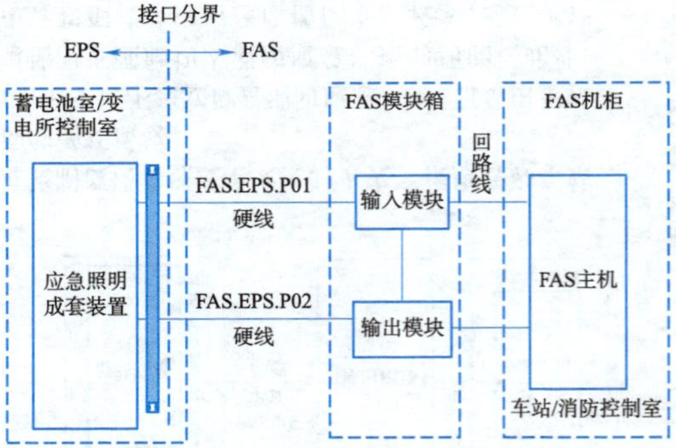 FAS 主机平时通过 FAS 控制模块接收消防应急照明和疏散指示系统反馈的状态信息； 当确认出现火灾时，FAS 主机通过控制模块向消防应急照明和疏散指示系统控制器发出启动命令，控制器控制各路消防应急灯具的转入灾害模式下运行，并通过 FAS 控制模块向反馈动作信息
FAS. EPS. 2		实现在火灾情况下对 EPS、疏散指示系统的强启功能	接收控制信号并启动应急照明	
FAS. DZ. 1	非消防电源	对切除非消防电源接口的状态监视功能	提供所需监视信息点表	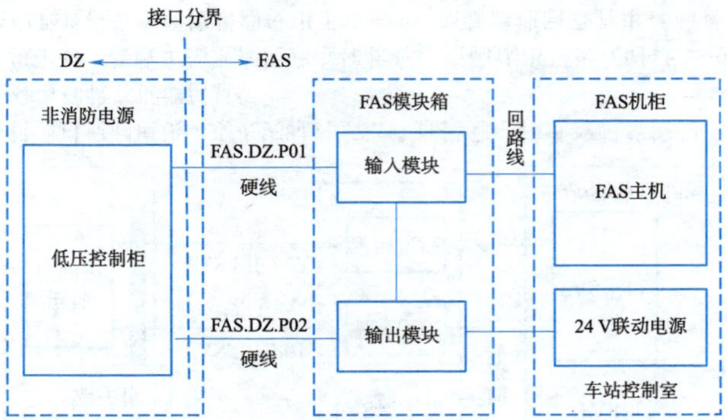 FAS 主机通过控制模块控制非消防电源在火灾时切除，并接收低压控制柜反馈的非消防电源状态信息。 当确认出现火灾时，FAS 主机通过输出模块向低压控制柜发出切除命令，低压控制柜执行切除非消防电源后，通过 FAS 控制模块向 FAS 主机反馈动作信息
FAS. DZ. 2		实现切断非消防电源控制功能	接收控制信号并切断非消防电源	

续表

编号	外部子系统	FAS	功能	接口分界图
FAS. BAS. 1	BAS	在 FAS 与 BAS 之间建立通信通道，BAS 接收 FAS 发送来的火灾模式信息，按既定原则执行火灾运行模式，实现关联设备的运行，保证灾害情况下的通风设备的正常运行	进行火灾的探测、确认及报警，并向 BAS 发送相应火灾模式指令，联动 BAS 按既定原则执行火灾运行模式； 接收 BAS 反馈的模式执行状态信息	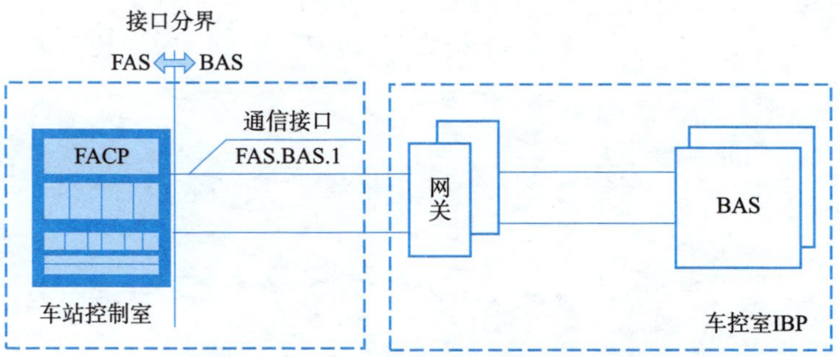 BAS 与 FAS 之间利用 FAS 系统的超级网关实现通信(具备冗余切换功能)，基于公有通信协议(常用 RS-485 协议)实现数据交换，在接收 FAS 发送的火灾模式信息后，BAS 按既定原则执行火灾运行模式，使受控机电设备转入灾害工况下运行
FAS. AFC. 1	AFC	对 AFC 进行紧急控制	根据监控点表能实现 FAS 紧急释放功能	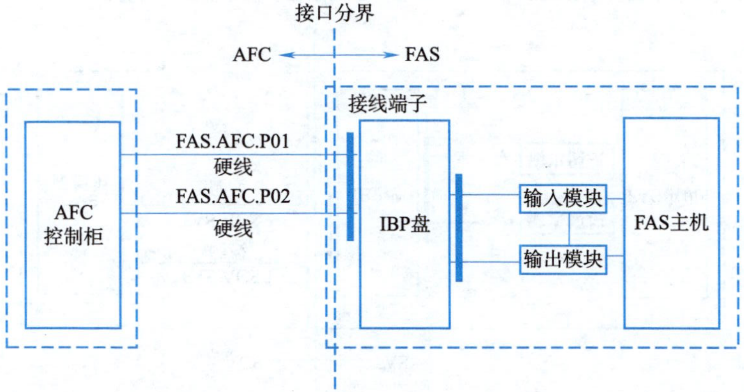 FAS 主机通过控制模块控制 AFC 系统在火灾时释放，并接收 AFC 反馈的释放动作信息。 当确认出现火灾时，FAS 主机通过输出模块向自动售检票系统发出释放命令，自动售检票系统执行释放命令并通过 FAS 输入模块向 FAS 主机反馈动作信息
FAS. AFC. 2		监视 AFC 的释放状态信息，显示于 FAS 扩展工作站	向 FAS 提供 AFC 设备的释放信息	

续表

编号	外部子系统	FAS	功能	接口分界图
FAS. ACS. 1	ACS	对门禁进行紧急释放控制	根据监控点表能实现 FAS 紧急释放功能	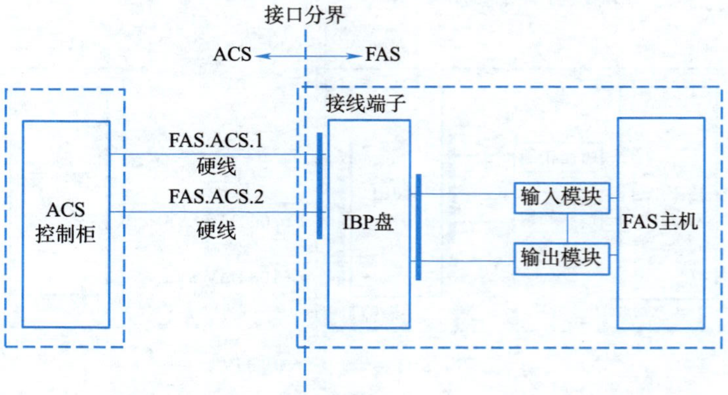 门禁系统以子系统互联方式接受 FAS 系统监控，FAS 主机利用控制模块控制门禁系统在火灾时释放，并接收门禁系统反馈的释放动作信息。 当确认出现火灾时，FAS 主机通过输出模块向门禁系统发出释放命令，门禁执行释放命令并通过 FAS 输入模块向 FAS 主机反馈动作信息
FAS. ACS. 2		监视门禁的释放状态信息，显示于 FAS 扩展工作站	向 FAS 提供门禁设备的释放信息	

注意：年检的目的是对FAS系统及末端设备的软硬件全面检修、质量大检查，确保系统的可靠运行，利用智慧健康检测及全生命周期监控系统对设备质量进行评估、统计、分析，为后期大中修积累真实而详细的基础数据。

2. 专项检修

消防年度检测是根据国家相关规定做出的举措，即“建筑消防设施应每年至少检测一次，检测对象包括全部系统设备、组件，并将检测记录报公安消防机构备案”。检测内容除年检所涉及FAS系统科目以外还需对FAS系统下位受控设备功能进行测试。

六、FAS设备检修作业标准及要求

1. 日巡检

(1)FAS主机及扩展工作站。FAS主机及扩展工作站日巡检维修作业标准及要求见表1-3-3。

表1-3-3　FAS主机及扩展工作站日巡检维修作业标准及要求

序号	检查内容	作业标准	补充说明及简图
1	FAS主机外设状况检查	①目测主机安装牢固、无变形、内外清洁无明显积尘、门锁正常，无冷凝水、防火封堵良好。 ②目测控制面板按键、指示灯完好，安装牢固。 ③检查蓄电池无爬酸漏液鼓包、无异常发热现象、接线柱无异物，绝缘套齐全	
2	FAS主机运行状况检查	①操作检查FAS主机显示屏画面清晰、无花屏。状态指示灯绿色，主机为自动状态。	 

续表

序号	检查内容	作业标准	补充说明及简图
2	FAS主机运行状况检查	②查看主机显示屏无故障、火警、隔离记录。无防火阀/电动蝶阀关闭、防火卷帘半降/全降、电动翻转门关闭、电动排烟窗打开等设备异常动作反馈 ③查看综合监控FAS界面无显黄（故障）、显红色（报警）、蓝色（离线）现象	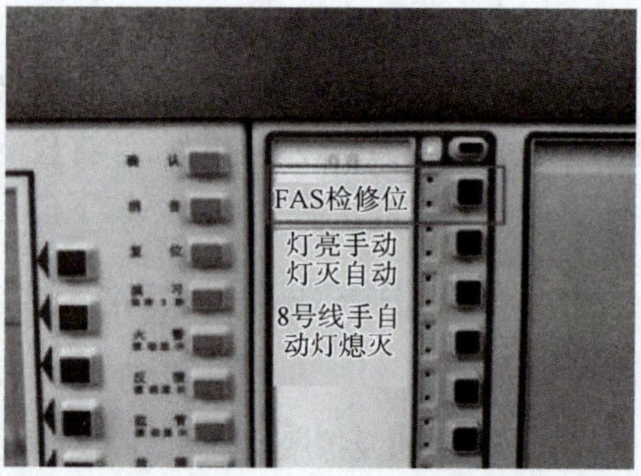 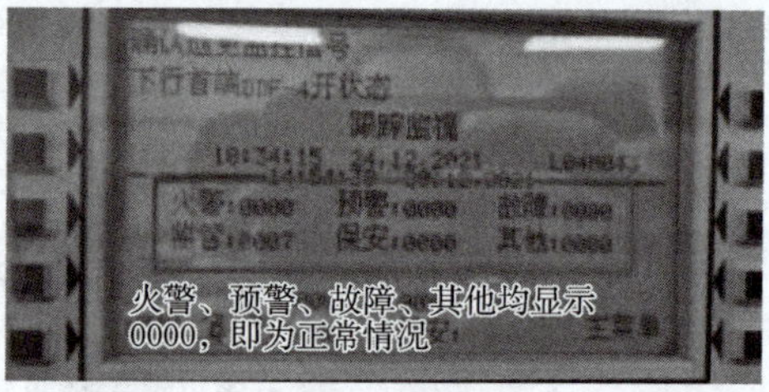 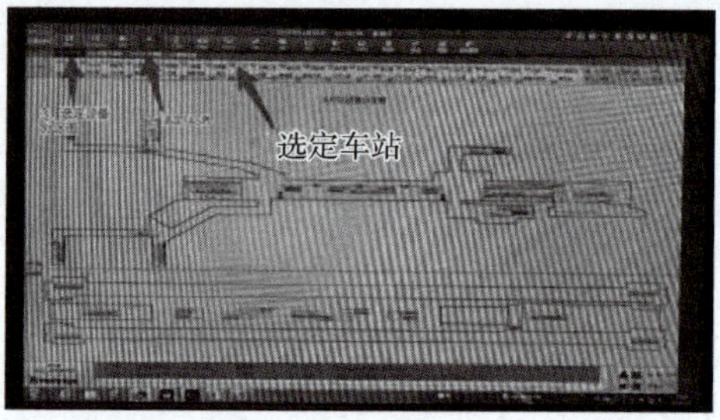
3	扩展工作站外设状况检查	目视检查安装牢固、内外清洁无明显积尘、无冷凝水	
4	扩展工作站运行状况检查	①查看扩展工作站软件状态正常，人机界面运行正常，无黑屏蓝屏现象。 ②操作并查看报警/事件记录：无故障、火警、隔离记录。无防火阀/电动蝶阀关闭、防火卷帘半降/全降、电动翻转门关闭、电动排烟窗打开等设备异常动作反馈	
5	对时	FAS主机，扩展工作站时间与IBP时钟一致	

（2）FAS 24 V联动电源

FAS 24 V联动电源日巡检维修作业标准及要求见表1-3-4。

表 1-3-4　FAS 24 V 联动电源日巡检维修作业标准及要求

序号	作业内容	作业标准	补充说明及简图
1	联动电源外设状况检查	①检查联动电源主机安装牢固、内外无明显灰尘、接线牢固、无冷凝水。 ②目测蓄电池无爬酸漏液鼓包、无异常发热现象、接线柱无异物,绝缘套齐全	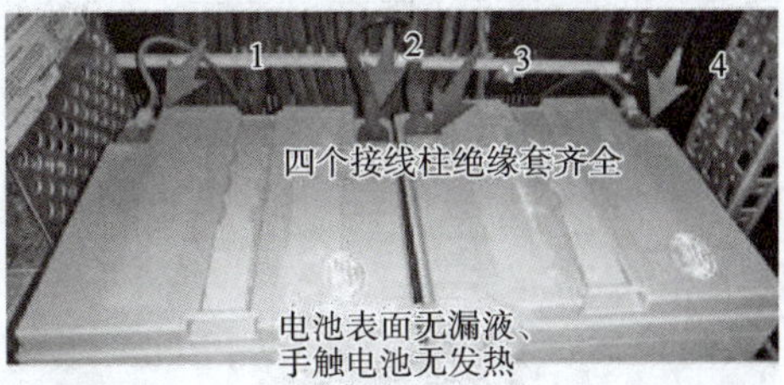
2	联动电源运行状况检查	查看“电源开关”指示灯长亮	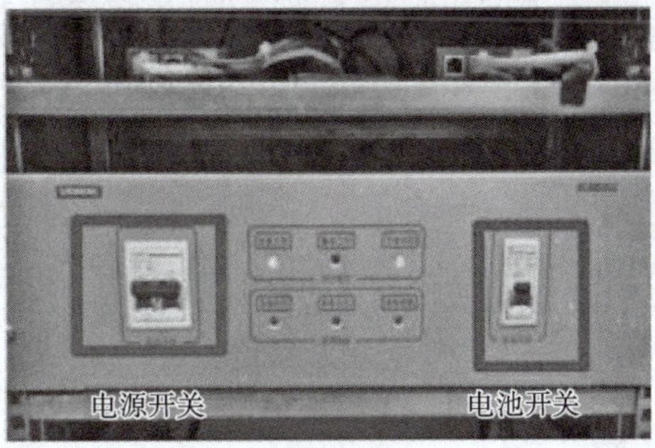

(3)TFDS 主机

TFDS 主机日巡检维修作业标准及要求见表 1-3-5。

表 1-3-5　TFDS 主机日巡检维修作业标准及要求

序号	作业内容	作业标准	补充说明及简图
1	TFDS 主机外设状况检查	①目测主机安装牢固、内外清洁无明显积尘、无冷凝水、门锁完好、封堵良好。 ②查看蓄电池无爬酸漏液鼓包、无异常发热现象、接线柱无异物,绝缘套齐全	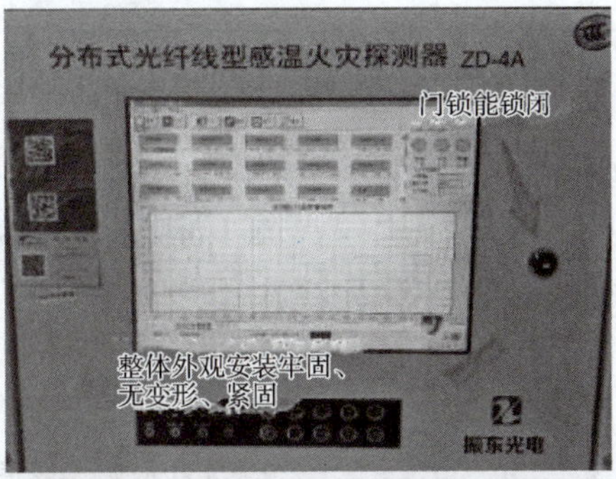 

续表

序号	作业内容	作业标准	补充说明及简图
2	TFDS 主机运行状况检查	①检查状态指示灯正常，无故障报警、无故障黑屏、死机现象。 ②操作并查看数据采集功能正常。 ③查看综合监控工作站的 TFDS 页面显示正常，无设备离线	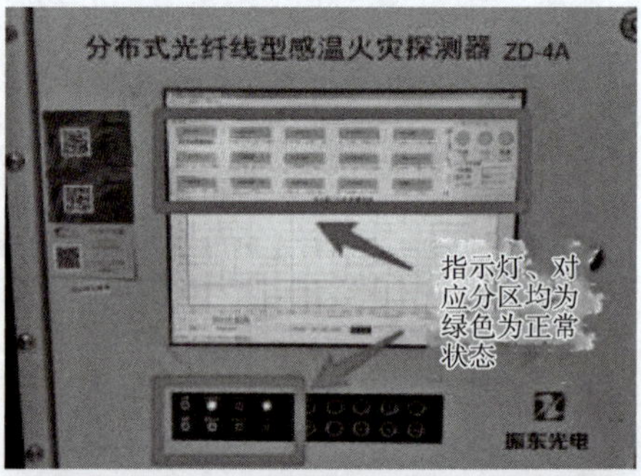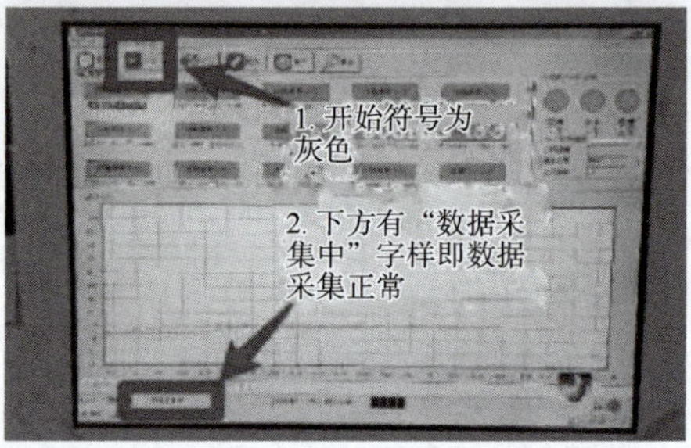
3	时间检查	查看与综合监控系统时钟显示时间一致	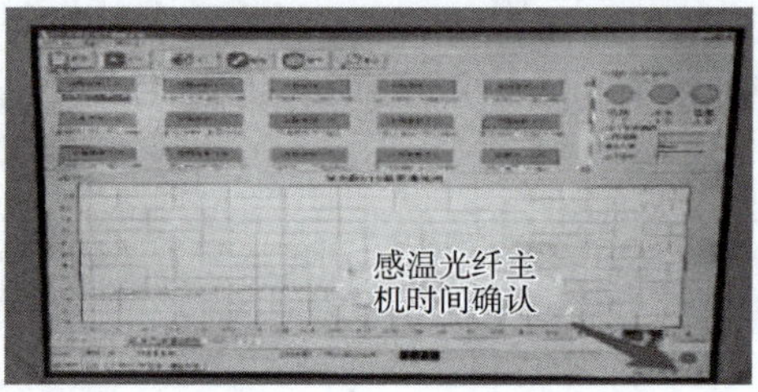

(4)消防联动控制盘

消防联动控制盘日巡检维修作业标准及要求见表 1-3-6。

表 1-3-6　消防联动控制盘日巡检维修作业标准及要求

序号	作业内容	作业标准	补充说明及简图
1	消防联动控制盘外设状况检查	外观完好无损、安装牢固、内外清洁无明显积尘、无遮挡、指示灯无脱离，字体清晰	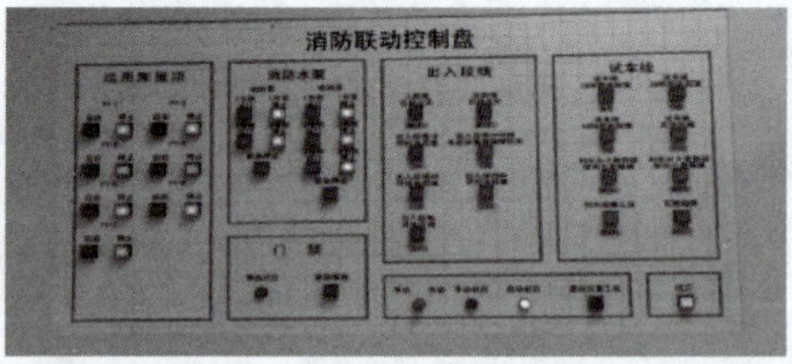
2	消防联动控制盘运行状况检查	各个状态运行灯未亮	

(5)消防电话

消防电话日巡检维修作业标准及要求见表 1-3-7。

表 1-3-7　消防电话日巡检维修作业标准及要求

序号	作业内容	作业标准	补充说明及简图
1	消防电话主机外设状况检查	①消防电话主机完好无损，安装牢固、无明显积尘、无冷凝水。 ②显示屏画面清晰	
2	消防电话主机运行情况检查	①消防电话主机工作状态指示灯长亮绿色。 ②对消防电话主机存储告警的数据进行清除	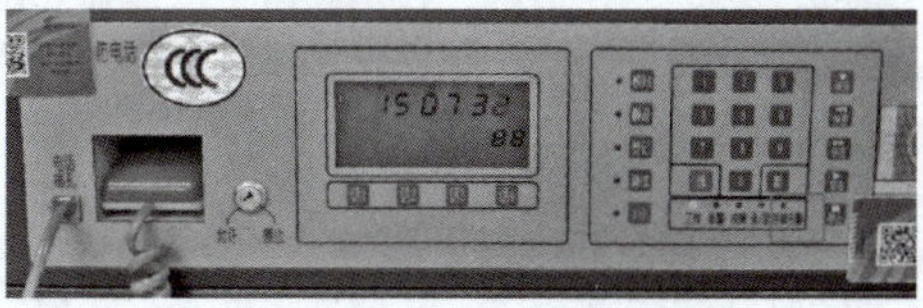

(6)消防广播

消防广播日巡检维修作业标准及要求见表 1-3-8。

表 1-3-8　消防广播日巡检维修作业标准及要求

序号	作业内容	作业标准	补充说明及简图
1	消防广播音源设备/功率放大器外设状况检查	完好无损，安装牢固、无明显积尘，无冷凝水	
2	消防广播音源设备/功率放大器运行情况检查	工作状态指示灯长亮绿色	
3	扬声器外设状况检查	扬声器外观完好无损，安装牢固	

(7)FAS 末端设备

FAS 末端设备日巡检维修作业标准及要求见表 1-3-9。

表 1-3-9　FAS 末端设备日巡检维修作业标准及要求

序号	作业内容	作业标准	补充说明及简图
1	烟感、温感、手报、电话插孔、壁挂电话、警铃或声光报警器外设状况检查	外观完好无损，安装牢固，无遮挡，设备附近无渗水，表面清洁	
2	烟感、温感、手报运行状况检查	状态指示灯正常	

续表

序号	作业内容	作业标准	补充说明及简图
3	吸气式感烟探测器主机、工作站（如有）、专用外部电源（或电源箱）外设状况检查	①外观完好无损，安装牢固，无锈蚀，内外无积尘，无冷凝水，封堵良好。 ②电源箱蓄电池无爬酸漏液鼓包、无异常发热现象、接线柱无异物，绝缘套齐全，接线牢固	
4	吸气式感烟探测器主机/工作站/专用外部电源（或电源箱）运行状况检查	①电源灯长亮、无异常报警。无预警、火警、故障报警。 ②电源箱电压指示灯长亮	
5	主动吸气管道检查	主动吸气管道卡扣无松动，管道无脱落、固定钢绳（如有）无锈蚀，无松动	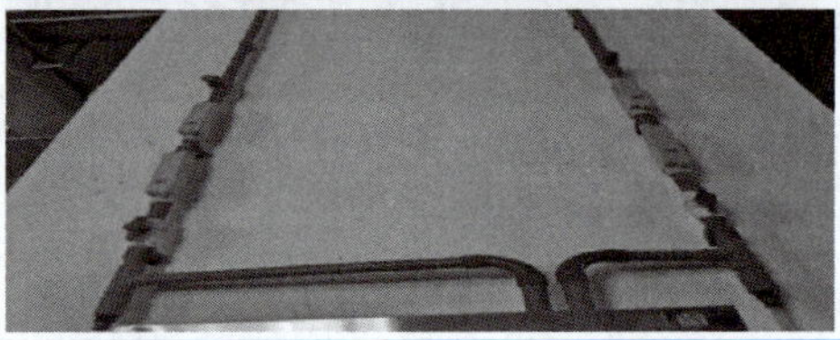
6	线型光束感烟探测器发射端及接收端、专用外部电源（或电源箱）外设状况检查	①外观完好无损，安装牢固，无锈蚀。箱体内外无明显积尘。箱体内部无冷凝水、封堵良好。 ②蓄电池（如有）无爬酸漏液鼓包、无异常发热现象、接线柱无异物，绝缘套齐全，接线牢固。 ③每对探测器发射端与接收端间无遮挡	
7	线型光束感烟探测器发射端及接收端、专用外部电源（或电源箱）运行状况检查	①工作状态指示灯正常。 ②电源箱指示电压正常	

（8）防火卷帘

防火卷帘日巡检维修作业标准及要求见表1-3-10。

表1-3-10　防火卷帘日巡检检修作业标准及要求

序号	作业内容	作业标准	补充说明及简图
1	防火卷帘外设状况检查	①门体下方无遮挡物，门体无脱落下降、脱轨现象、门轴平直无下垂。导轨无变形。门帘无破损。门体周围无漏水。 ②门体两侧均设置控制盒。控制盒完好无损、安装牢固、周围无渗水。 ③手动拉链完好，固定位置可站立操作。生锈面积不得超过全部拉链表面积的10%	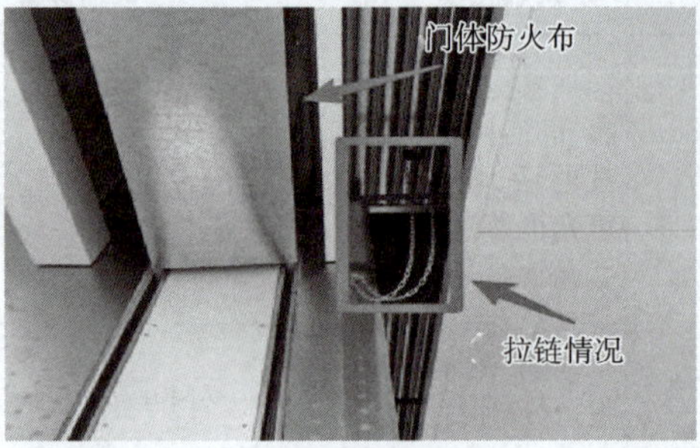

2. 月检

区间消防设备月检维修作业标准及要求见表1-3-11。

表1-3-11　区间消防设备月检维修作业标准及要求

序号	作业内容	作业标准	补充说明及简图
1	区间手报/消火栓按钮(如有)外设状况检查	①区间手报/消火栓按钮(如有)防水盒闭合且完好无损。 ②区间手报/消火栓按钮(如有)完好无损,指示灯正常,安装牢固无松动。 ③安装位置无漏水(若有漏水则进行移位安装)	
2	消防设备线管(含立管)外设状况检查	①线管安装牢固,卡扣无脱落松动。 ②线管无腐蚀损坏,单根浮锈面积不得超过该段管道表面积的10%(超过则需除锈喷漆、有漏水的采用防水材料对管线进行保护)。 ③线管接地线牢固无脱落、接线盒安装牢固无缺失。 ④过轨管线固定牢固,轨道下方采用耐久性绝缘材料,不得与轨底搭接,并应有不小于规定的最小间隙	
3	感温光纤外设状况检查	①感温光纤完好无损,保护层无破损。感温光纤固定在支架上。固定钢绳(若有)完好无损,无明显锈蚀,安装牢固无下垂。多余光纤绑扎牢固。 ②感温光纤终端盒完好无损,安装牢固。 ③固定支架在隧道墙面安装牢固无松动,无缺失脱落	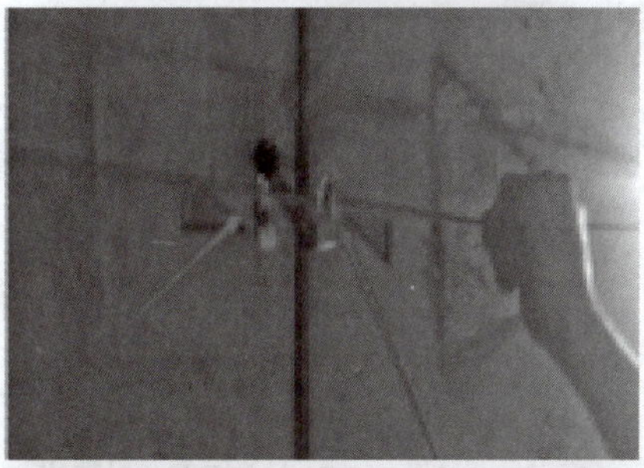 

续表

序号	作业内容	作业标准	补充说明及简图
4	感温电缆外设状况检查	感温电缆线路完好无损，正弦缠绕在电力电缆上，且绑扎牢固	
		①终端盒完好无损，固定安装牢固。接线端子线路压接牢固，防水密封完好。线路完好无损。 ②安装环境无漏水、积水	

3. 季检

(1)车站及区间风井 FAS 联动测试维修作业标准及要求见表 1-3-12。

表 1-3-12　车站及区间风井 FAS 联动测试维修作业标准及要求

序号	作业步骤	作业标准	补充说明及简图
1	触发联动信号	①车控室人员与现场人员密切配合，现场人员采用烟枪、温枪按照末端设备现场点位触发联动信号。 ②车控室人员查看 FAS 主机、综合监控、扩展工作站报警信息，记录报警设备编号。 ③烟感、手报、消火栓按钮等末端设备正常报警，FAS 主机、综合监控、扩展工作站报警信息一致	
2	确认通风设备联动情况	①车控室人员通过综合监控工作站查看通风设备状态及反馈信息。 ②测试区域火灾环控模式按照预设程序正常启动成功[如测试区域消防风机及防火阀启动(如有)，无启动超时报警等]，其他区域环控模式停止成功。 ③通风配合人员测试风速，测试的风速应达标。 ④站厅到站台楼梯或扶梯口处向下风速、排烟口风速应大于规范要求的最低值	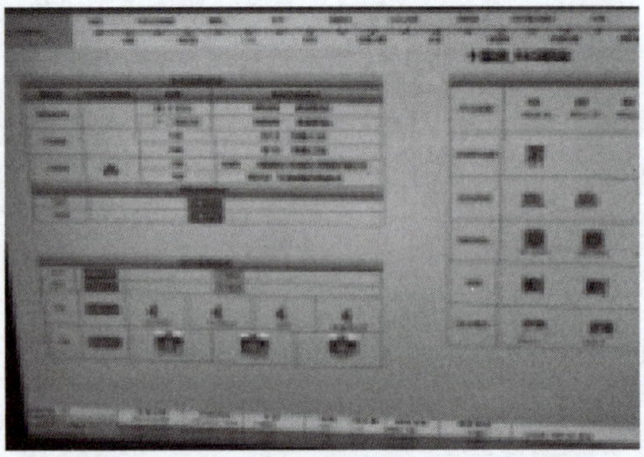

续表

序号	作业步骤	作业标准	补充说明及简图
3	确认智能照明联动情况	①车控室人员通过综合监控工作站查看测试区域的智能照明设备状态反馈信息。 ②智能照明(若有)执行相应火灾模式成功。 ③现场测试人员目测智能照明、导向开启情况。 ④测试区域照明、导向按照预设程序动作。 ⑤电扶梯/步梯上方/闸机等 A/B 面导向切换至疏散方向	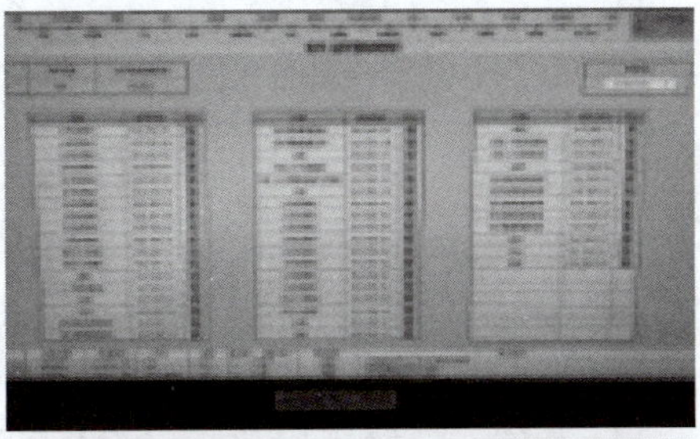 
4	确认应急照明联动情况	①车控室测试人员通过综合监控工作站确认查看应急照明设备状态反馈信息。应急照明图元显示颜色正常。 ②现场测试人员目测应急照明开启情况,应急照明应强制启动且全开	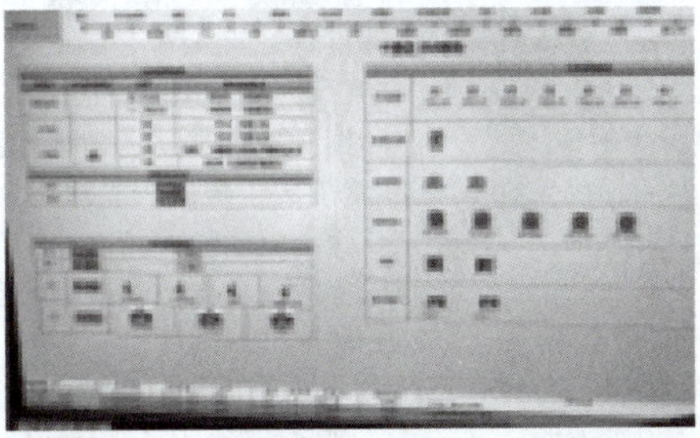
5	确认非消防电源联动情况	①车控室测试人员通过综合监控工作站确认非消防电源联动切除的状态信息反馈,非消防电源图元显示颜色正常。 ②现场测试人员查看广告灯箱等设备是否熄灭,广告灯箱、多联机、冷源设备等断电。 ③低压供电专业配合人员应在低压供电设备房从设备本体确认非消防电源联动切除成功	
6	确认垂直电梯联动情况	①车控室测试人员通过综合监控工作站确认垂直电梯联动反馈信息。 ②垂直电梯图元显示颜色正常(或类似火灾状态信息表示)。	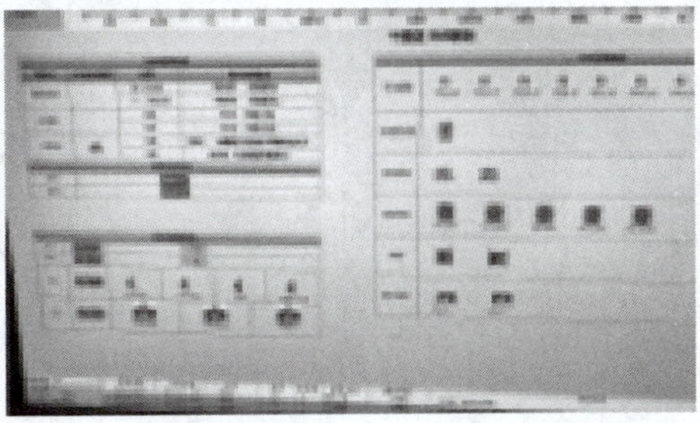

续表

序号	作业步骤	作业标准	补充说明及简图
6	确认垂直电梯联动情况	③现场测试人员实地查看垂直电梯是否停在靠近地面层。 ④电梯归首，电梯门敞开（停在靠近地面层），且正常操作无效	
7	确认防火卷帘联动情况	①车控室测试人员通过综合监控工作站确认全部防火卷帘门的动作反馈信息。 ②防火卷帘图元显示颜色正常，点击图元显示防火卷帘门的详细动作信息（安装于疏散通道的防火卷帘门应半降，否则应全降）。 ③现场测试人员查看防火卷帘是否按照联动规则动作。 ④用于防火隔断的防火卷帘应全降至地面；安装于疏散通道的防火卷帘应降至距离地面大于1.8 m位置	 
8	确认声光/警铃联动情况	①现场测试人员查看警铃（或声光报警器）动作情况。 ②警铃（或声光报警器）应与应急广播交替播放。 ③音质清晰，音调及声量正常	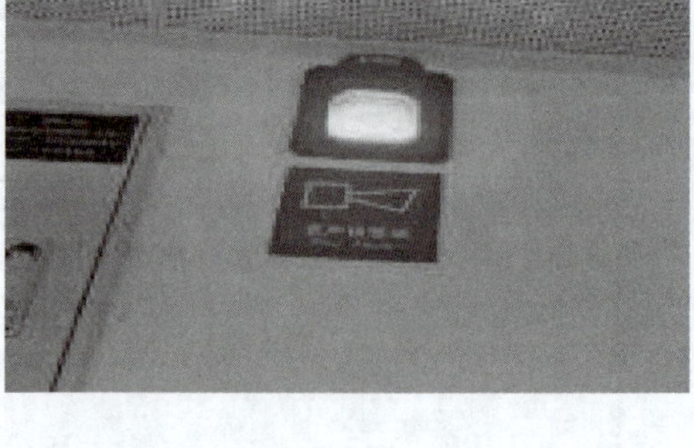

续表

序号	作业步骤	作业标准	补充说明及简图
9	确认门禁/AFC设备联动情况	①车控室测试人员综合监控工作站确认门禁/AFC设备联动信息反馈情况。 ②门禁/闸机释放、售票机进入紧急状态停止售票。 ③现场测试人员目测闸机、售票机联动情况。抽查门禁释放情况。 ④全部闸机释放成功，全部售票机进入紧急状态停止售票。门禁释放	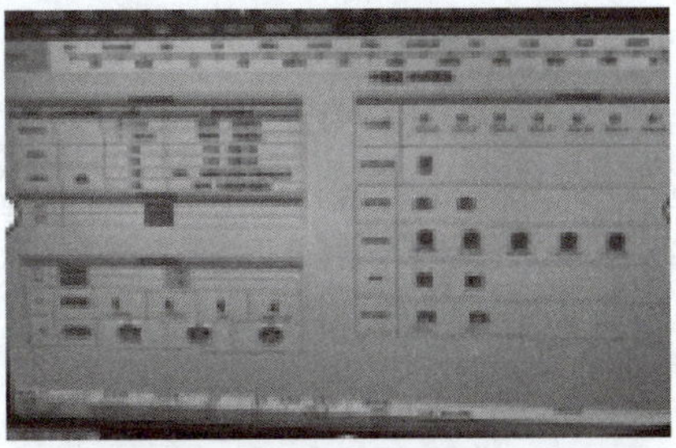  
10	确认广播联动情况	①现场测试人员确定车站广播的火灾应急语音播放是否正常。 ②应急广播与警铃(或声光报警器)交替播放。 ③音质清晰，音调及声量正常	
11	确认PIS屏联动情况	①现场测试人员确定PIS屏幕显示及语音播放情况。 ②PIS屏幕切换显示火灾应急提示，播放应急提醒文字及对应语音信息	

续表

序号	作业步骤	作业标准	补充说明及简图
12	确认 CCTV 联动情况	车控室测试人员综合监控工作站确认 CCTV 页面是否正常跳转至火灾发生区域并正常显示图像信息	
13	报警信息一致性核对	①车控室测试人员确认 FAS 主机、扩展工作站、综合监控报警信息。 ②各设备显示信息应与现场测试人员反馈信息一致	
14	线间联动：本线路向换乘线路发送火警信号情况	①现场测试人员利用测试工具触发探测器(烟感或手报)模拟本线路火灾。 ②车控室测试人员查看 FAS 主机报警信息。 ③查看向换乘车站邻近线路的火灾信息发送情况(主要是查看用于邻近火灾通信的 FAS 输出模块指示灯显示)，着火线路应按照线间联动规则发送火灾信息	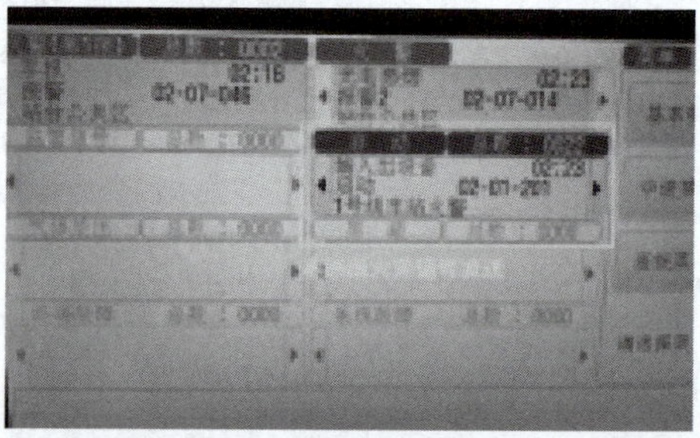
15	线间联动：确认换乘线向本线发送火警信号情况	①换乘站临近线路确认收到着火线路火灾信息(主要是查看用于线间火灾通信的 FAS 输入模块指示灯显示及 FAS 主机、综合监控工作站报警显示)。 ②确认向着火线路发送确认已接收火灾信息的反馈信息发送情况(主要是查看本线路用于线间火灾通信的 FAS 输出模块指示灯显示)	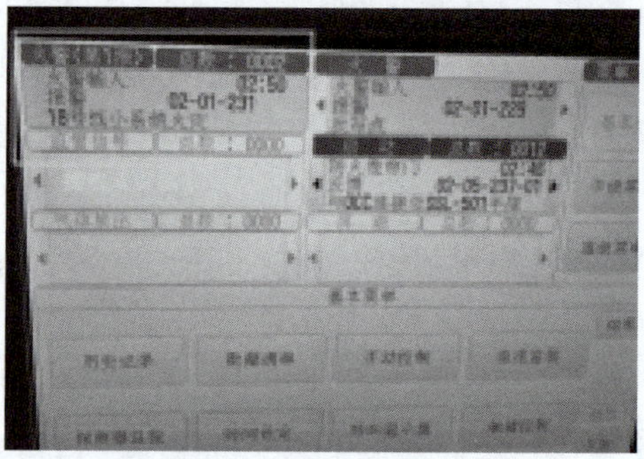

(2)场段、OCC、主所 FAS 联动测试维修作业标准及要求见表 1-3-13。

表 1-3-13　场段、OCC、主所 FAS 联动测试维修作业标准及要求

序号	作业步骤	作业标准	补充说明及简图
1	触发联动信号	①消防控制室人员与现场人员密切配合，现场人员采用烟枪按照末端设备现场点位触发联动信号。 ②消防控制室人员查看 FAS 主机、综合监控、扩展工作站报警信息，记录报警设备编号。 ③烟感、手报、消火栓按钮等末端设备正常报警，FAS 主机、综合监控、拓展工作站报警信息一致	

续表

序号	作业步骤	作业标准	补充说明及简图
2	确认电动防火门联动情况	①消防控制室测试人员通过综合监控工作站确认电动防火门联动后信息反馈。 ②现场测试人员查看门体动作情况。常闭防火门关闭，常开防火门打开	
3	确认电动挡烟垂壁联动情况	①消防控制室测试人员通过综合监控工作站确认电动挡烟垂壁动作后信息反馈。 ②现场测试人员查看挡烟垂壁动作情况。 ③电动挡烟垂壁应正常下降至预定位置	
4	确认消防广播联动情况	①现场测试人员查看区域播放应急广播，音量正常，话质清晰。 ②警铃（或声光报警器）应与应急广播交替播放，音质清晰，音调及声量正常	
		①消防控制室测试人员利用消防广播主机话筒进行实况广播测试。 ②现场测试人员确定扬声器动作情况。音质清晰，音调及声量正常	
5	消防联动控制盘灯检	①消防控制室测试人员按下灯检按钮，观察所有指示灯是否点亮。指示灯点亮且无闪烁，亮度清晰可见。 ②通过消防联动控制盘操作现场设备远程启停。消防控制室测试人员操作消防联动控制盘所有控制按钮，现场设备动作情况及位置信息和联动控制盘指示灯显示状态和位置信息一致	
6	报警信息一致性核对	①消防控制室测试人员确认 FAS 主机、扩展工作站、综合监控报警信息。 ②各设备显示信息应与现场测试人员反馈信息一致	

4. 年检与消防年度检测

年检与消防年度检测的测试项目一致，区别在于季检是对车站的消防设备进行抽测（按照比例系数划分为不低于25%，四个季度实现全部设备覆盖），而年检与消防年度检测是对车站全部的消防设备进行逐一测试。其中消防年度检测还需根据测试结果出具专项测试报告，并送消防部门备案。

七、FAS 系统故障应急处置

1. 车站 FAS 系统误联动应急处置

车站 FAS 系统发生误联动必须经现场人员到烟感报警点位及附近环境实地查看确认无火情发生后才能启动误联动应急处置流程。处置流程为：在 FAS 主机、综合监控工作站查看烟感或手报的报警点位，记录并安排人员及时到现场核实，如出现 FAS 主机报警信息与综合监控工作站不一致情况，以 FAS 主机报警信息为准。

（1）若现场确认无火情，对 FAS 主机进行复位操作。完成 FAS 复位操作处置后通知机电专业人员恢复非消防电源，开启车站正常照明设备；环控系统灾害模式退出以及执行正常环控通风模式；升起防火卷帘门及其他联动受控设备进行复位。

(2)若 FAS 主机无法对报警设备复位，则将 FAS 主机置于检修状态(该状态下 FAS 主机能正常接收报警信息，但无法输出联动控制命令)，执行机电设备复位操作。

(3)若末端设备硬件故障造成 FAS 主机无法复位，则在 FAS 主机操作隔离故障设备后，后续按照(1)中机电专业要求处置。

2. 车站火灾现场应急处置

车站发生火灾后，FAS 系统应自动输出联动控制命令，让各联动受控子系统或末端设备调度转入灾害模式，如声光报警器与广播交替播放火警信息；疏散应急照明自动开启指向疏散方向等。具体应急处置流程如下：

(1)人员到达现场后及时核实火情发生情况，确认现场防排烟及消防设备动作情况，如设备未正常启动则手动开启(通过 IBP 盘、综合监控工作站等)。若确认有火情且火势可控，在保证自身安全的前提下利用就近的消防设施进行初期灭火。

(2)若出现明火且火势较大无法控制时应及时撤离，告知车站通知 119 等专业队伍处置，处置完毕后再进入检查设备损毁情况。完成现场处置后注意现场保护，未得到上级主管部门允许前，禁止一切可能破坏现场的行为。同时采取临时保障安全保障措施。

(3)若调查结束允许开展设备处置，应完成故障处置和消除异常情况。确认消防、防排烟设备恢复情况，及时做好设备复位及损坏设备更换。

技能训练

1. FAS 检修保养

某号线车站消防系统日巡检记录见表 1-3-14。

表 1-3-14 某号线车站消防系统日巡检记录

车站名称： 检修人： 检修时间：

序号	巡检对象	巡检内容	巡检标准	检查结果	故障说明
1	火灾报警控制主机及扩展工作站检查	显示屏运行检查	显示屏正常、状态指示灯工作正常、故障指示灯不亮	□	
			外围设备无离线情况	□	
			查看各探测设备故障、报警、隔离与记录一致	□	
		外设状况检查	检查表面清洁、完好	□	
			用手扳动设备及安装支架无松动	□	
		与综合监控通信检查	通信状况正常	□	
			软件状态显示正常	□	
			主机及扩展工作站时间与综合监控系统时间一致	□	
2	DC 24 V 消防联动电源及备用电池包	工作状态正常	工作状态指示灯正常	□	
			工作电压、备用电池各项参数正常	□	
		外设状况检查	表面清洁、完好，无漏液鼓包现象	□	

续表

序号	巡检对象	巡检内容	巡检标准	检查结果	故障说明
3	智能温感及感烟探测器、智能手报按钮(包括消火栓按钮)、电话插孔、警铃或声光报警器	工作状态检查	通过FAS主机的自巡检功能对探测器运行检查	□	
			抽查外设状况正常,目测安装牢固	□	
4	消防电话	运行检查	工作状态指示灯正常	□	
			与综合监控系统时间一致	□	
			抽查数量单站数量(或车辆段、停车场和主所)不少于总数量10%,每周完成全覆盖	□	
		外设状况检查	外部目测、手摸无积尘	□	
5	隧道测温主机	运行检查	主机无故障、无黑屏、死机现象	□	
			连接状态正常、电子地图上温度正常显示	□	
			软件采样情况正常	□	
			主机时间与IBP时钟一致	□	
		外设状况检查	主机外部卫生情况良好,无积尘	□	
			接线牢靠、无松动、脱落现象	□	
		液晶屏检查	指示灯显示正常	□	
			与综合监控系统显示时间一致	□	
6	气体灭火主机	主机外观检查	外观完好,无积尘、破损情况	□	
		显示屏查看	无故障、报警、隔离等异常信息显示	□	
		状态指示灯检查	状态指示灯显示正常,与当前主机状态一致	□	
		显示时间	气灭主机显示时间与IBP盘时间显示一致	□	
		蓄电池检查	蓄电池外观正常,蓄电池表面无污垢,蓄电池接线牢固、可靠	□	
7	各保护区气体灭火就地控制盘	本体及附属设备外观检查	外观完好,无积尘、破损情况	□	
			手自动转换盒及紧急启停按钮安装牢固,紧急启停封条完整	□	
		显示屏查看	无故障、报警、隔离等异常信息显示	□	
		状态指示灯检查	状态指示灯显示正常,与现场状态一致	□	
		蓄电池检查	外观正常,表面无污垢,接线牢固、可靠	□	
		防护标志	无脱落现象	□	
8	防火卷帘门	外设状况检查	目测门体防火布无损坏、手动拉链固定无松脱	□	
			门体门框固定位置正常,目视无脱落、脱轨现象	□	

续表

序号	巡检对象	巡检内容	巡检标准	检查结果	故障说明
8	防火卷帘门	外设状况检查	门体下方无遮挡物	□	
			就地按钮盘无损坏、松动、封条完好	□	
9	电动翻转门	外设状况检查	目测门体牢固、无缝隙、门体铰链及传动部分无超过表面积无大面积锈蚀	□	
			检查控制箱指示灯显示正确、无冷凝水	□	
			目测门体无遮挡物	□	
10	消防系统管网	外设状况检查	水泵接合器、消火栓、水消防管道无漏水	□	
			其他水消设备完好(管道井、阀门井、水消井盖)	□	
		管道、阀门	管道、阀门无漏水现象	□	
			管道、阀门无大面积锈蚀现象	□	
			消防电动蝶阀,HMI 界面状态与 IBP 盘保持一致	□	
11	消防控制柜、巡检柜	工作状态检查	无故障信息、指示灯显示正常、控制柜时间与 IBP 时钟一致	□	
			设备处于自动状态	□	
			消防水池、水箱实时液位	数值:	
			稳压泵启泵次数是否正常,每小时不超过 15 次	□	
			柜内各参数设定值正常与给定值一致	□	
		外设状况检查	柜内是否无积尘、冷凝水、打火现场	□	
12	泵组	压力表读数	水泵出水管止回阀后端压力表读数和控制柜出口压力一致	压力值:	
		外设状况检查	进出水管闸阀常开、无锈蚀、渗水	□	
			可曲挠橡胶接头正常,无变形	□	
			进出水管支架正常,无松脱、无缺失	□	
			水泵与进出水管法兰连接螺栓无锈蚀、无异常漏水	□	
			地脚螺栓无松动、无锈蚀	□	
			水泵电源线无老化、裸线	□	
13	自动喷水灭火系统(湿式、预作用、水幕)	工作状态检查	信号蝶阀为常开状态,与 FAS 主机监视一致	□	
		外设状况检查	末端喷头正常,无破损,周围无遮挡	□	
14	消防水炮	工作状态检查	就地控制盘无故障信息	□	
			处于自动状态	□	
			各类指示灯显示正常、视频画面清晰	□	
15	消防泵房	工作状态检查	消防泵房清洁,照明,通风正常	□	

续表

<table>
<tr><th>序号</th><th>巡检对象</th><th>巡检内容</th><th>巡检标准</th><th>检查结果</th><th>故障说明</th></tr>
<tr><td>16</td><td>阀组、阀件</td><td>状态检查</td><td>开闭状态与标识标牌规定一致</td><td>□</td><td></td></tr>
<tr><td rowspan="15">17</td><td rowspan="15">模块箱（每日抽查比例不少于10%，每周覆盖一次）</td><td rowspan="2">抽测模块箱的外观状况检查</td><td colspan="3">模块箱箱体无损坏、标识完好，门锁完好</td></tr>
<tr><td colspan="3">模块箱内外目测、手摸无积尘</td></tr>
<tr><td rowspan="2">抽测模块箱内模块状态检查</td><td colspan="3">模块工作状态指示灯正常</td></tr>
<tr><td colspan="3">各模块接线牢靠，无松动、脱落</td></tr>
<tr><td colspan="4">模块箱抽查编号及位置（可另附纸张填写）</td></tr>
<tr><td rowspan="2">①</td><td>编号：</td><td rowspan="2">②</td><td>编号：</td></tr>
<tr><td>位置：</td><td>位置：</td></tr>
<tr><td rowspan="2">③</td><td>编号：</td><td rowspan="2">④</td><td>编号：</td></tr>
<tr><td>位置：</td><td>位置：</td></tr>
<tr><td rowspan="2">⑤</td><td>编号：</td><td rowspan="2">⑥</td><td>编号：</td></tr>
<tr><td>位置：</td><td>位置：</td></tr>
<tr><td rowspan="2">⑦</td><td>编号：</td><td rowspan="2">⑧</td><td>编号：</td></tr>
<tr><td>位置：</td><td>位置：</td></tr>
<tr><td rowspan="2">⑨</td><td>编号：</td><td rowspan="2">⑩</td><td>编号：</td></tr>
<tr><td>位置：</td><td>位置：</td></tr>
<tr><td colspan="6">问题/故障处理情况：</td></tr>
<tr><td colspan="2">备注</td><td colspan="4">注1：情况正常的，在对应□内打√；存在问题或故障的，在对应□内打×，并在“问题/故障描述”栏内填写相应内容；根据处理情况应及时在“问题/故障处理情况”栏内填写相应内容，若无问题/故障，则填写“本次巡检设备正常”。
注2：无此项设备，在对应□内画“/”</td></tr>
</table>

2. FAS 应急故障处置

FAS 故障应急故障处置表见表 1-3-15。

表 1-3-15　FAS 系统故障应急故障处置表

<table>
<tr><th>故障名称</th><th>检修内容</th><th>状态</th><th>故障说明</th></tr>
<tr><td rowspan="8">车站 FAS 系统误联动</td><td>现场确认无火情发生</td><td>□</td><td></td></tr>
<tr><td>FAS 主机调至检修位，复位末端报警设备</td><td>□</td><td></td></tr>
<tr><td>手动升起公共区域的防火卷帘</td><td>□</td><td></td></tr>
<tr><td>操作 IBP 盘或工作站退出火灾模式，停止防排烟风机</td><td>□</td><td></td></tr>
<tr><td>取消 PA、PIS、AFC、门禁等的联动状态</td><td>□</td><td></td></tr>
<tr><td>专业人员复位非消防电源</td><td>□</td><td></td></tr>
<tr><td>开启车站智能照明、广告灯箱照明等</td><td>□</td><td></td></tr>
<tr><td>操作 FAS 主机隔离反复报警的末端设备</td><td>□</td><td></td></tr>
</table>

续表

故障名称	检修内容	状态	故障说明
车站火灾	现场确认火灾现场	□	
	灾害工况下防排烟模式正常启动，防排烟风机正常启动	□	
	防火卷帘门下降(如卡滞则手动操作下降)	□	
	PA与声光报警交通播放	□	
	非消防电源切除(直观表征为广告灯箱熄灭)	□	
	应急照明正常工作、导向标识及其他设备正常动作	□	
	门禁释放、AFC释放、PIS播放应急信息	□	
备注	故障处置完成一项检查且结果正常则在□内打√，否则打×，并在故障说明中描述故障特征，以备故障原因追溯		

任务评价

任务评价见表1-3-16。

表1-3-16 任务评价

任务三 火灾自动报警系统(FAS)检修及应急故障处置		日期：	
姓名：	班级：	学号：	教师签名：
自评：□熟练 □不熟练	互评：□熟练 □不熟练	师评：□合格 □不合格	
日期：	日期：	日期：	

评分细则						
序号	评分项	得分条件	分值	自评	互评	师评
1	接受任务	明确工作任务，理解任务在企业工作中的重要程度	5			
2	前置知识	本次实训前需要掌握的知识程度	5			
3	能力评价	熟悉FAS系统检修作业周期、作业内容	5			
		牢记FAS系统作业风险源管控及安全防护措施	10			
		熟悉FAS系统各计划性检修全流程作业内容及注意事项	10			
		结合车站FAS系统工作单，能进行FAS系统车站设备巡检	20			
		结合FAS系统区间设备检修标准，进行区间巡检作业	15			
4	素养评价	工作计划性强，安排得当	5			
		团队合作能力强，善于沟通合作	5			
		自主学习能力强，勇于克服困难	5			
		严谨认真，积极参与课堂	5			
5	评价反馈	学生能快速、正确地识别图片中设备，以小组评价方式组织客观评价	5			
		对学生在任务实施过程中发现问题，进行小组审议后及时反馈	5			
总 分			100			

巩固与练习

1. FAS 的组成

(1) FAS 系统是由触发装置________、火灾报警装置________、联动输出装置________以及具有其他辅助功能装置组成。

(2) FAS 主机的主要功能为：________功能、________功能、________功能、信息显示与查询功能、操作级别管理功能等。

(3) 手动报警按钮被触发后 FAS 主机显示________信息，消火栓报警按钮被触发后 FAS 主机显示________信息外，接收________反馈并显示。

(4) 利用鼠标键盘在图形显示装置进行查询、复位功能________（能/不能）替代在 FAS 主机操作。

(5) 利用家用电吹风________（能/不能）触发 TFDS 火警信息输出。

2. 消防联动控制与受控子系统接口

(1) 车站 FAS 系统触发消防联动的报警信号可以是________、________的组合（至少列举两种组合）。

(2) 车站/场段设置的防火卷帘按安装位置分为两种，非疏散通道上安装的防火卷帘在消防联动时________地面，而疏散通道上安装的防火卷帘在消防联动时________地面。

(3) 当火灾信号满足火灾联动的条件时，FAS 主机将下发相应的________通过网关以通信协议方式发送至________以启动车站防排烟设备。

(4) 在车站/场段发生火灾后，由 FAS 主机发出控制命令后，________和________以交替工作方式循环播放。

(5) 消防联动时 FAS 主机通过控制模块输出下降信号直接驱动防火卷帘下降。________（对/错）。

(6) 轨道交通车站内设置的电扶梯不在 FAS 主机的消防联动直接控制范围？________（对/错）。

3. FAS 设备检修周期与工作内容

(1) FAS 系统设备计划性检修包含________、________、________、________工作内容。

(2) 日巡检的目的是________，主要通过________完成。

(3) 季度检与年检的工作内容是________关系，消防年度检测是依据________规定进行的，按照内容________年检。

(4) 年检的目的是对________全面检修、质量大检查。

4. FAS 设备检修作业标准及要求

(1) FAS 主机及消防联动电源的日常巡检的工作内容都包含________检查，检查标准为________________________________。

(2) FAS 扩展工作站的报警记录及显示内容与 FAS 主机________。

(3) 对时是日常巡检的重要内容，FAS 主机、扩展工作站时间与________一致。

(4) 区间设备如固定不牢固将侵入限界影响行车，因此进行区间巡检时要重点检查 FAS 现场设备的________、________等。

5. FAS 故障应急处置

(1)车站消防联动确认不是由火情引起时,应以最快速度将 FAS 系统置于__________状态。

(2)车站着火时,FAS 系统未正常转入联动状态,应立即进行__________操作。

(3)火灾现场应急处置时,应在确保__________进行。

视野拓展

地铁消防系统首次大规模采用吸气式感烟探测器 提升地铁火灾早期预警探测精度

北京地铁 14 号线信号系统采用基于无线通信的列车自动控制系统(CBTC)。系统采用计算机技术、网络技术、数据传输技术,设备结构模块化,便于系统功能的扩展。系统具有更高的安全性和可靠性,凡涉及行车安全的设备满足故障 - 安全的原则,主要行车设备的计算机系统采用多重冗余技术。信号系统平时采用中心自动控制,必要时中心调度员可实现人工控制,中心设备或通道故障以及运行需要时可转为车站/车辆段/停车场自动控制或人工控制。

第一次大范围应用中压逆变型能馈再生能量利用装置。目前国内地铁采用的再生电能利用装置主要有电阻能耗型设备和逆变至 AC 400 V 装置 + 电阻的混合型设备。北京地铁 14 号线在西段园博园站和大井站两座牵引变电所试点应用的基础上,在中、东段进行大范围的示范应用。在国内地铁尚属首次。中压逆变型再生电能利用装置将再生电能直接反馈至 10 kV 网络,不再单独配套电阻设备。该装置逆变容量较大,可充分利用列车再生制动能量,节能效果明显。由于取消电阻设备,还彻底解决了地面电阻室带来的占地、噪声等问题。

北京地铁 FAS 首次大规模采用吸气式感烟探测器。北京地铁 14 号线工程 FAS 根据既有地铁开通线试点站使用吸气式感烟探测器的使用情况,首次在北京地铁车站大规模采用 VESDA 吸气式感烟探测器。VESDA 是一种基于激光散射探测原理和微处理器控制技术的烟雾检测设备,具有许多其他烟雾探测系统所不具备的特性。这些特性弥补了传统烟雾探测设备的不足,简化了操作,并增加了系统的可靠性。与传统的火灾报警系统相比,VESDA 吸气式早期烟雾探测报警系统可以在火灾发生的最初期探测到火灾隐患,从而做到防患于未然,不仅大大降低了火灾的危险,系统本身的维护费用也非常低廉,而且能够有效防止误报警的发生,从而特别适用于地铁的火灾早期预警探测。

任务四 门禁系统(ACS)检修及应急故障处置

任务目标

知识目标:

1. 掌握 ACS 系统的组成。
2. 掌握 ACS 系统的运行模式。
3. 掌握 ACS 系统与 CLK 系统的接口。
4. 掌握 ACS 系统设备巡检、操作及检修工序。
5. 掌握 ACS 系统主要设备故障应急处置措施及程序。

能力目标:

1. 具备 ACS 系统作业总体流程操作的能力。

2. 具备 ACS 设备巡检、操作及检修的能力。
3. 具备处置 ACS 系统主要设备故障的能力。

素养目标：

1. 具有 ACS 系统检修安全作业的操作意识。
2. 具有标准化完成 ACS 系统检修作业的工程思维。
3. 具有对检修场地整顿与清洁的作业意识。

任务导入

某日，某地铁车站开展火灾应急演练，ISCS 系统进入火灾模式，但车站门禁系统（ACS）未能联动进入紧急释放状态，工作人员手动开启。演练结束后，需对 ACS 未能联动进行检查，查找分析故障原因，检查各个接口端点，及时开展 ACS 系统设备维修保养维工作。IBP 盘上的 ACS 操作按键如图 1-4-1 所示。

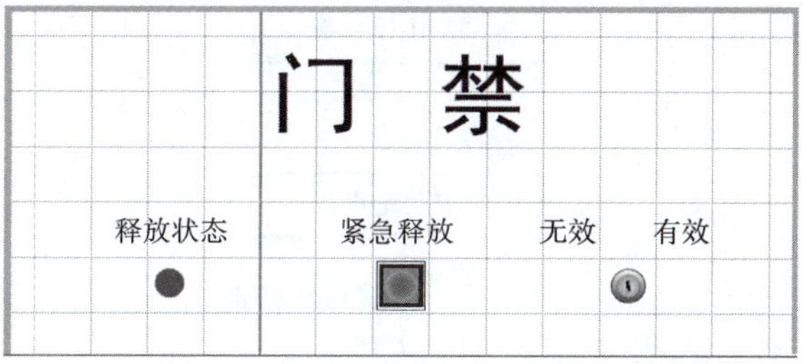

图 1-4-1　IBP 盘上的 ACS 操作按键

任务描述

门禁系统（ACS）检修及应急故障处置的理论与实训知识来源于常规线路的 ACS 用户需求与 ACS 系统操作指导书，通过学习 ACS 系统组成、运行模式等，为 ACS 检修与应急故障处置部分的实训练习打好理论基础；通过学习 ACS 系统设备维修保养工作内容及标准，掌握设备的清洁、紧固、调整、测试和故障排除方法。了解设备的备份和恢复操作，确保系统数据的安全性和可靠性。通过学习 ACS 系统网络安全应急处置，掌握 ACS 系统网络安全应急处置的总体要求和注意事项，包括快速响应、现场处置、自身防护、信息报送等。通过学习 ACS 系统设备计划性检修周期与工作内容，掌握 ACS 系统设备的周期性计划检修，包括月检、半年检和年检的具体内容和标准。通过仿真实训以达到掌握 ACS 维修保养要领，所学及所用的目的。

核心知识

城市轨道交通门禁系统（ACS）为综合监控系统的深度集成子系统，其目的主要是对 OCC、车辆段、停车场、车站设备用房、票务用房和管理用房等重要场所的门体进行权限管理、监视报警及控制，从而确保受保护的重要场所处于安全控制之下。

一、ACS 系统的组成

门禁系统是一个出入管理和安全防范系统，其主要职责是根据地铁运营和安全防护的需要，在重要的设备及管理用房、重要的通道门处设置出入控制装置，只允许获得授权的人员进出，防止无授权人员的非法闯入，以保证门禁控制区域的安全。门禁系统作为地铁自动化管理系统的组成部分，还具有门禁信息的采集、存储、处理、查询等功能，并可以通过制定门禁管理方案、下发门禁控制命令和参数等方式实现整个门禁系统的自动化管理，如图 1-4-2 所示。

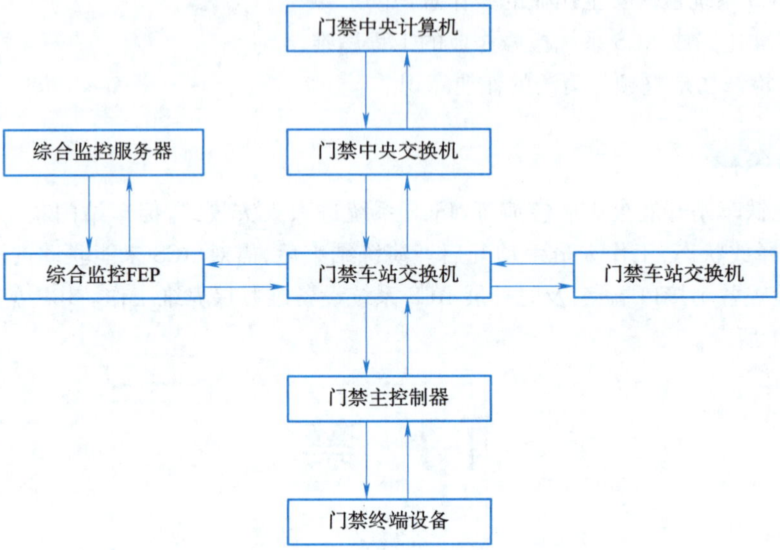

图 1-4-2　门禁系统构成

城市轨道交通的门禁系统建设时以线路为单位组建，由中央、车站、现场三级设备构成，采用中央和车站二级机制管理(见图 1-4-3)。中央级由中央计算机系统设备组成，车站级由各个车站、控制中心、停车场和车辆段计算机系统设备组成，现场级由各个车站、控制中心、停车场和车辆段门禁终端设备组成(见图 1-4-4)。中央级门禁系统设置于控制中心，门禁系统在车站级与综合监控系统人机界面集成，其车站级人机接口功能由综合监控系统统一实现。中央级与车站级局域网络接入综合监控系统主干传输网，通信协议普遍采用 TCP/IP，接口类型为 RJ-45。

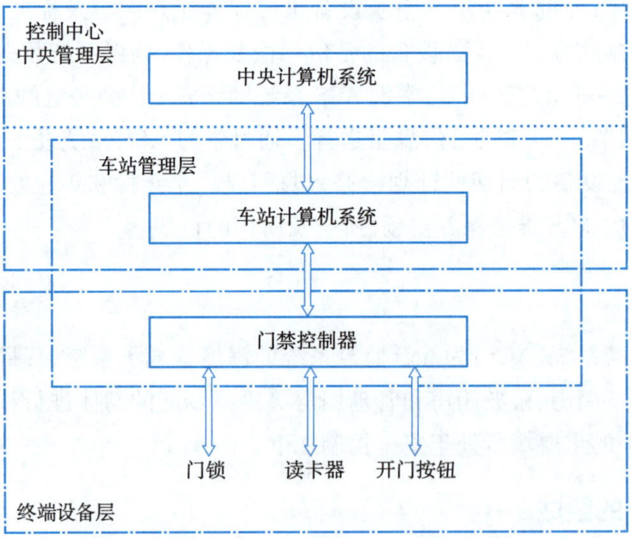

图 1-4-3　门禁系统框架构成图

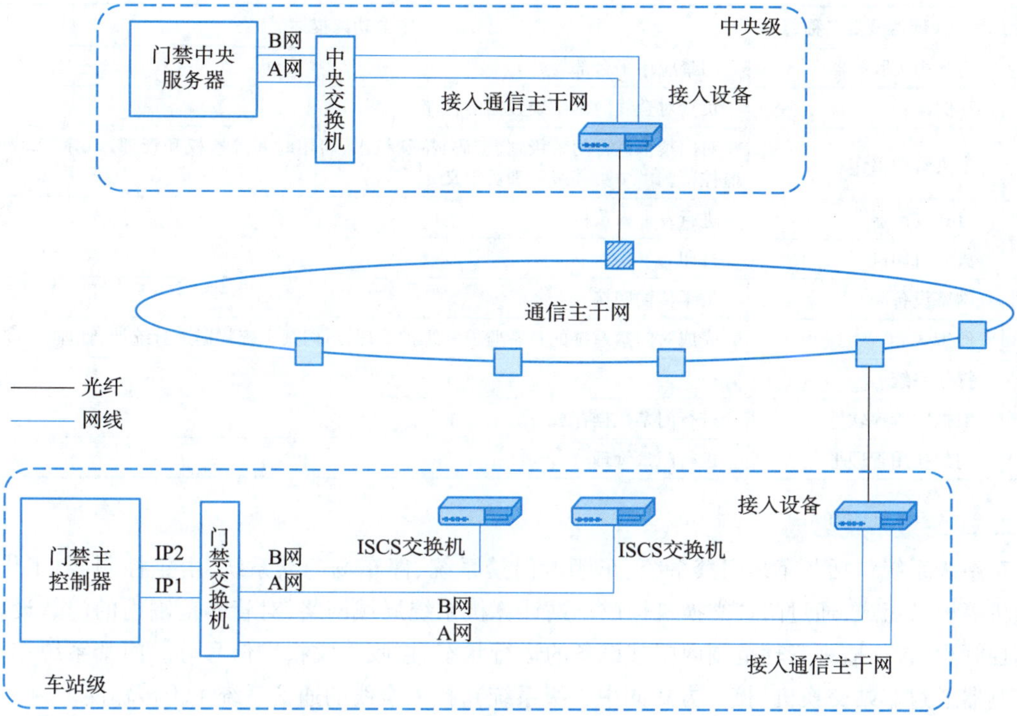

图 1-4-4　门禁前端设备连接示意图

1. 中央级系统构成

中央级系统能实现对各车站（区域）级系统内的所有门禁设备的监控，能满足系统运作、授权、设备监控与控制、网络管理、数据库管理、维修管理及系统数据的集中采集、统计、保存、查询等功能。主要由门禁中央服务器、中央授权工作站、中央管理工作站、存储设备、打印机、交换机、台式读卡器等设备组成，通过以太网交换机构成中央计算机系统局域网络。

中央级系统设置在控制中心或车辆段，设备通过中央级门禁交换机连接，并接入通信传输系统交换机（普遍采用 ISCS 的交换机划分 VLAN 接入，部分城市采用独立配置交换机接入），接入全线主干传输网，如图 1-4-5 所示。

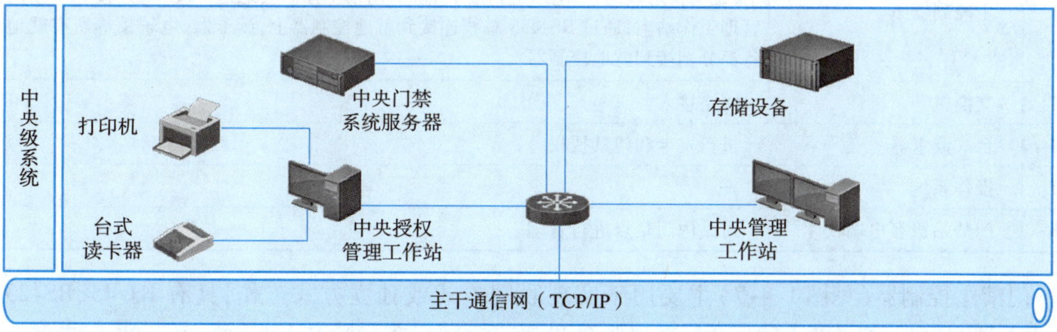

图 1-4-5　门禁中央级构成

中央级门禁系统软硬件设备配置见表 1-4-1。

表 1-4-1 中央级门禁系统软硬件设备配置

序号	软硬件设备名称	主要功能描述
1	门禁中央服务器	门禁应用平台部署
2	存储设备	负责对全线门禁系统数据的存储
3	中央管理工作站	对门禁卡进行门禁级别、密码、特殊权限、启用时间等授权和管理。其操作权限和监控范围由中央高级管理员定义
4	台式读卡器	进行发卡人员授权
5	激光打印机	打印
6	网络设备	主干传输网接入
7	便携式 PC	完成对门禁系统的日常监控和维护管理，对门禁系统数据进行统计、管理、查询等
8	操作系统	—
9	数据库管理软件	进行门禁数据存放
10	门禁应用管理平台	进行门禁管理

2. 车站级系统组成

车站级系统包括各车站门禁系统、车辆段门禁系统、停车场门禁系统，由主控制器、工作站、交换机等设备组成，通过门禁交换机构成车站计算机系统局域网络，对管辖范围内的门禁设备进行监控管理，包括监视管辖范围内门禁设备的运行状态、接收火灾报警信号等。门禁系统车站级主控制器通过车站交换机（接入方式同中央级系统），接入全线的通信系统主干传输网。

所有的就地控制器应顺序接入任两条总线或任一条环线内，读卡器、磁力锁等所有就地设备均分别接至就地控制器，每个就地控制器能控制两套门锁（包括两套读卡器、磁力锁、开门按钮、紧急开门按钮等）。车站级门禁系统环线结构架构如图 1-4-6 所示。

车站级门禁系统负责就地数据的采集及上传，车站不设置独立工作的门禁工作站，与 ISCS 系统工作站进行界面集成，由 ISCS 系统工作站完成车站级门禁系统相关监控、报警等功能。

车站级门禁系统软硬件设备配置见表 1-4-2。

表 1-4-2 车站级门禁系统软硬件设备配置

序号	软硬件设备名称	主要功能描述
1	管理工作站	运行车站级门禁管理软件实现对车站现场门禁系统设备监控的全部功能
2	主控制器	集门禁控制功能及通信网关于一体，既能与门禁中央服务器或管理工作站进行通信，也承担对就地控制器的控制与管理。门禁主控制器通过 TCP/IP 连接到车站门禁管理工作站上，通过 RS-485 总线连接到就地控制器上，读卡器、电子锁等所有就地设备都分别接到就地控制器
3	交换机	网络接入
4	台式读卡器	进行发卡和门禁授权
5	操作系统	—
6	门禁站级客户端软件	对站内门禁点进行管理

门禁主控制器（见图 1-4-7）主要用于实现联网方式或独立方式工作，具有 RJ-45、RS-232、RS-485 等多种接口；在联网方式时，通过软件设置可实现远程遥控开、关门等功能；当系统参数设定并下载至本地后，主控制器与中央计算机系统通信中断时，主控制器自动转入独立工作模式，实现对现场门禁设备监控和管理。网络通信恢复后，自动连接通信网络，上传通信中断期间所有数据。因此主控制器在门禁系统起到承上启下的中枢作用。

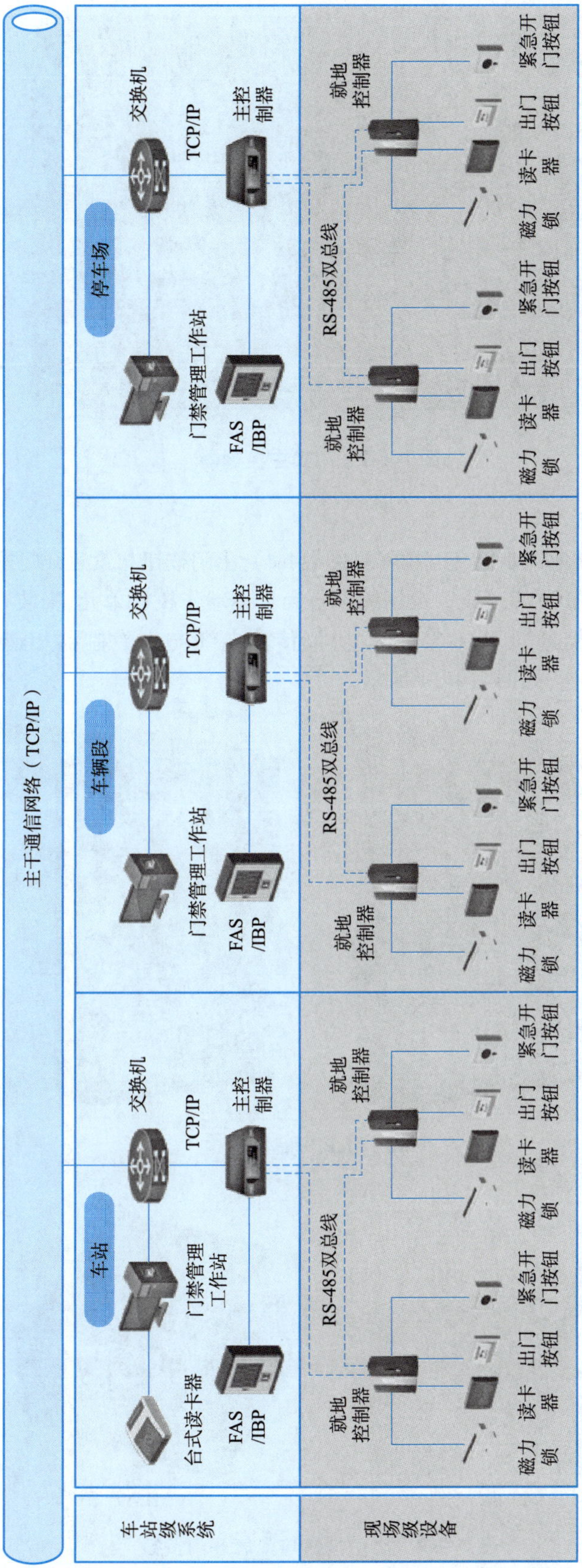

图1-4-6　车站级门禁系统环线结构架构

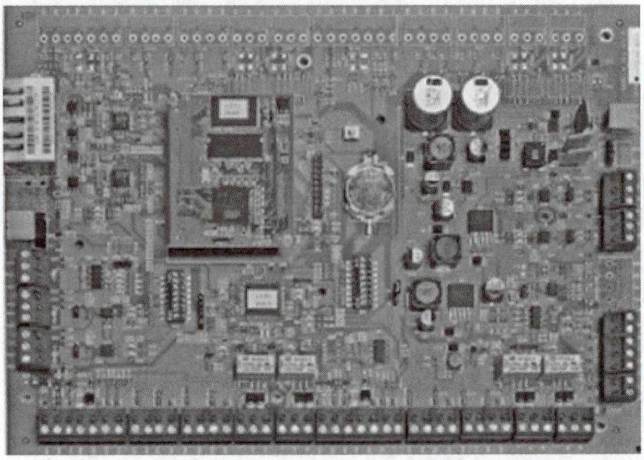

图 1-4-7　门禁主控制器

3. 现场级设备构成

现场级设备主要由就地控制器、读卡器(见图 1-4-8)、出门按钮与紧急开门按钮(见图 1-4-9)、磁力锁与电控锁(见图 1-4-10)等组成。现场级设备为具体动作执行单元,安装在限制区域的门内、门外及门上。就地控制器通过 RS-485 通信协议传输电缆与主控制器相连,就地控制器通过 RS-485 协议与读卡器相连,如图 1-4-11 所示。

图 1-4-8　读卡器

(a) 出门按钮　　(b) 紧急开门按钮

图 1-4-9　出门按钮与紧急开门按钮

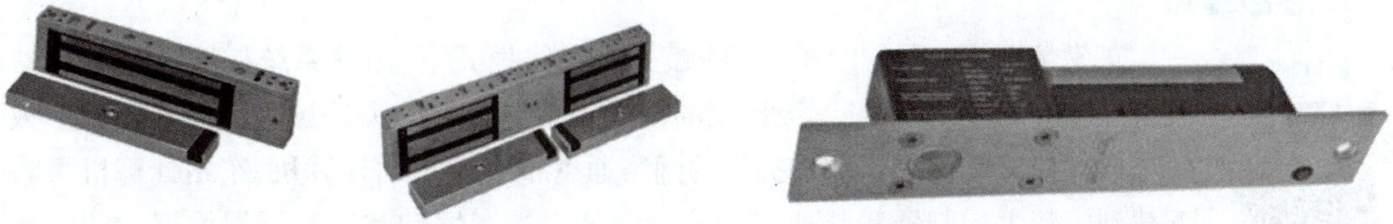

（a）磁力锁　　（b）电控锁

图 1-4-10　磁力锁与电控锁

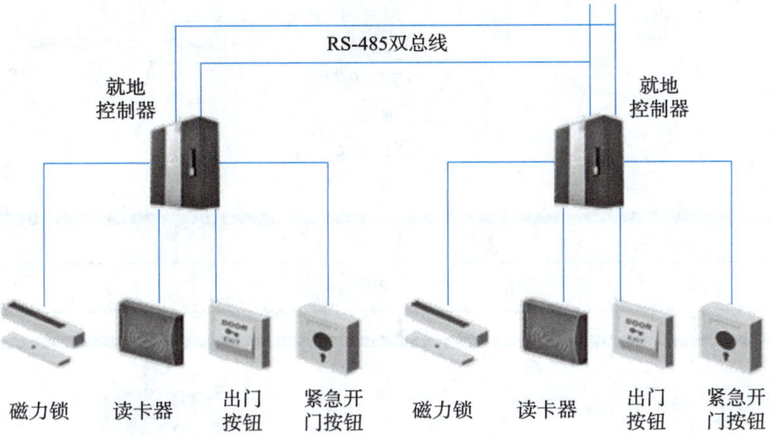

图 1-4-11　典型车站门禁设备连接示意图

发生火灾和紧急情况时，IBP 盘对门锁统一断电，使门锁处于释放状态。但主控制器、就地控制器仍然能继续工作，保证门锁状态、报警等信息上传。

现场级门禁系统软硬件设备配置见表 1-4-3。

表 1-4-3　现场级门禁系统软硬件设备配置

序号	软硬件设备名称	主要功能描述
1	就地控制器	一个就地控制器最多可支持一或两个门禁点，可监控两个读卡器或读卡器/键盘，具有扩展输入和扩展输出
2	读卡器	具有票卡检测、防冲突功能，能读取地铁员工卡的门禁信息
3	电锁	磁力锁、一体化锁、电控锁等
4	出门按钮	用于从室内打开电锁，并且每按一次出门按钮，软件将显示该动作的发生
5	紧急开门按钮	控制电路失效的情况下，能操作紧急开门按钮切断电源来控制门锁的开启，且发出声音报警

此外，门禁系统设置专用配电箱，由综合 UPS 集中供电。专用配电箱为现场级门禁就地控制器箱供电，就地控制器箱内有两个开关电源，分别为门禁电源和电锁电源，其中门禁电源为门禁控制器供电，电锁电源为电控锁供电，读卡器由门禁控制器供电。

二、ACS 系统的运行模式

门禁系统具有在线、离线和灾害三种工作模式，分别对应于正常工作、通信网络故障和灾害三种工况。

1. 在线模式

视频
门禁系统开门操作

正常情况下，系统工作于在线模式。在线模式下，门禁系统按照中央和车站两级管理，中央、车站、现场三级控制的模式正常运行。中央计算机将门禁控制参数和门禁授权信息利用综合监控提供的网络通道下发给车站计算机，车站计算机再将其下载到门禁主控制器和就地控制器。门禁主控制器和就地控制器根据下载的参数和授权信息控制门锁的开启。同时，门禁就地控制器通过主控制器将门禁操作信息上传到车站计算机，并由车站计算机上传至中央计算机，如图1-4-12所示。

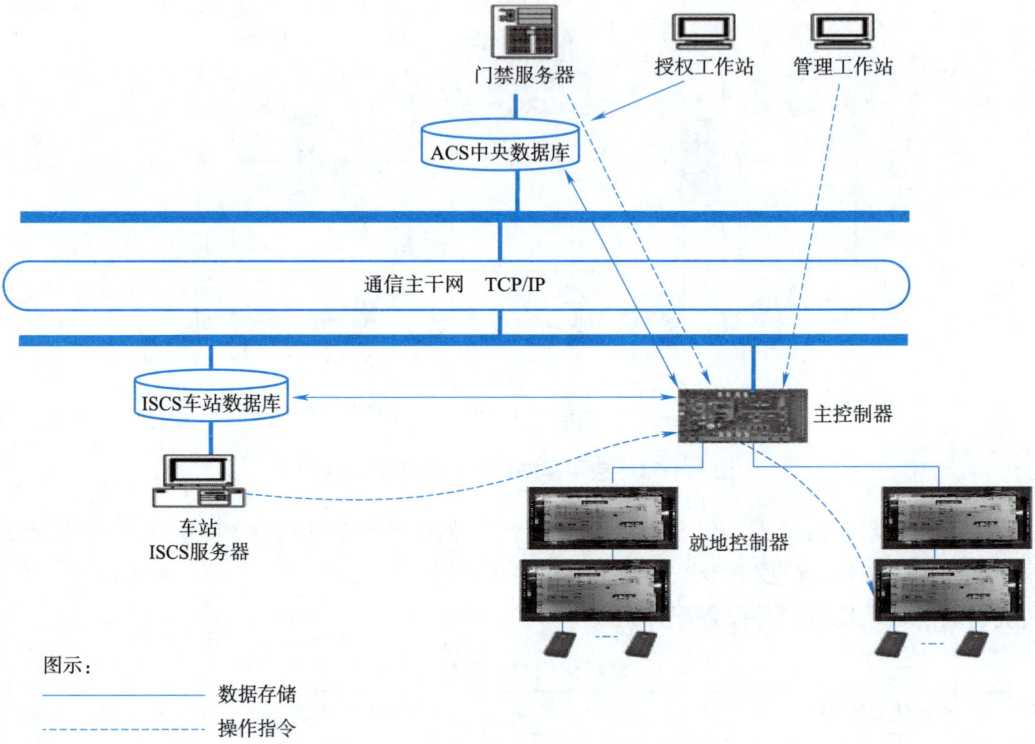

图1-4-12 门禁系统网络结构

2. 离线模式

视频
刷卡开门操作

在与中央通信故障情况下，由车站计算机进行控制和管理工作，保证本站门禁系统的正常工作，并存储中断期间的门禁信息。通信恢复时，车站计算机自动将中断期间的门禁信息上传到中央计算机。当车站计算机与门禁终端设备之间的通信中断时，门禁主控制器和就地控制器可根据本地存储的门禁参数和授权信息独立工作，并存储中断期间的门禁信息。通信恢复时，门禁主控制器和就地控制器再将中断期间的门禁信息上传至车站计算机。

视频
室内开门操作

3. 灾害模式

在火灾及其他紧急情况下，按下车站车控室（或车辆段的消防控制室）门禁紧急按钮［即设置于IBP盘（或车辆段消防控制室的消防联动控制盘）上的门禁紧急按钮］统一对管辖范围内的门锁断电。车站管理计算机也可根据收到的火灾报警联动信息、管理员命令自动进入灾害模式，向指定区域或全站的门禁设备发出开门命令，满足消防疏散和紧急救灾要求。在灾害（火灾发生）情况下，门禁系统提供两种与消防报警系统联动的机制：

（1）系统通过综合监控系统实现与火灾报警系统（FAS）的联动。当火灾发生时，各车站由火灾报警系统通过硬接点方式将区域火灾报警信息传递给门禁主控制器，主控制器接收信息，可根据事先定义的路线，执行相应的区域开门动作将疏散通道门打开，如图 1-4-13 所示。

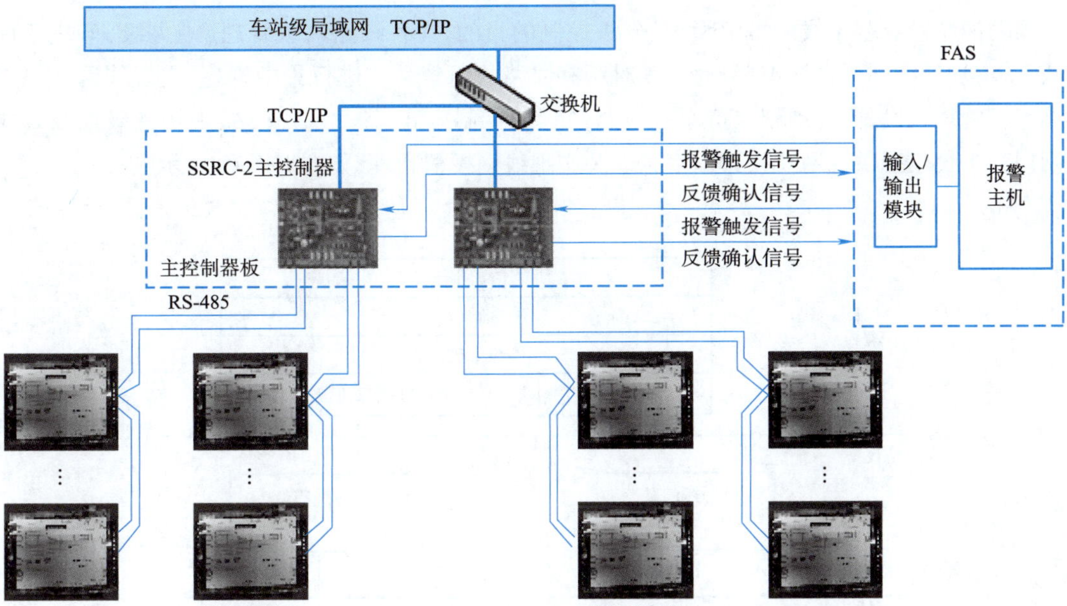

图 1-4-13　消防报警系统联动的机制一（信息流向示意）

（2）通过 IBP 盘上门禁紧急按钮可释放车站内所有电锁电源，实现对指定区域或全站的电控锁进行断电释放。紧急按钮控制门禁配电箱内的分励脱扣器切断电锁总开关，受电锁总开关控制的就地控制器箱电锁分路开关电源切断，实现电锁断电达到门禁释放的目的，全部操作系统将自动记录，如图 1-4-14 所示。

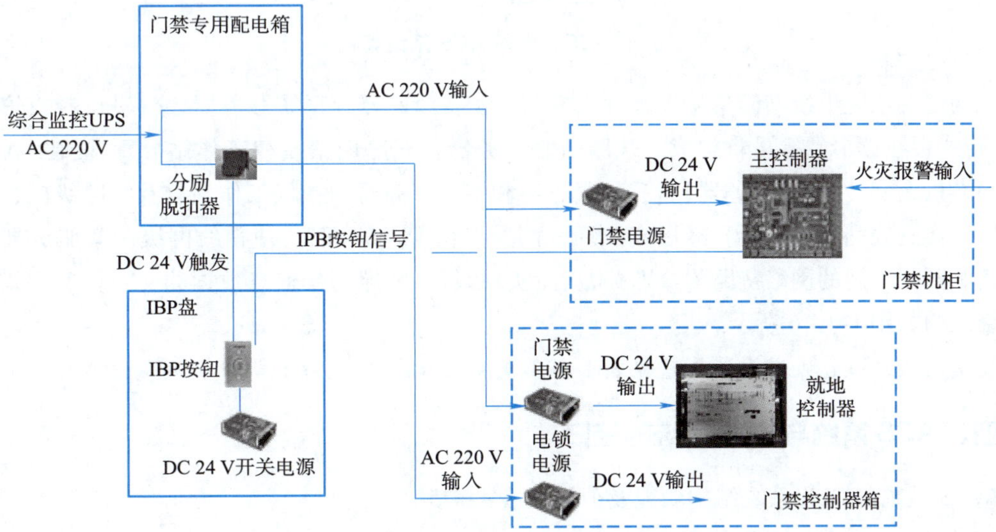

图 1-4-14　消防报警系统联动的机制二（信息流向示意）

此外，为防止单个门锁出现未释放的情况，现场门禁设置紧急出门按钮，控制每一个门禁电锁（磁力锁、电插锁）电源的通断，实现现场手动开启。

三、线网 ACS 系统

线网门禁系统基于线网集中管理、分级控制的目的，在各线路两级管理（中央级、车站级）的模式下，增加了线网平台管理层，通过其对所有线路的门禁系统进行集中管理，实现线网、中央与车站三级管理机制，而控制则保持原有线路门禁的控制方式，即中央、车站、现场三级控制方式。线网门禁系统仅提供线网授权数据信息以及实现线网授权管理，如图 1-4-15 所示。

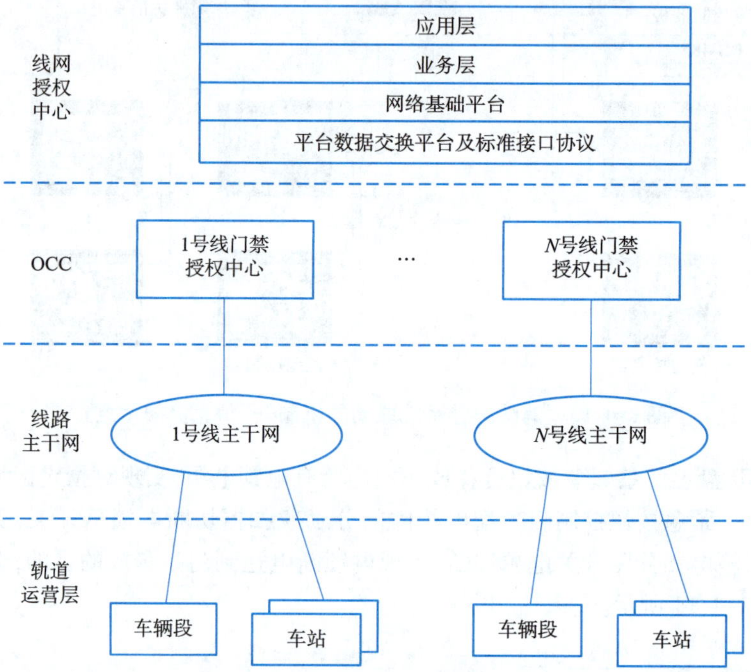

图 1-4-15　线网 ACS 系统架构

线网门禁系统由线网门禁接口管理服务器、主/备线网授权系统服务器、交换机、授权管理工作站、台式授权读卡器等设备构成。线路门禁服务器及线路门禁授权工作站分别连接到线路中央级交换机上，线网门禁服务器（含授权服务器和接口服务器）、授权工作站以及线路级门禁交换机分别连接到线网交换机上。经过虚拟局域网及路由等网络配置，使得线网级门禁服务器与线路门禁服务器之间的网络链路构成通路，从而实现线网、线路门禁信息数据的交互。ACS 线网系统网络结构如图 1-4-16 所示。

线网门禁系统软硬件设备配置见表 1-4-4。

四、ACS 系统与 CLK 系统的接口

ACCS 系统与 CLK 系统结构功能及分界见表 1-4-5。

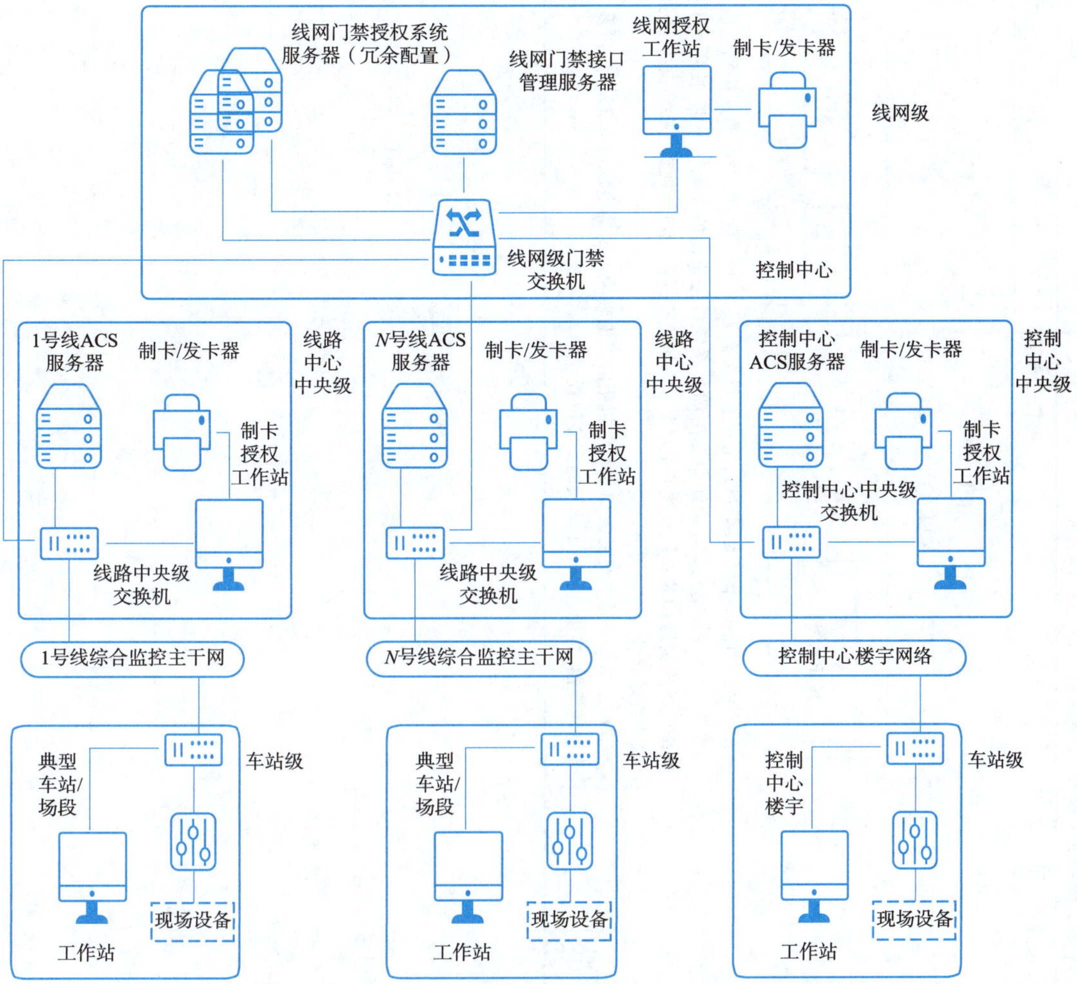

图 1-4-16　ACS 线网系统网络结构

表 1-4-4　线网级门禁系统软硬件设备配置

序号	软硬件设备名称	主要功能描述
1	门禁接口管理服务器	以中间表形式的数据库服务，提供线网门禁管理中心系统的数据存储及数据交互服务
2	主/备线网授权系统服务器	装有线网管理软件及线网级数据库，对线网授权的操作进行后台处理，并对两台服务器做数据库同步处理，以保证应用服务器的不停机服务
3	线网门禁授权工作站	部署线网门禁授权客户端软件，以人机界面的形式，实现管理人员对各条地铁线路门禁系统进行统一授权操作，并能审核、查询、统计、打印线网授权平台中的用户、区域等信息
4	授权发卡器	用于完整读取门禁卡的物理编号，人员授权
5	激光打印机	打印相关查询报表
6	授权中心交换机	提供线网门禁授权中心设备的以太网接入
7	磁盘阵列	存储门禁相关数据
8	操作系统	—
9	数据库管理软件	进行门禁数据管理（提供数据增删改查服务）
10	线网门禁应用管理平台	进行门禁管理

表 1-4-5 ACS 系统与 CLK 系统结构功能及分界

接口编号	ACS 系统	CLK 系统	接口分界图
ACS. CLK. 1	接收时间信息，使各系统内部时间保持一致	提供标准时间信息	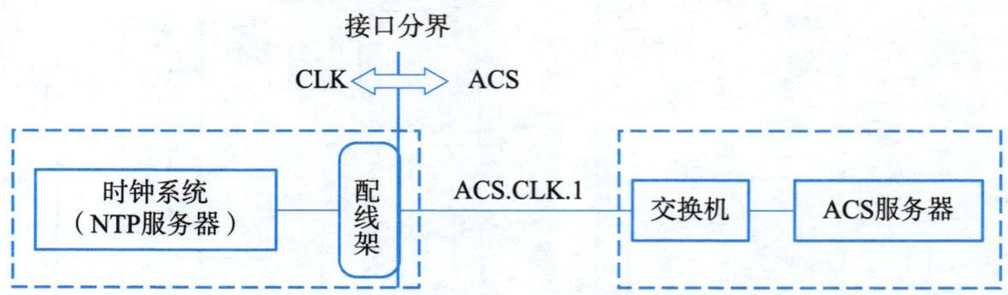 ACS 系统提供一个以太网接口，采用五类屏蔽双绞线（STP）网络电缆连接到光电转换器，再通过多模光缆连接到安装在 CLK 系统设备机房的光电转换器，使用 STP 网络电缆连接到 CLK 系统配线架上。ACS 系统负责提供光电转换器、光纤、尾纤、跳线、光纤熔接盒等安装附件。 CLK 系统负责提供安装在 CLK 系统机柜的光电转换器所需电源（DC 24 V），以及光电转换器、熔接盒和电源模块的安装位置

五、ACS 系统设备计划性检修周期与工作内容

ACS 系统设备检修的周期性计划可按照时间划分为月度计划检修、半年期计划检修与每年期计划检修。

1. 月度计划性检修

月度计划检修简称月检，主要工作内容为：设备的外观检查、设备的清洁、设备的巡视检查、检查故障报警记录、监视设备运行状态等；对设备运行状态、指示灯进行监测、记录；检查设备运行状况及事件记录是否正常，发现异常及时调校、排除。其目的是保持系统的工作环境和及时处理系统异常情况。

2. 半年期计划性检修

半年期计划检修简称半年检，工作内容为：除了包含每月保养工作内容之外，还应有设备线路检查、基本功能测试等，目的是测试系统的正常功能是否符合要求。维护周期为半年对全线车站进行一次保养，维保人员半年对所辖设备进行一次质量检查，并对检查结果分析总结。

3. 每年期计划性检修

每年期计划检修简称年检，工作内容为：除了包含半年保养的内容外，还应有设备的机械特性与电气特性测试、设备的零部件保养或更换等，目的是确保系统的可靠性。

六、ACS 系统设备维修保养维修作业标准及要求

1. 月检

月检作业标准及要求见表 1-4-6。

表 1-4-6　月检作业标准及要求

序号	作业步骤	作业标准	补充说明及简图
1	主控制器检修	检查主控器运行、通信、电源模块等指示灯正常，检查设备柜温度、机柜内线路、表面清洁。 ①主控制器 POWER 电源工作灯、各链路通信指示灯正常。 ②箱内风扇运转正常。	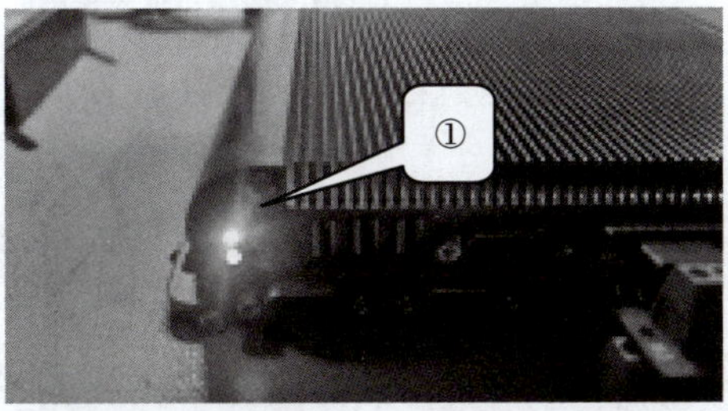 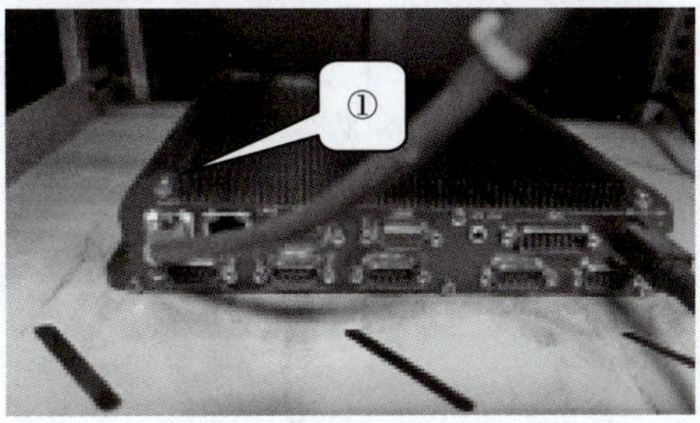

续表

序号	作业步骤	作业标准	补充说明及简图
1	主控制器检修	③设备柜内温度符合要求。 ④检查各接线端子线路无松脱，线缆无老化破损。 ⑤主控制器干净整洁	 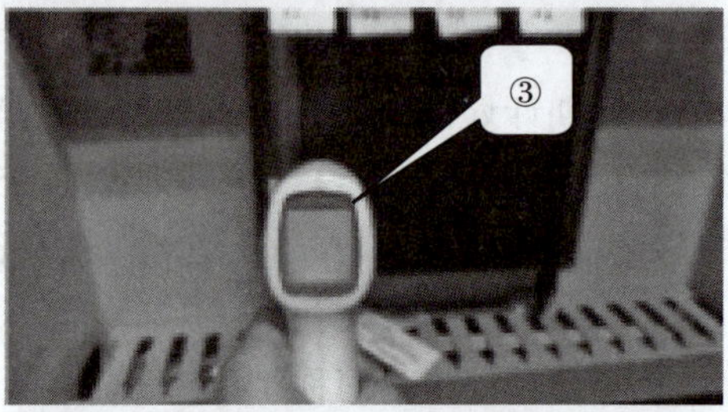 
2	ACS 交换机检修	检查运行情况、外部卫生、通信线缆接线情况及设备散热情况。 ①电源灯、状态指示灯正常，通信指示灯正常闪烁。 ②外表无损坏、安装牢固；外表无灰尘、污渍。 ③安装牢固，无接线松动。 ④感温枪测试温度正常	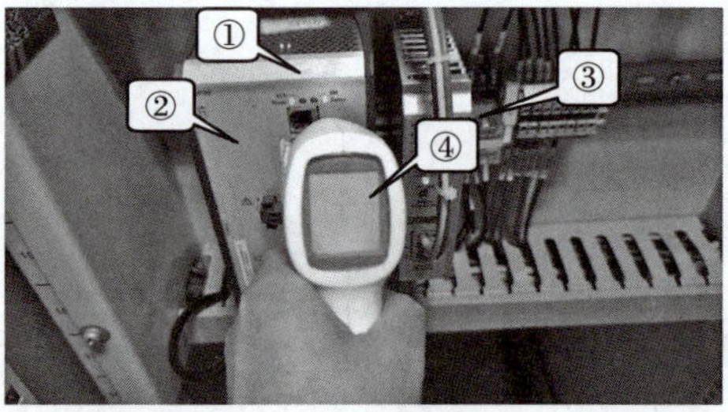
3	工作站检修	检查工作站运行情况、外设情况、通信状态及外部卫生。 ①主机电源正常，显示器显示功能正常，软件运行正常。 ②设备卫生状态良好，表面无尘垢、无异物。 ③门禁系统软件运行正常，门禁终端在线且状态正常	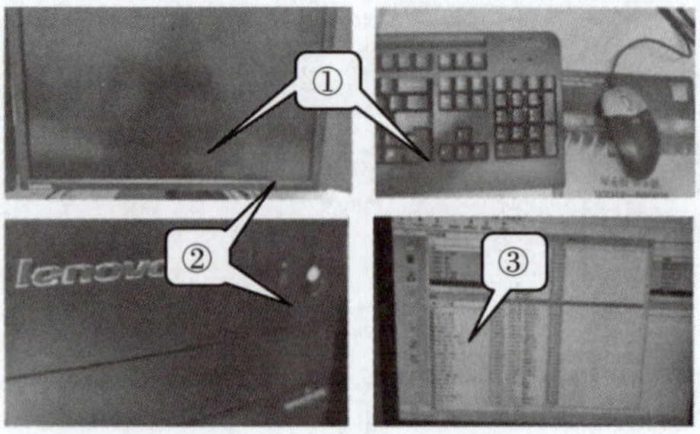

续表

序号	作业步骤	作业标准	补充说明及简图
4	就地控制器检修	就地控制器外观检查、刷卡测试、按钮测试、紧急出门按钮。 ①就地控制器工作灯正常，外观正常。 ②刷卡后门能正常开门、通过按钮能正常开门，门磁感应器正常吸合。 ③设备安装稳固无松脱，外观完好	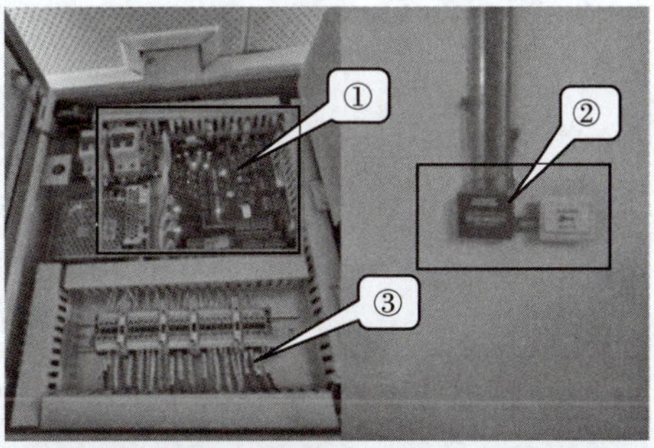 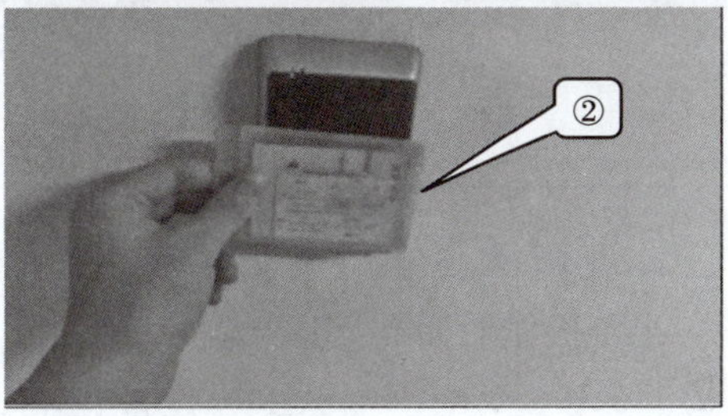
5	读卡器检修	检查读卡器本体情况、刷卡开门情况。 ①读卡器指示灯正常，外观无破损，安装紧固。 ②开门刷卡测试正常，刷卡信息及报警信息能正确显示并上传至门禁工作站	 
6	锁具检修	检查锁具功能、线缆检测。 ①锁具正常工作，正常锁闭。 ②电缆线、双绞线、电源线无破损无脱落。 ③锁具安装牢固，对固定螺栓或螺钉等紧固	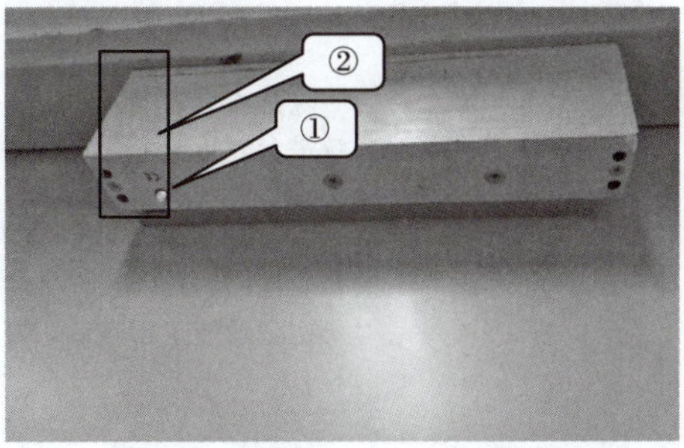

续表

序号	作业步骤	作业标准	补充说明及简图
7	配电箱检修	目测连接情况、检查配电箱内是否存在异物、孔洞是否封堵、内外卫生。 ①配电箱进出线电缆连接紧固无松动，连接头无异样及变色。 ②配电箱内封堵正常，无脱落。 ③箱体无积尘、无大面积锈蚀	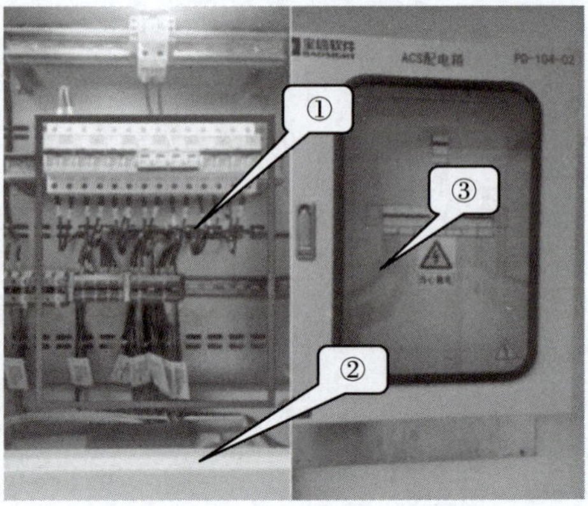

2. 半年检

半年检作业标准及要求详见表1-4-7。

表1-4-7 半年检作业标准及要求

序号	作业步骤	作业标准	补充说明及简图
1	主控制器检修	除月检全部项目外，还需检查主控制器运行状况、各网口通信。 ①主控制器与各就地控制器间通信正常（绿色闪烁）；无控制器回路掉线；接线箱内端子排接线排列整齐，接线牢固；电源指示灯正常。 ②网口通信正常（绿灯闪烁，红灯为异常）	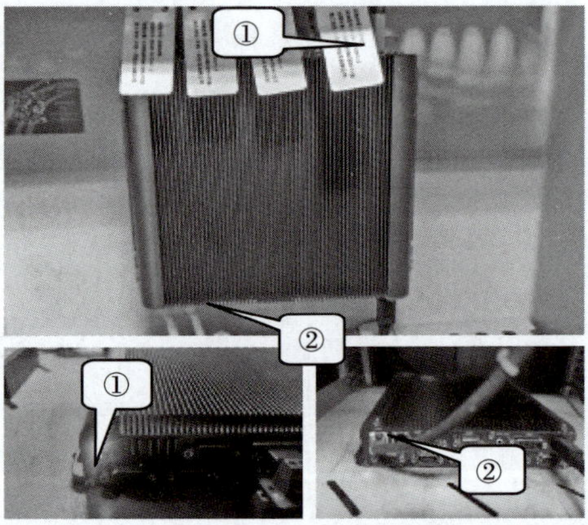
2	工作站检修	除月检全部项目外，还需检查门禁系统平台软件运行状况、完成全盘扫描及杀毒。 ①通过门禁工作站，打开门禁系统平台软件，软件保持运行状况，门禁事件、历史记录能正常查询。	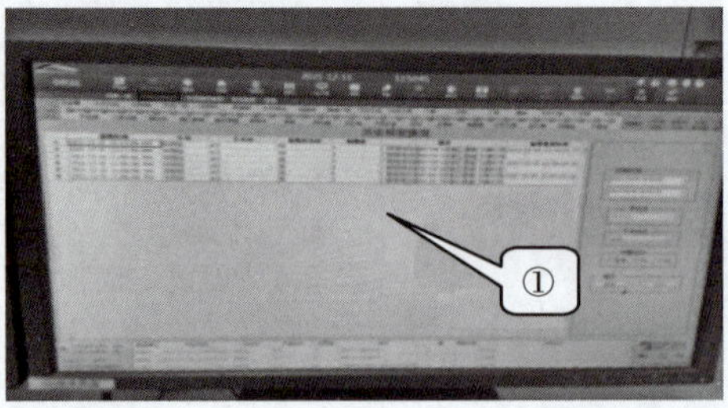

续表

序号	作业步骤	作业标准	补充说明及简图
2	工作站检修	②正常运行，报警记录有无设备故障报警。 ③通过工作站抽测该站设备房门禁远程开关门正常。 ④病毒库为最新，开启杀毒软件全盘杀毒，无病毒	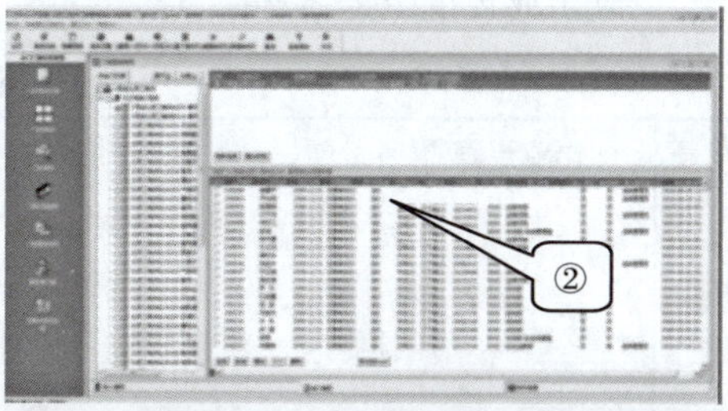 
3	就地控制器	除月检全部项目外，还需检查读卡器和就地控制器之间的通信、就地控制器箱端子接线紧固。 ①通过门禁系统软件检查通信正常。 ②就地控制器柜内的各接线端子紧固	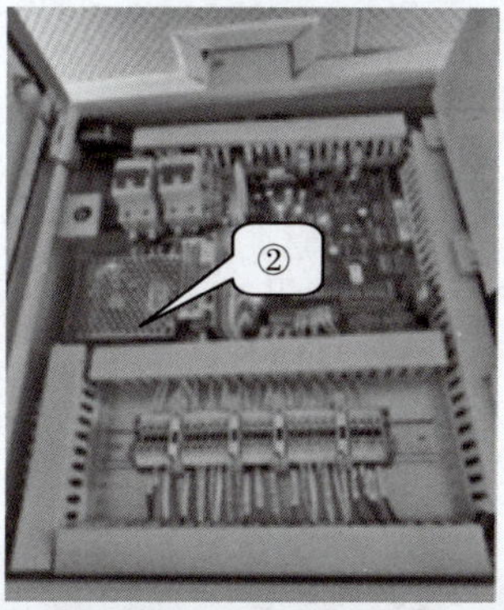 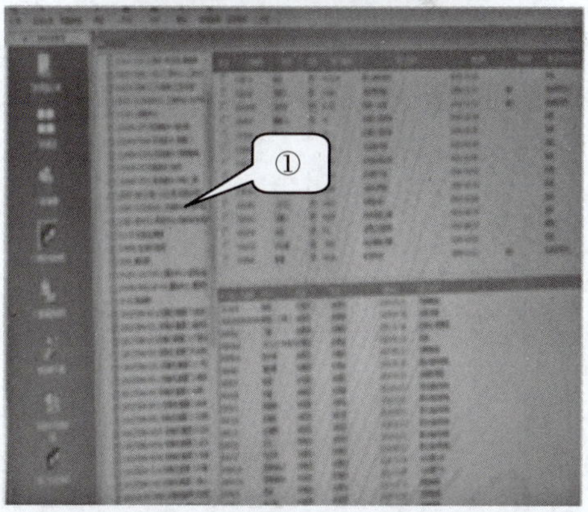
4	系统功能测试	手动按压脱扣器，全部门体常开，工作站能正常收到门状态和报警信号	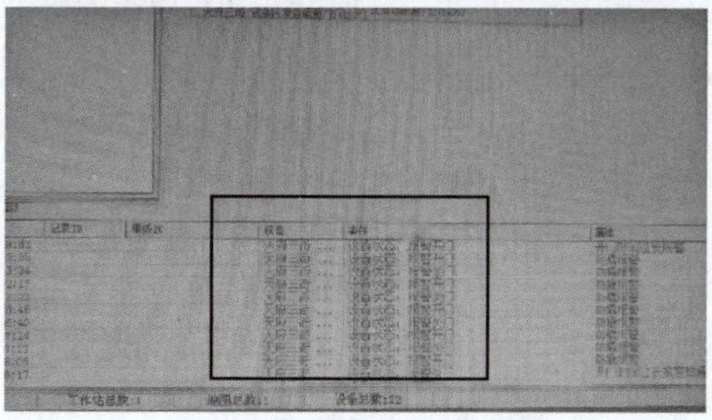

3. 年检

年检作业标准及要求见表1-4-8。

表1-4-8 年检作业标准及要求

序号	作业步骤	作业标准	补充说明及简图
1	数据备份及线路检修	除半年检全部项目外，还需线路检查并紧固各接线端子及数据库备份情况。 ①更换老化或受损伤的连接线、接头并紧固接线端子，整理杂乱线路。 ②对门禁数据进行备份至指定存储位置	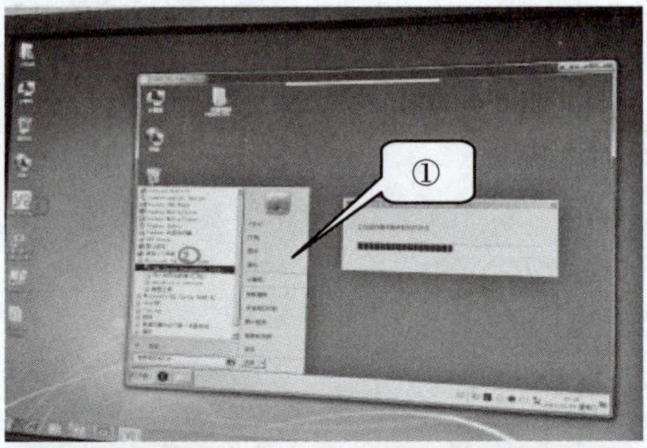  
2	电气性能检测	除包含月检全部项目外，还需要检查配电箱内端子排、配电箱接线和接头、接地母排、箱柜接地跨接线。 ①配电箱内端子排完好，端子排进行紧固。 ②配电箱内线缆接触良好，无老化或坏损。 ③接地母排良好无破损，箱柜接地跨接线完好	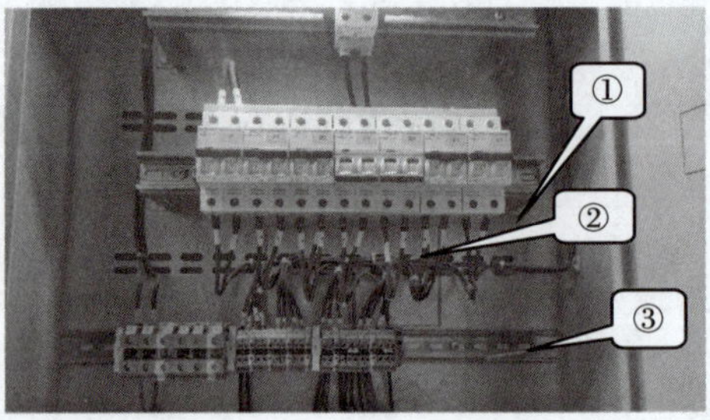

七、ACS 系统故障应急处置

ACS 处理流程如下：

通过综合监控工作站查询故障发生时间及故障详细信息，确认无火灾发生且车站门禁界面门体是否处于常开状态；确认常开状态后，通过综合监控工作站取消门禁释放命令；若门禁设备故障依旧，应及时启动专项检查及维修。

（1）检查 IBP 盘门禁释放灯是否已点亮，若已点亮，则按压 IBP 盘门禁释放按钮（或利用钥匙旋转）取消门禁释放。

（2）检查门禁系统专用配电箱内总开关状态，若总开关处于分闸状态，应检查线路确认无异常后，对总开关合闸操作。

（3）检查分励脱扣器状态是否正常，若分励脱扣器正常但处于分状态则手动取消，取消不成功则更换分励脱扣器；否则逐一排查线路断点，解除门禁释放状态。

技能训练

1. ACS 系统维护保养

某号线 ACS 系统维护保养（半年）记录表见表 1-4-9。

表 1-4-9　某号线 ACS 系统维护保养（半年）记录表

车站名称：　　　　检修人：　　　　检修时间：

序号	设备名称	检修内容	检查结果	故障说明
1	主控制器柜	网络通信状态	□	
		设备柜温度、卫生、外观及附属设备检查	□	
		配电运行状态	□	
		主控制器各指示灯及运行状态	□	
		主控制器与就地控制器之间的通信	□	
		交换机通信	□	
		主控制器柜检查内接线	□	
		电源模块	□	
2	交换机	网络交换机运行状态	□	
		交换机外观、清洁、散热状态检查	□	
		网络连接线是否牢固、整齐，并加固	□	
3	门禁工作站	工作站运行状态	□	
		工作站散热、外部清洁、外设状态	□	
		工作站通信状况	□	
		门禁监控界面检项功能检查	□	
4	就地控制器	外观检查；完好，封堵完整，门锁完好	□	
		刷卡、出门按钮、紧急出门按钮测试	□	
		读卡器和就地控制器之间的通信	□	

续表

序号	设备名称	检修内容	检查结果	故障说明
5	电锁	设备区通道门、员工通道门及车控室锁具状态	□	
		机电一体化锁使用把手、推杆开门时锁舌是否有卡滞现象	□	
		检查锁具有无松动，吸合面有无缝隙	□	
6	读卡器	读卡器指示灯状态	□	
		读卡器刷卡开门测试	□	
7	配电箱	配电箱，目测连接头有无异样及变色	□	
		配电箱内裸露的导体部分是否存在易导电的零散异物	□	
		检查箱体外观及附属设备、内外卫生	□	
8	门禁服务器	服务器面板上的状态指示灯是否有报警	□	
		服务器机柜除尘并检查封堵、附件（灯管、风扇、铭牌等）状态	□	
		杀毒软件运行是否正常	□	
		服务器外观及清洁	□	
备注		检查结果正常则在□内打√，否则打×，并在故障说明中说明故障现象、是否处理、处理现象，若在该站无此设备，则在故障说明中备注“无此设备”		

ACS 系统故障应急故障处置表见表 1-4-10。

表 1-4-10　ACS 系统故障应急故障处置表

故障名称	检修内容	状态	异常说明
全站门禁释放	现场确认车站无火情发生	□	
	车站门禁系统控制门体已处于释放状态	□	
	FAS 主机控制模块未发出释放信号	□	
	ISCS 工作站查看门禁界面，全站门禁处于释放状态	□	
	操作 ISCS 工作站取消全站门禁释放	□	
	操作 IBP 盘上专用开关取消门禁释放	□	
	检查配电箱内总开关状态	□	
	检查门禁分励脱扣器状态	□	
	检查线路查找断点	□	
	解除状态门禁释放	□	
备注	故障处置完成一项检查且结果正常则在□内打√，否则打×，并在故障说明中描述故障特征，以备故障原因追溯		

任务评价

任务评价见表 1-4-11。

表 1-4-11　任务评价

任务四　门禁系统(ACS)检修及应急故障处置			日期:				
姓名:		班级:	学号:		教师签名:		
自评:□熟练　□不熟练		互评:□熟练　□不熟练	师评:□合格　□不合格				
日期:		日期:	日期:				
评分细则							
序号	评分项	得分条件	分值	自评	互评	师评	
1	接受任务	明确工作任务,理解任务在企业工作中的重要程度	5				
2	前置知识	本次实训前需要掌握的知识程度	5				
3	能力评价	能根据 ACS 系统设备作用,简述计划性检修一般要求	10				
		能够描述 ACS 系统主要故障及应急处理措施及程序	15				
		结合车站 ACS 系统工作单,对车站 ACS 系统设备进行巡检作业	15				
		结合车站 ACS 系统现场检修标准,进行检修作业	20				
4	素养评价	工作计划性强,安排得当	5				
		团队合作能力强,善于沟通合作	5				
		自主学习能力强,勇于克服困难	5				
		严谨认真,积极参与课堂	5				
5	评价反馈	学生能快速、正确地识别图片中设备,以小组评价方式组织客观评价	5				
		对学生在任务实施过程中发现问题,进行小组审议后及时反馈	5				
总　分			100				

巩固与练习

1. ACS 系统设备计划性检修术语与定义

(1)ACS 系统设备检修的周期性计划分为__________、__________、__________。

(2)ACS 月检工作内容目的是保持系统的__________系统异常情况。

(3)ACS 半年检工作内容除包含每月工作的内容外,还应有__________、__________等,目的是__________是否符合要求。

(4)__________除包含每月和半年检的内容外,还应有设备的机械特性与电气特性测试、设备的零部件保养或更换等,目的是确保系统的__________。

2. ACS 系统设备维修保养维修工作内容、标准及周期

(1)主控制器 POWER 电源工作灯是否正常,__________长亮为正常。运行 RUN 指示灯是否正常,__________长亮为正常。

(2)刷卡测试,刷卡后门能__________,通过按钮能__________,门磁感应器__________。

(3)检查网口通信,__________为正常,__________为异常。

3. ACS 系统设备应急处置

(1)简述 ACS 系统三级控制和二级管理。

(2)简述 ACS 系统出现全站门禁释放的处置流程。

视野拓展

西安城市轨道交通打造智慧城轨车站

西安地铁的发展对人们的生活带来了巨大的改善，如今，智慧车站的建设更是推动了西安地铁向更加智能化的方向发展。通过数字化技术的赋能，智慧车站为乘客提供了更加便捷、智能化的服务，同时也为城市的发展提供了新的动力。西安地铁作为西北地区第一个城市轨道交通建设规划获批的城市，其发展成就非常显著。自 2006 年开始建设以来，西安地铁已经建成并投入运营的 9 条线路总长度为 301 km，单日最高客流量达 463.9 万人次。随着西安地铁迎来 16 号线的开通，这条线路的数字化技术赋能进一步提升，使得西安地铁成为西北地区最智能的线路。智慧车站的建设成为西安地铁中的热点。通过引入数字化技术，智慧车站能够提供更加便捷、智能化的服务。乘客可以通过手机 App 实时查询车次信息、购票、查询车站设施等，同时智慧车站的设备还包括人脸识别、自动售票机、自助检票等，大大提高了出行效率和便利性。

西安地铁的智慧车站建设正是城市发展的一个缩影，也是中国城市轨道交通发展的一个重要方向。总的来说，智慧车站对城市轨道交通的发展带来了巨大的影响。通过引入数字化技术，智慧车站提供了更加便捷、智能化的服务，提升了乘客的出行体验。同时，智慧车站也为城市的发展提供了新的动力，使得城市交通系统更加高效运行，减少拥堵，提高运力。在未来，希望智慧车站能够进一步提供更多的功能和服务，如在车站内设置更多的自助设备，提供更多的信息查询、票务购买、导航等功能，进一步提升乘客出行的便利性和舒适度。此外，智能化的巡检系统和智能安检设备的应用，也使得车站的运营管理更加智能化、高效化。

任务五 电力监控系统（PSCADA）检修及应急故障处置

任务目标

知识目标：

1. 掌握 PSCADA 系统的组成和接口。
2. 掌握 PSCADA 系统硬件组成和软件架构。
3. 掌握 PSCADA 系统的检修流程。
4. 掌握 PSCADA 系统各类设备的检修标准和步骤。

能力目标：

1. 具备 PSCADA 系统设备的检修能力，能够独立完成 PSCADA 系统设备的检修作业。
2. 具备 PSCADA 系统设备故障分析与判断的能力，能够结合相关信息进行故障分析与判断。
3. 具备 PSCADA 系统的故障类型与应急处置能力。

素养目标：

1. 始终将安全放在首位，严格遵守安全操作规程，确保人员和设备的安全。
2. 在团队协作中，能够积极沟通、协调。
3. 对检修和应急故障处置工作负责，认真履行岗位职责。
4. 在面对复杂问题时，能够冷静分析、独立思考。

任务导入

某城市轨道交通公司运营着多条地铁线路，为确保地铁的安全稳定运行，电力监控系统

（PSCADA）起到了至关重要的作用。PSCADA 系统负责实时监控地铁中的变电所、排流柜以及各类高、中、低压设备的运行状态，并进行数据采集、分析及故障预测。然而，由于设备老化、自然灾害或人为误操作等原因，PSCADA 系统偶尔会发生故障，影响地铁的正常运营。因此，公司决定对 PSCADA 系统进行定期检修，并制定应急故障处理流程，以提高系统的可靠性和安全性。

任务描述

依照常规线路的 PSCADA 系统现场设备运行架构、用户需求与 PSCADA 系统作业指导书展开介绍 PSCADA 系统的组成和接口，为学习 PSCADA 系统检修及应急处理奠定理论基础，参照 PSCADA 系统设备维修保养作业标准及要求，以“理论＋实操”的方式学习 PSCADA 系统检修流程与应急故障处置，最终达到城轨企业 PSCADA 系统设备维修保养作业标准及要求。

核心知识

城市轨道交通的电力系统由提供车辆电力驱动的变电站和车站供电的变电站组成。电力系统的监控通过电力监控系统（power supervisory control and data acquisition，PSCADA），即供电数据采集与监视控制系统来实现，它是以计算机为基础的生产过程控制与调度自动化系统，可以对现场运行设备进行监视和控制，以实现数据采集、设备控制、测量、参数调节，以及各类信号报警等各项功能。

电力监控系统主要实现以下功能：

（1）数据采集。包括模拟量、开关量的采集和电能计量。

（2）事件顺序记录。包括断路器合闸/分闸记录和保护动作顺序记录。

（3）故障记录。记录继电保护动作前后与故障有关的电流量和母线电压等。

（4）远程操作。操作人员可通过计算机对断路器和隔离开关（如果允许电动操作）进行分、合闸操作。

（5）安全监视。监控系统在运行过程中，对采集的电流、电压等模拟量要不断进行越限监视，如发生越限，立刻发出报警信号，同时记录和显示越限时间和越限值。另外，还需监视保护装置及自控装置工作是否正常等。

（6）数据处理。数据处理包括对数据的分析及记录存储，方便用户查询，并能以报表的形式输出。

（7）电能质量监视。

一、电力监控系统（PSCADA 系统）的组成

电力监控系统（PSCADA 系统）包括主站监控系统、变电站综合自动化系统和所间通信通道三部分。主站监控系统设在控制中心，通过通信通道与变电所主控单元进行信息交换。变电所综合自动化系统是指设置在各种变电所内的子站系统（行业内简称所内系统），通过所内通信网与所内的智能电子设备通信，通过通信通道与调度主站进行通信。

1. 主站监控系统

主站监控系统由局域网网络、主备服务器、主备操作员计算机、维护计算机、数据文档计算机、前置通信机、打印机、模拟盘等设备构成。

（1）局域网网络。控制中心主站访问方式可采用客户机、服务器访问方式，局域网络结构采

用双以太网构成，相互备用。正常情况下两个网络同时工作，平衡网络信息流量。网络通信协议采用TCP/IP，网络传输媒介为光纤，通信速率为100 Mbit/s。系统网络具有良好的扩展性，可方便增加客户机而不影响网络性能。

（2）服务器。控制中心主站配置两套功能等价、性能相同的计算机，用于整个系统的网络管理、数据处理，并作为网络内其他计算机的共享资源。系统正常工作时，主、备服务器中，一台主用，另一台备用，控制命令仅通过主服务器发出。主、备服务器均能接收来自被控站的各种上传数据。当主服务器故障时，系统自动切换到备用服务器，故障信息在打印机上打印，并在另一台服务器系统故障界面显示故障信息。

（3）工作站。工作站用于正确同步反映服务器上的所有数据（包括图像、警报、遥测量等），提供给调度员和维护员各一个工作的窗口，进行维护系统软件、定义系统运行参数、定义系统数据库及编辑、修改、增扩人机界面工作。

（4）前置通信机。系统配置两套功能等价的前置通信机，通过通信系统提供的通信通道实现与被控站设备的远方通信，两套前置通信机实现相互之间的热备用。配置监视两前置通信机工作运行状态的看门狗软件。正常时，两套前置通信机同时接收来自被控站的信息，但只有一个前置通信机与系统进行信息交换，当主用前置通信机发生故障时，系统自动切换到备用前置通信机，故障信息记录在系统警报中。

前置通信机与各被控站采用点对点的通信方式，两个串口对应一个被控站，其中一个串口作为备用。前置通信机至通信设备室的每个变电所的通信电缆采用单独回路。前置通信机采用经验成熟、性能先进、质量稳定的产品，通信接口常采用串行RS-422，通信传输速率不低于9 600 bit/s。

（5）时钟子系统。该系统数字显示时钟与本系统计算机软时钟同步，此数字显示时钟镶嵌在模拟盘中央上部，并可通过CRT操作键对其进行时间设定，显示形式为：年、月、日、时、分、秒。本系统主站定时与各变电所综合自动化系统定时同步对时，每10～15 min同步一次，同步间隔时间可调。

（6）模拟盘。为全面、系统、直观掌握供电系统的运行情况，在控制中心设置模拟盘。模拟盘显示系统以彩色灯光（红、绿）形式模拟供电设备的运行状态，以光带方式监视接触网线路的带电状态。模拟盘具有暗盘和亮盘两种运行方式，其控制命令由操作员控制台发出。在暗盘运行时，当被控站发生故障，模拟盘相应站名灯、事故灯及相关开关灯闪烁，按闪光复归键后停闪。

2. 变电所综合自动化系统

变电所综合自动化系统不仅可以完成传统的远程终端功能，还能实现变电所各种设备的监控功能，包括各个设备的电流、电压、功率、电度量的采集和电气一次设备的控制、保护、监视、联动、联锁、闭锁、自动投切等功能。变电所间开关联跳等功能通过综合自动化主控单元与控制中心监控主站的信息传递、交换共同来实现。重要设备之间除考虑二次回路硬线联动、联锁、闭锁外，由综合自动化软件实现逻辑判断计算、继电器等功能，并通过下位监控单元执行操作。利用下位监控单元实现对0.4 kV进线开关、母联开关、三级负荷总开关的控制。

电力监控系统采用集中管理、分散布置的模式及分层、分布式系统结构，变电所综合自动化系统主要由站级管理层、网络通信层、间隔设备层三部分组成。牵引降压混合变电所自动化系统结构配置如图1-5-1所示。

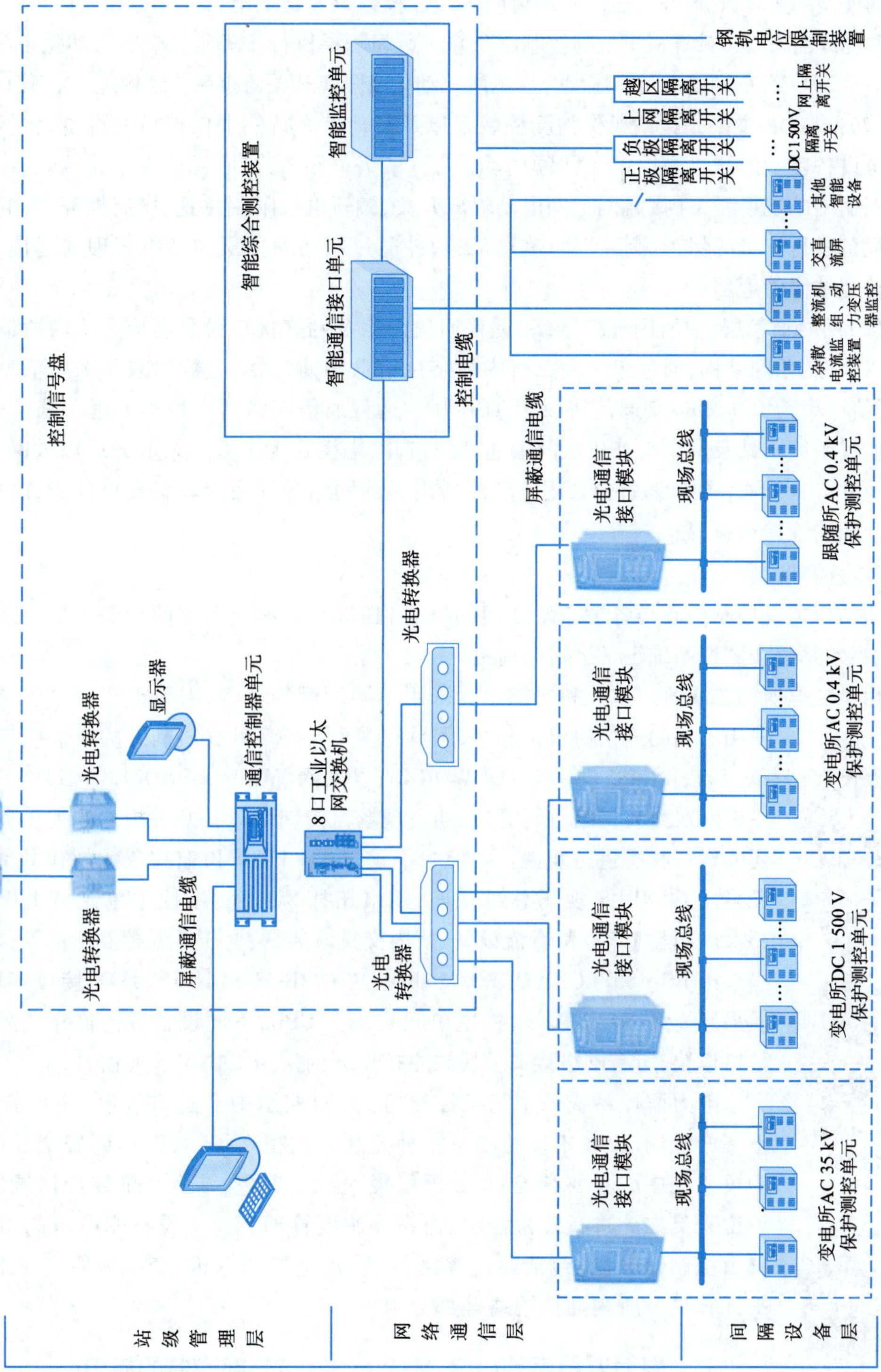

图 1-5-1　牵引降压混合变电所自动化系统结构配置

（1）站控管理层。站控管理层是整个变电所综合自动化系统的核心，主要由通信控制器（主控单元）、测控装置（数字 I/O 和模拟 I/O）及人机接口单元等设备构成。它负责从间隔层获取来自现场不同类型的实时数据，并通过所间通道向主站监控系统发送变电所操作、事故、预告等信息，接收来自调度或当地维护计算机下发的控制命令并送达间隔层执行。降压变电所自动化系统结构配置如图 1-5-2 所示，车辆段牵引降压混合变电所自动化及隔离开关监控系统结构配置如图 1-5-3 所示。

（2）间隔层，主要是指微机保护测控装置以及其他带有智能通信接口的设备，包括分散安装于供电设备就地的微机测控单元、保护单元、信息采集单元、直流电源监控单元等装置，以及采用硬接点输出的现场设备（接触网上网电动隔离开关、钢轨电位限制位置、排流柜等）。它负责对变电所设备进行直接的保护、测控以及信息采集，并通过网络通信层与站级管理层通信、将相关信息上传至站级管理层。

（3）网络通信层，由所内通信网络、远程通信网络及网络接口设备组成。所内通信网络采用光纤以太网，单网结构，通过组网完成所内数字化信息传输，网络上数据减缓采用信息块传输方式，通信速率为 100 Mbit/s，通信协议为 TCP/IP。远程通信网络从主控单元远程通信口至车站。综合监控系统车站及网络交换机之间的通信网络，网络模式为主备冗余的光纤以太网，传输速率为 100 Mbit/s。网络接口设备包含用于完成所内通信网络与间隔层设备接口的光纤以太网转换设备及相关连接设备等。

3. 通信信道

通信信道是控制中心与各被控站之间的桥梁和纽带，是整个系统的神经中枢。通信信道的畅通、高效是整个监控系统正常运转的前提。

由于变电所的二次监控单元和保护单元采用不同厂商的设备，因而也造成了下层智能设备使用不同的通信协议，因此采用具有多个支持多种介质网络的通信接口（RS-232、RS-422、RS-485、CAN、LONWORKS、以太网、Modbus、PROFIBUS、LON 等）的站控主单元对所有网络进行管理，通过现场监控网络对各开关柜内监控单元和保护单元的运行状态进行监视。站控主单元与 0.4 kV 下位监控单元及公共部分 I/O 单元采用 CANBUS 现场总线互连，网络拓扑为总线；站控主单元与 110 kV 交流、35 kV 交流、1 500 V 直流设备、所内交直流装置、变压器温控器上的智能设备的连接采用 RS-485/LONWORKS/Modbus/PROFIBUS/LONBUS/LON 接口实现，传输介质采用光纤/双绞线。站控主单元采用多 CPU，不同设备或传输介质采用不同的接口模块，所有网络接口模块在主控单元内采用 CANBUS 通信。

视频 PSCADA远程停送电操作

视频 PSCADA远程分合闸操作

视频 PSCADA报警查询及软件重启

电力监控系统采用三级控制方式，即控制中心远方控制、所内控制信号盘上集中控制、设备本体控制。三种控制方式相互闭锁，以达到安全控制的目的。中央监控中心主要有控制、数据采集、显示、报警、维修及事故抢修调度等功能。调度人员在此进行日常控制、监视和调度管理工作。设在变电所的就地监控系统由控制信号盘（包括通信控制器、后台监控计算机、交换机等）、测控单元、维护计算机及所内通信网络等部分组成。

二、电力监控系统（PSCADA 系统）与外部设备的接口

电力监控系统与外部设备接口功能及分界见表 1-5-1。

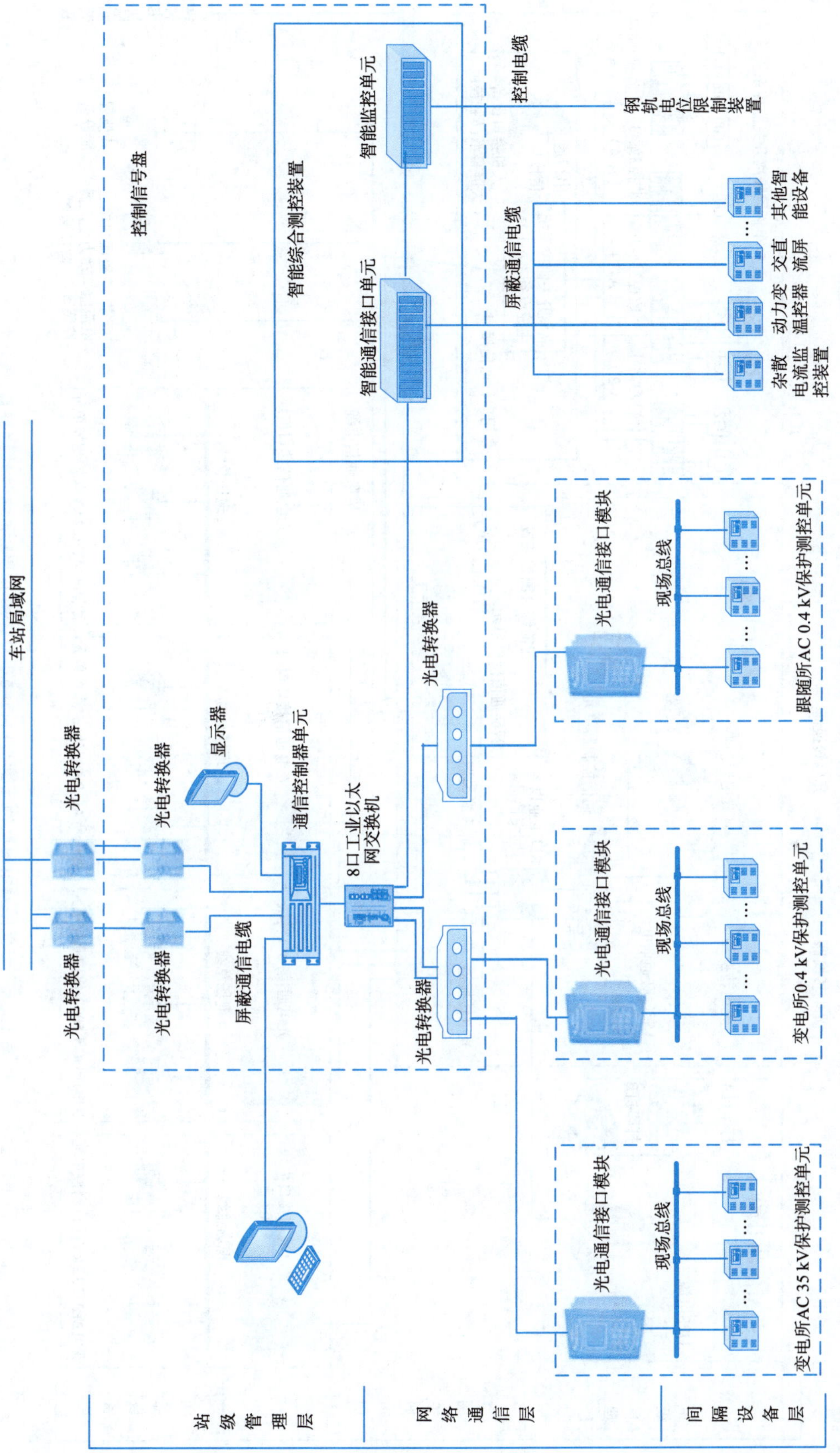

图 1-5-2 降压变电所自动化系统结构配置

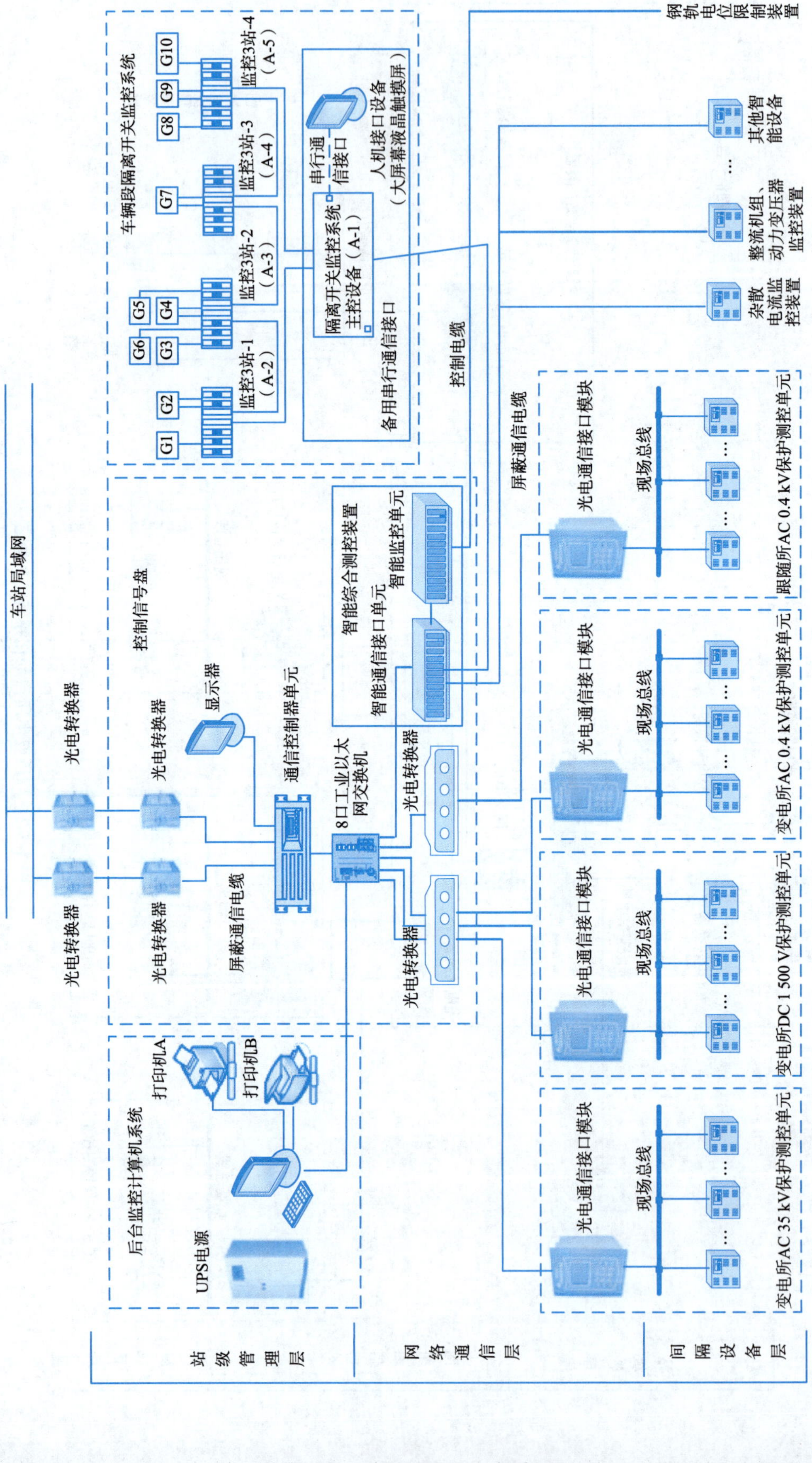

图 1-5-3 车辆段牵引降压混合变电所自动化及隔离开关监控系统结构配置

表 1-5-1 电力监控系统与外部设备接口功能及分界

编号	外部设备	PSCADA	功能	接口分界图
PSCADA. 35 kV. 1	35 kV 系统	(1)采集 35 kV 开关设备的遥信量信息，包括35 kV 开关位置信息及报警信息等。 (2)对 35 kV 设备断路器、三工位开关等可控制开关及母联备自投投退功能进行控制。 (3)对 35 kV 设备断路器、三工位开关等可控制开关及母联备自投投退功能进行控制。 (4)实现保护装置定值组远方切换功能。 (5)实现保护定值远方读取和修改功能。 (6)实现对 35 kV 发生的事故信号进行远方复归操作。 (7)实现35 kV 开关故障录波功能。 (8)对 35 kV 开关柜综合保护测控单元进行对时	(1)上传参数信息； (2)接收 PSCADA 的控制信号	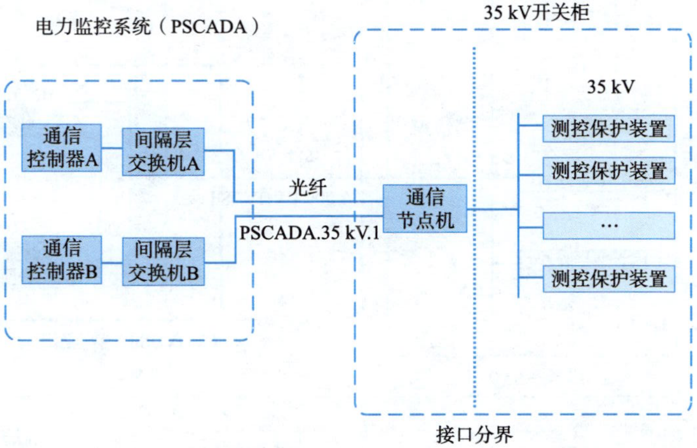 利用光纤将 35 kV 通信节点机连接至 PSCADA 控制信号屏，实现对 35 kV 开关系统监控
PSCADA. 35 kV. 2		采集 35 kV 开关设备的遥测数据信息，包括电压、电流、功率、电度(电度量数据从专用计量表计采集)、功率因数等信息	(1)上传参数信息； (2)接收 PSCADA 的控制信号	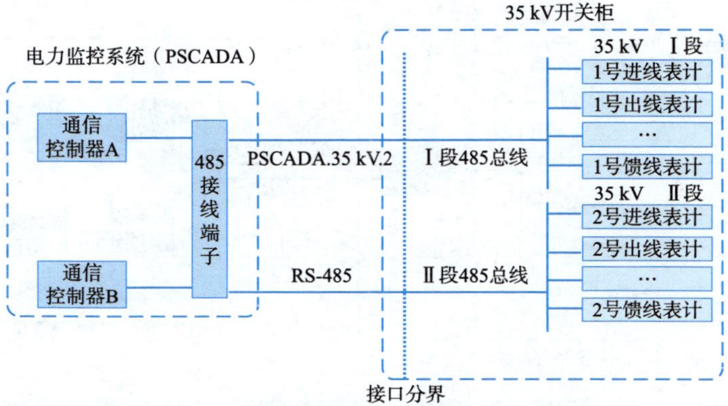 利用屏蔽双绞线将 35 kV 表计连接至 PSCADA 控制信号屏，实现对 35 kV 开关系统监控

续表

编号	外部设备	PSCADA	功能	接口分界图
PSCADA.1 500 V.1	1 500 V 系统	(1)采集1 500 V开关设备的遥信量信息,包括开关位置信息及报警信息等。 (2)对1 500 V设备断路器、三工位开关等可控制开关及母联备自投投退功能进行控制。 (3)实现保护装置定值组远方切换功能。 (4)实现保护定值远方读取和修改功能,1 500 V开关柜保护测控装置支持保护定值远方读取和修改功能。 (5)实现对1 500 V发生的事故信号进行远方复归操作。 (6)实现1 500 V开关故障录波功能。 (7)对1 500 V开关柜综合保护测控单元进行对时	(1)上传参数信息; (2)接收PSCADA的控制信号	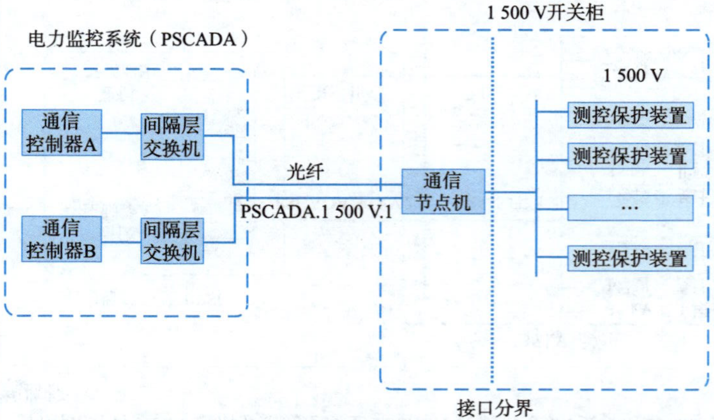 利用光纤将1 500 V通信节点机连接至PSCADA控制信号屏,实现对1 500 V开关系统的监控
PSCADA.1 500 V.2		采集1 500 V开关设备的遥测数据信息,包括电压、电流、功率、电度(电度量数据从专用计量表计采集)、功率因数等信息	(1)上传参数信息; (2)接收PSCADA的控制信号	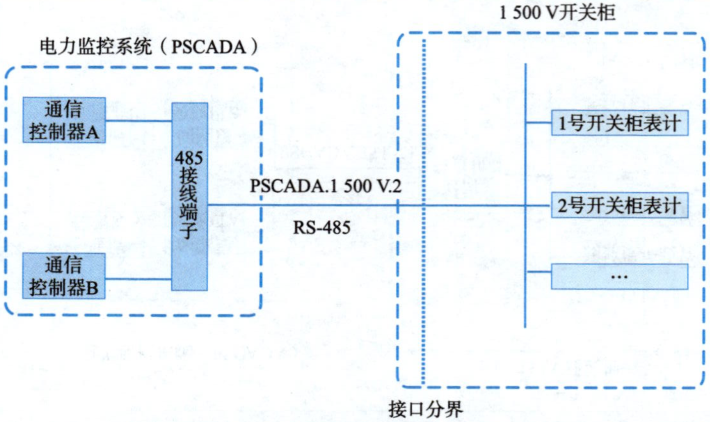 利用屏蔽双绞线将表计连接至PSCADA控制信号屏,实现对1 500 V开关系统的监控

续表

编号	外部设备	PSCADA	功能	接口分界图
PSCADA. 400 V. 1	400 V 系统	（1）采集 400 V 开关设备的遥信量信息，包括 400 V 开关位置信息及报警信息等。 （2）采集 400 V 开关设备的遥测数据信息，包括电压、电流、功率、电度、功率因数等信息。 （3）对 400 V 开关断路器等可控制开关进行远程遥控。 （4）对 400 V 开关柜综合保护测控单元进行对时。 （5）根据时标信息产生 SOE	（1）上传参数信息； （2）接收 PSCADA 的控制信号； （3）400 V 保护测控装置支持通信对时功能； （4）400 V PLC 装置提供带时标的变位数字量信息	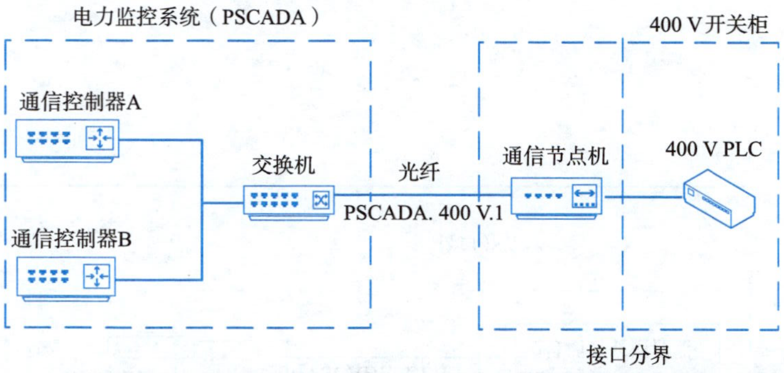 PSCADA 系统在低压交流开关柜内配置通信单元，接入低压交流测控设备，通信单元将低压交流测控设备的接口或协议转换后接入控制信号盘内，控制信号盘内的通信控制器再通过间隔层交换机完成对低压交流测控设备的数据采集与控制等
PSCADA. JZLP. 1	交直流屏	（1）采集交直流屏设备的遥信量及报警信息等。 （2）采集交直流屏设备的遥测数据信息，包括电压、电流、温度等信息	（1）上传遥信量和报警信息。 （2）上传电压、电流、温度等参数信息	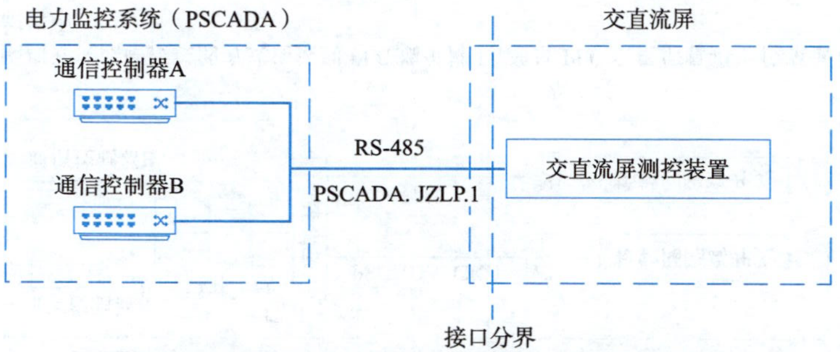 PSCADA 系统完成与变电所交直流屏设备的接口，将与交直流屏设备接口相关功能纳入系统，使运行人员方便直观地对该设备数据进行监视和控制

续表

编号	外部设备	PSCADA	功能	接口分界图
PSCADA. GK. 1	接触网隔离开关	(1)采集接触网隔离开关的遥信量及报警信息等。 (2)实现对接触网隔离开关的遥控功能	上传遥信量和报警信息	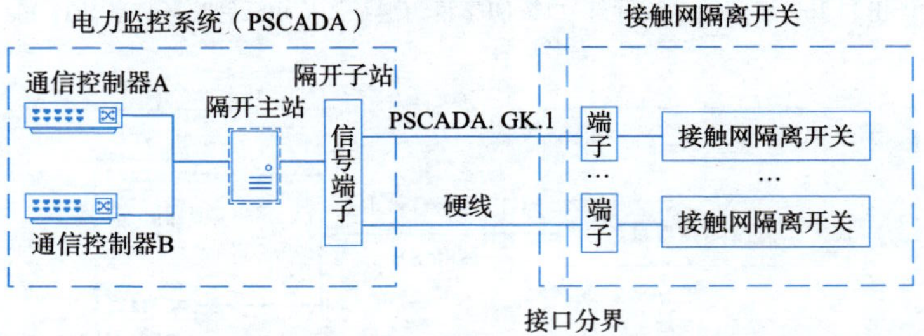 隔离开关以硬接线的方式连接到 PLC 端子排上，通过 PLC 采集信息再上传至通信控制器中
PSCADA. DLB. 1	动力变温控器	(1)采集动力变温控器设备的遥信量及报警信息等。 (2)采集动力变温控器设备的遥测数据信息	(1)上传遥信量和报警信息。 (2)上传电压、电流、温度等参数信息	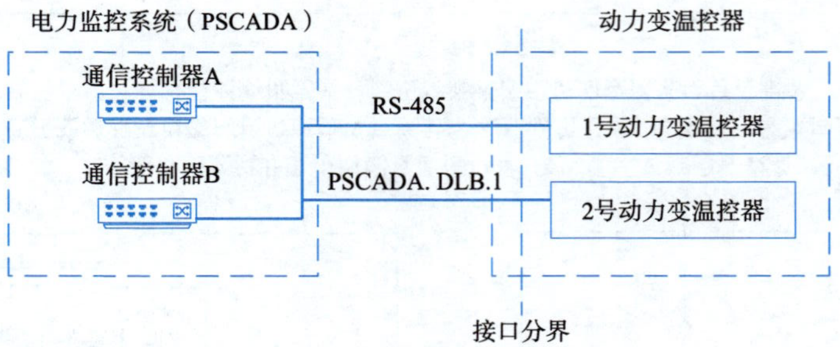

三、电力监控系统(PSCADA 系统)设备计划性检修周期与工作内容

PSCADA 周期性检修按照时间划分为双周日常检修、半年期计划性检修与每年期计划性检修。

(1)双周日常检修。双周日常维护检修作业对象是每套变电所控制信号柜,主要工作内容为:检查通信控制器单元设备通信情况、主控单元运行情况;检查光纤通信接口模块、所内以太网交换机模块工作情况;检查智能综合测控装置模块工作情况;检查控制信号屏柜体内各模块表面、电源单元断路器、风机运行情况;检查光纤通信接口转换设备模块工作情况;对各模块线路连接情况抽查,并对模块表面简单清洁。

(2)半年期计划性检修。半年期计划性检修简称半年检,工作内容为:在完成双周检的基础上进行,利用专用软件进行数据周期性备份及数据库维护;对控制屏设备、主控器、光纤通信接口模块、综合测控装置、以太网交换机等进行清洁维护;检查各线缆、端子排牢固情况检查及预防性紧固;对设备数量、标识标牌及过线孔洞封堵检查;测量柜体、线槽等接地电阻;测试系统上电后各设备、模块工作状态恢复情况;通过 OCC 电力调度人员操作所内试验开关检验所内 PSCADA 与综合监控系统之间的通信及遥控功能是否正常等。

(3)每年期计划性检修。每年期计划性检修简称年检,工作内容为:除完成双周检和半年检的全部内容外,还需对机械特性(即设备安装的稳固性、标识标牌的固定、接地线缆紧固等)与电气特性测试(如电气防火测试、接地性能测试等)、零部件年度保养或计划性更换,对运行记录进行导出另存与病毒查杀等。年检的目的是对 PSCADA 系统及末端设备的软硬件全面检修,确保系统的可靠运行。可对设备质量进行评估、统计、分析,为后期维护检修积累真实而翔实的基础数据。

四、PSCADA 系统设备维修保养作业标准及要求

1. 双周检

双周检维修保养作业标准及要求见表 1-5-2。

表 1-5-2　双周检维修保养作业标准及要求

序号	作业步骤	作业标准	补充说明及简图
1	通信控制器单元设备检修	①检查通信控制器单元通信情况,“故障、运行”指示灯正常,有无故障报警信息。	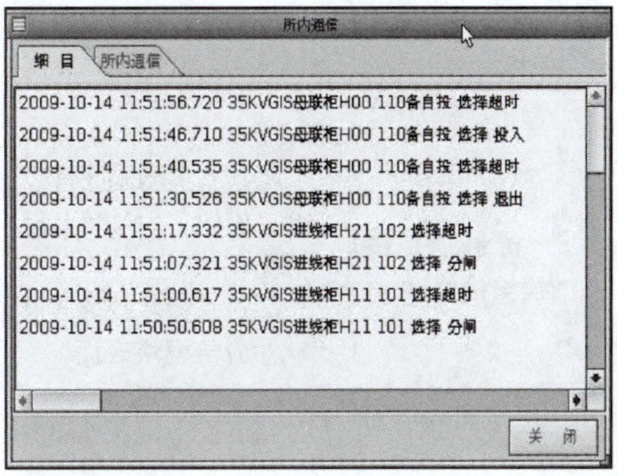

续表

序号	作业步骤	作业标准	补充说明及简图
1	通信控制器单元设备检修	②检查所内通信、实时遥信等系统信息是否正确	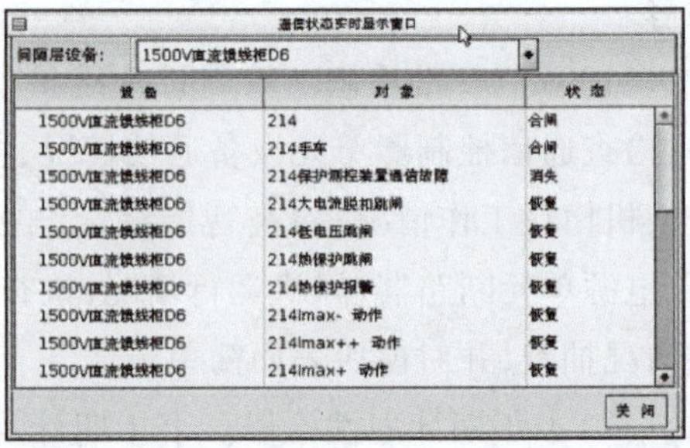 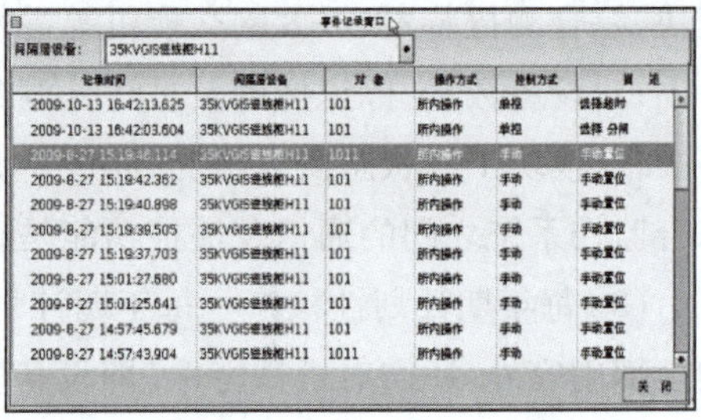
2	主控单元检修	①检查主控管理单元运行情况。 ②检查监控画面显示情况。 ③检查通信配置图通信情况，图上每个设备图标上示意灯（上图中小点）绿色为通信正常，红色为通信故障	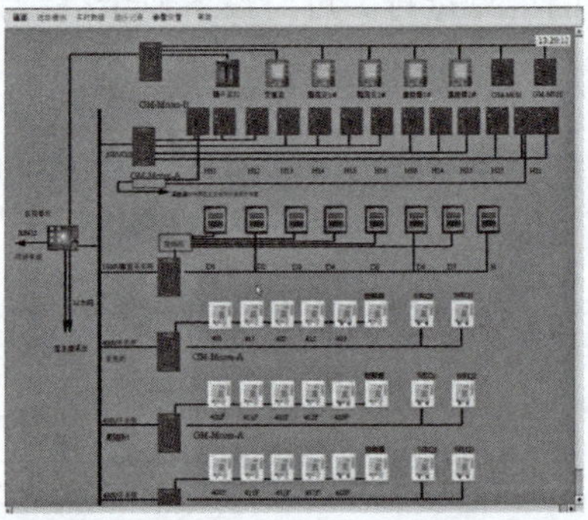
3	光纤通信接口模块检修	①检查光纤通信接口模块、光纤通信接口模块、所内以太网交换机模块工作情况。 ②检查模块线路连接。 ③清洁模块表面	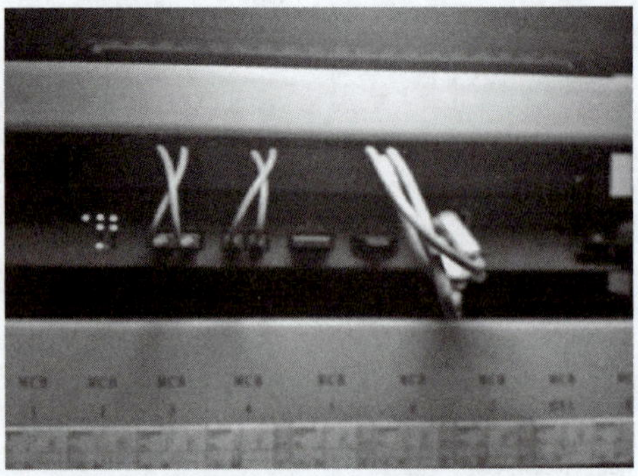

续表

序号	作业步骤	作业标准	补充说明及简图
4	光电智能综合测控装置检修	①检查光纤通信接口转换设备模块工作情况。 ②检查模块线路连接。 ③清洁模块表面	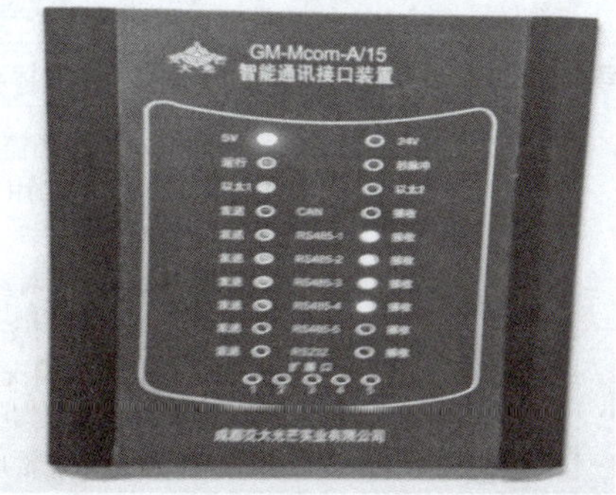
5	智能综合测控装置模块检修	①检查智能综合测控装置模块工作情况。 ②检查模块线路连接。 ③功能试验。 ④清洁模块表面	
6	所内以太网交换机检修	①检查所内以太网交换机模块工作情况及通信情况。 ②检查模块线路连接。 ③清洁模块表面	
7	控制信号屏柜检修	①检查控制信号屏柜体内各模块表面。 ②检查电源单元断路器，是否在正确的位置，有无跳闸。 ③检查风机运行情况。 ④检查照明系统使用是否正常。 ⑤柜体清洁卫生	

2. 半年检

半年检维修保养作业标准及要求见表1-5-3。

表1-5-3　半年检维修保养作业标准及要求

序号	作业步骤	作业标准	补充说明及简图
1	通信控制器(主控器)检修	除双周检内容外还需完成以下步骤： ①触摸功能检查，用手触摸屏幕登录或注销能功能按钮。 ②备份日志文件，对动态库进行重置。 ③断电后，清洁维护主控器，检查主控器外部接口的紧固情况。 ④部件若有损坏需更换。 ⑤上电恢复，观察重启后的运行状态，检查屏幕触摸功能	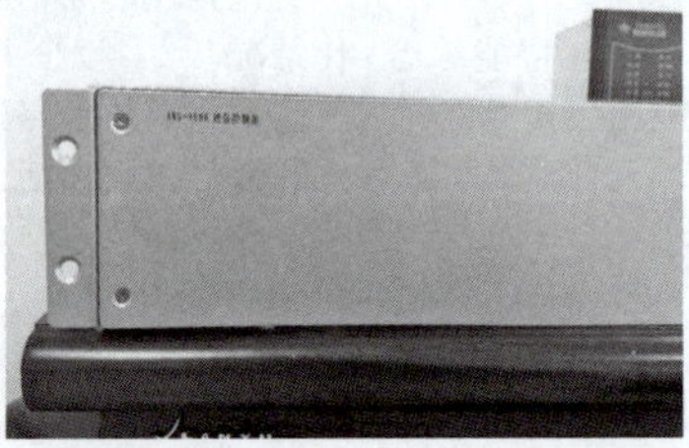
2	光纤通信接口模块检修	除双周检内容外还需完成以下步骤： ①断电后，对光电转换器清洁维护，检查电源线、网口、光口端子有无损坏、接触是否牢靠。 ②接地是否良好。 ③上电恢复，观察重启后的运行状态	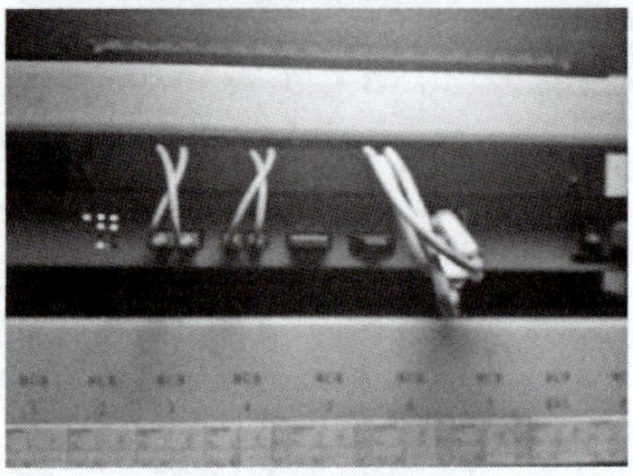
3	光电智能通信接口装置检修	除双周检内容外还需完成以下步骤： ①断电后，对其清洁维护，检查电源线接头、网线接头，各插板与母板间的接触是否牢靠。 ②接地是否良好。 ③上电恢复，观察重启后的运行状态	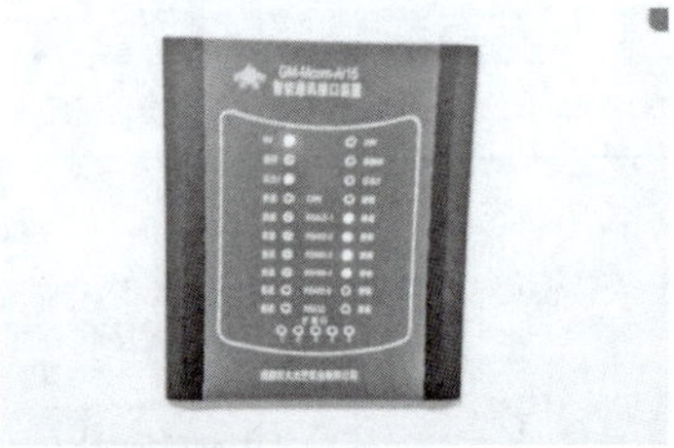
4	智能综合测控装置检修	除双周检内容外还需完成以下步骤： ①断电后，对其清洁维护，检查电源线接头、网线接头，各插板与母板间的接触是否牢靠。 ②接地是否良好。 ③上电恢复，观察重启后的运行状态	
5	检查所内以太网交换机	除双周检内容外还需完成以下步骤： ①断电后，对以太网交换机清洁维护，检查电源线、网口端子有无损坏、接触是否牢靠。 ②接地是否良好。 ③上电恢复，观察重启后的运行状态	

续表

序号	作业步骤	作业标准	补充说明及简图
6	控制信号屏检修	除双周检内容外还需完成以下步骤： ①断电后，对控制屏设备清洁维护，确认柜内设备是否齐全，过线孔洞用防火封泥封堵，无火灾隐患。 ②柜内线槽外线路无破损、潮湿现象，无短路和漏电现象，端子排上各接线端子接触牢靠无松动。 ③柜体接地是否良好	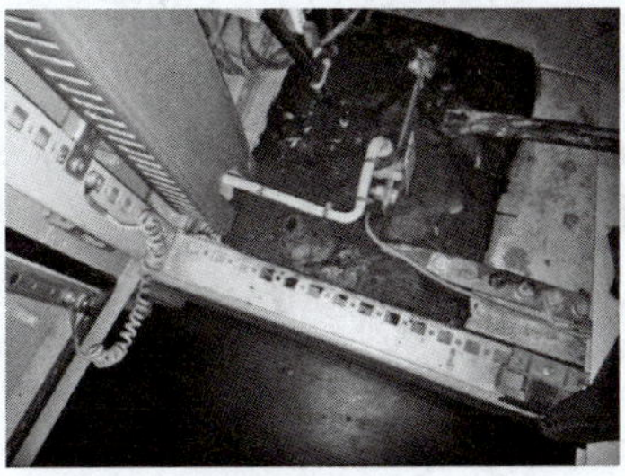

五、PSCADA 系统故障应急处置

所有应急人员在处理应急故障时，应优先恢复系统正常功能，再根据系统日志等相关信息分析，查明故障原因，同时组织人员进行应急处理。

1. 虚拟机服务器故障应急

在现场应急服务器中备份并还原平台所有虚拟机，当现场确认某个虚拟机或某几个虚拟机无法正常工作影响业务功能时，可以直接启用应急服务器上备用的虚拟机进行业务替换，确保现场功能及时恢复。

2. 程控停送电故障应急

停送电程控卡片无法操作，程控卡片初始化不成功时，可通过退出调度员工作站重新登录或解部署、部署重开卡片来尝试解决。

3. PSCADA 离线故障

(1)单站 PSCADA 离线故障。通过调度系统软件查询全线通信链路状态，根据链路不同颜色了解故障状态，再针对不同故障状态进行相应的处置，处置过程中以“先通后复”为原则，灵活选择更有利、更快恢复的处置措施。通信链路状态及其含义见表 1-5-4。

表 1-5-4　通信链路状态及含义

链路状态颜色	含　义	备注
深绿色	与所内通信连接正常，可以 ping 通所内装置，调度主站软件与所内软件已经建立连接，只传输了测试数据	热备状态
绿色且闪烁	与所内通信连接正常，可以 ping 通所内装置，调度主站软件与所内软件已经建立连接，在传输所内状态数据	正常状态
红色	与所内通信连接异常，ping 不通所内装置	故障状态
黄色	与所内通信连接正常，可以 ping 通所内装置，但是调度主站软件与所内软件未能建立连接，无数据传输	故障状态
蓝色	代表调度系统软件运行异常	故障状态

若 PSCADA 离线故障点的链路状态全部显示为红色，可安排供电专业人员现场排查所内设备工作状态，通信专业人员现场排查供电所内到车站环网链路状态；若 PSCADA 离线故障点的链路状态全部显示为黄色，即出现与所内通信连接正常，但调度主站软件与所内软件无数据传输情况，可尝试将故障站点重启；若 PSCADA 离线故障点的链路状态全部显示为蓝色，说明出现调度

系统软件运行异常，需进入调度系统平台管理软件尝试设置该站点引擎为运行状态，若通信未恢复，再排查有无硬件故障和报警，若无，则需要对该站点进行解部署和部署。

（2）多站 PSCADA 离线故障。通过调度系统软件查询全线通信链路状态，根据链路不同颜色了解故障状态，再针对不同故障状态进行相应的处置。

若出现多站 PSCADA 站点状态为红色，且界面中有故障站点通信状态异常的报警，可能是车站环网部分中断，需安排专业人员排查，同时掌握环网拓扑图。

若出现多站 PSCADA 站点状态为黄色，且界面中有故障站点通信状态异常的报警，需检查机房前置服务器、交换机硬件状态，若异常则关闭故障服务器或交换机，保留单极运行；若正常则针对每个离线车站参照单站 PSCADA 离线故障处理方法进行处理；若依然无法恢复，则对前置服务器进行重启。

若出现多站 PSCADA 站点状态为蓝色，且界面中有故障站点通信状态异常的报警，需检查机房系统服务器、交换机硬件状态，若异常则关闭故障服务器或交换机，保留单机运行；若正常，且 PSCADA 离线车站数量为 2，则针对每个离线车站参照单站 PSCADA 离线故障处理方法进行处理；若正常，但 PSCADA 离线车站数量大于或等于 3，则需统计离线车站虚拟机运行状况，若统计结果显示离线车站主站当前均运行在一台系统服务器上，则直接软重启该台系统服务器，进行冗余切换，软重启不成功可直接进行硬重启切换；若统计结果显示离线车站在 2 台系统服务器上均有分部，需了解离线车站具体分部在哪个应用服务器虚拟机上，判断系统服务器 1 和系统服务器 2 离线车站具体数量，对 PSCADA 离线车站少的服务器离线站点进行切换尝试恢复，如恢复不成功则分别重启系统服务器 1 和系统服务器 2。

（3）全线 PSCADA 离线故障。出现此种情况，需在中央交换机进行破环处理，让 A 网以总线方式运行，拆除主干网 A 网光纤环网上任意一节点（车站或 OCC）上行或下行的光纤跳线，使 A 环断开，A 网以总线方式运行。若故障未恢复，再使环网 B 网以总线方式运行，断开主干网 B 网光纤环网上任意一节点（车站或 OCC）上行或下行的光纤跳线，使 B 环断开，B 网以总线方式运行。

技能训练

1. PSCADA 系统维护保养

某号线车站 PSCADA 系统维护保养（半年）记录表见表 1-5-5。

表 1-5-5　某号线车站 PSCADA 系统维护保养（半年）记录表

车站名称：　　　　　　　　　　检修人：　　　　　　　　　　检修时间：

设备名称	检修内容	检修结果	故障说明
通信控制器单元	模块运行状态及外设检查	□	
	风扇运行状态检查	□	
	触摸屏显示检查、触摸功能检查	□	
	UPS 放电测试情况	□	
	设备紧固状态检查	□	
	重启系统	□	
	更换损坏件	□	
光纤通信接口模块	设备清洁、外观检查	□	
	各模块运行情况、状态指示灯检查	□	

续表

设备名称	检修内容	检修结果	故障说明
光纤通信接口模块	模块接地状态检查	□	
	电源线检查	□	
	设备紧固状态检查	□	
	重启系统	□	
	更换损坏件	□	
光电智能综合测控装置	设备清洁、外观检查	□	
	各模块运行情况、状态指示灯检查	□	
	模块接地状态检查	□	
	电源线检查	□	
	设备紧固状态检查	□	
	重启系统	□	
	更换损坏件	□	
智能综合测控装置	设备清洁、外观检查	□	
	各模块运行情况、状态指示灯检查	□	
	遥信遥控点指示灯状态检查	□	
	模块接地状态检查	□	
	电源线检查	□	
	设备紧固状态检查	□	
	重启系统	□	
	更换损坏件	□	
所内以太网交换机	设备清洁、外观检查	□	
	各模块运行情况、状态指示灯检查	□	
	电源线、网线检查	□	
	网络性能检查	□	
	设备紧固状态检查	□	
	重启系统	□	
	更换损坏件	□	
控制信号屏	柜内设备及钥匙、清洁卫生、照明系统检查	□	
	电源单元检查	□	
	浪涌单元检查	□	
控制信号屏	温度控制器、温度传感器检查	□	
	风机检查	□	
	线路检查	□	
	设备紧固状态检查	□	
	柜体接地检查	□	
	孔洞封堵	□	
	更换部件	□	

续表

设备名称	检修内容	检修结果	故障说明
监控画面	主界面状态检查	□	
	系统配置图检查	□	
	所内通信、主控通信检查	□	
	遥控遥信功能检查	□	
	定值召唤	□	
	通信状态检查	□	
	备份系统日志	□	
	通信控制器单元系统备份	□	
备注	检查结果正常则在□内打√，否则打×，并在故障说明中说明故障现象、是否处理、处理方法，若在该站无此设备，则在故障说明中备注“无此设备”		

2. PSCADA 系统应急故障处置

某号线 PSCADA 系统故障应急故障处置表见表 1-5-6。

表 1-5-6　某号线 PSCADA 系统故障应急故障处置表

故障名称		检修内容	状态	故障说明
通信处理故障		检查调度端的计算机 Engine 运行状态是否正常	□	
		重新启动 Engine 或者 AOS，查看 Engine 运行状态	□	
		Engine 或者 AOS 修复	□	
		检查内网是否正常	□	
		检查网络连接各设备是否良好，网线是否完好无损	□	
		检查各网络设备的工作状态是否正常	□	
		测试网络设备连接是否有掉包现象	□	
		检查各服务器、网络交换机的网络负荷是否正常	□	
		检查外网是否正常	□	
		检查通信状态是否恢复	□	
PSCADA 离线故障	单站 PSCADA 离线故障	检查全线通信链路状态	□	
		若显示为红色，供电专业排查所内设备状态	□	
		通信专业排查供电所内到车站环网链路状态	□	
		若显示为黄色，重启故障站点	□	
		若显示为蓝色，查看应用服务器，设置引擎运行状态	□	
		若无恢复，排查有无硬件故障和报警	□	
		若有，对故障站点解部署和部署	□	
PSCADA 离线故障	多站 PSCADA 离线故障	检查全线通信链路状态	□	
		若显示为红色，供电专业排查所内设备状态	□	

续表

故障名称		检修内容	状态	故障说明
PSCADA离线故障	多站PSCADA离线故障	通信专业排查供电所内到车站环网链路状态	□	
		若显示为黄色，检查前置服务器和交换机硬件状态	□	
		异常，则关闭故障服务器和交换机	□	
		正常，则依次重启故障站点	□	
		若显示为蓝色，检查前置服务器和交换机硬件状态	□	
		异常，则关闭故障服务器和交换机	□	
		正常，若离线车站数量为2，参照单站PSCADA离线故障处理办法	□	
		正常，若离线车站数量≥3，软重启或硬重启服务器	□	
	全线PSCADA离线故障	在中央交换机做破环处理，A网以总线方式运行	□	
		若无恢复，则B网以总线方式运行	□	
备注		故障处置完成一项检查且结果正常则在□内打√，否则打×，并在故障说明中描述故障特征，以备故障原因追溯		

任务评价

任务评价见表1-5-7。

表1-5-7　任务评价

任务五　电力监控系统(PSCADA)检修及应急故障处置				日期：		
姓名：		班级：		学号：		教师签名：
自评：□熟练　□不熟练		互评：□熟练　□不熟练		师评：□合格　□不合格		
日期：		日期：		日期：		
评分细则						
序号	评分项	得分条件	分值	自评	互评	师评
1	接受任务	明确工作任务，理解任务在企业工作中的重要程度	5			
2	前置知识	本次实训前需要掌握的知识程度	5			
3	能力评价	能根据PSCADA系统设备作用，简述计划性检修一般要求	5			
		能够描述PSCADA系统主要故障及应急处理措施及程序	10			
		结合车站PSCADA系统工作单，对车站PSCADA系统设备进行巡检作业	10			
		结合车站PSCADA系统现场检修标准，进行检修作业	20			
		能根据PSCADA系统主要故障表征，采取有效措施进行应急处置	15			
4	素养评价	工作计划性强，安排得当	5			
		团队合作能力强，善于沟通合作	5			
		自主学习能力强，勇于克服困难	5			
		严谨认真，积极参与课堂	5			
5	评价反馈	学生能快速、正确地识别图片中设备，以小组评价方式组织客观评价	5			
		对学生在任务实施过程中发现问题，进行小组审议后及时反馈	5			
总　分			100			

巩固与练习

1. PSCADA 系统组成及接口

(1)电力监控系统由设置在__________的主站监控系统、设置在__________的综合自动化子系统以及联系二者的通信通道构成。

(2)电力监控系统采用分层分布式结构，一般分为__________、__________、__________。

(3)车站级变电所分为__________、__________、跟随式降压变电所，跟随式降压变电所一般位于正线区间或车辆段内，附属于相邻的降压变电所或牵引降压混合变电所。

(4)PSCADA 系统与 35 kV 系统接口中，控制信号盘内的__________通过间隔层交换机完成对高压交流设备的数据采集与控制。

(5)PSCADA 系统与隔离开关系统接口中，隔离开关以__________的方式连接到 PLC 端子排上，通过 PLC 采集信息再上传至通信控制器中。

2. PSCADA 系统设备维修保养周期

(1)PACADA 系统设备计划性检修包含__________、__________、__________工作内容。

(2)检查主控单元运行情况，需检查监控画面显示是否正常，并查看__________上各个设备的通信状况，若图标示意灯显示绿色为通信正常，红色为通信故障。

(3)半年维护检修作业中，完成设备检修前的相关检查后，需对系统进行断电，以便于完成断电后的检修，但断电前需做好__________。

(4)__________除包含双周检和半年检的内容外，还应有设备的机械特性与电气特性测试、设备的零部件保养或更换等，目的是确保系统的__________。

(5)检修完成上电后，通过 OCC 电力调度人员操作__________检验所内 PSCADA 与综合监控系统之间的__________功能是否正常。

3. PSCADA 系统设备检修与应急处置

(1)简述 PSCADA 系统半年检中通信控制器单元模块检修流程及作业标准。

(2)简述 PSCADA 系统通信故障的应急处置。

视野拓展

城市轨道交通电力监控系统独立组网方案

目前，PSCADA 系统有独立组网方案和集成方案两种主流技术方案，均可实现 PSCADA 系统的自身业务功能，运营调度人员可通过这两种方案分别对应的系统平台对供电设备进行监视和控制。

PSCADA 系统的独立组网方案是指 PSCADA 系统所涉及的变电所综合自动化系统与电力调度系统之间使用一套专用的数据网，PSCADA 系统独占使用。独立组网方案的数据流程如图 1-5-4 所示，各车站变电所的电力数据经变电所综合自动化系统设备进行采集并整合后，通过变电所交换机、车站交换机、中央交换机经环网传送到中央前置服务器，再经中央前置服务器分别传送至中央系统服务器、中央接口服务器。其中，中央工作站获取中央系统服务器的电力数据，供调度人员使用；电力数据通过中央接口服务器与信号系统、综合监控系统等外部接口系统对接，提供外部接口系统所需的供电系统数据。

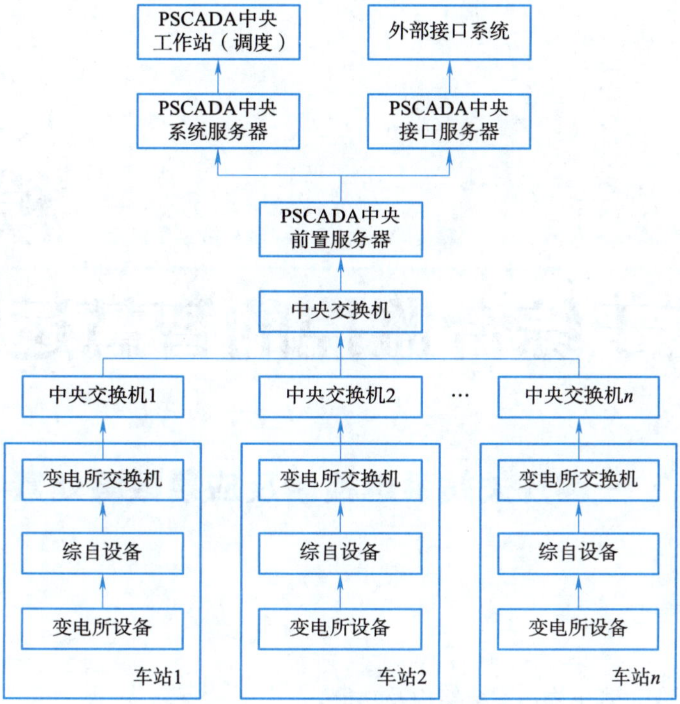

图 1-5-4　独立组网方案的数据流程

成都地铁部分线路实行电力监控独立组网方案，不再与综合监控系统共享网络。其优点是：①安全性：专网专用，PSCADA 系统独享网络资源，避免因其他系统网络故障波及 PSCADA 系统，造成网络事故；②快捷性：PSCADA 独享带宽，数据流量速率提高，数据上送更快；③维护性：方便定位故障点，提高抢救效率，更快恢复故障；④扩容性：能够预留更多带宽资源，方便后期线路接入网络，不再单独铺设网络通道，增加成本；⑤故障率小：独立组网后，通信设备运行更稳定，不易因其他专业设备故障而出现故障，减少了故障发生率。其缺点是成本较高：增加了网络接入设备。

数据共享、数据融合、系统集成、场景化应用等均是智慧城轨的发展要求。对于整个城市轨道交通系统发展而言，多专业系统集成是未来行业发展的方向，发展数据分析、功能应用是 PSCADA 系统未来的方向。首先，PSCADA 系统应保证其稳定性、安全性、可靠性及调度功能完备性。其次，PSCADA 系统应为集成平台提供持续、稳定的数据源，为系统高度集成、数据融合、数据综合分析与功能应用的发展提供强有力的技术支撑。

模块二

基于综合监控的智慧运维系统

任务一　一键开关站系统检修及应急故障处置

任务目标

知识目标：

1. 掌握智慧运维一键开关站系统架构及功能。
2. 掌握一键开关站系统作业总体流程。
3. 掌握一键开关站系统巡检、操作及检修工序。

能力目标：

1. 具备一键开关站系统作业总体流程操作的能力。
2. 具备一键开关站系统巡检、操作及检修的能力。
3. 一键开关站系统出现异常情况时，会迅速进行应急处置。

素养目标：

1. 具有安全作业的安全操作意识。
2. 具有精益求精的工匠精神。
3. 具有统筹全局，灵活处置的能力。

任务导入

某城市地铁线路开展了一键开关站试点项目。该城市地铁将地铁车站既有综合监控系统功能接入车站一体化管控系统，为车站管理人员提供统一的车站管理界面，实现一键开关站智能功能，实现全站的统一管理，提升车站的运营服务质量，保障车站的运营安全，提高车站人员复合能力，降低运营综合成本，起到示范性作用，如图 2-1-1 所示。

任务描述

一键开关站系统是将常规线路的人工开关站操作流程梳理后，利用自动化程序优化形成，系统功能来自站务人员岗位职责与用户需求，要学习一键开关站系统相关知识，应熟悉常规线路 ISCS 与 BAS 功能、系统组成及外部接口，通过学习达到掌握一键开关站系统硬软件操作使用、维修保养要领，所学及所用的目的。

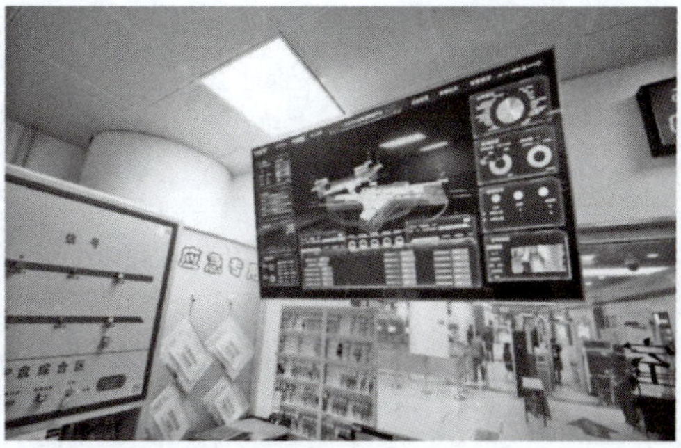

图 2-1-1　某地铁智慧车站示范站

核心知识

一键开关站是基于综合监控的智慧运维系统，围绕便捷、高效服务于乘客的目的之一，是面向乘客服务的助推器。一键开关站是利用综合监控系统自动化优势叠加智慧车站的智能化手段，达到提升车站机电设备程序化控制力度；致力于将乘客适应车站的既有服务调整为通过优化服务适应乘客需求，从而建立适用于车站机电设备的统一管理。

一、一键开关站系统组成

一键开关站利用既有综合监控系统建成的智慧服务系统（智慧服务系统界面见图 2-1-2）与各子系统接口实现开关站功能，并加入车站 3D 展示、设备运行感知、客流监视、环境感知、突发事件感知等手段或技术，实现对车站的开关站操作全自动运行。

根据运营组织开关站流程及设备动作标准，将开关站涉及的机电设备经过系统的统一调度和程序控制，能快速准确地完成车站开关的相关流程和设备动作确认，让工作人员能够在车控室远程操作和确认，快速完成车站开关站前置条件检查和设备启停，减少车站工作人员现场操作设备的时间，从而提高效率。一键开关站利用既有综合监控系统与各子系统接口实现开关站功能。

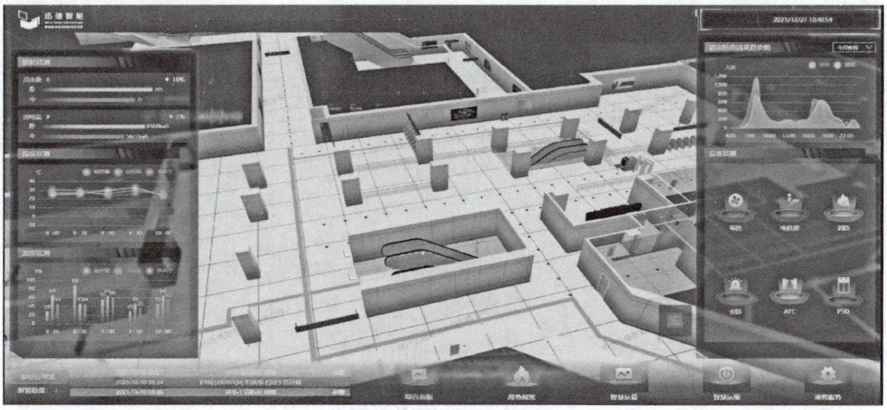

图 2-1-2　智慧服务系统界面

一键开关站使用既有硬件设备，如 ISCS 的服务器（或单设专用服务器）、PLC 及模块、交换机等。系统软件功能则是对车站既有综合监控系统软件工程改造，新增电扶梯状态监控、防盗卷帘门时间表控制功能，增加对 AFC、PIS 系统设备休眠、唤醒功能等，如图 2-1-3 所示。

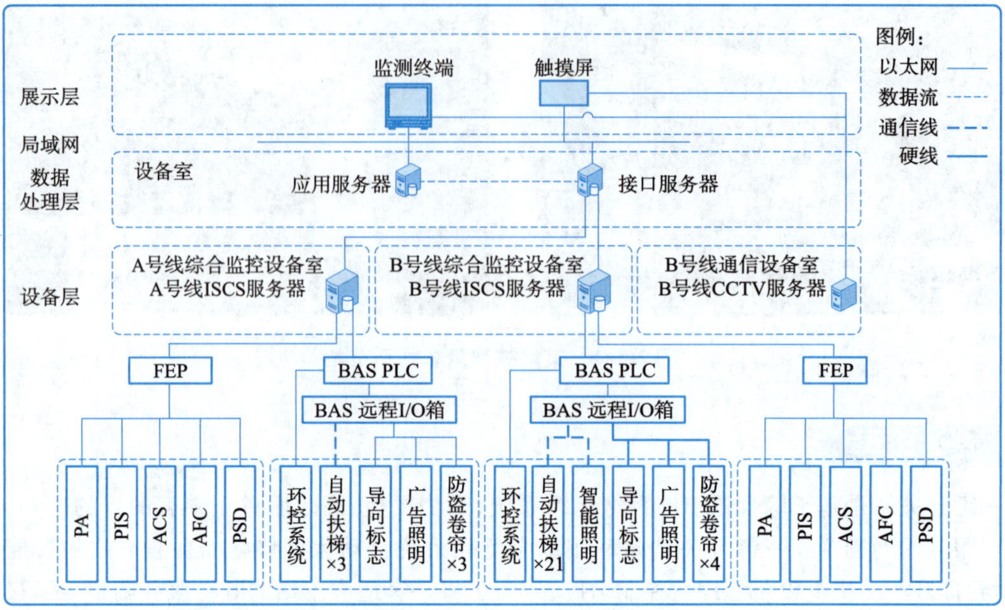

图 2-1-3　一键开关站系统组成

二、一键开关站系统接口功能及分界表

一键开关站系统与外部设备接口功能及分界见表 2-1-1。

表 2-1-1　一键开关站系统与外部设备接口功能及分界

序号		项目	接口关系			
			负责专业 1	内容	负责专业 2	内容
一、智慧车站系统接口	1	ISCS 服务器接口	ISCS 系统		一键开关站监测终端	
二、ISCS 系统接口	1	接入 ISCS 系统的子系统（BAS、PA、PIS、AFC、PSD）	ISCS 专业	ISCS 系统交换机或 FEP 至接入系统设备接线端子侧（不含端子）以外的线缆及设备维护与管理	接入系统（BAS、PA、PIS、AFC、PSD）	接入系统设备接线端子侧（含端子）的设备维护与管理
	2	IBP 盘	ISCS 专业	IBP 接线端子（含）至盘面线缆的维护	硬线接入 IBP 盘的系统设备	IBP 接线端子（不含接线端子）为界至接入 IBP 盘的系统设备及线缆维护
三、BAS 系统接口	1	环控系统	BAS 专业	环控柜端子（不含端子）以外的线缆及设备维修与管理	环控通风	负责管控柜端子及末端风机风阀执行器及本体（含接线端子）的维修与管理
	2	智能照明、智能导向、广告照明	BAS 专业	至智能照明、智能导向、广告照明接线端子（不含端子）外侧的线缆及设备维护	智能照明、智能导向、广告照明	智能照明、智能导向、广告照明接线端子侧（含端子）的设备维护与管理
	3	与电梯及自动扶梯	BAS 专业	至电梯及自动扶梯控制箱接线端子（不含端子）以外的线缆及设备维修与管理	电扶梯专业	负责电梯及自动扶梯控制箱接线端子侧（含端子）的设备维护与管理

1. ISCS 接口

接口界面位于线路网络交换机（无专用交换机则接入 ISCS 交换机）处。一键开关站监测终端采用标准通信协议（普遍采用 ModbusTCP）经 ISCS 转发后接入智慧运维系统。即一键开关站终端数据信息上传 ISCS。ISCS 将转换后的信息发送给智慧车站系统。ISCS 接收控制指令后执行并反馈执行结果。智慧运维系统监视程序执行情况，并根据控制点位信息下发控制。

2. 防盗卷帘门接口

车站防盗卷帘门系统通过在既有 BAS 系统终端控制箱增加 I/O 模块实现控制（常采用硬线连接，接口类型为无源常开触点）。终端控制箱接收控制信号后开启/关闭/停止防盗卷帘，信号自保持。智慧车站系统通过输入/输出开关量信号实时展示卷帘门状态，并能够执行开/关门命令。防盗卷帘门状态界面如图 2-1-4 所示。

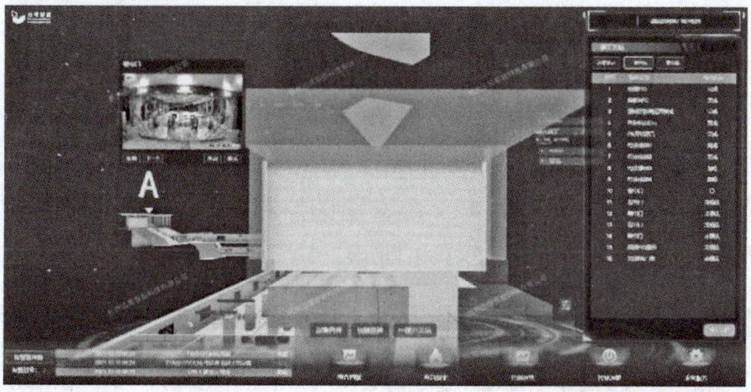

视频
一键开关站-卷帘门

图 2-1-4　防盗卷帘门状态界面

3. 扶梯接口

利用 BAS PLC 与自动扶梯之间通信通道完成，采用通信协议（常用 RS-485）或硬线连接实现信息交换，利用即有工作站对扶梯运行、停止状态的控制，监视运行状态。此外，电扶梯利用通信接口将更多的数据经综合监控系统上传智慧运维系统及接收指令，实现电扶梯的唤醒、休眠、自检和停机，如图 2-1-5 所示。

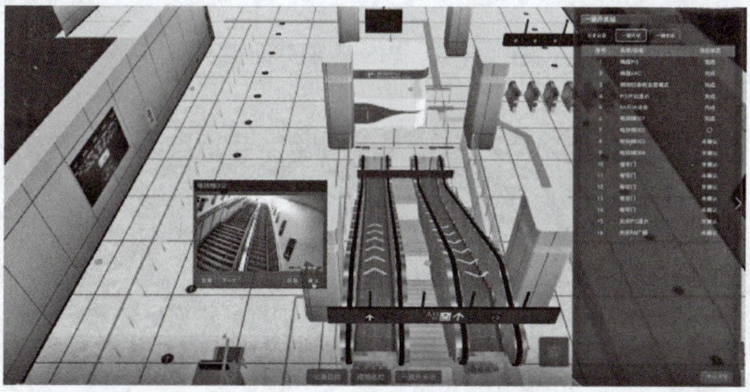

视频
一键开关站扶梯

图 2-1-5　扶梯页面图

4. AFC 系统接口

利用车站综合监控系统与 AFC 系统既有接口，根据车站开关站需求自动向 AFC 系统发送控制指令。AFC 系统在接收控制指令后执行末端设备的休眠、唤醒功能，如图 2-1-6 所示。

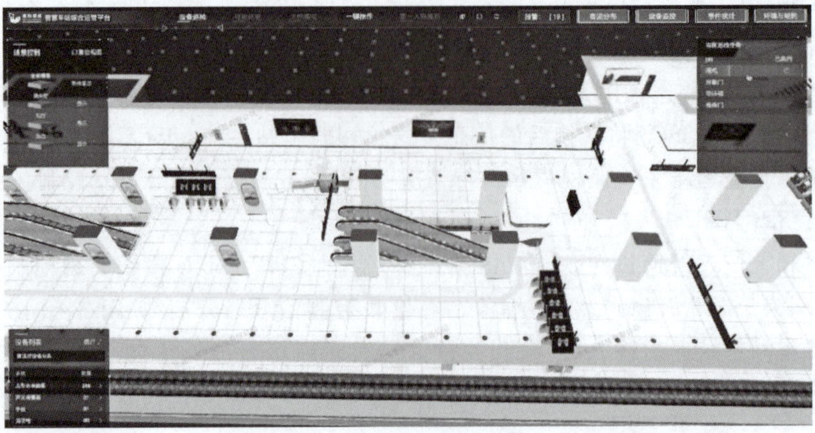

图 2-1-6　AFC 系统页面图

5. PIS、PA 系统接口

利用车站综合监控系统与 AFC 系统既有接口，在运营期与非运营期间执行 PIS 系统的休眠、唤醒功能。根据车站开关站需求自动向 PIS 系统发送控制指令。PIS、PA 系统接收控制指令并执行设备休眠、唤醒功能，如图 2-1-7 和图 2-1-8 所示。

图 2-1-7　PIS 系统页面图

图 2-1-8　PA 系统页面图

三、一键开关站系统操作

1. 一键开关站系统操作

(1)智慧开站控制逻辑。智慧开站系统操作界面如图 2-1-9 所示。

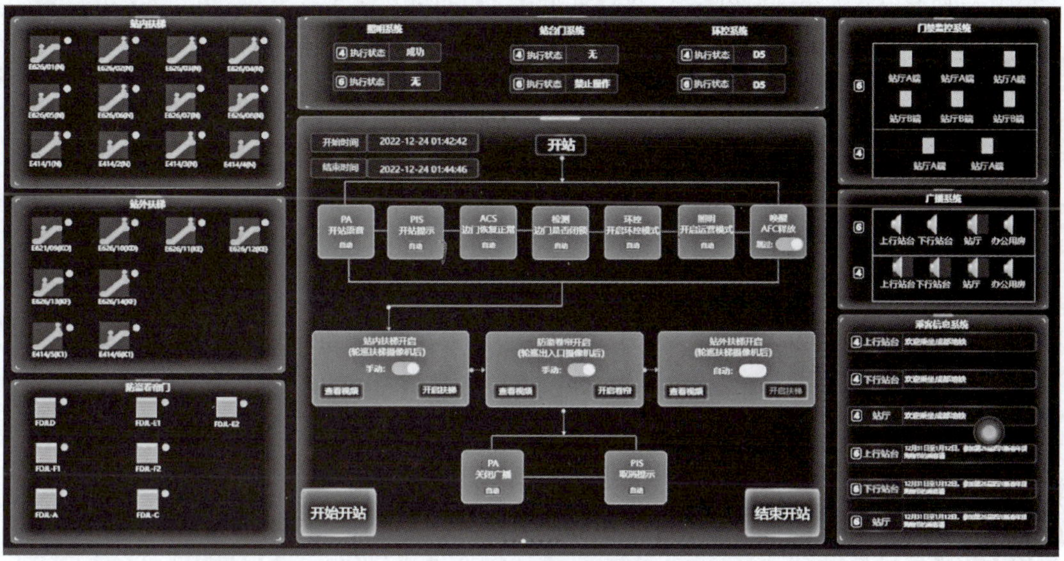

图 2-1-9　智慧开站系统操作界面

智慧开站控制逻辑如下：

第一步：执行开站操作前，确认各设备状态无异常后，人工操作进入开站流程（为避免人员误操作，普遍采用二次密码确认方式验证，该密码账号设置涉及信息安全，故定期变更密码），如图 2-1-10 所示。

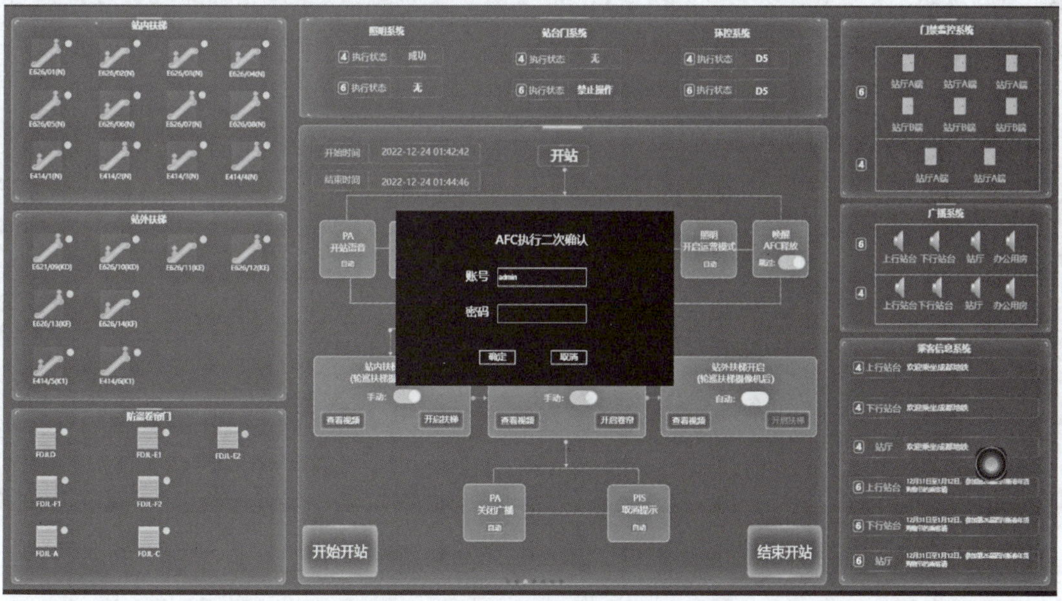

图 2-1-10　密码确认弹框示意图

第二步：人工确认并顺利进入开站流程（系统自动记录开站时间），系统按预设程序自动执行开站流程：

①播放全站开站广播、PIS，提醒工作人员离开扶梯、卷帘门。

②检测边门门禁开关状态，对释放的边门恢复正常控制。

③开启环控模式大系统通风模式，执行全站智慧照明全开模式。

④唤醒 AFC 系统设备，对全站自动化检票机（又称闸机）执行释放及功能恢复测试（该步骤是检测闸机功能，因为闸机关系客运服务，故执行该流程时采用弹出二次确认框，输入用户名密码确认后该流程才能自动执行）。

⑤开启车站出入口防盗卷帘门，站内外电扶梯（由于存在防盗卷帘门下方及扶梯上方存在有人员留置的因素，所以该流程设置为自动或半自动方式执行）。

a. 自动执行扶梯、卷帘门开启。若值班员已提前确认好扶梯、卷帘门开启无安全隐患，系统下发自动执行扶梯、卷帘门开启命令。

b. 手动执行扶梯、卷帘门开启。通过视频系统自动检测确认无安全隐患，经人员确认后手动下发开启扶梯/卷帘门开启命令。

⑥广播、PIS 播放测试及自动关闭。

a. PA、PIS 播放 90 s 后（时间可调）系统自动关闭广播、取消 PIS。

b. 卷帘门开启时系统下发关闭广播、取消 PIS 命令（开启卷帘门后乘客进入车站保证站内设备已恢复正常运营状态）。

第三步：一键开关站系统顺利执行全部预设步骤后申请结束开站流程，经值班人员确认后系统自动结束全部开站过程。且记录结束时间，并重置所有流程。

（2）智慧关站操作方法。

智慧关站系统操作界面如图 2-1-11 所示。

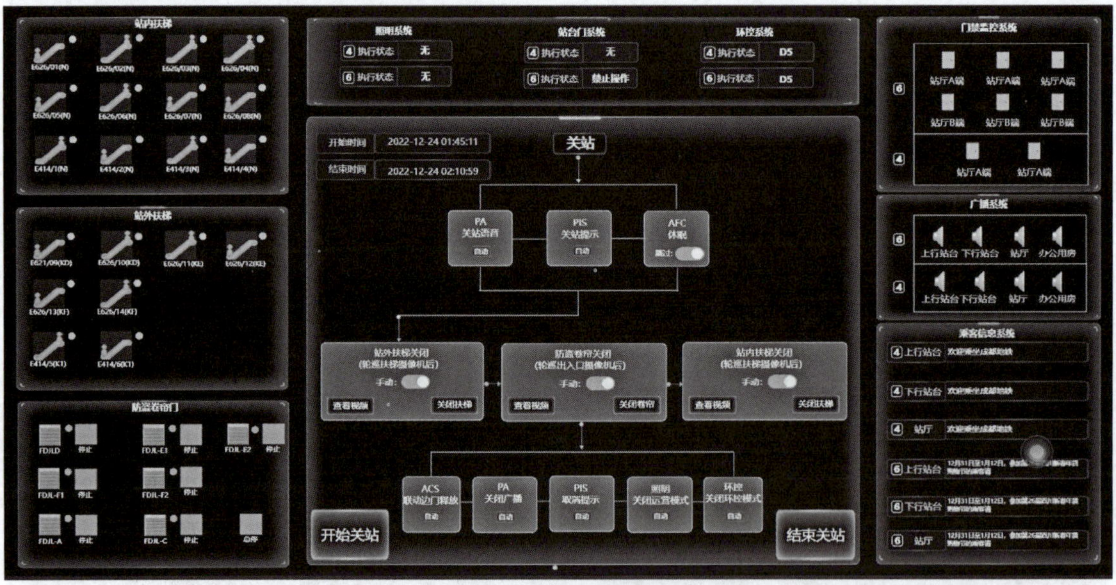

图 2-1-11 智慧关站系统操作界面

智慧关站控制逻辑如下：

第一步：执行关站操作前，确认各设备状态无异常后，人工操作进入开站流程（为避免人员误操作，普遍采用二次密码确认方式验证，该密码账号设置涉及信息安全，故定期变更密码）。

第二步：人工确认并顺利进入关站流程（系统自动记录关站时间），系统按预设程序自动执行关站流程：

①播放全站关站广播、PIS，以提醒人员离开扶梯、卷帘门。

②下发 AFC 系统模式切换为车站关闭模式命令。

③关闭车站出入口防盗卷帘门，站内外电扶梯（由于存在防盗卷帘门下方及扶梯上方存在有人员留置的因素，因此该流程设置为自动或半自动方式执行）。

a. 下发扶梯、卷帘门关闭命令。若值班员已提前确认好关闭扶梯、卷帘门无安全隐患，系统下发自动执行扶梯、卷帘门关闭命令。

b. 手动执行扶梯、卷帘门关闭。通过视频系统自动检测确认无安全隐患，经人员确认后手动下发关闭扶梯/卷帘门开启命令。

c. 若卷帘门正在关闭时发现卷帘门下有安全隐患，手动停止对应卷帘门下降，或停止全部卷帘门下降。

④延时执行（延时时间根据线路实际情况设定，一般为 2 min）其他流程：

a. 关闭广播、取消 PIS。

b. 执行边门释放。

c. 智慧照明关闭运营模式，切换为全站关闭模式。

d. 环控大系统执行停机模式。

第三步：一键开关站系统顺利执行全部预设步骤后申请结束关站流程，经值班人员确认后系统自动结束全部关站过程。且记录结束时间并重置所有流程。

视频　一键开站流程1

视频　一键开站流程2

视频　一键开站流程3

视频　一键开关站流程

视频　成都地铁17号线一键开关站

四、一键开关站系统设备计划性检修周期与工作内容

一键开关站功能根植于 BAS 与 ISCS 系统搭建，因此在检修时间安排上与 BAS、ISCS 系统设备检修同步。一键开关站的设备检修按照时间划分为双周计划检修、季度计划检修与每年期计划检修。

1. 双周计划性检修

双周计划检修简称双周检，主要工作内容为：对一键开关站的接口控制模块箱及维保界面范围内的接线端子排及接线的外观检查、外观清洁、巡视检查；通过 BAS 专用工作站和 ISCS 工作站检查一键开关站的故障报警记录、查看设备运行状态等；对一键开关站的接口控制模块箱开箱检查内部设备或模块的运行状态、各指示灯等进行检查，填写双周检检修记录，发现异常后及时调校、排除。双周检的目的是确保一键开关站功能正常及设备的工作环境，发现异常及时处理系统异常。

2. 季度计划检修

季度计划检修简称季检，工作内容为：除完成双周检全部工作内容外，还需对设备线路线缆标识及接头紧固性检查、系统基本功能进行测试。其目的是利用 BAS 专用工作站、综合监控工作站或 IBP 盘监控操作，测试系统功能是否正常。因其测试内容分为 ISCS 部分和 BAS 接入两部分。其中 ISCS 部分需检验 ISCS 与 PIS\PA\AFC\PSD 等设备接口功能，故一键开关站的半年检（叠加两个季检时间）一般将功能拆分，ISCS 接入部分随同接入 ISCS 进行同站作业完成；BAS 接入部分则与 BAS 系统半年检（叠加两个季检时间）完成接口功能测试，其余时间单独组织检修。

季检是对一键开关站功能及末端设备进行较为全面的保养与质量检查；对检查结果进行分析后，对故障率较高的部件进行预防性更换（如处于潮湿环境的模块）。

3. 每年期计划检修

每年期计划检修简称年检，工作内容为：除完成双周检和季检的全部内容外，还需对机械特性（即设备安装的稳固性、标识标牌的固定、接地线缆紧固等）与电气特性测试（如电气防火测试、接地性能测试等）、零部件年度保养或计划性更换。年检的目的是对一键开关站的接口功能及末端设备的软硬件全面检修，确保系统的可靠运行。可对设备质量进行评估、统计、分析，为后期大中修（纳入 ISCS 或 BAS 系统大中修项目内执行）积累翔实的基础数据。

五、一键开关站系统设备维修保养维修作业标准及要求

1. 双周检

双周检维修保养维修作业标准及要求见表 2-1-2。

表 2-1-2　双周检维修保养维修作业标准及要求

序号	作业内容	作业标准及要求	补充说明及简图
1	模块箱（一键开关站专用）	箱内模块的工作状态指示灯检查，电源温度是否异常及线路检查，孔洞封堵检查。 ①模块箱内各模块单元指示灯状态显示是否正常。 ②使用红外成像仪（或测温仪）测试接线端子和空开，查看温度是否正常。 ③线缆、线路紧固、无松脱。 ④模块箱内封堵正常	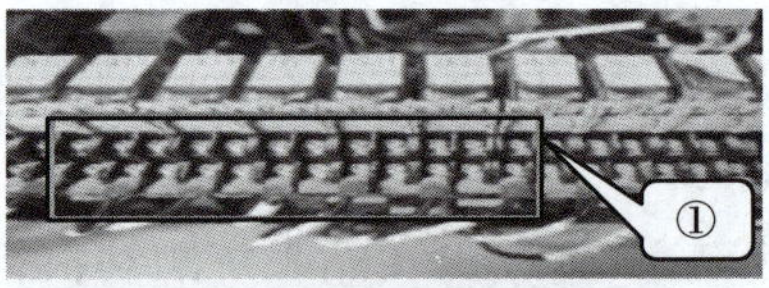 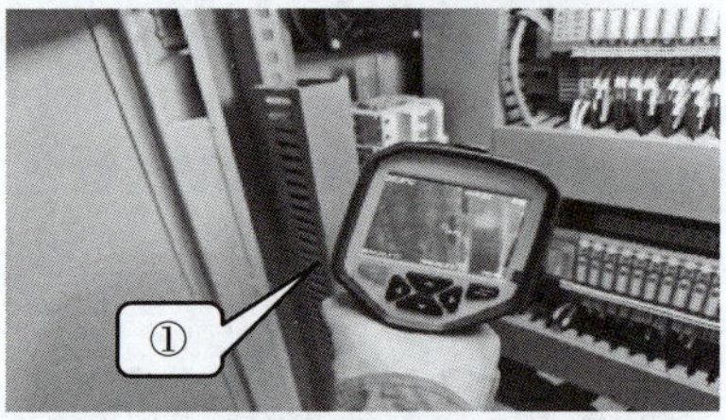 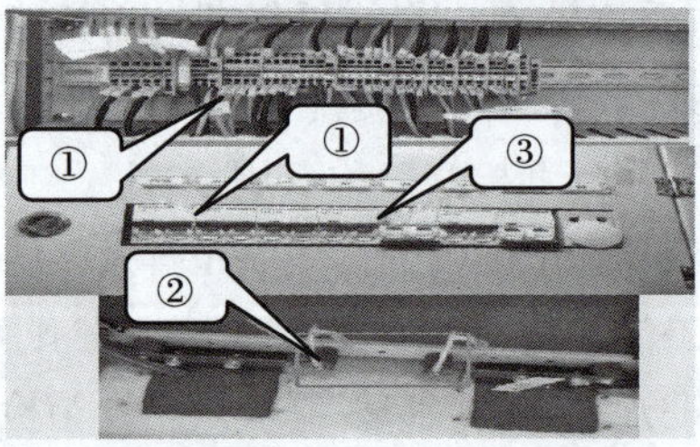
2	线缆、光纤及光电转换器等	对线缆、光纤及光电转换器等绑扎固定检查，光电转换器工作状态指示灯检查。 ①各接线线缆、光纤齐整无松脱。	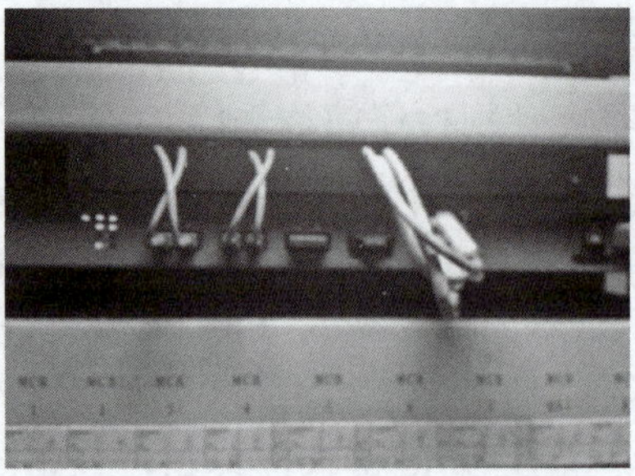

续表

序号	作业内容	作业标准及要求	补充说明及简图
2	线缆、光纤及光电转换器等	②光电转换器安装牢固无松脱，指示灯显示正常；测试温度在正常范围内。 ③线缆、光纤标识或号码管齐全无缺失	
3	FEP（一键开关站对应接线端口）	对FEP中一键开关站的网络连接指示灯检查、端口通信是否正常工作检查。 ①FEP网口指示灯正常闪烁，无故障状态指示。 ②一键开关站部分接入FEP通道的数据、端口及趋势状态等与常规综合监控FEP标准一致	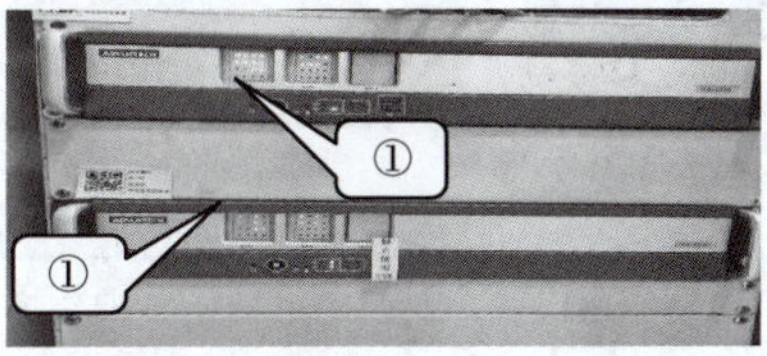
4	服务器（如有单设服务器）	对服务器电源模块发热温度测量，服务器状态指示灯检查，安装稳固状态、设备外观检查，检查进程、软件运行状态是否正常。 ①服务器电源模块等高发热处温度正常。 ②服务器面板状态、指示灯状态正常。 ③目测外观无损坏，固定螺钉无缺失、松动，无遮挡，无异响杂音。 ④使用KVM查看主备服务器进程正常，受控设备图元显示正常、网络监视状态无异常	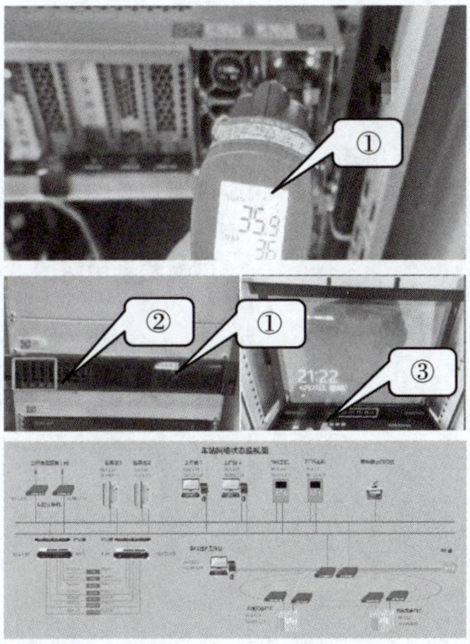
5	交换机	对电源模块发热温度测量，网络接口指示灯检查，安装稳固状态、设备外观检查。 ①目测设备硬件外观无损坏，固定螺钉无缺失、松动，设备运行无异响杂音。 ②使用红外成像仪（或测温仪）检查电源接线处温度正常。 ③清洁交换机表面	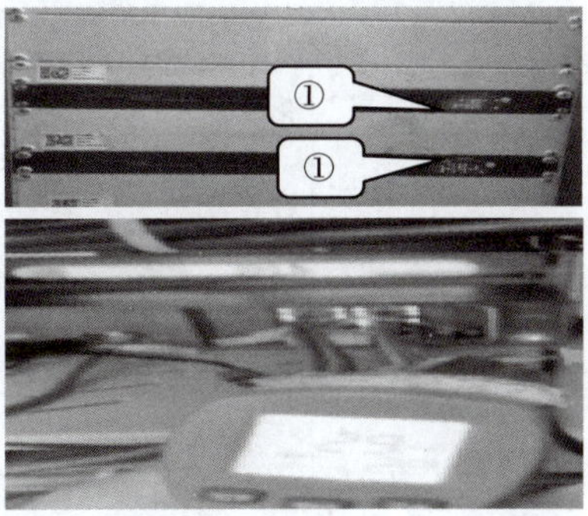

续表

序号	作业内容	作业标准及要求	补充说明及简图
6	硬件防火墙（如单设智慧维保系统网络）	检查端口指示灯、零部件有无异常、对时等。 ①登录系统查看时间配置正常，如不正常则校正对时。 ②目测设备硬件外观无损坏，固定螺钉无缺失、松动，机箱散热正常，散热口无异物遮挡，设备运行无异响杂音	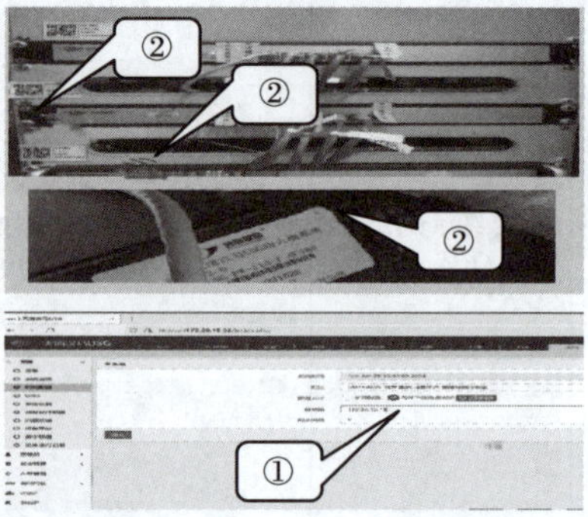

2. 季度检

季度检维修保养维修作业标准及要求见表2-1-3。

表2-1-3　季度检维修保养维修作业标准及要求

序号	作业内容	作业标准及要求	补充说明及简图
1	模块箱（一键开关站专用）	包含双周检全部内容外： ①对端子排接线排查，并紧固部分接线柱螺钉。 ②模块箱内标识、标牌、接地线等齐全且无缺失、松脱。 ③对松动脱落的封堵更换及加固	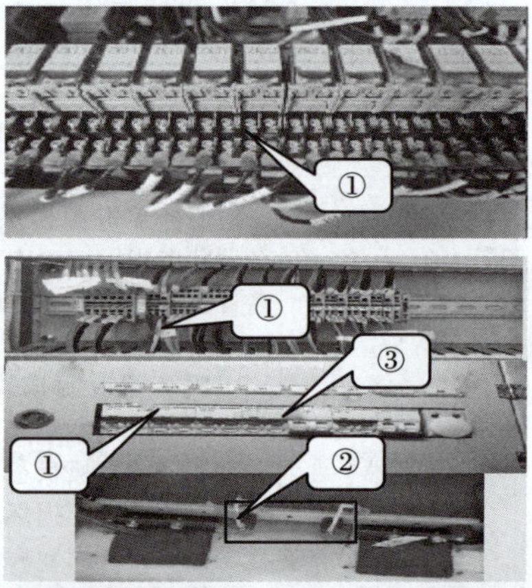
2	线缆、光纤及光电转化器等	包含双周检全部内容外： ①对线缆、光纤固定器材检查，更换老化或破损的扎带。 ②对光电转换器稳固性检查，固定螺钉等紧固	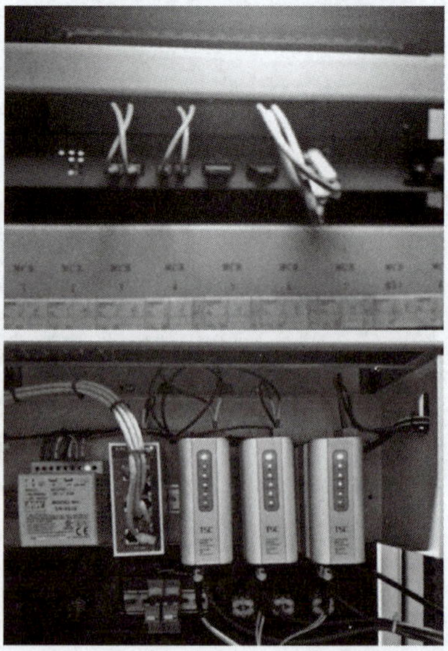

续表

序号	作业内容	作业标准及要求	补充说明及简图
3	FEP(一键开关站对应接线端口)	包含双周检全部内容外: ①检查 FEP 日志中一键开关站的日志记录为最新版本。 ②主备 FEP 冗余切换测试:一键开关站部分运行无异常。 ③主备 FEP 完成断电重启后,检查一键开关站部分运行状态正常,无异常消息	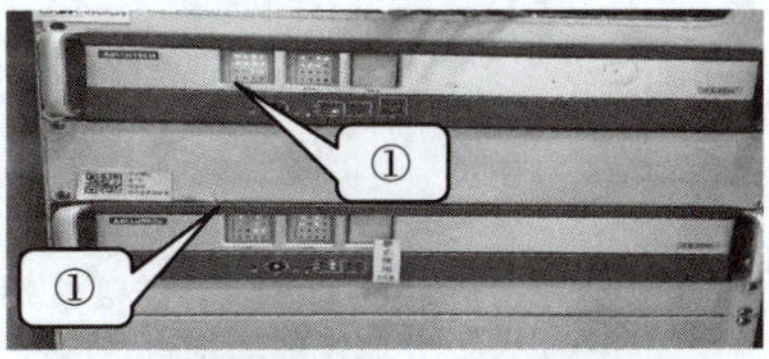
4	服务器(如有单设服务器)	包含双周检全部内容外: ①查看日志为最新版本,对数据进行备份,备份要求与 ISCS 服务器备份要求相同。 ②服务器断电后对内部进行除尘,检修标准与 ISCS 服务器检修标准相同。 ③重启后检查服务器面板状态、硬盘、电源指示灯显示正常,网口指示灯正常闪烁。 ④使用 KVM 查看服务器内各进程正常,CPU 与内存运行数据无异常,受控设备图元显示正常、网络监视状态无异常。 ⑤检查杀毒软件病毒库为最新,开启杀毒软件进行全盘扫描,应无病毒告警	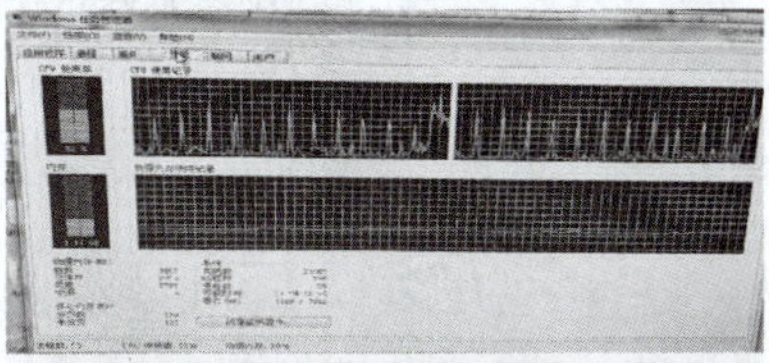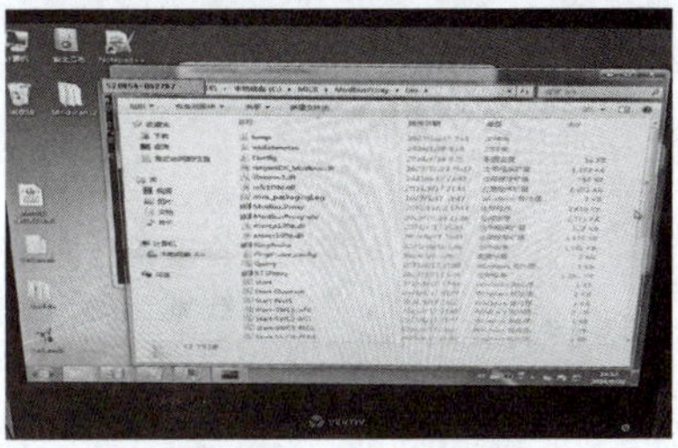
5	交换机	包含双周检全部内容外: ①登录交换机,使用超级权限管理模式命令查看交换机的配置无异常。 ②对交换机数据备份,备份要求与 ISCS 交换机备份要求相同。 ③交换机断电重启后重复①,应无异常。 ④对交换机其他参数检查无异常	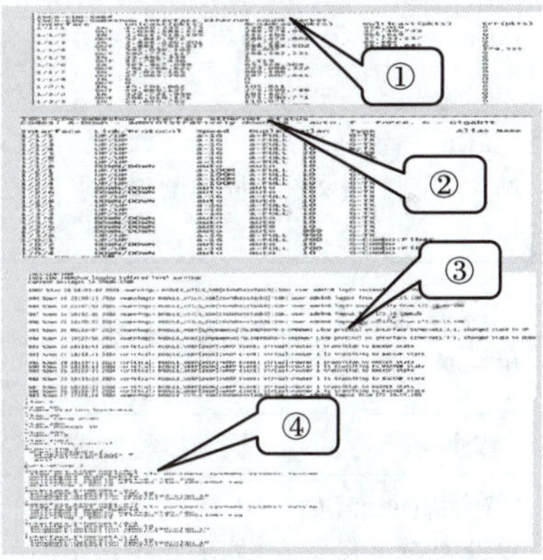
6	硬件防火墙(如单设智慧维保系统网络)	包含双周检全部内容外: ①登录防火墙后,查看接口流量数据正常。 ②查看各端口数据状态正常。 ③点击日志页面,查看日志为最新且无异常,时间轴误差不超范围。 ④查看防火墙的相关配置内容正确、无缺失。 ⑤对防火墙配置数据备份	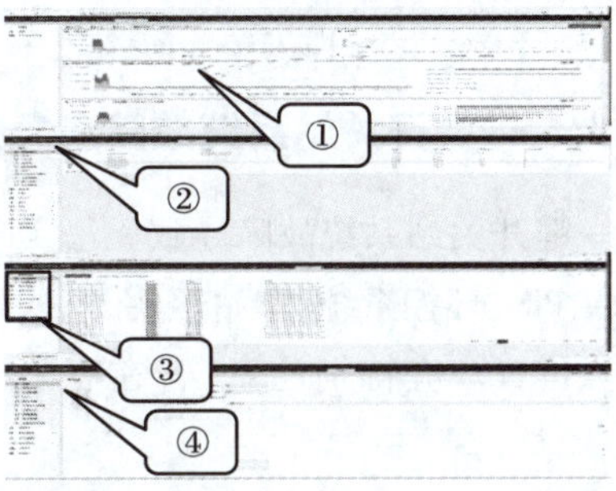

3. 年检

年检保养维修作业标准及要求见表 2-1-4。

表 2-1-4　年检修保养维修作业标准及要求

序号	作业内容	作业标准及要求	补充说明及简图
1	模块箱（一键开关站专用）	包含季度检全部内容外： ①对端子排接柱螺钉逐一紧固，并更换锈蚀的螺钉。 ②对变形、曲径过大的线缆进行整理。 ③柜体表面除锈补漆；检查柜门开合，检查固定插销（液压杆）开合、固定插销（液压杆）无脱落	 
2	线缆、光纤及光电转化器等	包含季度检全部内容外： ①对线缆、光纤插接牢固性逐一检查应无松动；更换老化或破损标识。 ②对光电转换器断电重启，且重启后无异常	
3	FEP（一键开关站对应接线端口）	同季度检要求	
4	服务器（如有单设服务器）	同季度检要求	
5	交换机	同季度检要求	
6	硬件防火墙（如单设智慧维保系统网络）	同季度检要求	

六、一键开关站系统故障应急处置

一键开关站系统故障导致无法实现系统自动开关站功能时，当班人员通过现场检查防盗卷帘、PA、PIS、环控系统、车站照明、电扶梯等末端设备是否按照预定程序执行开站、关站流程，判断故障点位置。应特别注意：若在有限时间内无法排除故障，应按照“先通后复”的原则完成开关站。

（1）若利用工作站下发开站（或关站）命令时，全部末端设备无法执行开站（关站）程序，则故障点在智慧车站与 ISCS 接口处；断开智慧车站一键开关站系统与 ISCS 服务器接口（必要时可手动断开接线），车站人员根据“传统开关站操作流程”对末端设备进行现场操控。

(2)若部分设备无法执行开关站程序,则故障点在 ISCS 及其子系统处。按照“先软件后硬件”的顺序,依次对一键开关站系统接口数据、进程运行、设备通信状态,物理接线等,直至排除故障。

技能训练

(1)某号线一键开关站系统维护保养(季度)记录表见表 2-1-5。

表 2-1-5 某号线一键开关站系统维护保养(季度)记录表

车站名称: 检修人: 检修时间:

序号	设备名称	检修步骤	检查结果	故障说明
1	模块箱	各模块运行指示灯正常	□	
		箱内各线缆、线路紧固无松脱	□	
		测试接线端子和空开等处温度在限定范围内	□	
		模块箱内封堵正常	□	
2	线缆、光纤及光电转化器等	各接线线缆、光纤齐整无松脱	□	
		光电转换器安装牢固无松脱	□	
		光电转换器指示灯显示正常测试温度在正常范围内	□	
		测试光电转换器最高温度在正常范围内	□	
		线缆、光纤标识或号码管齐全无缺失	□	
		检查线缆、光纤固定的扎带无老化或破损	□	
		光电转换器安装稳固,固定螺钉无松动	□	
3	FEP(一键开关站对应端口)	FEP 网口指示灯正常闪烁,无故障状态指示	□	
		FEP 日志中一键开关站的日志记录为最新版本	□	
		主备 FEP 冗余切换后一键开关站部分运行无异常	□	
		主备 FEP 完成断电重启后,检查一键开关站部分运行状态正常	□	
4	服务器(如有单设服务器)	查看服务器硬件设施完好	□	
		查看系统资源(CPU 与内存)利用无异常	□	
		检查 HMI 上的各综合监控系统状态异常	□	
		检查服务器驱动或进程正常,时间正确	□	
		检查杀毒软件运行日志无异常	□	
		检查端口封闭无异常、无线功能关闭	□	
		检查日志为最新版,备份转存服务器日志	□	
		对主备服务器冗余功能测试正常	□	
		对主备服务器依次断电,并对内部进行除尘	□	
		重启后检查服务器面板状态、硬盘、电源指示灯显示正常,网口指示灯正常闪烁	□	
		重启后服务器内各进程正常,CPU 与内存运行数据无异常	□	
		检查杀毒软件病毒库为最新,开启杀毒软件进行全盘扫描,应无病毒告警	□	
		重启后,检查受控设备图元显示正常、网络监视状态无异常	□	

续表

序号	设备名称	检修步骤	检查结果	故障说明
5	交换机	交换机安装牢固、线缆稳固、各标识齐全	□	
		交换机指示灯显示正常、无异响	□	
		交换机最高温度在限定范围内	□	
		网络柜及柜内设备卫生清洁无积尘	□	
		查看交换机的配置无异常	□	
		交换机配置数据正常备份	□	
		交换机断电重启后功能正常	□	
6	防火墙（如单设智慧维保系统网络）	外观无损坏，固定螺钉无缺失、松动	□	
		设备运行正常、无异响杂音	□	
		机箱温度最高温度在限定范围内	□	
		查看时间显示误差在限定范围内	□	
		查看接口流量数据正常	□	
		查看日志为最新且无异常，时间轴误差不超范围	□	
		防火墙的相关配置内容正确、无缺失	□	
		防火墙配置数据能正常备份	□	
备注		故障处置顺序进行，完成一项检查且结果正常则在□内打√，否则打×，并在故障说明中描述故障特征，以备故障原因追溯		

(2)一键开关站系统故障应急故障处置表见表 2-1-6。

表 2-1-6　一键开关站系统故障应急故障处置表

故障名称	检修内容	状态	故障说明
一键开关站系统故障	工作站下发开关站命令执行失败或无法执行	□	
	检查全部末端设备在 HMI 的图元状态	□	
	检查交换机接口状态指示灯	□	
	检查电缆、光纤连接	□	
	检查光纤转换盒状态	□	
	检查服务器进程无卡滞、无丢失	□	
	重启服务器进程	□	
	重启服务器\交换机	□	
	断开智慧车站一键开关站系统与 ISCS 服务器接口	□	
	利用 ISCS 工作站对末端设备进行现场操控	□	
	各子系统、设备正常工作	□	
备注	故障处置顺序进行，完成一项检查且结果正常则在□内打√，否则打×，并在故障说明中描述故障特征，以备故障原因追溯		

任务评价

任务评价见表 2-1-7。

表 2-1-7　任务评价

<table>
<tr><td colspan="3">任务一　一键开关站系统检修及应急故障处置</td><td colspan="4">日期：</td></tr>
<tr><td colspan="2">姓名：</td><td>班级：</td><td colspan="2">学号：</td><td colspan="2" rowspan="3">教师签名：</td></tr>
<tr><td colspan="2">自评：□熟练　□不熟练</td><td>互评：□熟练　□不熟练</td><td colspan="2">师评：□合格　□不合格</td></tr>
<tr><td colspan="2">日期：</td><td>日期：</td><td colspan="2">日期：</td></tr>
<tr><td colspan="7">评分细则</td></tr>
<tr><td>序号</td><td>评分项</td><td>得分条件</td><td>分值</td><td>自评</td><td>互评</td><td>师评</td></tr>
<tr><td>1</td><td>接受任务</td><td>明确工作任务，理解任务在企业工作中的重要程度</td><td>5</td><td></td><td></td><td></td></tr>
<tr><td>2</td><td>前置知识</td><td>本次实训前需要掌握的知识程度</td><td>5</td><td></td><td></td><td></td></tr>
<tr><td rowspan="5">3</td><td rowspan="5">能力评价</td><td>能根据一键开关站系统设备作用，简述计划性检修一般要求</td><td>5</td><td></td><td></td><td></td></tr>
<tr><td>能够描述一键开关站系统主要故障及应急处理措施及程序</td><td>10</td><td></td><td></td><td></td></tr>
<tr><td>结合车站综合监控系统工作单，对车站智慧运维系统设备进行巡检作业</td><td>10</td><td></td><td></td><td></td></tr>
<tr><td>结合车站综合监控系统现场检修标准，进行检修作业</td><td>20</td><td></td><td></td><td></td></tr>
<tr><td>能根据综合监控系统主要故障表征，采取有效措施进行应急处置</td><td>15</td><td></td><td></td><td></td></tr>
<tr><td rowspan="4">4</td><td rowspan="4">素养评价</td><td>工作计划性强，安排得当</td><td>5</td><td></td><td></td><td></td></tr>
<tr><td>团队合作能力强，善于沟通合作</td><td>5</td><td></td><td></td><td></td></tr>
<tr><td>自主学习能力强，勇于克服困难</td><td>5</td><td></td><td></td><td></td></tr>
<tr><td>严谨认真，积极参与课堂</td><td>5</td><td></td><td></td><td></td></tr>
<tr><td rowspan="2">5</td><td rowspan="2">评价反馈</td><td>学生能快速、正确地识别图片中设备，以小组评价方式组织客观评价</td><td>5</td><td></td><td></td><td></td></tr>
<tr><td>对学生在任务实施过程中发现问题，进行小组审议后及时反馈</td><td>5</td><td></td><td></td><td></td></tr>
<tr><td colspan="3">总　　分</td><td>100</td><td></td><td></td><td></td></tr>
</table>

巩固与练习

1. 一键开关站系统设备计划性检修术语与定义

（1）一键开关站系统设备计划性检修包含__________、__________、__________工作内容。

（2）（双周）工作内容目的是保持系统的__________系统异常情况。

（3）（半年）工作内容除包含双周检工作的内容外，还应有__________、__________等，目的是测试系统的正常功能是否符合要求。

（4）__________除包含双周检和季检的内容外，还应有设备的机械特性与电气特性测试、设备的零部件保养或更换等，目的是确保系统的__________。

（5）智慧车站系统放线至线路__________网络交换机处。智慧车站系统为客户端，原线路ISCS为服务端，采用标准__________协议。

2. 一键开关站系统设备维修保养维修工作内容、标准及周期

（1）视频分析服务器双周检需检查服务器面板上的报警指示灯是否有__________。

（2）视频分析服务器双周检中，为确保设备运行环境正常需查看服务器__________，并对设备表面__________。

(3)BAS PLC 主控制器检修的冗余测试:关闭主 PLC 电源,检测备机是否__________,全程不发生系统__________。

(4)综合监控服务器双周检,查看显示器显示画面是否__________,网络连接是否正常。

(5)设备房双周检需对设备房进行安全隐患排查,包含__________及__________隐患排查。

(6)一键开关站系统故障,无法实现系统自动开关站功能的情况时,当班人员需断开智慧车站一键开关站系统与__________接口后执行。

3. 一键开关站系统设备检修与应急处置

(1)简述一键开关站相对于传统开关站操作上的优势。

(2)简述地铁车站传统开关站的操作流程。

视野拓展

四两拨千斤

"四两拨千斤"之说最早见于王宗岳的《太极拳论》,原文意指太极拳技击术是一种含高度功力技巧、不以拙力胜人的功夫。一键式开关与其有异曲同工之妙。

成都地铁 17 号线所有车站升级设置了"一键开关站功能"。该功能在既有线"一键开关站"功能的基础之上,优化了开关站的联动项目和流程,将原来需要人工前往现场开启或关闭的电扶梯及车站卷帘门联动至一键开关站的全流程,同时升级了自动售票系统、门禁设备自检功能和人机操作界面。

工作人员只需在综合监控工作站操作一键开站或关站控制指令,便可开启或关闭车站环控系统、照明、导向、电扶梯、卷帘门等设备,实现了远程化、智能化的车站运作新尝试,续航智慧运营新模式。

任务二 换乘站融合检修及应急故障处置

任务目标

知识目标:

1. 掌握换乘融合与传统换乘站之间的差异。
2. 掌握换乘融合架构及功能。
3. 掌握换乘融合设备计划性检修的工作内容。

能力目标:

1. 具备换乘站融合后的设备总体流程操作的能力。
2. 具备换乘融合设备巡检、操作及检修的能力。
3. 换乘站融合设备出现异常情况时,会迅速进行应急处置。

素养目标:

1. 具有主动沟通、组织协作的意识和能力。
2. 具有统筹协调的能力。

任务导入

某城市轨道交通新建线路因建设需要,对先期建成的 1 号线车站部分进行了换乘改造,实现了该换乘车站的智慧化融合。具体为将原1号线车站部分的车控室监控功能集成至新建车控室中，设置车站值班员1名，其他岗位人员相应减少，但做到了“减人不减服务”。例如，在完成改造后的第一个“五一”小长假前最后一个工作日下班高峰期，车站1号线站厅发生大客流现象，值班员立即在新线车控室启用人工广播，对客流管制信息进行全站通报，车站客流在广播通报下有序移动，有效避免了客流积压等异常情况的发生。换乘站融合如图2-2-1所示。

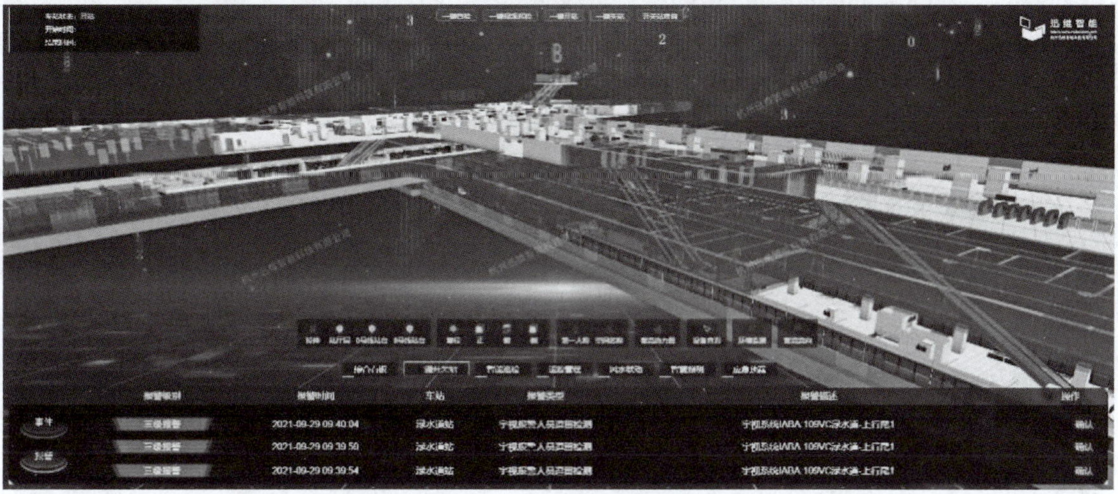

图2-2-1　换乘融合界面图

换乘站融合系统应用后，实现了全站监控界面统一、人员掌握难度降低，可全面提高站务人员对全站状态感知，更能有效指导设备的运维管理。

任务描述

换乘站融合系统是换乘站不同线路常规综合监控系统的上位集成形成，要学习换乘站融合系统相关知识，应熟悉常规线路ISCS功能、系统组成及外部接口，由于不同厂家ISCS系统组态软件不同，通过学习提升自学能力，具备换乘站融合系统硬软件操作使用、维修保养技能的自学能力，达到所学及所用的目的。

核心知识

一、传统换乘站现状

传统换乘车站是以线路为单位，按规划建设线路分期分线独立建设。特别是当综合监控系统出现不同集成商的组态软件出现在同一个换乘站时，使得客运管理部门不得不针对换乘站实际，以线路为单位独立配置值班员。如两线换乘站至少两个班组同时上岗，管理各自线路部分的业务，且两组人员不经过培训无法直接上岗，使得车站出勤人员较多，工作效率还有很高的提升空间。换乘站综合监控系统现状见表2-2-1。

表2-2-1　换乘站综合监控系统现状

序号	车站数量	换乘方式	综合监控系统
1	两线车站	站厅换乘	综合监控、FAS、BAS设备分线设置（两线共用设备由先建线监控），但有两线互联互通火灾信息的接口
2	两线车站	垂直换乘/站厅换乘	

续表

序号	车站数量	换乘方式	综合监控系统
3	三线车站	站厅换乘	综合监控、FAS、BAS 设备分线设置（两线共用设备由先建线监控），但有两线互联互通火灾信息的接口
4	两线车站	通道换乘	
5	三线车站	通道/站厅换乘	
6	两线车站	T 型换乘	
7	两线车站	L 字换乘	

二、智慧车站换乘融合架构

智慧车站换乘融合以综合监控系统为基础搭建，而各线综合监控系统又因分期建设而独立设置，所以网络相对独立。换乘站融合可充分利用 FEP 实现，且 FEP 每个网口均为独立网卡，也实现了网络的物理隔离。为避免线路 FEP（前置通信处理机）数据处理能力以及数据接入能力有局限性，各线路集成商配置的 FEP 均不相同，功能也有所不同。为实现换乘站各线路监控系统的全部数据互通、互控功能，在换乘站每条线路增设一台接口服务器用于数据转发，同时将换乘站各线路网络打通，解决换乘站不同线路综合监控系统的通信问题。换乘站坐席值班控制室如图 2-2-2 所示。

图 2-2-2　换乘站坐席值班控制室

1. 接口界面

每台接口服务器必须配置四张独立网卡，通过设置 VLAN 实现网络隔离，避免线路间网络干扰。两线换乘站接口如图 2-2-3 所示。

2. 物理接口

换乘站线路 A（作为换乘站车控室功能整合线路）的 ISCS 与换乘站线路 B 的 ISCS 集成商物理接口见表 2-2-2。

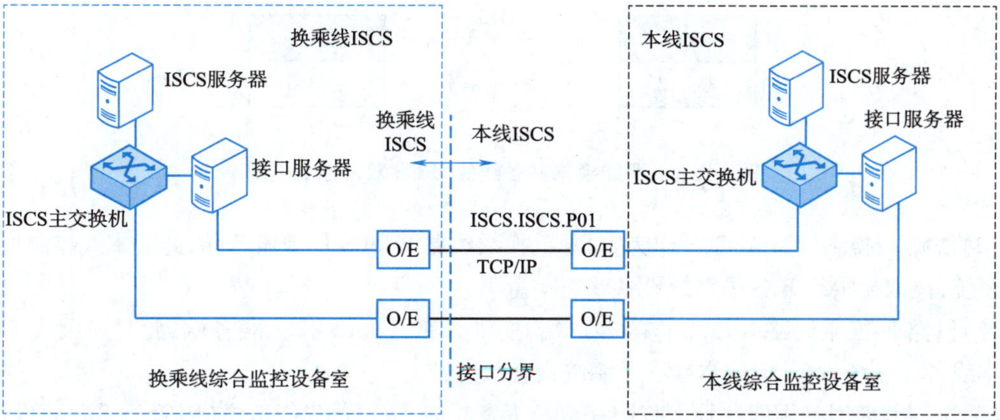

图 2-2-3　两线换乘站接口

表 2-2-2　物理接口

接口编号	接口类型	数量	接口位置	换乘线路 AISCS 集成商	换乘线路 BISCS 集成商
ISCS. ISCS. P01	RJ-45 接口	2	换乘线路 A ISCS 服务器柜	提供网络电缆(带编号)、光纤及光电转设备，连接至换乘线ISCS 综合监控设备房接口服务器，并完成端接。按规定协议配置本侧接口服务器，实现数据转发功能	提供接口服务器、光缆终端盒的安装位置；提供为光电转换器供电的 AC 220 V 电源。按规定协议配置本侧接口服务器，实现数据转发功能并配合调试

3. 接口协议

因换乘站是分期分线路建设，考虑到换乘站各线路综合监控系统集成商采用的软件平台不同，故换乘站 ISCS 互联互通接口软件通信协议原则上应采用国际标准的、通用的、开放的软件通信协议，普遍采用基于 TCP/IP 的 Modbus 标准协议，见表 2-2-3。

表 2-2-3　软件接口协议表

序号	网络及物理接口	推荐协议或标准
1	RJ-45 接口	标准 Modbus TCP/IP

4. 接口功能

本线(被融合线路)与换乘线路(融合线路)综合监控系统互联，实现本线综合监控从换乘线综合监控系统获取各子系统设备状态信息(CCTV 功能如已通过互设终端方式实现，不在 ISCS 互联互通接口功能中实现)，并在综合监控界面中显示。

当需要全站机电设备协同动作时，由本线综合监控系统转发换乘线路综合系统控制命令，指挥所属线路部分的机电设备参与协同工作。换乘线综合监控从本线综合监控系统获取各子系统设备状态信息，并在综合监控界面中显示。当需要全站协同动作时，由换乘线路综合监控系统发送全站的控制指令。

5. 双向控制链路

换乘站各线路 ISCS 实现双向控制，两线换乘站各线路 ISCS 双向控制链路如图 2-2-4 所示。

(1)双方通过一个物理接口、同一 IP 建立两条独立的通信链路，互不影响。

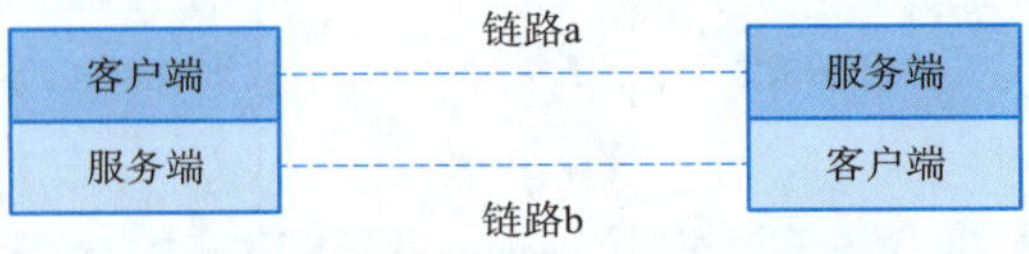

图 2-2-4 两线换乘站各线路 ISCS 双向控制链路

(2)链路 a:换乘线路 A ISCS 作为客户端,换乘线路 B ISCS 作为服务端,此时本线控制换乘线各子系统,读取换乘线 B 各子系统设备状态信息。

(3)链路 b:换乘线路 B ISCS 作为客户端,换乘线路 A ISCS 作为服务端,此时换乘线 B ISCS 控制本线各子系统设备,读取本线各子系统设备状态信息。

(4)配置线路对换乘线路控制权限获取及下发功能,按同优先级考虑(因管理需要而设置,默认为主从控制方式),即任一线路均可主动获取换乘线路控制权,在紧急事件处理完毕后再下发控制权限。

6. HMI 展示及报警功能

由于换乘站融合后取消一个班组人员,将值班人员合并,所以换乘站工作站的 HMI(人机界面)功能较单线路工作站 HMI 界面复杂,是将换乘站不同线路所属全部子系统中的所有设备图标、报警信息汇集并显示,被融合线路和融合线路的子系统设备在 HMI 界面用虚线框明确区分,以便于使用人员判断。换乘站站台门部分 HMI 如图 2-2-5 所示。

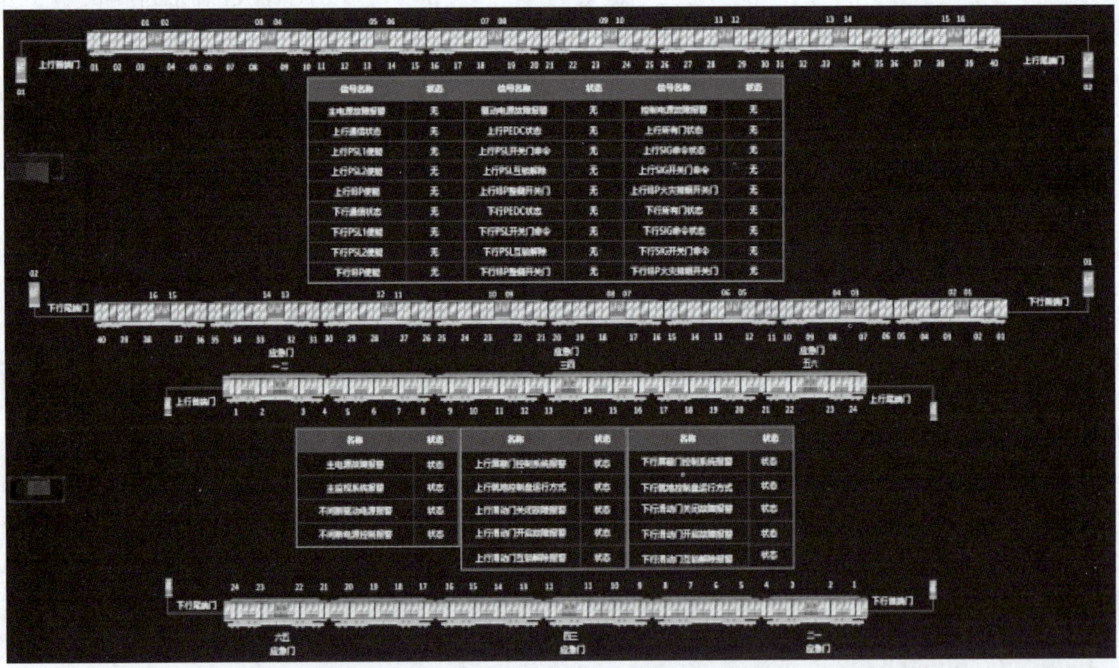

图 2-2-5 换乘站站台门部分 HMI

换乘站融合主要是在图形化显示和监控集中层面,报警级别划分及报警信息内容与既有线路保持一致。通过在实时报警和历史报警中添加分线路筛选功能,实现按线路对各子系统过滤及报警信息查询。重点设备故障集中告警如图 2-2-6 所示。

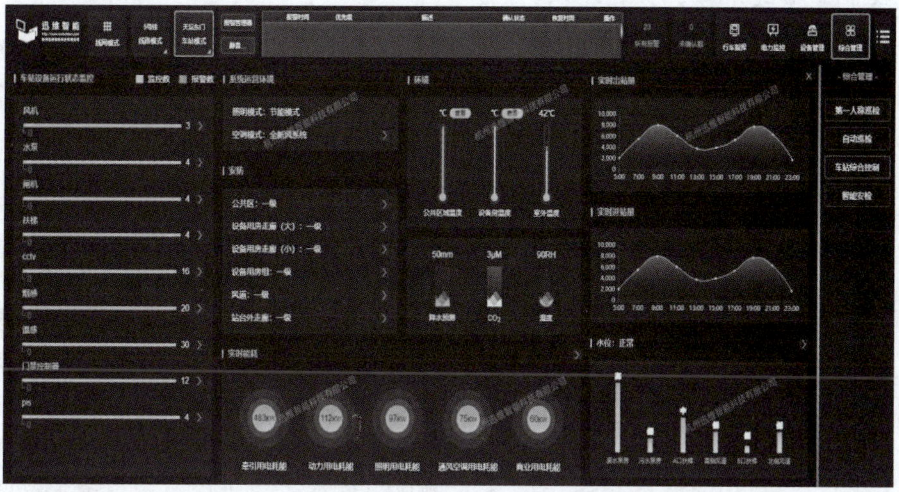

图 2-2-6　重点设备故障集中告警

7. 接口点表

为便于车站设备的故障排查和计划性维修，换乘站各线 ISCS 集成商按车站、子系统提供线路 ISCS 使用的所有点位信息，所以接口点表按照既有线方式编制，即统一为一张接口点表，不再分线路编制，以便于维保人员查询和检维修。

三、智慧车站换乘融合功能

1. 对机电设备全面监控

实现换乘站“一个平台、统一管理”的目标。将换乘站作为一个统一的车站管理，统一配置全景巡站、一键开关站、设备故障辅助决策系统、车站用电智能计量、综合监控集中控制全站等功能，如综合监控系统对全站机电设备下发统一模式控制命令、对 PIS 和 PA 一次下发后全站统一播放等。机电设备监控界面如图 2-2-7 所示。

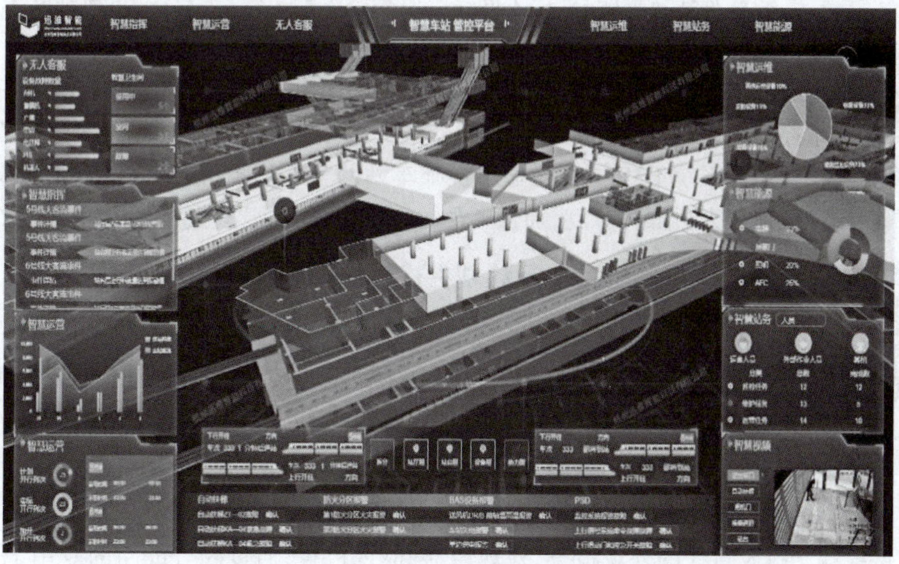

图 2-2-7　机电设备监控界面

2. 状态判断自动化

从客运、站务使用部门的需求出发，通信与非通信（主要由综合监控系统集成或互联）两部分的设备实现互通，将换乘站的全部设备分为监控、监视与不接入三类。换乘站融合功能统计见表2-2-4。

表2-2-4 换乘站融合功能统计

序号	系统名称	功能需求	目的
1	PIS	画面集中显示	具备监控功能
2	PA	画面集中显示	具备监控功能
3	CCTV	画面集中显示	具备监控功能
4	AFC	画面集中显示	具备监控功能
5	AFCIBP 释放	画面集中显示	AFC 全站释放
6	门禁	画面集中显示	具备监控功能
7	环控	画面集中显示	具备监控功能
8	给排水	画面集中显示	具备监控功能
9	照明	画面集中显示	具备监控功能
10	消防	画面集中显示	具备监视功能
11	站台门	画面集中显示	具备监视功能
12	防淹门	画面集中显示	具备监视功能
13	人防门	画面集中显示	具备监视功能
14	电扶梯	画面集中显示	具备监视功能
15	瓦斯探测	画面集中显示	具备监视功能
16	消防电源	暂不接入	
17	电气火灾	暂不接入	
18	能源管理	暂不接入	

视频
换乘站融合功能

智慧车站换乘融合以“不同线路以一个车站运营”为目标，将换乘站不同线路的设备作为一个站点整体的系统化设备考虑，将下位的机电、通信等专业设备纳入一个综合监控平台集中监控；经过对换乘站的多个车站控制室（尤其是线路分离的车站控制室）设备进行整合后，把站务人员操作的设备集中于一个车控室管控，一套综合监控系统 HMI 图形化显示换乘车站的全部受控机电、通信等专业设备状态，降低使用人员操作难度，加强人员的通用性，更明显减少换乘站的人员数量。

视频
对机电设备全面监控

四、换乘站融合设备计划性检修周期与工作内容

换乘站融合系统功能基于换乘站的不同线路 ISCS 系统搭建，因此计划检修时间与线路 ISCS 系统设备检修同步，换乘站融合系统执行按照时间划分的周期性计划检修，划分为双周计划检修、季度计划检修与每年期计划检修。

1. 双周计划性检修

双周计划检修简称双周检，主要工作内容为：对换乘站融合系统中维保界面范围内的接线端子排及接线的外观检查、外观清洁、巡视检查；通过融合线路的专用工作站检查故障报警记录、查看设备运行状态等；对融合服务器、交换机等设备的运行状态、指示灯等进行检

查，填写双周检检修记录，发现异常后及时调校、排除。双周检利用目视和现场巡查设备的工作环境，发现异常及时处理系统异常，保障系统功能正常。

2. 季度计划检修

季度计划检修简称季检，工作内容为：除完成双周检全部工作内容外，还需对设备内部进行维护保养，对线路线缆标识及接头紧固性检查、系统基本功能进行测试。其目的是利用专用工作站、综合监控工作站操作测试系统功能是否正常。季检是对换乘站融合功能进行较为全面的保养与质量检查；对检查结果进行分析，以确保后续检修能针对性改进和强化。

3. 每年期计划检修

每年期计划检修简称年检，工作内容为：除完成季检的全部内容外，还需对机械特性（即设备安装的稳固性、标识标牌的固定、接地线缆紧固等）与电气特性测试（如电气防火测试、接地性能测试等）、零部件年度保养或计划性更换。年检的目的是对换乘融合系统的接口功能及末端设备的软硬件全面检查，确保系统的可靠运行。可对设备质量进行评估、统计、分析，为后期大中修（纳入 ISCS 系统大中修项目内执行）积累翔实的基础数据。

五、换乘站融合系统设备维修保养维修作业标准及要求

1. 双周检

双周检维修保养维修作业标准及要求见表 2-2-5。

表 2-2-5　双周检维修保养维修作业标准及要求

序号	作业内容	作业标准及要求	补充说明及简图
1	线缆、光纤及光电转换器等	对线缆、光纤及光电转换器等绑扎固定检查，光电转换器工作状态指示灯检查： ①各接线线缆、光纤齐整无松脱。 ②光电转换器安装牢固无松脱，指示灯显示正常；测试温度在正常范围内。 ③线缆、光纤标识或号码管齐全无缺失	
2	FEP（融合车站接入端口）	对 FEP 中换乘融合部分的网络连接指示灯检查、端口通信是否正常工作检查： ①FEP 网口指示灯正常闪烁，无故障状态指示。 ②FEP 通道的数据、端口及趋势状态等与常规综合监控 FEP 标准一致	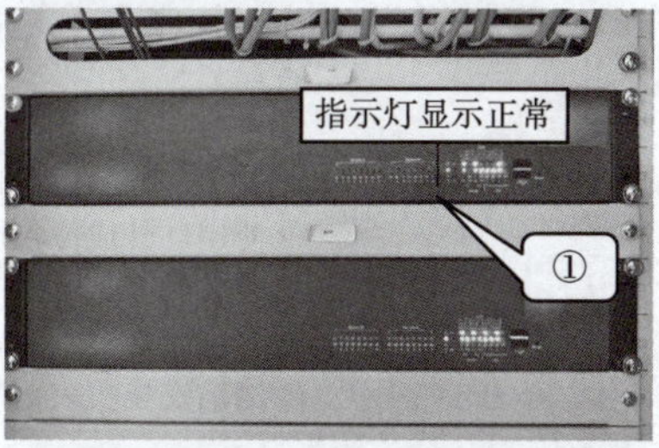
3	融合服务器	对服务器电源模块发热温度测量，服务器状态指示灯检查，安装稳固状态、设备外观检查，检查进程、软件运行状态是否正常： ①服务器电源模块等高发热处温度正常。 ②服务器面板状态、指示灯状态正常。	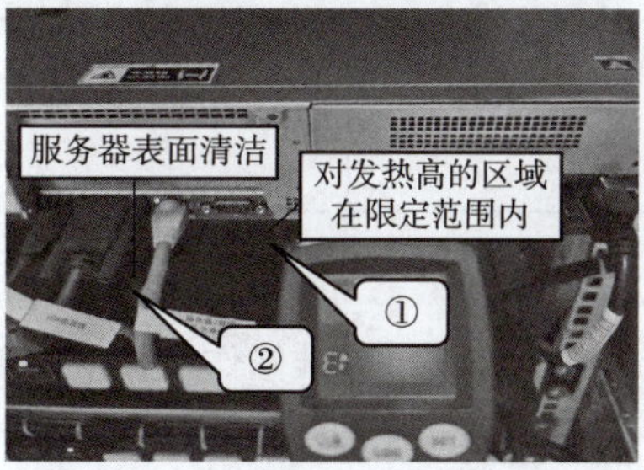

续表

序号	作业内容	作业标准及要求	补充说明及简图
3	融合服务器	③目测外观无损坏，固定螺钉无缺失、松动，无遮挡，无异响杂音。 ④PU、内存资源占用率在限定范围内。 ⑤使用KVM查看主备服务器进程正常，受控设备图元显示正常、网络监视状态无异常	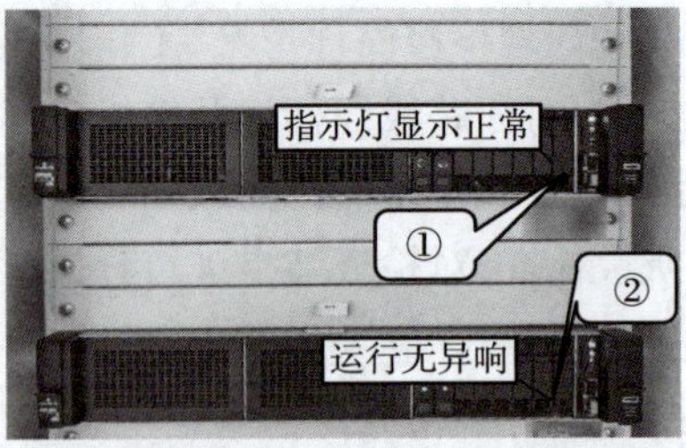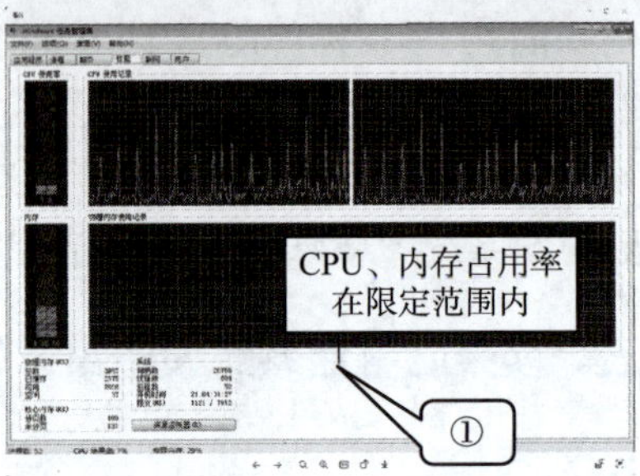
4	交换机	对电源模块发热温度测量，网络接口指示灯检查，安装稳固状态、设备外观检查： ①目测设备硬件外观无损坏，固定螺钉无缺失、松动，设备运行无异响杂音。 ②使用红外成像仪（或测温仪）检查电源接线处温度正常。 ③各指示灯显示正常。 ④清洁交换机表面	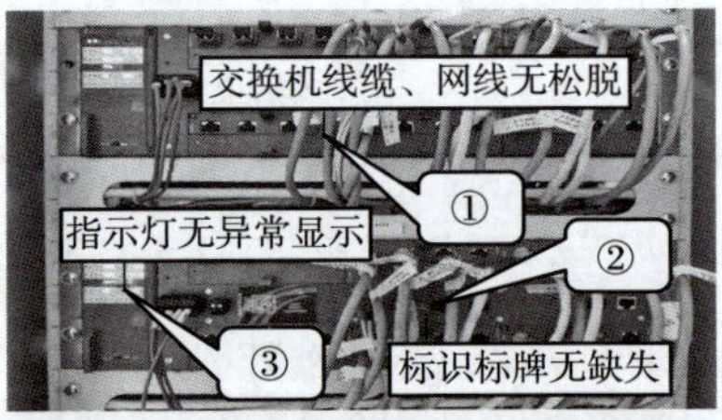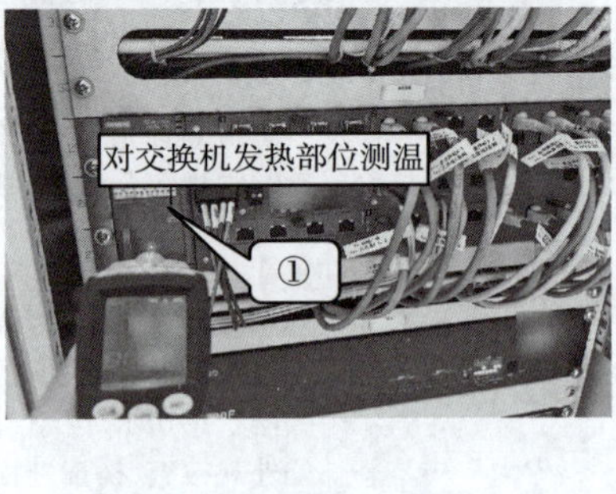

2. 季度检

季度检维修保养维修作业标准及要求见表2-2-6。

表 2-2-6　季度检维修保养维修作业标准及要求

序号	作业内容	作业标准及要求	补充说明及简图
1	线缆、光纤及光电转换器等	包含双周检全部内容外： ①对线缆、光纤固定器材检查，更换老化或破损的扎带。 ②对光电转换器稳固性检查，固定螺钉等紧固。 ③对松动脱落的封堵更换及加固	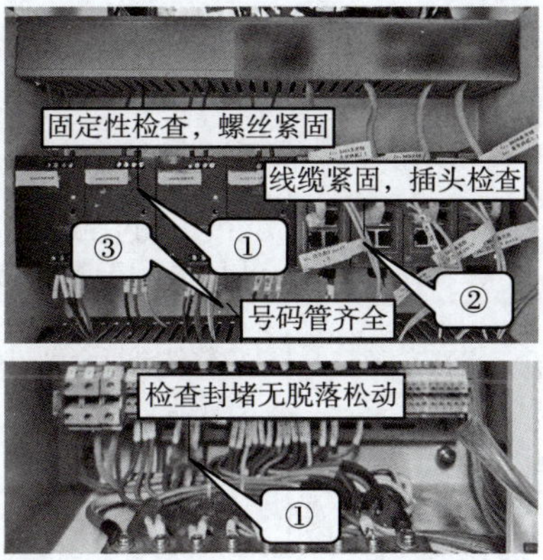
2	FEP（融合车站接入端口）	包含双周检全部内容外： ①检查 FEP 日志中融合换乘站的日志记录为最新版本。 ②主备 FEP 冗余切换测试：融合换乘站部分运行无异常。 ③主备 FEP 完成断电重启后，检查换乘站部分的运行状态正常，无异常消息	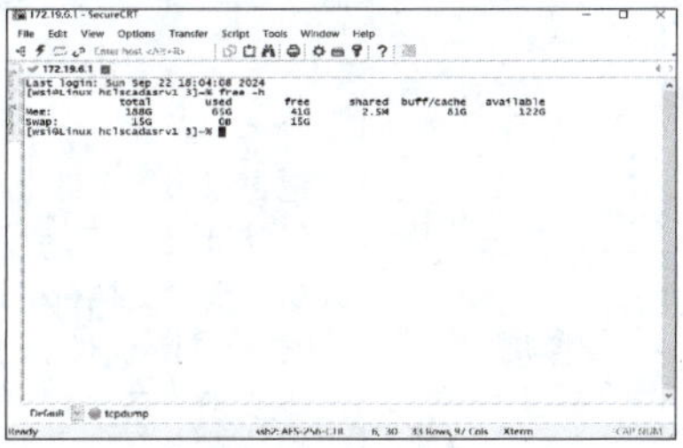
3	融合服务器	包含双周检全部内容外： ①查看日志为最新版本，对数据进行备份，备份要求与 ISCS 服务器备份要求相同。 ②服务器断电后对内部进行除尘，检修标准与 ISCS 服务器检修标准相同。 ③重启后检查服务器面板状态、硬盘、电源指示灯显示正常，网口指示灯正常闪烁。	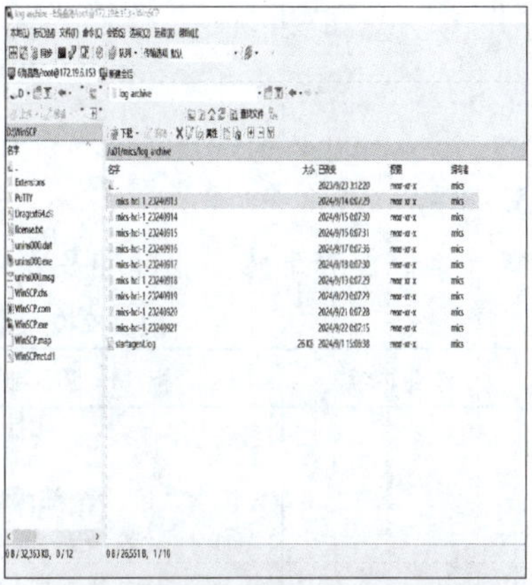 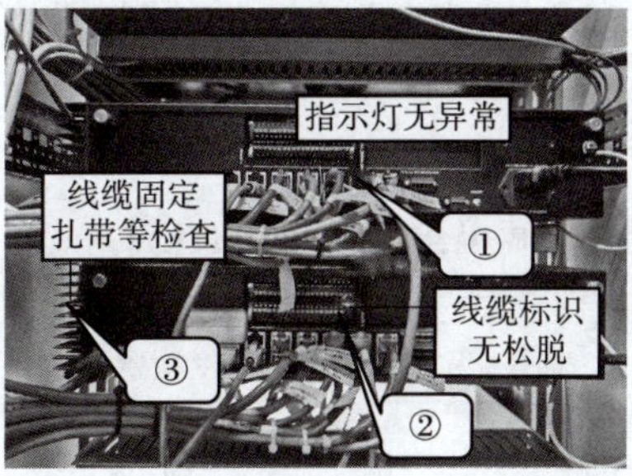

续表

序号	作业内容	作业标准及要求	补充说明及简图
3	融合服务器	④使用 KVM 查看服务器内各进程正常,CPU 与内存运行数据无异常,受控设备图元显示正常、网络监视状态无异常。 ⑤检查杀毒软件病毒库为最新,开启杀毒软件进行全盘扫描,应无病毒告警	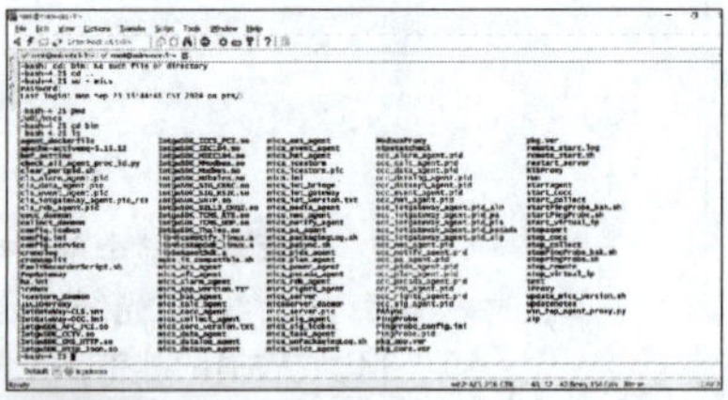 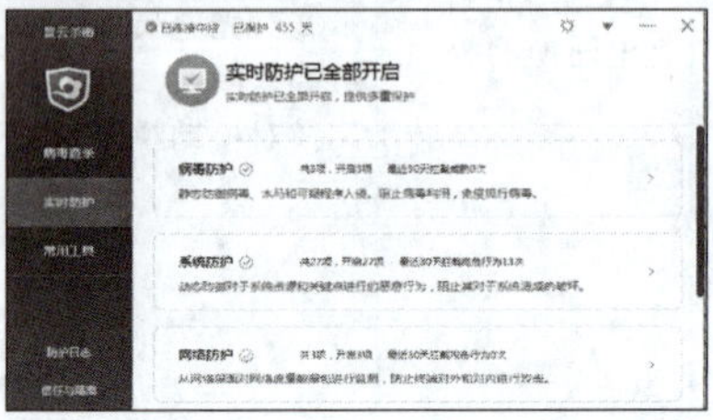
4	交换机	包含双周检全部内容外: ①登录交换机,使用超级权限管理模式命令查看交换机的配置无异常。 ②对交换机数据备份,备份要求与 ISCS 交换机备份要求相同。 ③交换机断电重启后重复①,应无异常	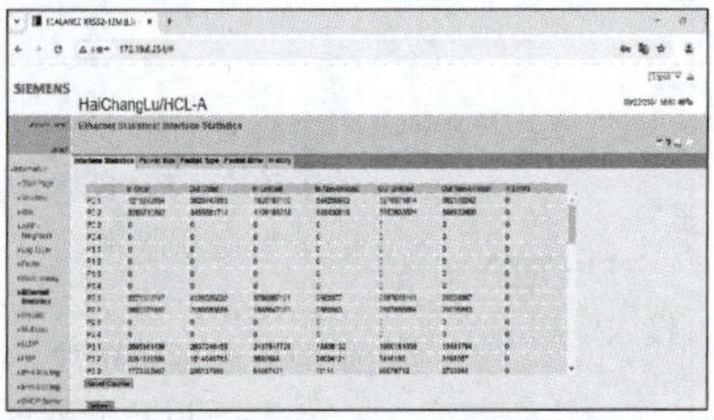 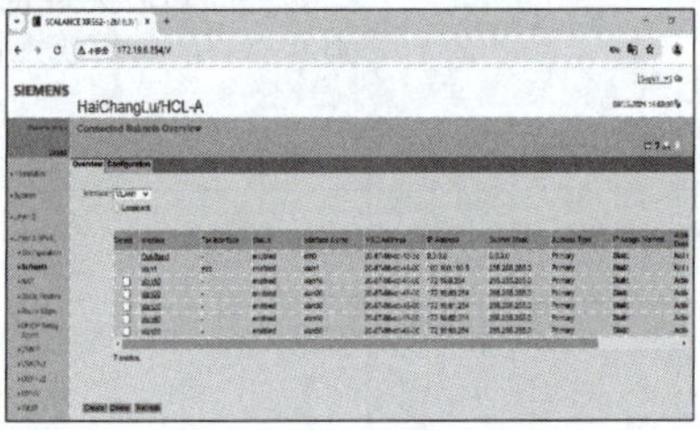

3. 年检

年检维修保养维修作业标准及要求见表 2-2-7。

表 2-2-7 年检维修保养维修作业标准及要求

序号	作业内容	作业标准及要求	补充说明及简图
1	线缆、光纤及光电转化器等	包含季度检全部内容外: ①对线缆、光纤插接牢固性逐一检查应无松动;老化或破损标识更换。 ②对光电转换器断电重启,且重启后无异常	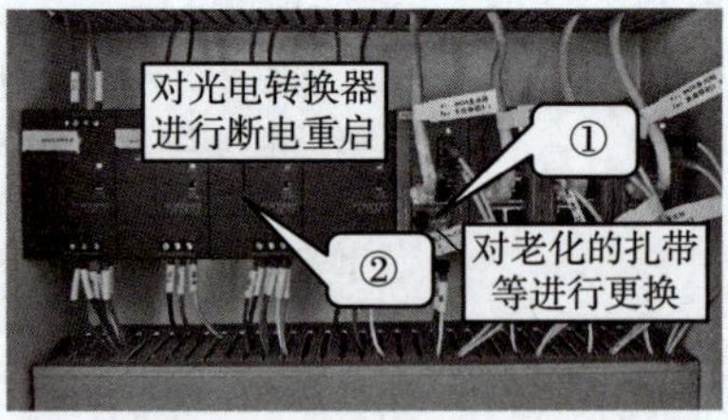
2	FEP(融合车站接入端口)	同季度检要求	
3	融合服务器	同季度检要求	
4	交换机	同季度检要求	

六、换乘融合系统应急处置措施

融合后的换乘站在站务专业的使用端(放置于车控室的综合监控工作站)界面显示为一套系统,但下位设备以线路为单位分离;值班人员利用HMI显示的图标(或颜色)状态及报警信息初步判断故障状态。

(1)若一条线路的监控功能全部无效,定位故障处于线路信息传输网络或通信网关(一般由于软件接口通信失败造成)处,此时,应立即回归传统的"单线路监控"模式,及时启用故障线路的综合监控备用工作站查看设备状态。按照"先软件后硬件"检查接口通信数据、软件进程检查、线路设备检查等定位故障后相应处置。

(2)若对于单线路所辖子系统或单设备故障,专业人员根据设备所属线路专业及维保界面开展故障处置,车站值班人员利用故障设备所属线路综合监控系统监控设备状态。

技能训练

1. 智慧运维系统维护保养

某号线智慧运维系统维护保养(双周)记录表见表2-2-8。

表2-2-8　某号线智慧运维系统维护保养(双周)记录表

序号	设备名称	检修步骤	检查结果	故障说明
1	线缆、光纤及光电转化器等	各接线线缆、光纤齐整无松脱	□	
		光电转换器安装牢固无松脱	□	
		光电转换器指示灯显示正常测试温度在正常范围内	□	
		测试光电转换器最高温度在正常范围内	□	
		线缆、光纤标识或号码管齐全无缺失	□	
		检查线缆、光纤固定的扎带无老化或破损	□	
		光电转换器安装稳固,固定螺钉无松动	□	
2	FEP(融合车站接入端口)	FEP网口指示灯正常闪烁,无故障状态指示	□	
		FEP日志中一键开关站的日志记录为最新版本	□	
		主备FEP冗余切换后一键开关站部分运行无异常	□	
		主备FEP完成断电重启后,检查一键开关站部分运行状态正常	□	
3	融合服务器	查看服务器硬件设施完好	□	
		查看系统资源(CPU与内存)利用无异常	□	
		检查HMI上的各综合监控系统状态异常	□	
		检查服务器驱动或进程正常,时间正确	□	
		检查杀毒软件运行日志无异常	□	
		检查端口封闭无异常、无线功能关闭	□	
		检查日志为最新版,备份转存服务器日志	□	
		重启后检查服务器面板状态、硬盘、电源指示灯显示正常,网口指示灯正常闪烁	□	
		重启后各进程正常,CPU与内存运行数据无异常	□	

续表

序号	设备名称	检修步骤	检查结果	故障说明
3	融合服务器	病毒库为最新,全盘扫描无病毒告警	□	
		重启后,检查受控设备图元显示正常、网络监视状态无异常	□	
4	交换机	交换机安装牢固、线缆稳固、各标识齐全	□	
		交换机指示灯显示正常、无异响	□	
		交换机最高温度在限定范围内	□	
		网络柜及柜内设备卫生清洁无积尘	□	
		查看交换机的配置无异常	□	
		交换机配置数据正常备份	□	
		交换机断电重启后功能正常	□	
备注		故障处置顺序进行,完成一项检查且结果正常则在□内打√,否则打×,并在故障说明中描述故障特征,以备故障原因追溯		

2. 换乘站融合系统应急故障处置

换乘站融合系统故障应急故障处置表见表 2-2-9。

表 2-2-9 换乘站融合系统故障应急故障处置表

故障名称	检修内容	状态	故障说明
换乘融合系统故障	检查融合工作站图元等显示	□	
	利用集中告警\专项巡查等报检查重要设备状态	□	
	利用线路综合监控查看线路级设备状态	□	
	操作故障线路综合监控系统确认设备状态,如 FAS\BAS\ACS\PSD 等页面	□	
	根据预设要求进行对应操作,如启动指定线路的水泵、选定区域的 PA 播放、指定区域的 CCTV 等	□	
	检查融合车站的综合监控之间网线、光纤连接	□	
	检查交换机接口(含智慧运维系统线路插口)状态指示灯	□	
	检查光纤转换盒状态	□	
	检查融合线 FEP 及接口协议	□	
	检查被融合线的 FEP 及接口协议	□	
	检查融合线路服务器、工作站 CPU 及内存占用率	□	
	检查被融合线路服务器、工作站 CPU 及内存占用率	□	
	检查融合服务器进程无丢失、无卡滞	□	
	检查被融合线路 ISCS 服务器程无丢失、无卡滞	□	
	重启运行异常设备,如服务器进程或服务器	□	
	更换故障设备并导入备份软件	□	
	测试融合车站的各子系统、设备正常工作	□	
备注	故障处置顺序进行,完成一项检查且结果正常则在□内打√,否则打×,并在故障说明中描述故障特征,以备故障原因追溯		

任务评价

任务评价见表 2-2-10。

表 2-2-10　任务评价

任务二　换乘站融合系统检修及应急故障处置			日期：				
姓名：		班级：	学号：		教师签名：		
自评：□熟练　□不熟练		互评：□熟练　□不熟练	师评：□合格　□不合格				
日期：		日期：	日期：				
评分细则							
序号	评分项	得分条件	分值	自评	互评	师评	
1	接受任务	明确工作任务，理解任务在企业工作中的重要程度	5				
2	前置知识	本次实训前需要掌握的知识程度	5				
3	能力评价	能根据综合监控换乘站融合系统设备作用，简述计划性检修一般要求	5				
		能够描述综合监控换乘站融合系统主要故障及应急处理措施及程序	10				
		结合车站综合监控换乘站融合系统工作单，对车站综合监控换乘站融合系统设备进行巡检作业	10				
		结合车站综合监控换乘站融合系统现场检修标准，进行检修作业	20				
		能根据综合监控换乘站融合系统主要故障表征，采取有效措施进行应急处置	15				
4	素养评价	工作计划性强，安排得当	5				
		团队合作能力强，善于沟通合作	5				
		自主学习能力强，勇于克服困难	5				
		严谨认真，积极参与课堂	5				
5	评价反馈	学生能快速、正确地识别图片中设备，以小组评价方式组织客观评价	5				
		对学生在任务实施过程中发现问题，进行小组审议后及时反馈	5				
总　分			100				

巩固与练习

1. 换乘站融合系统设备计划性检修术语与定义

(1)换乘站融合可充分利用＿＿＿＿＿实现，且＿＿＿＿＿每个网口均为独立网卡，也实现了网络的物理隔离。

(2)换乘站 ISCS 互联互通接口软件通信协议原则上应采用国际标准的、通用的、开放的软件通信协议，现普遍采用基于＿＿＿＿＿的＿＿＿＿＿标准协议。

(3)换乘站各线路 ISCS 实现＿＿＿＿＿控制。

(4)将换乘站作为一个统一的车站管理，统一配置＿＿＿＿＿、＿＿＿＿＿、＿＿＿＿＿、车站用电智能计量等功能。

(5)当全部功能无法使用时,应立即回归传统的__________模式,及时启用单线路的备用工作站。

(6)换乘站融合功能中,具备画面集中显示的系统包含__________、__________、__________、__________、__________等。

2. 换乘站融合系统设备维修保养维修工作内容、标准及周期

(1)服务器检修周期为__________,清洁工作包含__________、__________表面目测及触摸无灰尘。

(2)防火墙检修周期为__________,运行指示灯和端口指示灯无报警__________提示,在管理软件上确认防火墙各端口状态显示一切正常。

(3)工作站双周检修标准包含:工作站杀毒软件运行正常,查杀日志正常,手动完成一次杀毒;检查工作站外接__________已通过硬件设置或软件程序封闭。

(4)操作系统双周检修标准包含:操作系统运行正常;驱动正常;完成工作站时钟检查并对时,误差应在__________ s/天以内。

(5)CPU 每日检查标准包含:原则上 CPU 平均占用率不大于__________%,内存平均占用率不大于__________%,或系统无明显卡滞。

(6)FEP 季检冗余情况检查标准为冗余正常,切换时间小于__________秒。

3. 换乘站融合系统设备检修与应急处置

(1)简述融合换乘站设备故障,无法实现全站设备监控系统功能时,车站人员需按照什么流程进行应急处置。

(2)简述换乘站融合系统季检内容。

视野拓展

昆明轨道交通数字化转型

2024 年 9 月,国家数据局在重庆召开城市全域数字化转型现场推进会,会上发布“城市全域数字化典型案例”。其中,昆明市交通运输局申报的“城轨云平台综合自动化系统助力轨交数字化转型”案例从全国近 300 个案例中脱颖而出,成功入选。

“城轨云平台综合自动化系统助力轨交数字化转型”案例在技术创新、应用实效、社会影响等方面,为全国城市安全提供了可复制、可推广的示范样本。昆明轨道交通集团有限公司积极推进城市轨道交通数字化转型,针对地铁传统弱电系统因为分专业建设造成的占用空间大且数据不能实时共享的难题,提出“云-边-端”协同技术理念,首次使用基于云平台的轨道交通综合自动化系统,打造“高度融合,打破信息孤岛”“深度集成,减少设备数量,助力智慧城轨降本增效”的智慧城轨解决方案。新的架构实现了轨道交通系统的重构,提升了车站能力,增强了系统的实时性,提升乘客满意度。

任务三 机电设备远程巡检和自诊断系统检修及应急故障处置

任务目标

知识目标:

1. 区别机电设备远程巡检和自诊断系统与常规日常巡检之间的差异。

2. 掌握机电设备远程巡检和自诊断系统业务需求及功能。
3. 掌握机电设备远程巡检和自诊断系统预期效果。

能力目标:

1. 具备机电设备远程巡检和自诊断系统作业总体流程操作的能力。
2. 具备机电设备远程巡检和自诊断系统巡检、操作及检修的能力。
3. 机电设备远程巡检和自诊断系统出现异常情况时,会迅速进行应急处置操作。

素养目标:

1. 具有知识快速迁移的能力。
2. 具备学以致用的实践能力。
3. 具备勤学好问、举一反三的素养。

任务导入

某城市轨道交通的市域快线穿越该市待开发区域,市政配套较差,无市政排水设施,特别是其区间风井周围甚至无市政道路进入。在夏季防汛的重点时期,暴雨时间段内维保人员及时通过机电设备远程巡检和自诊断系统对该市域快线的各站,特别是区间风井设备进行高频次远程巡检,及时通过系统的自诊断功能及时发现某大长区间水泵离线,维保人员按照汛期应急预案要求立即组织抢修,有效避免了区间积水影响,事件处置过程中同步推送事件处置措施信息。

机电设备远程巡检和自诊断系统的远程巡检功能使用、自诊断判断报警后的处置,实现了对车站现场设备的先期感知和多类信息综合分析与判断功能,更是提升了维保人员的远程巡检及综合处置能力。

任务描述

机电设备远程巡检和自诊断系统立足于所属线路综合监控系统的远程监控功能,并对收集数据的"二次分析"完成,应熟悉常规线路 ISCS 功能、系统组成及外部接口,掌握机电设备检修的维修保养、故障处置等,融会贯通常规线路机电设备巡检检修知识。

核心知识

一、传统的机电设备巡检

传统机电设备巡检工作是机电专业维保人员依据作业指导书规定的定时、定点巡检,主要采用目视检查,从机电设备的外观、指示灯和 HMI 显示和运行声音综合判断设备状态。可概括为"对照检查条目利用人眼目视检查,并辅助声音判断",机电维保人员编制巡检表格、拟定巡检路线和计算可能花费巡检时间。现场人员目视巡检、手动填写表格。通过待检设备外部表征发现异常现象,判断后对应处置。

由前述内容可知,传统的机电设备巡检特别依赖现场人员的工作经验、责任心及敬业精神,如维保人员漏检或不巡检时,是无法第一时间发现设备故障的,只能在设备出现故障后才能组织处置。

目前机电各专业设备故障报警信息监控不全面,机电设备(尤其是通风环控、低压动照、给排水、站台门)主要依靠人工进行现场巡视进行参数统计和设备检查,设备状态无法实现实时监控,设备潜在缺陷难以及时发现;各机电各专业所辖设备种类和数量多,彼此间分散但又紧密联系,加之安装点位分散，其日巡检需要各专业并行推进、多方协作保障机电设备的正常运行，因此发现设备运行异常状态、设备异常状态自诊断就显得尤为重要。

二、机电设备远程巡检和自诊断系统作用

1. 提升监测实时性

通过各类传感器及配套软件，对低压动照、通风环控、给排水、站台门设备运行状态进行实时监控、报警异常及时上传，实现重要的机电设备 24 h 不间断监控，避免漏检或不巡检现象，也避免了巡检时间和路线限制，提升了机电设备状态监测的实时性。

2. 提升巡检质量

在各类传感器实时监测采集并自动上传系统的数据基础上，利用大数据处理和人工智能技术对数据进行二次处理与统计，消除“现场目视检查 + 人员经验判断”弊端，将异常用“提升声音 + 突出显示”提醒，直观、突出地向维保人员展示，降低了误差。

例如，汛期时若区间联络通道处出现水泵转速慢，引发集水坑水位缓慢上升，因位置特殊维保人员不能现场巡检，仅靠乘务员在行车瞭望发现，无疑会延缓该异常情况处置的最佳时机，进而导致积水漫至道床影响行车安全。

3. 日常业务自动化办理

利用机电设备远程巡检和自诊断系统与机电各专业设备的互联功能，实现机电设备巡检状态报表、记录自动填入，避免人为重复性工作，既可以节省维保人员的部分精力，避免人为差错，又实现降低维保人员数量，节约设备维保成本。

三、机电设备远程巡检和自诊断系统功能

1. 系统构成

机电设备远程巡检和自诊断系统主要通过 PLC 和各类传感器组合，实现对机电设备的运行状态、故障数据等采集，配合专用工业软件进行数据分析，再将系统采集和分析后的数据根据需要上传至指定位置。机电设备远程巡检和自诊断系统构成如图 2-3-1 所示。

机电设备远程巡检和自诊断功能是针对低压动照、给排水、通风空调、站台门和消防专业设备的重要功能。其利用传感器、自动化工业软件进行信息自动采集与信息上传，对所采集的信息进行智能判断处理，之后生成巡检结果及诊断结论。

(1)远程巡检功能(远程巡检页面见图 2-3-2)：

低压供电专业：400 V 进线电流/电压、开关状态、EPS 电池电流/电压等。

给排水专业：主要给排水管道压力、控制单元状态、水泵状态、超声波/浮球信息等。

通风空调专业：风机/空调器运行状态、风阀/二通阀开度、环控柜通信状态、模式执行状况等。

消防专业：气瓶压力实时压力。

(2)故障自诊断功能(见图 2-3-3)：

低压供电专业：EPS 蓄电池逆变模块温度信号反馈、400 V 开关故障状态、馈线开关状态信息反馈。

给排水专业：实现水泵远程巡检、排水能力测试、泵组状态自判断。

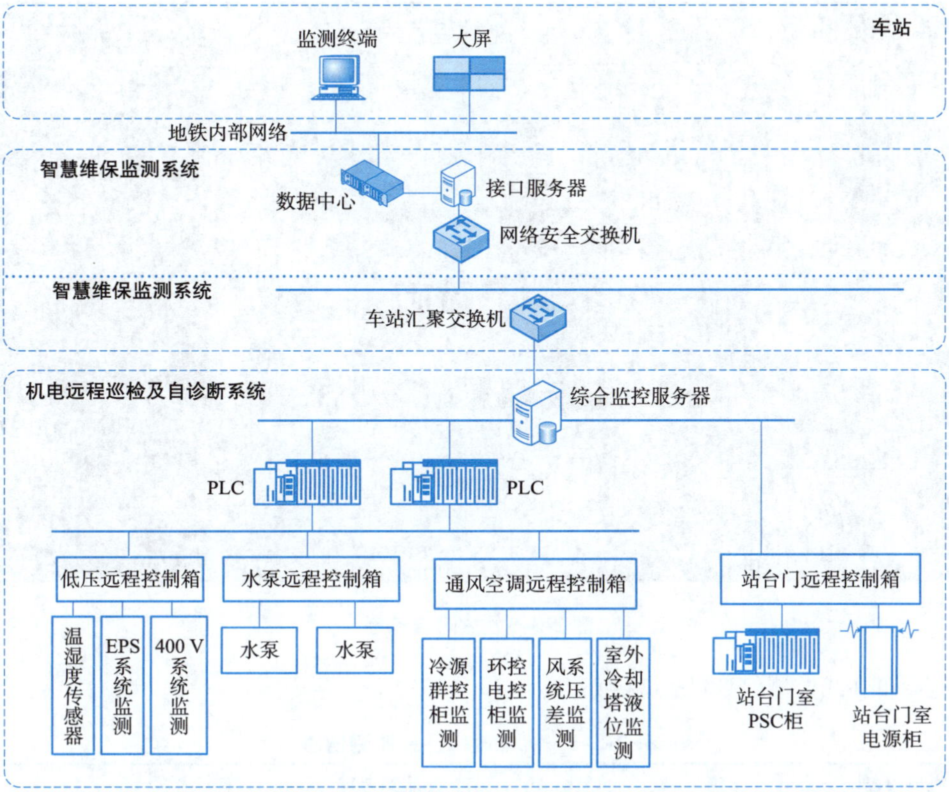

图 2-3-1　机电设备远程巡检和自诊断系统构成

图 2-3-2　远程巡检页面

通风空调专业：实现环控电控室上传风机运行数据（频率、故障等）、冷水机组故障信息反馈、冷却塔液位情况反馈。

站台门专业：主电源、不间断驱动电源与不间断控制电源报警、主监视系统报警、滑动门开关故障、手动/隔离状态、互锁解除报警、电机故障等。

消防专业：启动瓶压力低报警、储气瓶压力低告警。

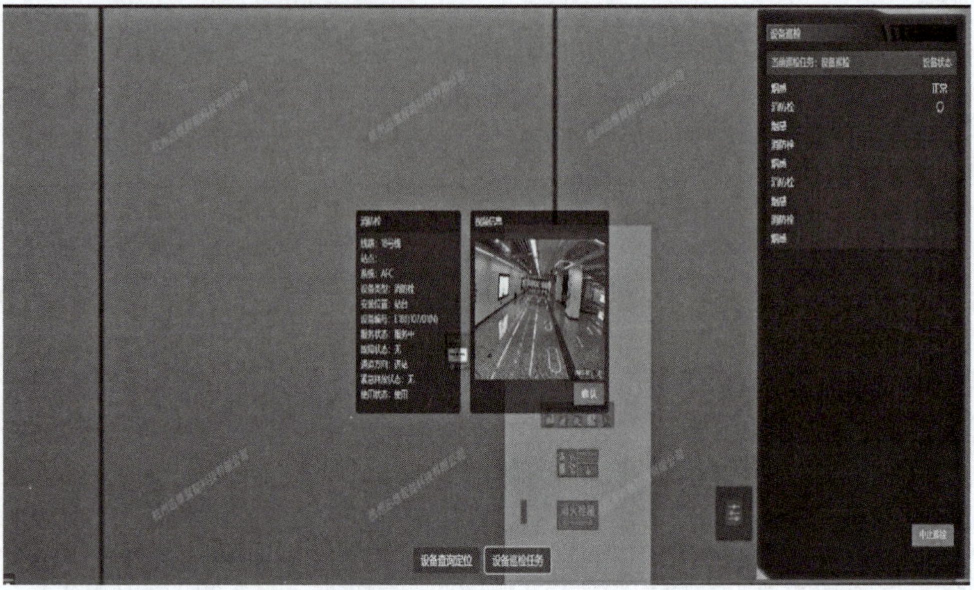

图 2-3-3　故障自诊断

机电设备在线监测信息见表 2-3-1。

表 2-3-1　机电设备在线监测信息

序号	机电设备	监测内容
1	低压动照	照明配电室温湿度
		EPS 蓄电池逆变模块温度信号
		400 V 电能表计数值、五大开关故障代码、馈线开关状态信息
2	给排水	水泵运行状态、水泵排水流量、泵组定时自检结果
3	通风空调	风机运行数据(电流等)、冷水机组及重要部件故障代码信息
4		冷水机组运行数据及故障代码,冷却/冷冻水泵运行数据(电流等)信息
5		组合式空调器新增大小系统压差信号
6		冷却塔液位情况
7	站台门	单体蓄电池温度、内阻、电压点位监测
8		电源状态检测,电源空开跳闸报警信号检测
9		整流模块状态检测
10		信号安全回路、互锁解除、开关门命令输入信号检测,反馈电压检测
11	消防	气灭系统钢瓶压力实时检测

2. 对低压动照设备监测

由于低压动照设备发热量高,设备异常多通过温度异常表现,对设备房的温度与湿度监控要求高,特别是 EPS 系统自带大量蓄电池,温度异常升高造成蓄电池寿命减少,还易引起蓄电池酸化冒烟等问题。机电设备远程巡检和自诊断系统通过在低压动照专业的照明配电室安装的温湿度传感器,实现室内环境温度、湿度实时掌控。低压动照在线监测架构如图 2-3-4 所示。

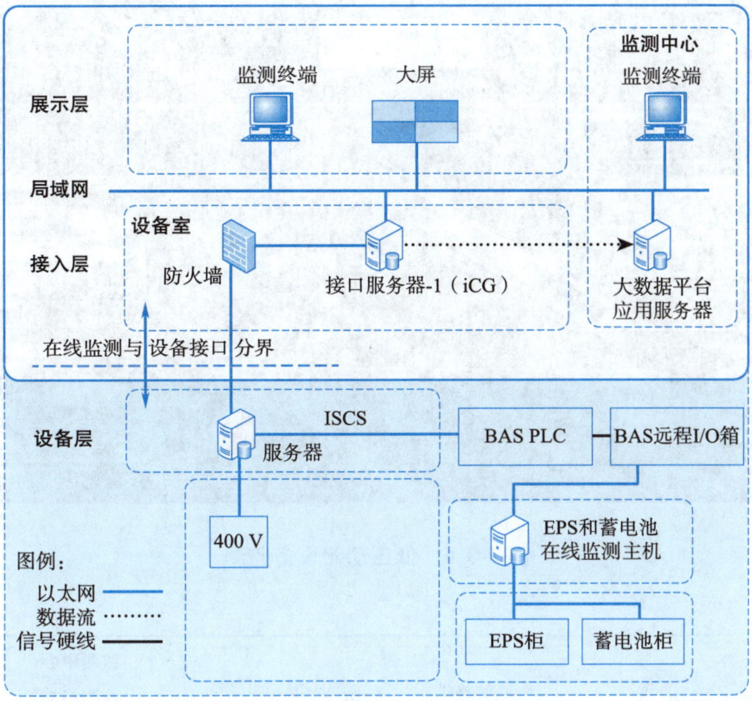

图 2-3-4　低压动照在线监测架构

通过 EPS 系统中蓄电池逆变模块温度判断异常，专用温度采集模块实时采集蓄电池温度数据并设置安全门限，超限立即报警；400 V 开关柜室重要的表计数值、五大开关故障跳闸代码和馈线开关状态监控信息实时监控判断，如图 2-3-5 和图 2-3-6 所示。

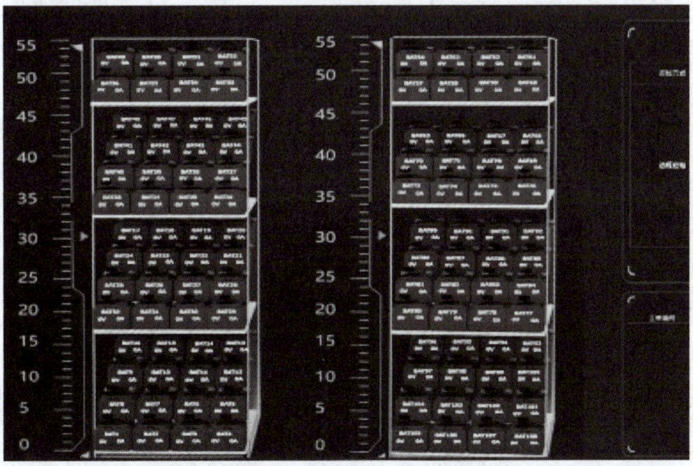

图 2-3-5　蓄电池在线监测

3. 对给排水设备的监测

给水设备是车站\场段生活供水的重要设备，而排水设备是防止车站被淹没的极重要设施，需要重点关注水泵状态。远程巡检是在已有给排水独立控制的基础上，结合给排水系统的自有智能控制功能，新增水泵远程控制点位，采集并智能化分析水泵的运行数据，在上位智慧平台与下位智能设备协调配合下实现远程、线网级的集中监视控制，系统架构如图 2-3-7 所示。

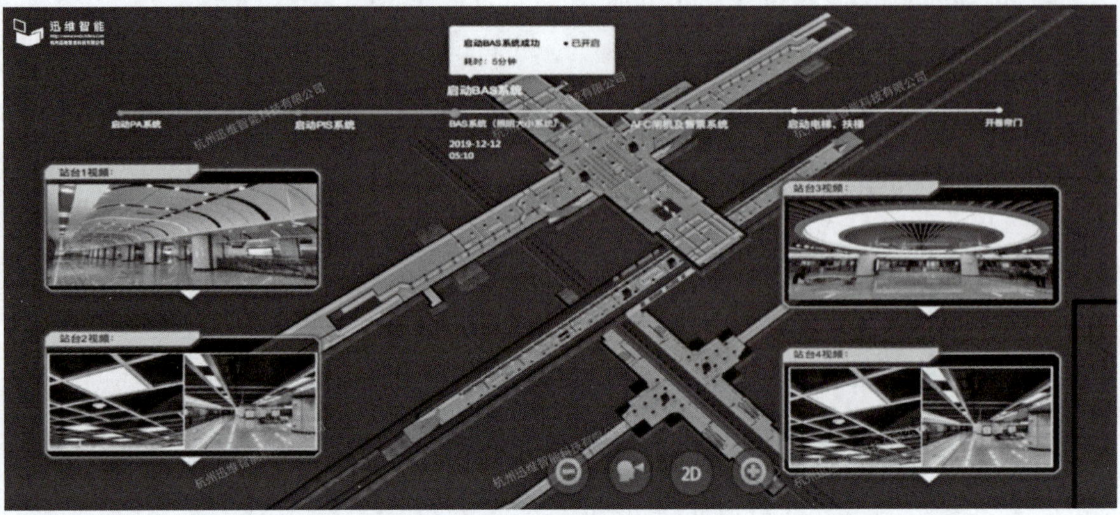

图 2-3-6　低压动照设备监测

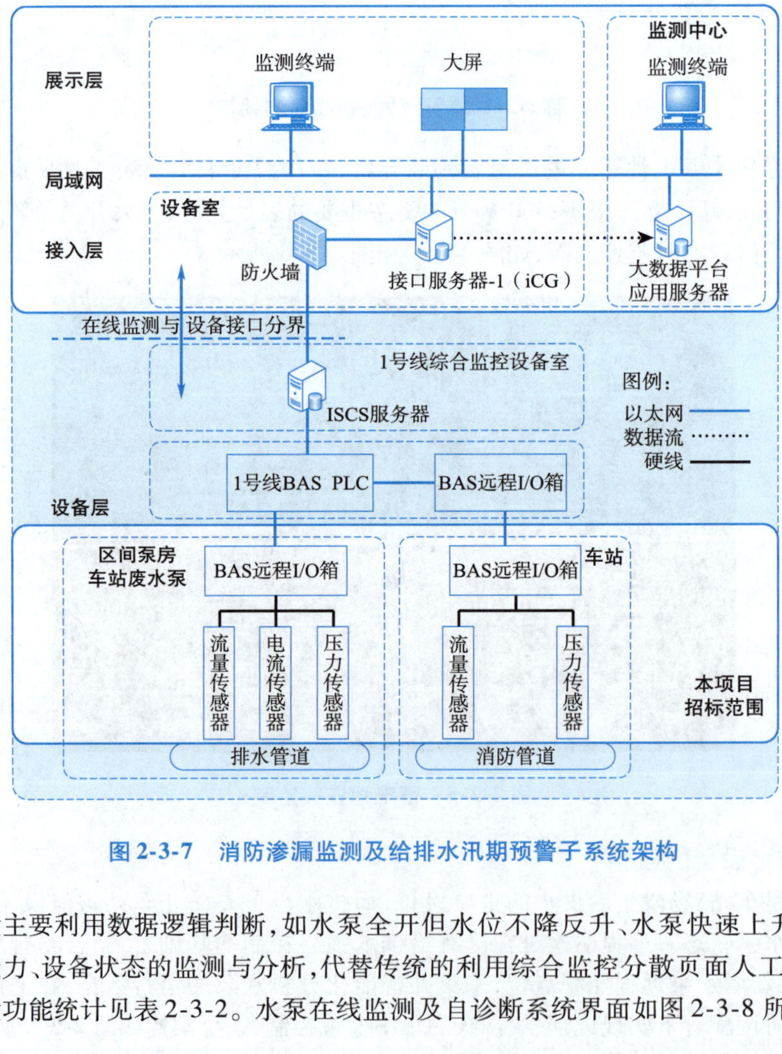

图 2-3-7　消防渗漏监测及给排水汛期预警子系统架构

水泵巡检主要利用数据逻辑判断，如水泵全开但水位不降反升、水泵快速上升单泵运行等，实现对排水能力、设备状态的监测与分析，代替传统的利用综合监控分散页面人工调取判读的缺陷。水泵巡检功能统计见表 2-3-2。水泵在线监测及自诊断系统界面如图 2-3-8 所示。

表 2-3-2　水泵巡检功能统计

序号	系统	巡检内容
1	车站给排水系统	水位是否超高
2		水位是否上涨过快
3		水泵是否有故障(根据水位)
4		是否水泵全开水位不降反升
5		超高水位后是否满量程
6		水泵是否有漏水
7		水泵是否有过载
8		水泵是否有过热
9		水泵启动后水位是否无变化
10		水泵是否在超低水位状态下运行
11		水位值是否异常,超声波是否故障
12		水泵是否频繁启停
13		水泵是否在手动位
14		排水能力是否正常
15		止回阀是否损坏(压力传感器)
16	消防水系统	区间电动蝶阀是否处于关状态
17		区间消防水管是否漏水压力低
18		区间消防水管是否爆管压力快速降低

对于基于物联网技术搭建且已建成的给排水设备专用监控系统,因其软硬件较为独立,所以具有较大的灵活性,在保留独立运行的基础上,以“互联”方式接入智慧运维系统平台,上传泵组运行状态、设备告警信息等,此智慧运维平台对收到的数据不做较多处置,仅对收集的信息转化显示,如图 2-3-9 所示。

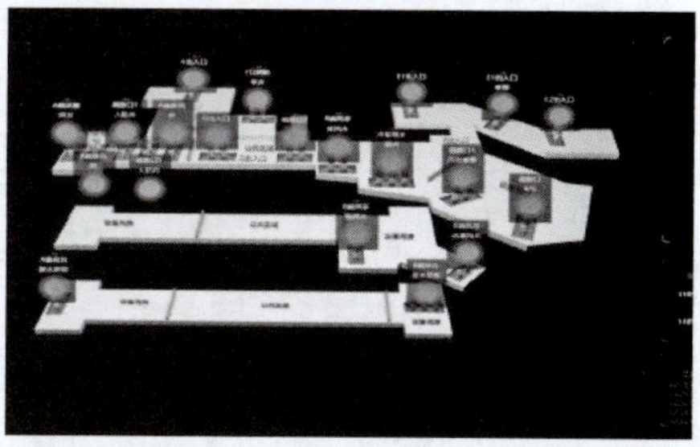

图 2-3-8　水泵在线监测及自诊断系统界面

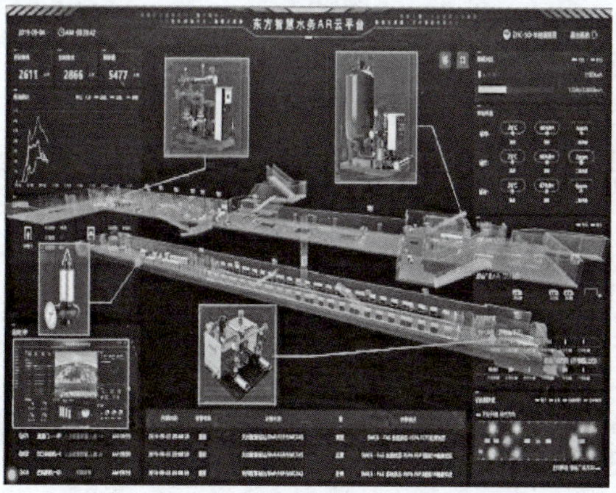

图 2-3-9　智慧水务云平台

4. 对通风空调设备的监测

通风空调远程巡检利用传感器采集重要风机运行数据(电流、位移、振动监测等)、冷水机组及重要部件故障信息;室外冷却塔新液位监控;集中采集冷水机房冷源群控柜的冷水机组运行数据及故障数据;组合式空调器的大小系统压差监测数据等。通风空调远程巡检功能统计见表 2-3-3。通风空调系统架构如图 2-3-10 所示。通风空调在线监测界面如图 2-3-11 ~ 图 2-3-15 所示。

表 2-3-3　通风空调远程巡检功能统计

序号	巡检内容
1	公共区及设备区温度是否正常
2	风阀开度及到位反馈信号异常
3	风机风阀故障
4	空调器故障
5	空调器通信故障
6	MCC 通信状态
7	模式执行失败
8	模式号反馈
9	二通阀开度及到位反馈信号异常
10	冷水机组故障

传感器通过硬线的方式接入 BAS 模块箱,实现将现场信号传入 BAS PLC 中,最终到达 ISCS 服务器进行数据交互,实现线网级监控和自动巡检。

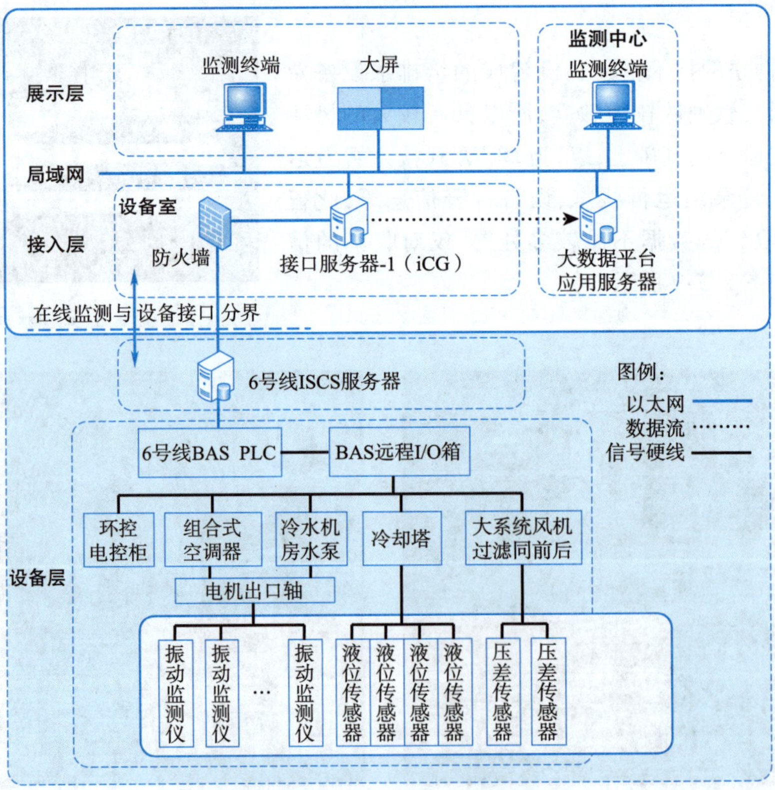

图 2-3-10　通风空调系统架构

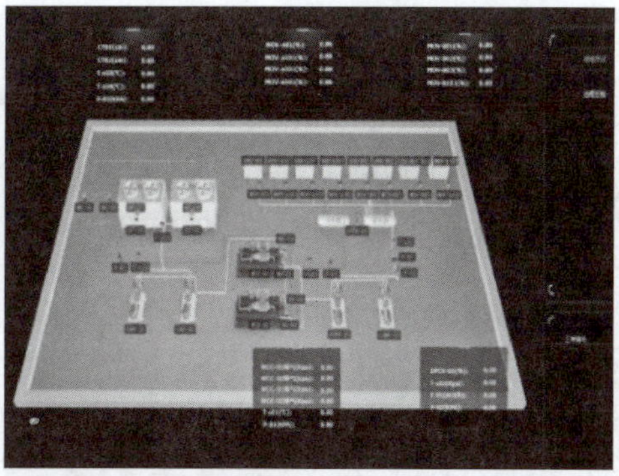

图 2-3-11　大系统在线监测界面

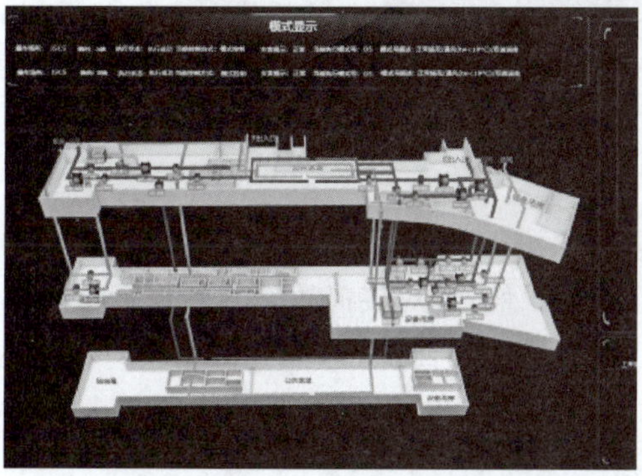

图 2-3-12　通风空调水系统在线监测界面

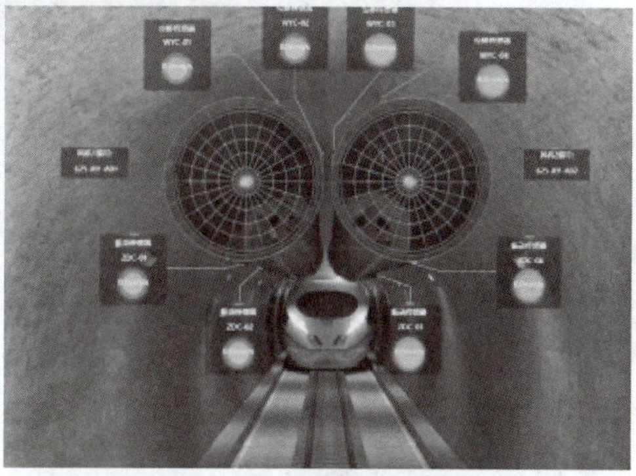

图 2-3-13　射流风机在线监测界面

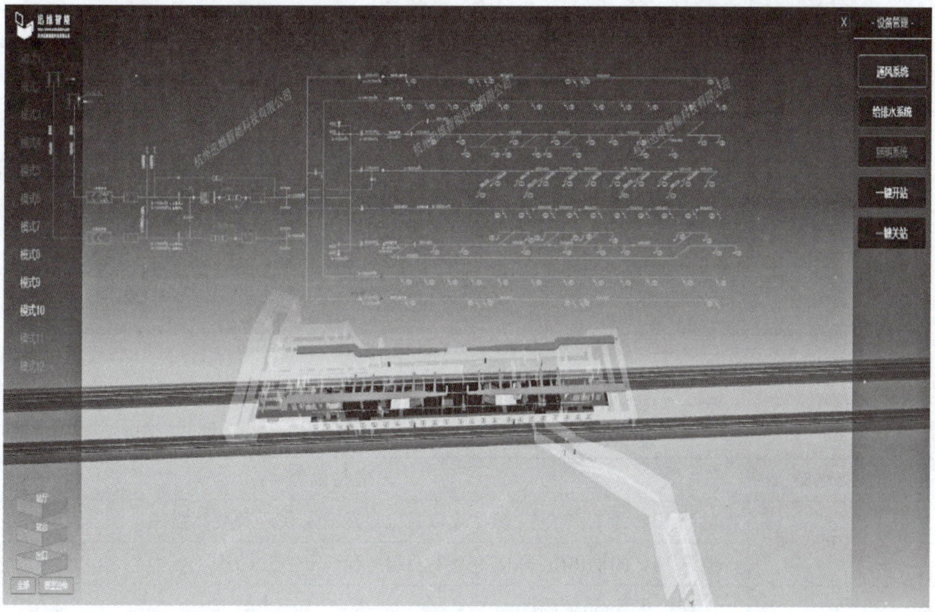

图 2-3-14　通风空调设备监测界面

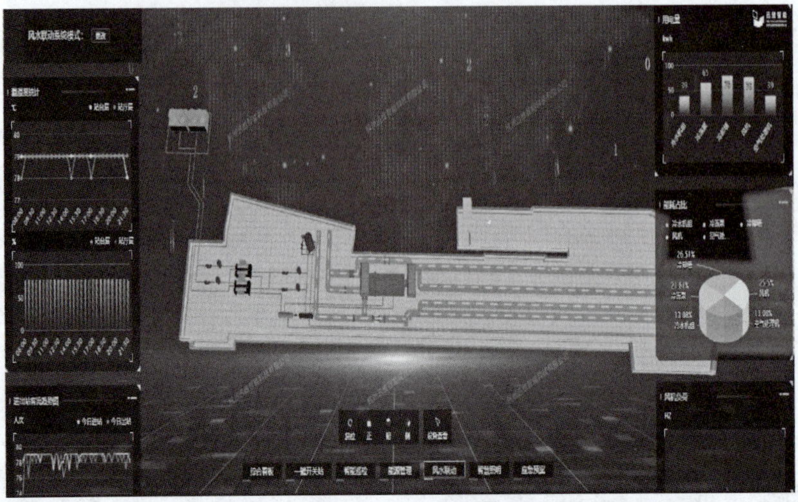

图 2-3-15　风水联动系统模式界面

5. 对站台门设备的监测

对站台门设备中蓄电池电压、温度及内阻信号进行监测，对 PSC 和电源柜进行监测；针对站台门与信号专业的安全回路接口电压，通过转换并上传电压信号，对接口故障判断进行程序化自动判断；上传蓄电池监测整流模块监控信号。站台门设备监测界面如图 2-3-16 所示。站台门远程巡检功能统计见表 2-3-4。

图 2-3-16　站台门设备监测界面

表 2-3-4　站台门远程巡检功能统计

序号	设备名称	巡检内容
1	UPS	监测 UPS 的工作状态，设备故障时应显示故障代码及故障描述
2		监测 UPS 的输出电压、电流及电池组电压
3	PSD	工控机状态：系统温度
4		活动门：开关门力
5		采集故障数据：安全回路中断；主电源、驱动电源、控制电源失电；电池欠压超压

6. 对气瓶压力的实时监测

城市轨道交通车站和区间风井内的重要设备房间设置气体灭火系统，高压气体灭火介质存储在无缝钢瓶中，气瓶压力是反馈瓶内灭火介质是否泄漏的重要手段。远程巡检系统通过将原钢瓶瓶口安装的压力表更换为压力传感器完成瓶内压力实时采集并上传，实现对全线网的气体灭火系统钢瓶压力的实时监测，出现压力低时自动告警，并依据定检时间自动提示送检等流程。

7. 自动化辅助功能

将原手动填写的巡检报表电子化。电子化报表包含以下信息：巡检任务名称、巡检人员姓名信息、巡检时间（开始至结束，年月日时分秒）、设备状态及数据信息自动填入，实现数据一键筛选、报表导出等。此外，将原检修规程预审的计划性检修时间电子化，实现检修工作无缝跟踪；实时展示当日、当月检修情况。

通过增加实时监测设备对低压、通风、给排水、站台门设备进行实时监测、报警，可对重要机电设备进行 24 h 的不间断监控，避免人工巡检中巡检时间的限制，提升监测的实时性。机电设备状态远程诊断系统的数据通过远程监测方式进行采集，降低了人工巡检误差，可以降低维保人员数量，节约设备维保成本。

视频
机电设备自诊断系统

四、机电设备远程巡检和自诊断系统设备计划性检修周期与工作内容

机电设备远程巡检自诊断系统基于 BAS 系统搭建（可视作为 BAS 系统的控制功能定向开发扩展），因此计划检修按照时间参照 BAS 系统执行，划分为月度计划检修、半年期计划性检修与每年期计划检修。

1. 月度计划性检修

月度计划检修简称月检，主要工作内容为：对机电设备远程巡检自诊断系统设备及末端设备的外观检查、外观清洁、巡视检查。通过专用工作站检查故障报警记录、查看设备运行状态等；对 I/O 模块箱开箱检查内部设备或模块的运行状态、指示灯等，发现异常后及时调校、排除。月检的目的是确保机电设备远程巡检自诊断系统及末端设备的工作环境，发现异常及时处理系统异常。

2. 半年期计划性检修

半年期计划检修简称半年检，工作内容为：除完成月检全部工作内容外，还需对设备线路线缆标识及接头紧固性检查、系统基本功能进行测试。其目的是利用专用工作站、综合监控工作站测试系统功能是否正常。测试时与 BAS 系统同站同时间段，以确保各接口测试顺利完成。半年检是对机电设备远程巡检自诊断系统及末端设备进行较为全面的保养与质量检查；对检查结果进行分析后，对故障率较高的部件进行预防性更换（如处于潮湿环境的模块）。

3. 每年期计划性检修

每年期计划检修简称年检，工作内容为：除完成月检和半年检的全部内容外，还需对机械特性（即设备安装的稳固性、标识标牌的固定、接地线缆紧固等）与电气特性测试（如电气防火测试、接地性能测试等）、零部件年度保养或计划性更换，对运行记录进行导出另存与病毒查杀等。年检的目的是对机电设备远程巡检自诊断系统软硬件的一次全面检修，确保系统的可靠运行。可对设备质量进行评估、统计、分析，为后期大中修积累翔实的基础数据。

五、机电设备远程巡检和自诊断系统设备维修保养维修作业标准及要求

1. 月检

月检维修保养维修作业标准及要求见表2-3-5。

表2-3-5 月检维修保养维修作业标准及要求

序号	作业内容	作业标准及要求	补充说明及简图
1	配电箱	目测连接情况、检查配电箱内是否存在异物、检查孔洞封堵、箱内设备发热温度测量、检查内外卫生： ①柜体表面是否有破损，大面积刮痕脱漆；门体能否正常开合，固定插销无脱落。 ②内部照明正常工作，散热风扇无异响（如有）。 ③使用红外成像仪（或测温仪）对准端子和接头，查看温度不超过限定值。 ④空开及线缆无破损、鼓包、烧灼等异常现象，线缆标签及铭牌无缺失、无脱落，线缆孔洞封堵完好，接地母排良好无破损，箱柜接地跨接线完好。 ⑤智能PDU：指示灯显示正常，页面参数显示正常（如有）	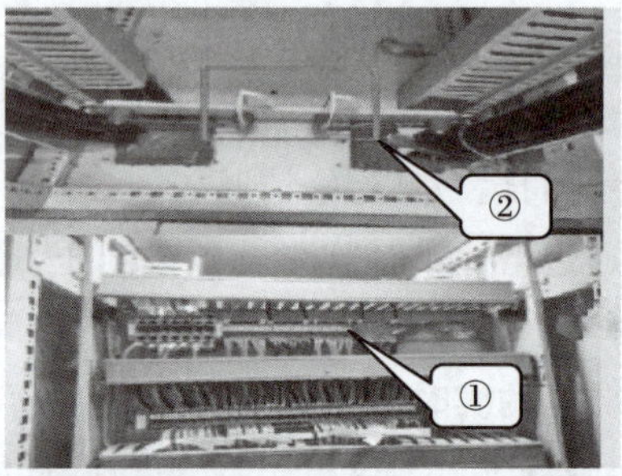 
2	线缆、光纤及光电转换器等	对线缆、光纤及光电转换器等绑扎固定检查，光电转换器工作状态指示灯检查： ①各接线线缆、光纤齐整无松脱。 ②接线端子、开关灯安装牢固无松脱，指示灯显示正常；测试温度在正常范围内。 ③线缆、光纤标识或号码管齐全无缺失。 ④跨接地线无缺失、无松脱	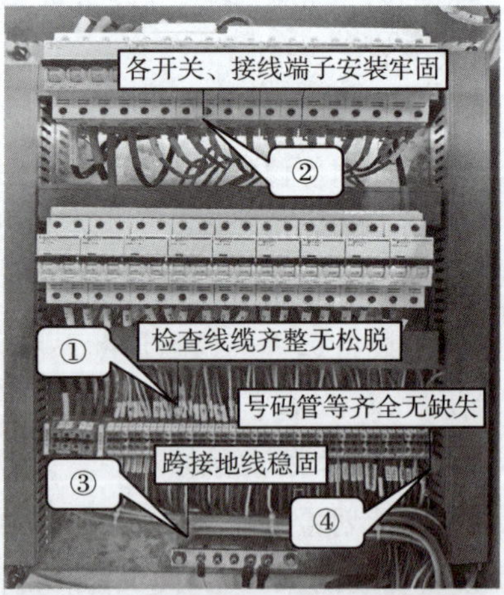 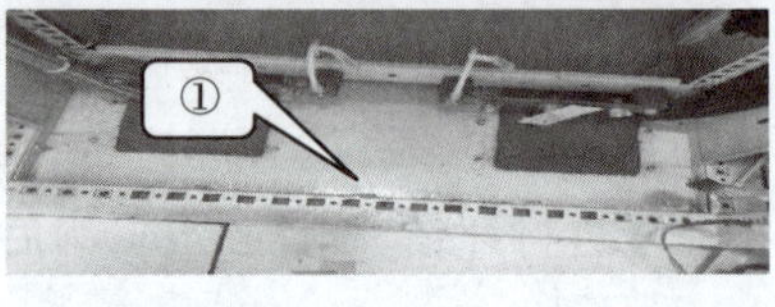

续表

序号	作业内容	作业标准及要求	补充说明及简图
3	BAS 就地控制箱	检查 BAS 就地控制箱内电源、通信线缆、各类模块及机柜附属设备运行是否正常，检查柜体表面及柜内卫生： ①控制箱完好，表面清洁无尘积。 ②24 V 电源指示灯长绿。 ③箱体接地线紧固无松动。 ④通信适配器（或者接口模块）的通信状态指示灯正常（绿色长亮）	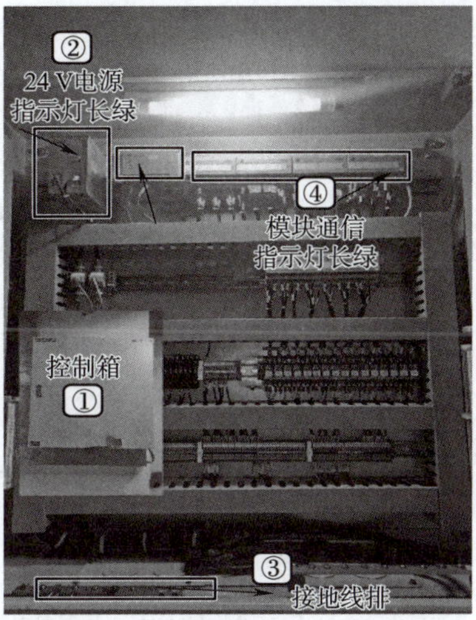
4	BAS 交换机	检查 BAS 工作站网络状态、通信状态是否正常： ①BAS 工作站网络状态图正常。 ②通信功能：在工作站使用 ping 命令检查 BAS 交换机及相关网络设备正常，无丢包。 ③指示灯状态：各端口指示灯正常（绿色闪烁）	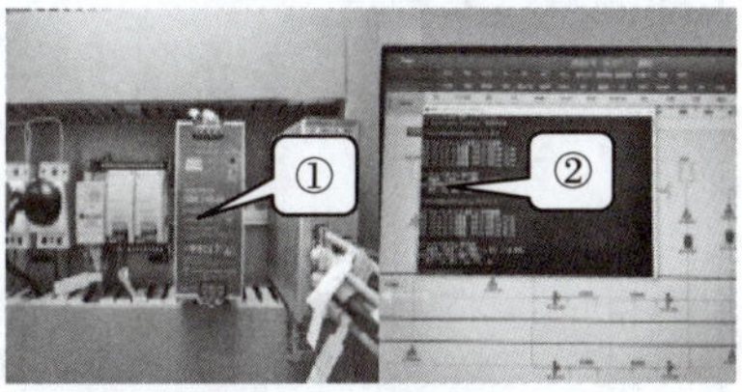

2. 半年检

半年检维修保养维修作业标准及要求见表 2-3-6。

表 2-3-6　半年检维修保养维修作业标准及要求

序号	作业内容	作业标准及要求	补充说明及简图
1	配电箱	包含月检全部内容外： ①目测柜内空开及线缆，是否存在破损、鼓包、烧灼等异常现象。 ②线缆标签及铭牌无缺失、无脱落，线缆孔洞封堵完好，接地母排良好无破损，箱柜接地跨接线完好，对变形、曲径过大的线缆进行整理。 ③空开指示灯与实际使用情况一致。	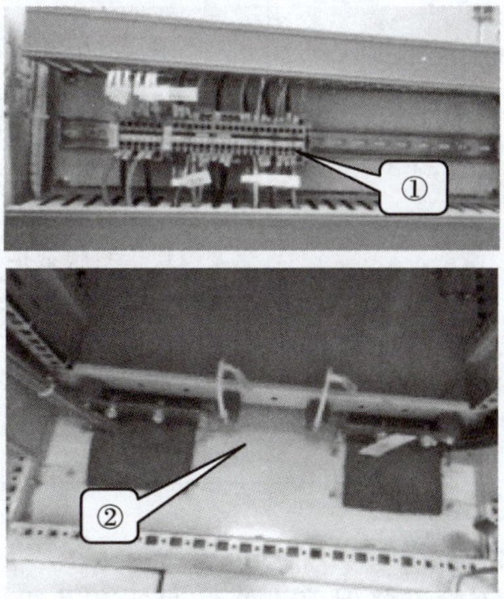

续表

序号	作业内容	作业标准及要求	补充说明及简图
1	配电箱	④智能 PDU:指示灯显示正常,页面参数显示正常(如有)。 ⑤检修电源插孔通电使用正常;空开正常给设备供电(如有)	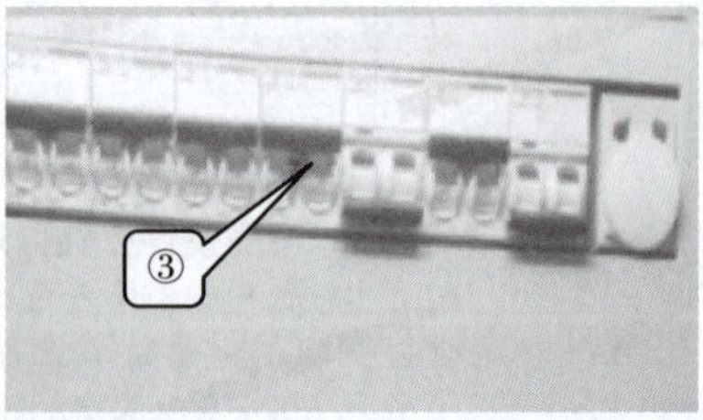
2	线缆、光纤及光电转换器等	包含月检全部内容外: ①对线缆、光纤固定器材检查,更换老化或破损的扎带。 ②对光电转换器稳固性检查,固定螺钉等紧固。 ③对松动脱落的封堵更换及加固	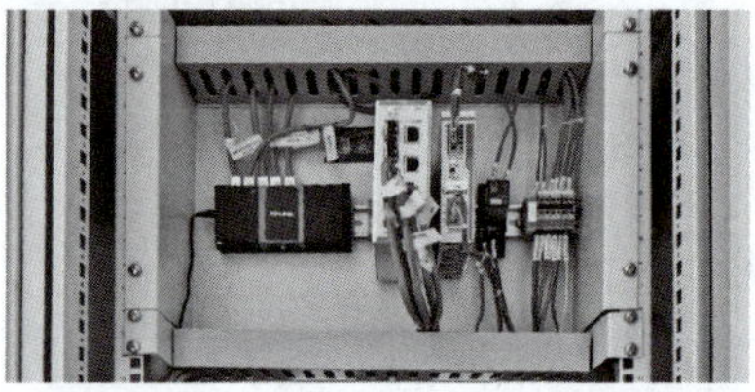
3	BAS 就地控制箱	除完成月检全部项目外: ①连接电缆紧固,无裸露导线,箱内无异物。 ②箱内设备(电源模块、适配器模块、接线端子、继电器底座、继电器、断路器、三孔插座)安装紧固;I/O 模块端子底座安装紧固无松动。 ③模块每个通道数据接收正常(查看指示灯显示)	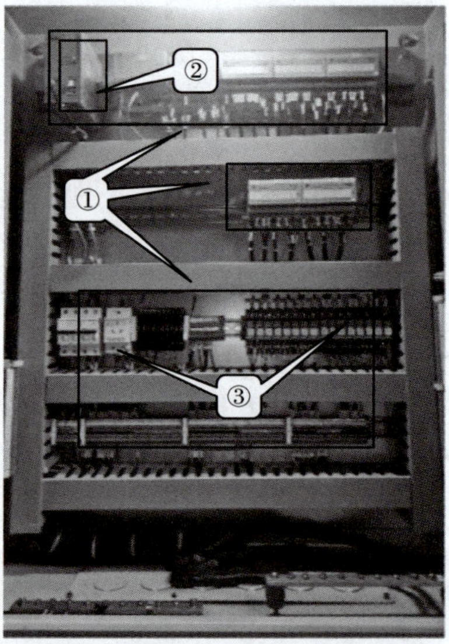
4	BAS 网络交换机检修	除月检内容外还需检查交换机日志信息及模块运行状态是否正常: ①日志信息中无网络通信故障报警。 ②交换机页面显示,每个模块或卡件通信正常	

3. 年检

年检维修保养维修作业标准及要求见表 2-3-7。

表 2-3-7　年检维修保养维修作业标准及要求

序号	作业内容	作业标准及要求	补充说明及简图
1	配电箱	包含半年检全部内容外： ①对项目绝缘性能测试合格。 ②接地参数测试在合格范围	
2	线缆、光纤及光电转换器等	同半年检要求	
3	BAS 就地控制箱	同半年检要求	
4	BAS 网络交换机检修	同半年检要求	

六、机电设备远程巡检和自诊断系统应急处置措施

机电设备远程巡检和自诊断系统主要依据传感器采集数据二次分析建立，除本系统硬件故障外，多为系统传输网络、子系统设备故障等。因机电设备远程巡检和自诊断系统故障无法实现系统功能的情况，专业人员应利用工作站的 HMI 图标显示判断定位故障，确认是系统本体故障还是现场终端故障。

(1)当系统显示图标大面积异常时，应立即回归传统的“维保人员定时定点巡检”模式，保证机电设备的计划性巡查工作有序进行，按照“先软件后硬件”检查接口通信数据、软件进程检查、线路设备检查等定位故障后相应处置。

(2)对于单子系统或单设备故障，由于不影响整体功能，因此应由专业人员根据设备所属线路专业及维保界面开展故障处置，车站值班人员利用故障设备所属线路综合监控系统监控设备状态。

技能训练

1. 综合监控智慧运维系统维护保养

某号线综合监控智慧运维系统维护保养(月度)记录表见表 2-3-8。

表 2-3-8　某号线综合监控智慧运维系统维护保养(月度)记录表

车站名称：　　　　　　　　检修人：　　　　　　　　检修时间：

序号	设备名称	检修步骤	检查结果	故障说明
1	线缆、光纤及光电转化器等	各接线线缆、光纤齐整无松脱	□	
		光电转换器安装牢固无松脱	□	
		光电转换器指示灯显示正常测试温度在正常范围内	□	
		测试光电转换器最高温度在正常范围内	□	
		线缆、光纤标识或号码管齐全无缺失	□	
		检查线缆、光纤固定的扎带无老化或破损	□	
		光电转换器安装稳固，固定螺钉无松动	□	
2	配电箱	箱体无破损及大面积锈蚀	□	
		门体正常开合及锁具正常	□	
		箱体内部照明正常工作	□	
		空开及线缆无破损、鼓包、烧灼等异常	□	

续表

序号	设备名称	检修步骤	检查结果	故障说明
2	配电箱	端子和接头等处温度测试正常	□	
		线缆标签及铭牌无缺失、无脱落	□	
		接地母排无松脱,箱柜接地跨接线完好	□	
		线缆孔洞、箱体孔洞封堵完好	□	
3	BAS 就地控制箱	控制箱内电源、通信线缆、各类模块及机柜附属设备运行正常	□	
		各电源指示灯显示正常,无异味等	□	
		通信适配器(或者接口模块)的通信状态指示灯正常(绿色长亮)	□	
		箱体接地线紧固无松动	□	
		线缆无破损、鼓包、烧灼等异常	□	
		线缆、光纤等标识、号码管无缺失	□	
4	交换机	交换机安装牢固、线缆稳固、各标识齐全	□	
		交换机指示灯显示正常、无异响	□	
		交换机最高温度在限定范围内	□	
		BAS 工作站网络状态图正常	□	
		BAS 交换机与受控设备通信正常、无丢包	□	
备注		故障处置顺序进行,完成一项检查且结果正常则在□内打√,否则打×,并在故障说明中描述故障特征,以备故障原因追溯		

2. 综合监控智慧运维系统应急故障处置

机电设备远程巡检和自诊断系统故障应急故障处置表见表 2-3-9。

表 2-3-9　机电设备远程巡检和自诊断系统故障应急故障处置表

故障名称	检修内容	状态	故障说明
机电设备远程巡检和自诊断系统故障	检查融合工作站图元等显示	□	
	利用集中告警\专项巡查等报检查重要设备状态	□	
	操作综合监控工作站确认设备状态(单系统纳入对应专业处置)	□	
	交换机接口(智慧运维系统线路插口)状态指示灯检查	□	
	检查光纤转换盒状态	□	
	检查交换机接口状态	□	
	检查 FEP 运行状态	□	
	综合监控服务器智慧运维进程无丢失、卡滞	□	
	检查服务器、工作站 CPU 及内存占用率	□	
	重启运行异常设备,如服务器进程或服务器	□	
	更换故障设备并导入备份软件	□	
	测试机电设备远程巡检和自诊断系统正常	□	
备注	故障处置顺序进行,完成一项检查且结果正常则在□内打√,否则打×,并在故障说明中描述故障特征,以备故障原因追溯		

任务评价

任务评价见表 2-3-10。

表 2-3-10　任务评价

<table>
<tr><td colspan="4">任务三　机电设备远程巡检和自诊断系统检修及应急故障处置</td><td colspan="4">日期：</td></tr>
<tr><td colspan="2">姓名：</td><td>班级：</td><td colspan="2">学号：</td><td colspan="3" rowspan="3">教师签名：</td></tr>
<tr><td colspan="2">自评：□熟练　□不熟练</td><td>互评：□熟练　□不熟练</td><td colspan="2">师评：□合格　□不合格</td></tr>
<tr><td colspan="2">日期：</td><td>日期：</td><td colspan="2">日期：</td></tr>
<tr><td colspan="8">评分细则</td></tr>
<tr><td>序号</td><td>评分项</td><td colspan="2">得分条件</td><td>分值</td><td>自评</td><td>互评</td><td>师评</td></tr>
<tr><td>1</td><td>接受任务</td><td colspan="2">明确工作任务，理解任务在企业工作中的重要程度</td><td>5</td><td></td><td></td><td></td></tr>
<tr><td>2</td><td>前置知识</td><td colspan="2">本次实训前需要掌握的知识程度</td><td>5</td><td></td><td></td><td></td></tr>
<tr><td rowspan="5">3</td><td rowspan="5">能力评价</td><td colspan="2">能根据机电设备远程巡检和自诊断系统设备作用，简述计划性检修一般要求</td><td>5</td><td></td><td></td><td></td></tr>
<tr><td colspan="2">能够描述机电设备远程巡检和自诊断系统主要故障及应急处理措施及程序</td><td>10</td><td></td><td></td><td></td></tr>
<tr><td colspan="2">结合车站机电设备远程巡检和自诊断系统工作单，对车站机电设备远程巡检和自诊断系统设备进行巡检作业</td><td>10</td><td></td><td></td><td></td></tr>
<tr><td colspan="2">结合车站机电设备远程巡检和自诊断系统现场检修标准，进行检修作业</td><td>20</td><td></td><td></td><td></td></tr>
<tr><td colspan="2">能根据机电设备远程巡检和自诊断系统主要故障表征，采取有效措施进行应急处置</td><td>15</td><td></td><td></td><td></td></tr>
<tr><td rowspan="4">4</td><td rowspan="4">素养评价</td><td colspan="2">工作计划性强，安排得当</td><td>5</td><td></td><td></td><td></td></tr>
<tr><td colspan="2">团队合作能力强，善于沟通合作</td><td>5</td><td></td><td></td><td></td></tr>
<tr><td colspan="2">自主学习能力强，勇于克服困难</td><td>5</td><td></td><td></td><td></td></tr>
<tr><td colspan="2">严谨认真，积极参与课堂</td><td>5</td><td></td><td></td><td></td></tr>
<tr><td rowspan="2">5</td><td rowspan="2">评价反馈</td><td colspan="2">学生能快速、正确地识别图片中设备，以小组评价方式组织客观评价</td><td>5</td><td></td><td></td><td></td></tr>
<tr><td colspan="2">对学生在任务实施过程中发现问题，进行小组审议后及时反馈</td><td>5</td><td></td><td></td><td></td></tr>
<tr><td colspan="4">总　　分</td><td>100</td><td></td><td></td><td></td></tr>
</table>

巩固与练习

1. 机电设备远程巡检和自诊断系统设备计划性检修术语与定义

（1）传统的机电设备巡检特别依赖现场人员的＿＿＿＿＿、＿＿＿＿＿及＿＿＿＿＿，如维保人员漏检或不巡检时，是无法第一时间发现设备故障的，只能在设备出现故障后才能组织处置。

（2）通过各类传感器及配套软件，对＿＿＿＿＿、＿＿＿＿＿、＿＿＿＿＿、＿＿＿＿＿设备运行状态进行实时监控、报警异常及时上传，实现重要的机电设备 24 h 不间断监控。

（3）（半年）工作内容除包含每月工作的内容外，还应有＿＿＿＿＿、＿＿＿＿＿等，目的是测试系统的正常功能是否符合要求。

(4)机电设备远程巡检和自诊断系统是主要是通过__________和__________组合,实现机电设备的运行状态、故障等数据采集。

(5)消防专业自诊断功能包含__________、__________。

2. 机电设备远程巡检和自诊断系统设备维修保养维修工作内容、标准及周期

(1)系统__________(检修周期)需检查系统与综合监控服务器/中央 FEP 时间是否正常。

(2)检查__________运行状态,系统分配资源情况,控制软件运行状态正常,系统分配 CPU、GPU、内存、硬盘等资源正常,虚拟设备系统无明显卡滞。

(3)检查各虚拟设备综合监控系统时钟对时软件运行情况,__________是否同步。

(4)单专业设备离线、子系统数据获取失败、末端设备故障和数据显示错误等,可初步判断为__________或__________本体故障。

(5)当系统本身异常时,应立即回归传统的__________模式,保证机电设备的计划性巡查工作有序进行,并及时联系生产人员和维修资源调度。

(6)系统季检需切换各冗余虚拟设备系统__________,查看冗余功能情况。

3. 机电设备远程巡检和自诊断系统设备检修与应急处置

(1)简述机电设备远程巡检和自诊断系统季检的服务器检修流程及作业标准。

(2)简述机电设备远程巡检和自诊断系统故障的应急处置。

视野拓展

一线人物故事:肖兵成的"硬核"实力

肖兵成,来自成都地铁的一名运维人员,被称为安全质量管理"智能运维的前行者"。"来到成都地铁,这一干就是十个年头。"十年间,肖兵成先后参与了成都地铁 1 号线南延线、2 号线、3 号线及 9 号线筹备与运营维保工作,坚持以知促行,践行"硬核"党员的初心使命和责任担当。肖兵成跟紧大线网运营时代的脚步,坚定走智能运维的路,先后获得国家级专利 2 项,发表国家级期刊论文 1 篇,完成技术革新 6 项,牵头参与完成课题 10 项,参与编制公司级业务类制度 5 项,工艺标准文件 20 余项,把现场工作经验凝练进车辆维保工作规范化标准化中。"智能运维,党员先行",在经历了风雨兼程后,在获得的诸多荣誉面前,肖兵成没有丁点儿含糊,而是以更加饱满的热情、更加旺盛的精力、更加干练的作风投入全自动运行线路运检融合工作中,为大线网运营安全助力。

任务四 智慧能源系统检修及应急故障处置

任务目标

知识目标:

1. 熟悉智慧能源管理系统与传统能源管理之间的差异。
2. 掌握智慧能源管理系统业务需求及功能。
3. 掌握智慧能源管理系统预期效果。

能力目标：

1. 具备智慧能源系统作业总体流程操作的能力。
2. 具备智慧能源系统设备巡检、操作及检修的能力。
3. 智慧能源管理系统出现异常情况时，会迅速进行应急处置操作。

素养目标：

1. 具有高效作业、团队合作的素养。
2. 具备高效节约的意识。
3. 具有运筹组织管理能力。

任务导入

某城市轨道交通车站协助举办大型展会推介活动期间，为烘托展会气氛，主办方在确保安全的前提下将展会主题元素引入车站，并对车站进行整体打造，增设了不少临时用电类照明装饰设施，也同步增加了临时用水需求。展会结束后，双方依据该站的智慧能源管理系统（见图 2-4-1）数据，临水临电费用缴纳处置异常顺利，为下次合作奠定了友好基础。

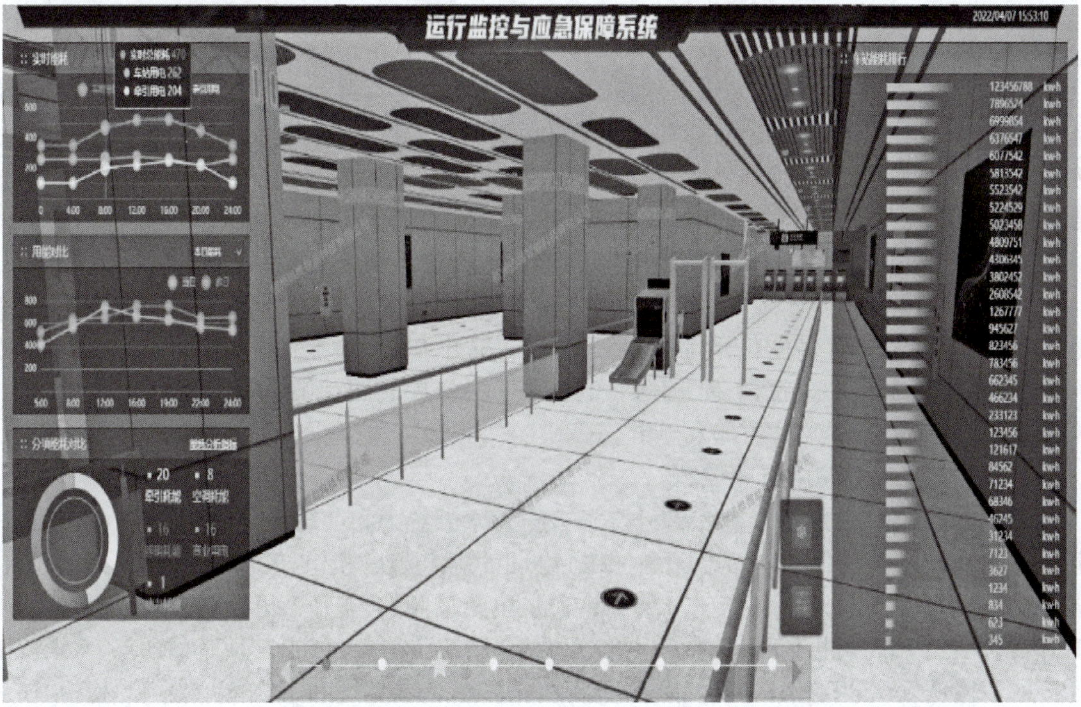

图 2-4-1　智慧能源统计图

智慧能源管理系统的功能相较于传统能源管理方式有指数级的提升，更节省了大量人力物力支出，充分利用能源管理系统综合分析与判断功能，全面提升车站节能降耗的能力。

任务描述

智慧能源系统充分利用线路综合监控系统的监控功能，以“节能”为目的，对车站内机电设备进行系统化调度使用。应熟悉常规线路 ISCS 功能、系统组成及外部接口；熟悉常规线路机械表计、环控控制等知识，融会贯通常规线路能源管理知识。

核心知识

一、传统能源管理

传统线路能源管理围绕“风、水、电”的管理展开，其中“风”是简单调节车站大、小系统及空调水系统的相关环境参数，再通过BAS系统集中监视，执行有限PID与模式控制指令；“水”是在原使用机械计量表计基础上进行电子化替换升级，如远程抄表；“电”则是将低压动照系统的机械计量表计电子化，使其具有远程计量、统计等功能；还具有车站照明分区、分时控制机制等简单功能。传统的车站能源管理系统主要通过电子化改造节约人力投入，通过预置控制命令等方式实现车站的节能，但其控制灵活性和经济性较差。

目前车站设置的“风、水、电”设备种类杂、数量多，彼此间分散但又紧密联系，使得车站的节能工作需从宏观层面统一实施，从而实现节能工作的有效推进，达到降低系统能耗及经济运行的目的。

二、智慧能源管理系统业务需求

1. 车站LED智能调光

智慧能源管理系统能利用光感应传感器反馈信息实现车站自动光源亮度自动控制；能精确控制受控区域不同场景下的照明；针对不同场景照明需求，自动下发指令实时动态调节亮度，达到照明系统自适应、智能化控制目标。避免人工方式模式控制粒度粗放、难以实现分区细化的精确控制等弊端，避免各区域实际照明的较大差异。

2. 扩展用水用电智能表计范围

智慧能源管理系统能实现更精细化的智能化表计功能，如实现广告照明、商铺用电表电子智能化，生活用水总表电子智能化，全面代替人工抄表，提升工作效率。在实现用电数据、生活用水数据实时采集基础上，自动按日、周、月进行汇总并生成报表，能自由筛选、自动生成趋势，具备异常预判报警提示功能，能自由打印及导出。

3. 通风空调系统集中节能控制

智慧能源管理系统能基于车站大、小系统及空调水系统的相关环境参数，利用系统建模、智能优化与变频调速等方式对车站组合式空调机组、柜式风机盘管机组、风机盘管机组、回排风机、空气幕组、冷水机组、冷却水泵、冷冻水泵、冷却塔、电动蝶阀、动态平衡电动调节阀、压差旁通装置、水处理装置等设备进行通风环控、车站冷源的全系统层面优化控制，形成车站的风、水设备联动配合，以降低大、小系统及空调水系统的能源消耗，提高系统能源利用效率。

三、智慧能源管理系统功能

1. 系统构成

智慧能源管理系统由车站智能照明、用水用电智能化表计及通风空调系统集中节能三部分组成(见图2-4-2)。利用PLC和各类传感器组合实现车站“风、水、电”末端设备的运行状态、数据等采集，对采集获得的数据经筛选、过滤与分析后生成贴合现场实际的可执行命令，实现车站的“风、水、电”设备集中监视、管理和控制，并将数据上传及存储。车站能源趋势分析图、能源控设备总图如图2-4-3和图2-4-4所示。

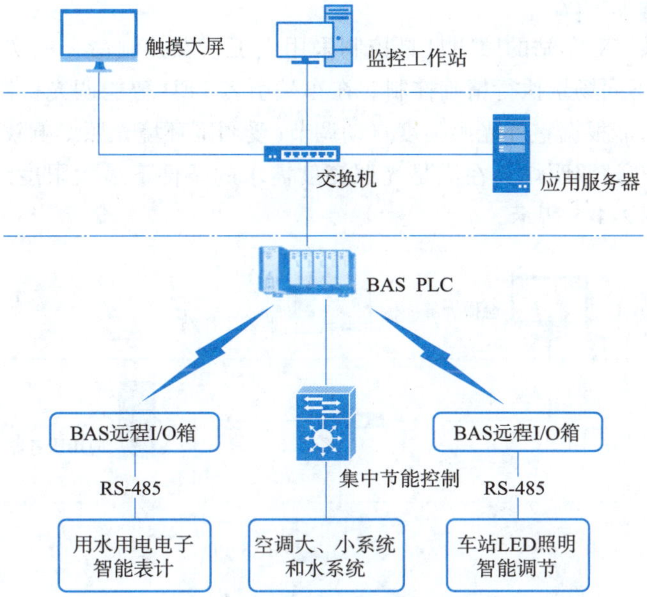

图 2-4-2　智慧能源管理系统构成

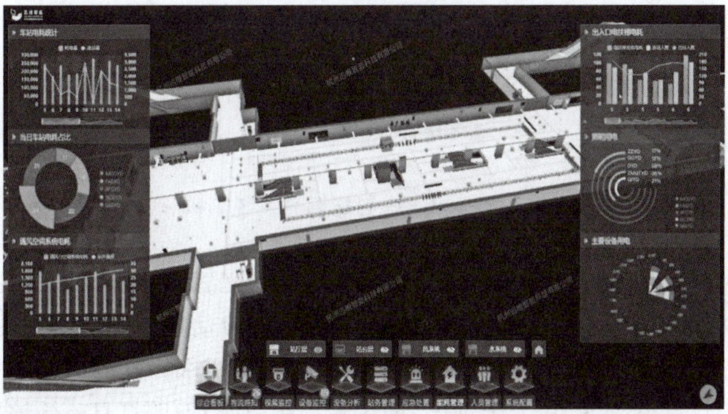

图 2-4-3　车站能源趋势分析图

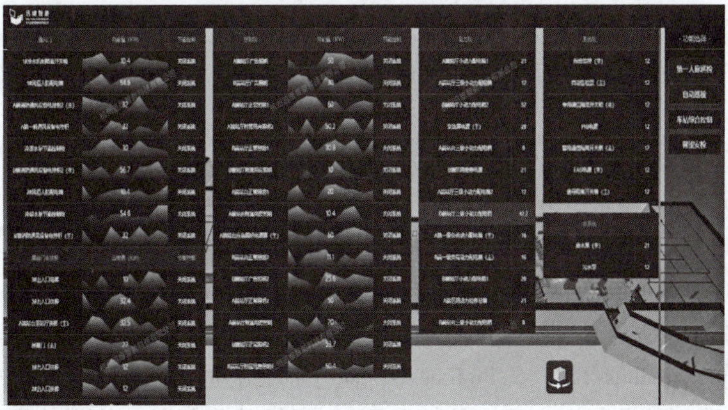

图 2-4-4　车站能源控设备总图

2. 车站 LED 智能调光

LED 智能调光系统对车站的照明灯具控制采用人工下发控制命令的实际出发,利用自动化程序对于不同区域、不同场景执行精确控制。在车站引入 LED 智能调光机制,依据“光感应传感器 + 照明动态控制”,能根据室外光照强度自动调节(受周围环境光照影响较大区域)受控区域的照明灯具亮度,实现车站照明灯具在满足光照亮度需求的条件下最大限度地实现节能。LED 智能调光系统架构如图 2-4-5 所示。

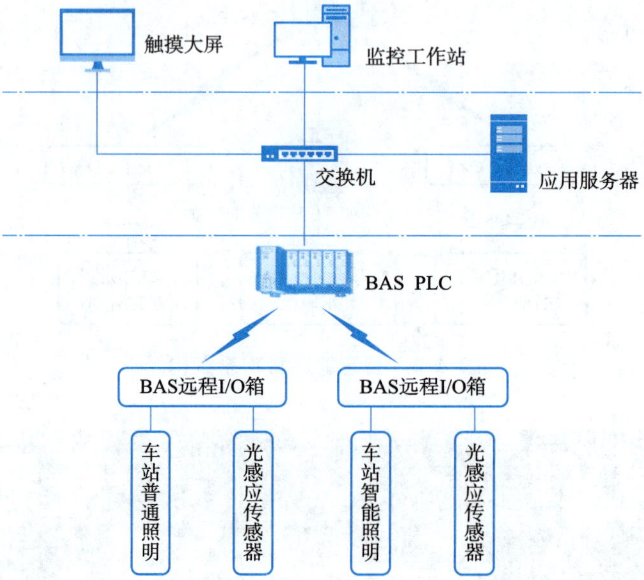

图 2-4-5 LED 智能调光系统架构

光照亮度实时调节是系统接收布设于受控区域现场的光感应传感器采集的实时光照强度信息,经系统比对匹配后生成最适宜的光照场景命令并下发,自动控制下位受控现场照明灯具回路(也可通过下发变频指令控制灯具亮度),满足运营光照强度需求标准的同时最大限度实现节能,如布设在设备区的灯具可设置为“人走灯灭”的场景控制(应急照明灯具不受该控制方式影响)。

不同场景下自适应调节是将车站运营对光照亮度的需求抽象建模为高峰时段、节假日、时间表模式等多种场景,并根据不同场景要求充分利用“光感应传感器 + 照明动态控制”的自动调节机制对受控区域的照明灯具亮度进行动态、实时性调节,从而使受控区域的灯具亮度调节更加自动化、智能化。LED 智能调光界面如图 2-4-6 所示。

3. 用水用电电子智能表计

将车站的智能化表计以 RS-485 接口等方式接入车站 BAS 系统,并最终与线网智慧运维系统联网,将原人工抄录的机械水电表计改为电子化实现自动采集数据,采集后的数据供后台集中处理。智能表计直接避免了先由手动人工现场抄录再由能源管理人员汇总分析的传统模式下所造成的不能及时发现表计的问题,更减少了对现场人员数据抄取的准确性依赖。用水用电电子智能系统架构如图 2-4-7 所示。

可利用 Modbus、Modbus- RTU 或 Profbus DP 通用协议建立与车站智慧能源管理系统数据通信,在实现车站准确记录设备用水用电的情况下,利用智慧化判断功能提前发现异常并报警提示,自动生成趋势曲线,为车站节能工作开展提供导向性目标,解决用水用电数据准确性不足、预判能力缺失与人力抄表成本投入较大等现实困难。

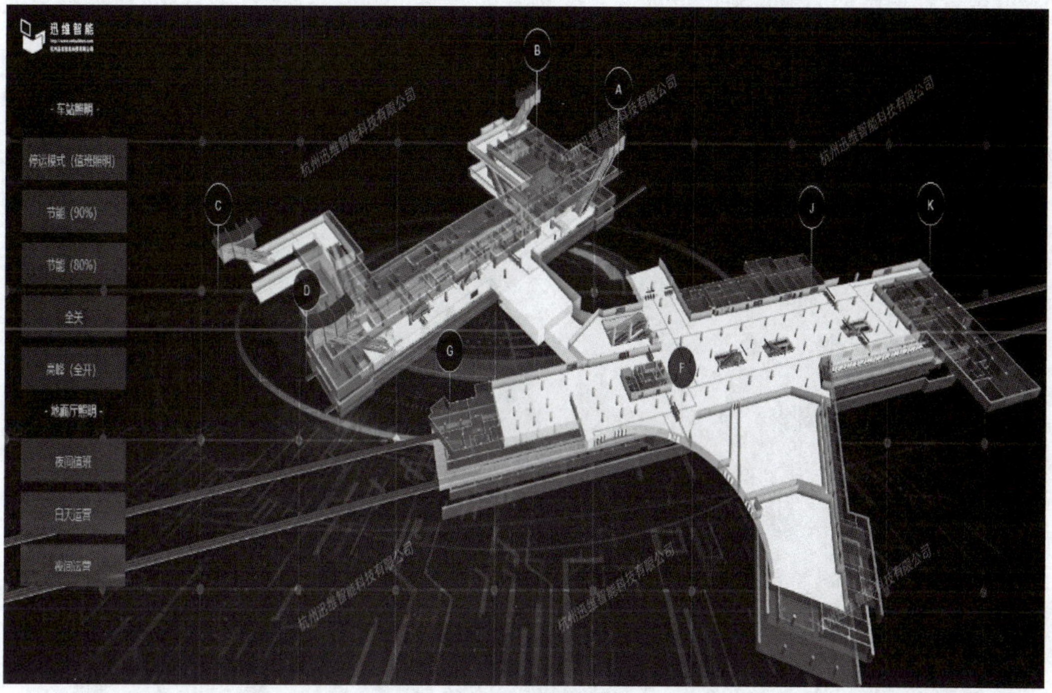

图 2-4-6　LED 智能调光界面

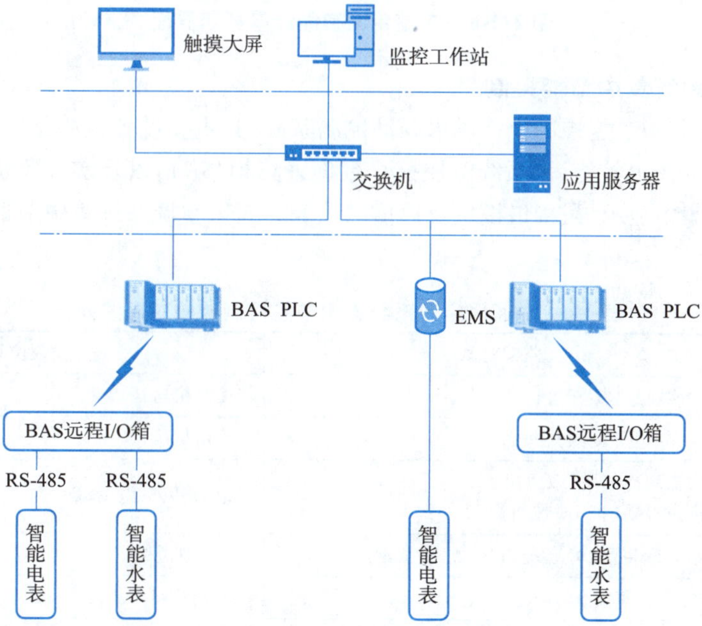

图 2-4-7　用水用电电子智能表计系统架构

电子智能表计可实现对车站站厅站台等区域的广告照明、商铺用电表计实现远程抄表，完全替代人工抄表；利用在生活用水总管处设置智能水表替代人工抄表，在车站出入口室外消火栓管道支管处设置智能水表，发现室外消火栓管道埋地敷设段的渗漏问题。实时采集车站的广告、民用通信、商铺、银行等商业用电数据、生活用水数据后，自动按日、周、月进行汇总并生成报表及趋势曲线，根据使用端的各类管理需求进行异常判断和报警提醒，还支持自主打印、数据导出及转存。车站用电智能计量显示界面如图 2-4-8 所示。

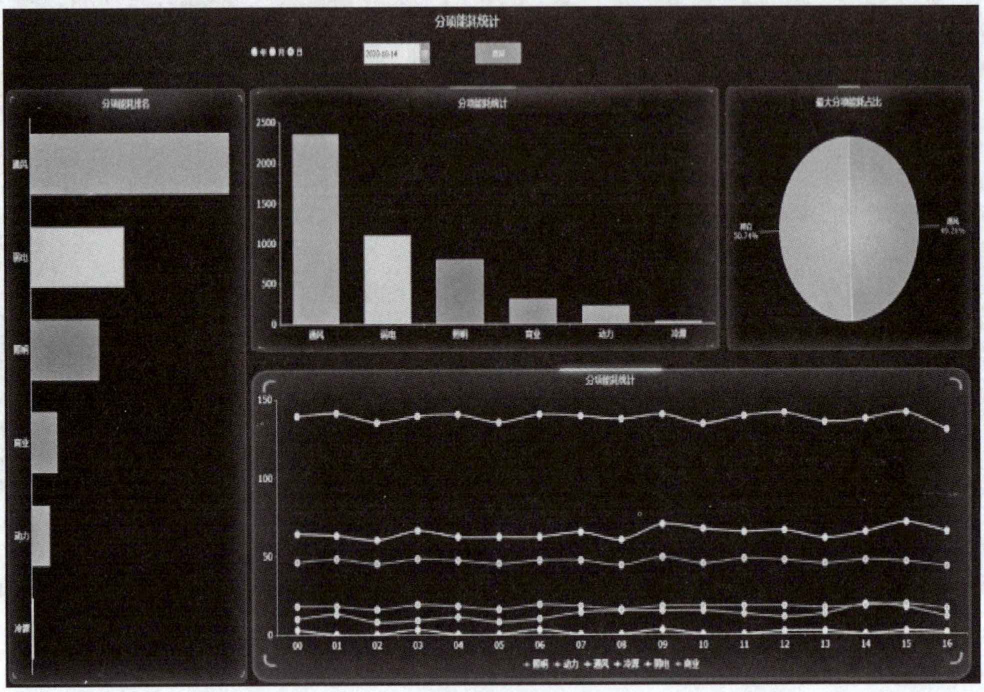

图 2-4-8　车站用电智能计量显示界面

4. 通风空调系统集中节能控制

通风空调系统集中节能控制也称风水联动控制系统，其主要设备组成是风水联动控制柜、动力智能电控柜（风系统电控柜、水系统电控柜）、数据采集柜（箱），以及实现风水联动控制策略所需的各类传感器、集中显示屏、接口模块及通信网关等。通风空调系统集中节能控制监控对象统计见表 2-4-1。

表 2-4-1　通风空调系统集中节能控制监控对象统计

系统	监控对象	设置位置
水系统	冷水机组（螺杆机）	冷水机房
	空调水泵（变频）	冷水机房
	横流塔冷却塔（双风机） 蒸发冷凝（拟 EC 风机）	地面/风道内设置
	水处理装置（旁流式、电子式、在线清洗）	冷水机房
	电动蝶阀	水管管路
	压差旁通阀	分集水器
	液位传感器	膨胀水箱
	温度传感器（变送器）	冷水管/冷却水管管路
	流量传感器（变送器）	集水器总管
	压力传感器（变送器）	冷水供回水总管、最不利点供回水总管

续表

系统	监控对象	设置位置
大系统	组合式空调机组(带粗、中效过滤及空气净化、变频)	车站通风空调机房
	回排风机(变频)	
	新风机	
	参与风水联动控制电动风阀(连锁风阀及新、回、排)	
	温湿度传感器	新风道内、回风总管、送风总管、混合风室、站厅站台公共区、长通道
	CO_2传感器	公共区
	PM2.5/PM10 传感器	公共区
	长通道风机盘管组	公共区
	空气幕组	公共区出入口通道
	动态平衡电动调节阀	末端回水管、风机盘管组回水总管
小系统	柜式风机盘管机组(变频)	车站通风空调机房
	柜式风机盘管机组(带粗、中效过滤及空气净化、变频)	
	回排风机(变频)	
	新风机	
	参与风水联动控制电动风阀(连锁风阀及新、回、排)	
	温湿度传感器	回风总管、送风总管、设备区重点房间
	CO_2传感器	设备区人员管理用房
	动态平衡电动调节阀	末端回水管

(1)网络架构。

以典型地下站为例(设定空调负荷中心在车站 B 端),风水联动控制系统由以下设备组成:

B 端:1 台风水联动控制柜;1 号水系统电控柜、2 号水系统电控柜;风系统电控柜(大系统)、风系统电控柜(小系统)。

A 端:风系统电控柜(大系统)、风系统电控柜(小系统)、A 端数据采集柜(箱)、B 端数据采集柜(箱)。

地下站通风空调集中节能控制系统网络架构如图 2-4-9 所示。

风水联动控制柜、风系统电控柜、水系统电控柜、数据采集柜(箱)中分别设置工业交换机,组建车站内工业以太环网,实现 PLC 控制器、远程 I/O,变频器、智能电机保护器、智能电力仪表等智能元件的连接。

(2)系统控制。

系统控制由就地单体设备点动控制、模式控制、时间表控制等组成。主要控制策略(控制原理)如下:

①空调大系统控制。

小新风空调工况:依据室外温度的变化自动动态调节,通过比较回风温度与设定温度差异,实现调节目标：回风温度 = 设定温度。当站内回风温度 > 设定温度时，需提高空调机组的频率；当站内回风温度 < 设定温度时，需降低空调机组的频率。车站温湿度页面如图 2-4-10 所示。

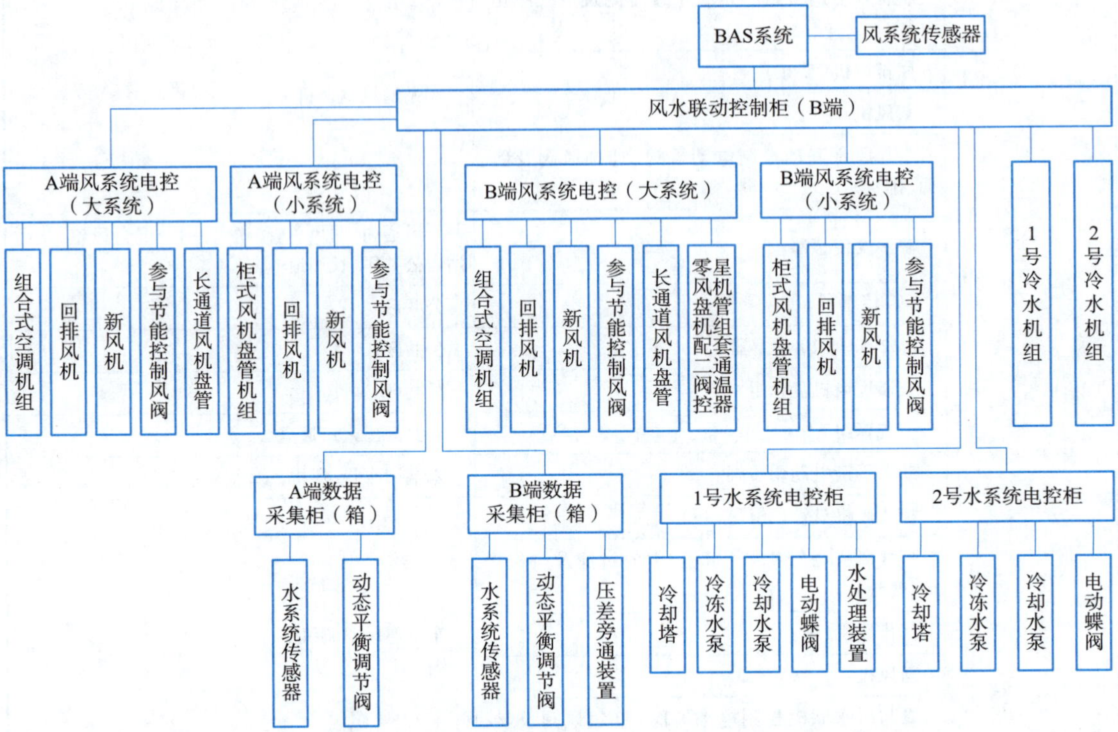

图 2-4-9　地下站通风空调集中节能控制系统网络架构

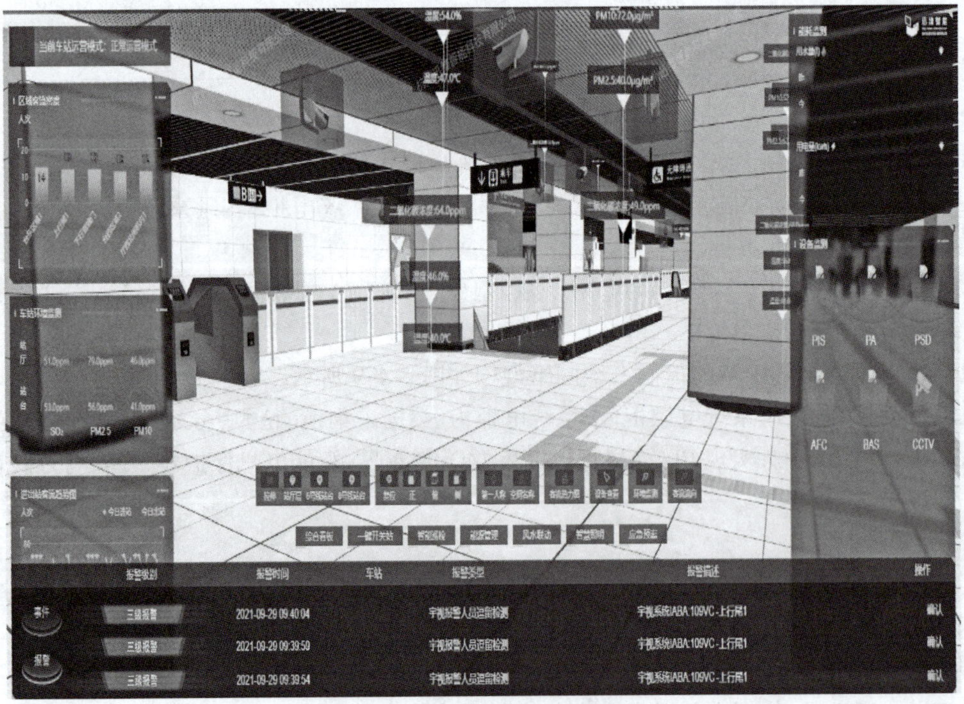

图 2-4-10　车站温湿度页面

全新风空调工况：站内平均温度（公共区）与设定温度（根据各站分别提供）进行比较，控制方式同小新风工况。

全通风工况：当 12 ℃（可根据需要调整）≤室外温度≤送风温度时，站内平均温度与设定温度（一般 25 ℃，可调）进行比较，站内平均温度（公共区）与设定温度（根据各站分别提供）进行比较，控制方式同小新风工况；当室外温度＜12 ℃时，组合式空调机组控制风机频率按室内外温差设定上限最小风量运行。

②空调小系统控制。除人员驻留的用房需新风控制要求外，其余控制策略参考大系统。

③空气品质控制。根据室内外新回风焓值及温度、送风温度、CO_2浓度、PM2.5 及 PM10 浓度等参数进行优化判断，对空调箱送风机启停及频率、回排风机启停及频率、小新风机启停、新风阀、回/排风阀、水阀进行控制与调节，保障空气品质及室内热舒适度标准前提下降低通风空调系统能耗。

梳理室内外的空气颗粒度 PM2.5 及 PM10 浓度，以及对应的室内 PM2.5 及 PM10 浓度限定值之间的逻辑关系，调节相关风机频率以及新风阀、回风阀、排风阀的开度，实现车站室内空气颗粒度的控制，尽可能保障室内空气品质的要求。

④冷水机组控制。跟随冷负荷的变化控制动态调整冷水机组的加、减载，即依据车站主机具体能效曲线，计算出台数增减的最佳负荷率值，并按最佳负荷率值控制台数增减。车站空调系统泵组控制示意图如图 2-4-11 所示。

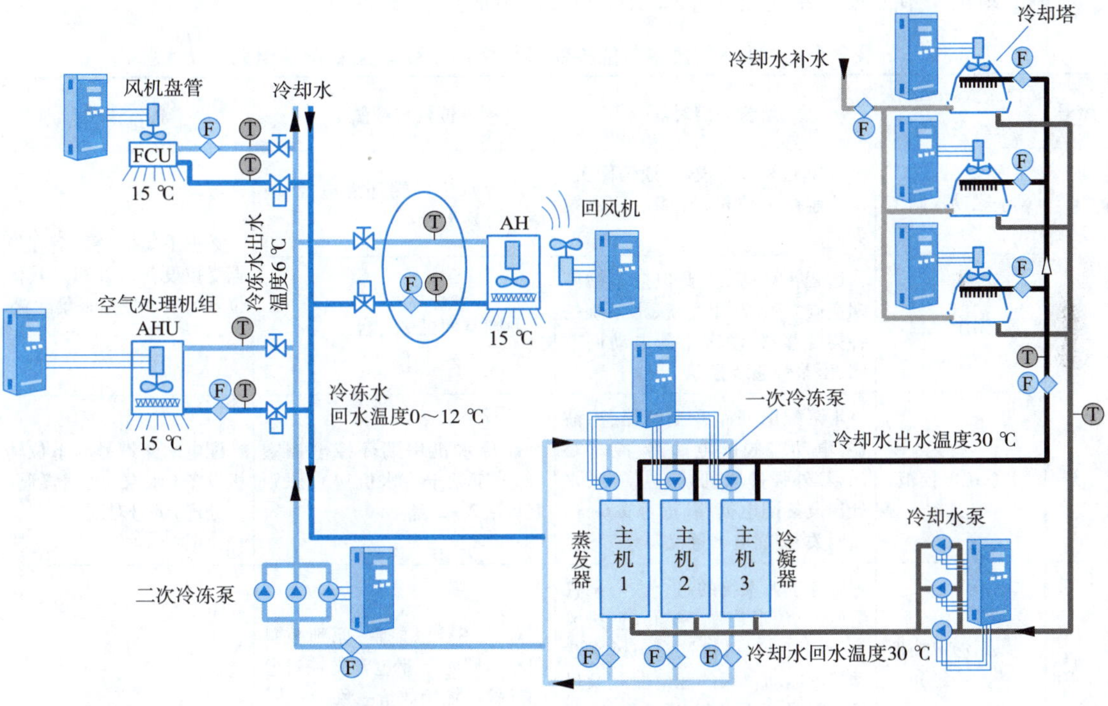

注：Ⓣ指温度传感器；Ⓕ指流量传感器。

图 2-4-11　车站空调系统泵组控制示意图

⑤冷冻水泵控制。根据冷水供回水温差，结合 PID 或其他智能算法控制冷冻水泵的运行频率，当实际温差大于设计值时，提高水泵频率；当实际温差小于设计值时，降低水泵频率。首台冷冻水泵启动时，初始运行频率为低频运行（一般为 30 Hz，可调）。多台水泵同时运行时，各泵同频运行。

⑥动态平衡电动调节阀控制。将流量、温度、开度等参数利用 Modbus RTU 标准协议反馈至控制系统，实现接口信息的即时通信，控制车站大、小系统与空调机组的冷冻回水管动态平衡调

节阀，达到根据末端动态负荷变化按需分配流量的目的。

⑦压差旁通装置控制。利用压差旁通阀具备的压差控制开度功能控制压差旁通装置的开度。

当冷冻水泵运行频率未达到下限（一般为 30 Hz，可调）时，压差旁通装置不启用自身调节功能，旁通阀保持全关。

当冷冻水泵运行频率达到下限且持续超过规定时间（一般为 3 min，可调），启用压差旁通装置自身调节功能。

⑧冷却塔、冷却水泵控制策略。根据冷却水出水温度与湿球温度逼近度（逼近度可调节），结合 PID（比例、积分、微分）或其他算法，控制冷却塔的风机开启台数。当实际温差大于设置值时，减少冷却塔风机运转台数；当实际温差小于设置值时，增加风机运转台数。

通过对机房 COP 值（热泵循环性能系数；空调制热时制热量与总输入功率的比值，制冷时制冷量与总输入功率的比值，本书指制冷时的比值）寻优后控制冷却塔、冷却水泵运行工作台数，保证冷水机组的高效运行，实现机房 COP 值最高。

⑨长通道风机盘组控制策略。利用设置于风机盘管组的长通道处设温湿度传感器数据，对风机盘管组前端动态平衡电动调节阀动态调节。

⑩空气幕组控制策略。充分利用空气幕组在空调季和非空调季的启停辅助大系统控制及空气品质控制。

地下站集中节能控制系统之风水联动控制设备组成见表 2-4-2。

表 2-4-2 地下站集中节能控制系统之风水联动控制设备组成

序号	风水联动控制系统各柜体	所含受控对象	位置与数量	备 注
1	风水联动控制柜	PLC、远程 I/O 模块、通信网关、工业监控上位机、智能电测量仪表等	靠冷水机房端环控电控室；原则每站一台	数据采集柜（箱）旨在根据受控设备所处车站具体位置为便于数据采集配置
2	数据采集柜	远程 I/O 等，主要包括车站两端空调大系统、小系统、水系统的各类传感器、动态平衡电动调节阀、压差旁通装置等	原则空调机房一台	
3	水系统电控柜	水泵配电回路及变频器、滤波器、电动蝶阀配电回路、冷却塔（含额外强排风机）配电回路、水处理设备配电回路、远程 I/O、通信网关、智能电测量仪表等	靠冷水机房端环控电控室（部分车站于冷水机房）；原则上每站 2～3 台	配电回路编号与下位辅机设备（水泵、电动蝶阀、水处理）编号对应
4	风系统电控柜（大系统）	服务于大系统的组合式空调机组（净化消毒装置、变频）、回排风机（变频）、新风机及参与风水联动控制电动风阀的配电回路及风机变频器、远程 I/O、通信网关、智能电测量仪表等	车站环控电控室，原则数量同动力照明专业包含受控对象的环控电控柜数量一致	
5	风系统电控柜（小系统）	服务于小系统的各柜式风机盘管机组（变频）、服务于人员管理用房柜式风机盘管机组（净化消毒装置）、回排风机（变频）、新风机及参与风水联动控制电动风阀的配电回路及风机变频器、远程 I/O、通信网关、智能电测量仪表等	车站环控电控室，原则数量同动力照明专业包含受控对象的环控电控柜数量一致	

对车站的“风、水、电”进行24 h监控，避免了人工判断、手动操作下发节能模式的粗放性；水电表计电子智能化避免人工抄表的误差，提升了数据采集的实时性。现场数据通过远程采集、后台处理数据，准确记录车站设备能耗情况，为车站节能提供导向性目标，还对各项节能措施进行细致量化。目前大部分城市（见图2-4-12）新建线路在建设期合并建设实现，老旧线路通过专项改造实现。

视频 风水联动-通风空调设备监测

视频 对通风空调设备的监测

视频 能源管理系统

图2-4-12　广州地铁18号线低碳节能实景图

四、智慧能源管理系统设备维修计划性检修周期与工作内容

智慧能源管理系统依托BAS系统软硬件定制开发完成，并在ISCS系统中增加对应图元及报警信息，因此智慧能源管理系统的计划性检修周期及检修标准按照BAS系统进行，但风水联动控制虽可视为BAS系统功能定向开发扩展，但有较多独立设备运行，因此需制定对应的维修保养作业标准及要求。风水联动控制部分的年检要求与季检要求类似，但要求设备全覆盖。

五、风水联动控制柜体设备维修保养维修作业标准及要求

1. 月检

月检维修保养维修作业标准及要求见表2-4-3。

表2-4-3　月检维修保养维修作业标准及要求

序号	作业内容	作业标准及要求	补充说明及简图
1	风水联动控制柜	①触摸屏上无故障报警、通信正常，模式执行正常权限位于远方。 ②各PLC、模块、交换机等指示灯正常。 ③检查柜体表面及周围环境无明显积尘和蜘蛛网。	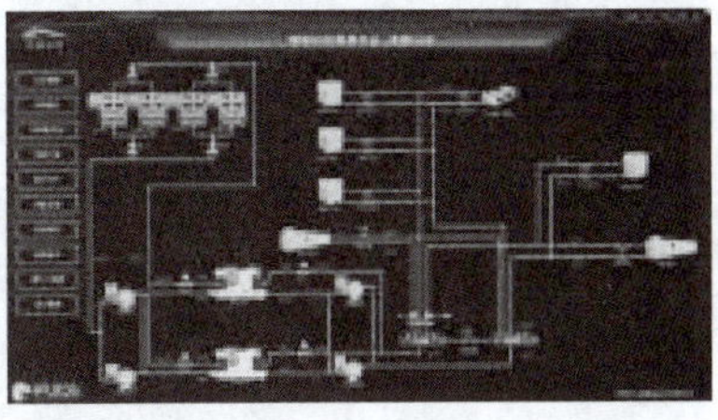

续表

序号	作业内容	作业标准及要求	补充说明及简图
1	风水联动控制柜	④柜体电缆进线位置的防火封堵、防水、防鼠检查。 ⑤柜内端子排、元器件是否有明显锈蚀	
2	风系统电控柜、水系统电控柜	①各电压表、电流表显示无异常，无缺相、过压、过流现象。 ②各馈出回路抽屉柜转换开关位置、指示灯正确，投运开关无跳闸现象。 ③电控柜无异味、异响，柜门关闭正常，散热情况良好。 ④柜体表面及周围环境无明显积尘和蜘蛛网。 ⑤柜体电缆进线位置的防火封堵、防水、防鼠检查。 ⑥柜内电加热器、变频器、软启动器内部散热风扇运行情况是否正常。 ⑦柜内端子排、元器件是否无锈蚀	 
3	数据采集箱及传感器	①柜体表面及周围环境无明显积尘和蜘蛛网。柜体电缆进线位置的防火封堵。 ②柜内端子排、元器件无锈蚀、无异味、异响，柜门关闭正常，散热情况良好。	

续表

序号	作业内容	作业标准及要求	补充说明及简图
3	数据采集箱及传感器	③各模块指示灯均在正常运行状态，无故障报错指示。 ④传感器设完好，接头连接紧固无松脱	

2. 半年检巡检

半年检维修保养维修作业标准及要求见表2-4-4。

表2-4-4　半年检维修保养维修作业标准及要求

序号	作业内容	作业标准及要求	补充说明及简图
1	风水联动电控柜柜面检修	检查转换开关、指示灯、按钮等元器件是否正常工作，线路标识齐整无松脱、柜体无锈蚀等： ①柜体各指示灯无缺失，外观无损坏，按压试灯按钮全部灯亮起。 ②转换开关转动灵活无卡阻、定位正确；按钮动作正常，按压弹力合适。 ③指示灯、开关、按钮、电缆（导线）等元器件标识齐全、无松脱	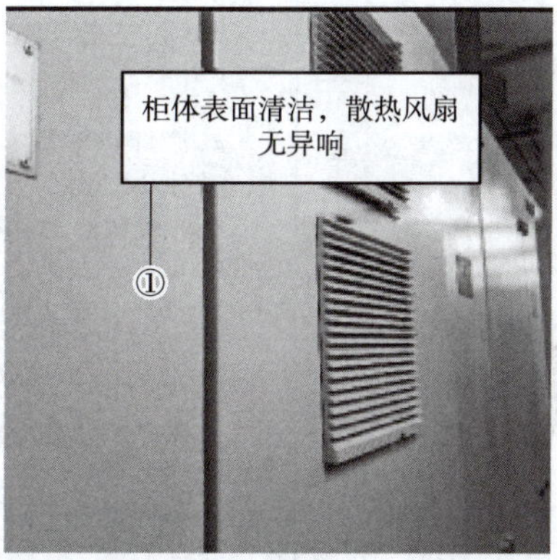
2		①柜体、抽屉滤网内外清洁无尘土、无脏污；散热风扇排风通畅。 ②柜体、柜体上元器件无破损、无安装松动，柜门关闭或封盖严实，安装紧固	

续表

序号	作业内容	作业标准及要求	补充说明及简图
3	风水联动电控柜柜面检修	①转换开关、按钮操作灵活、无卡阻、位置准确。 ②指示灯、开关、按钮、电缆（导线）等元器件标识齐全完好、正确	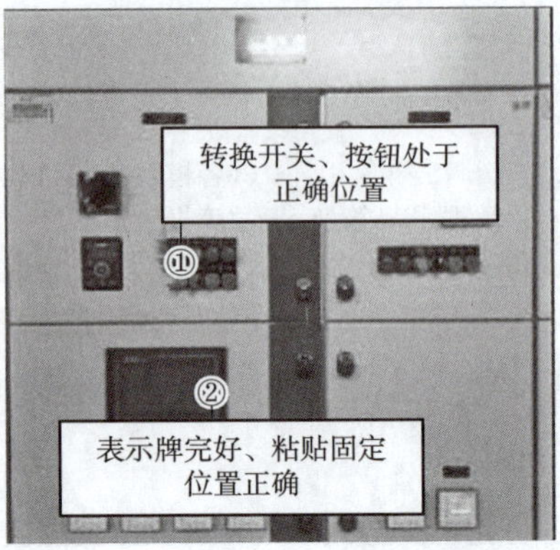
4	风水联动电控柜柜内检修	①元器件、触点、接点无变色过热痕迹，主控回路接线紧固、无松动松脱。 ②柜内接触器、继电器指示灯正常、无异响	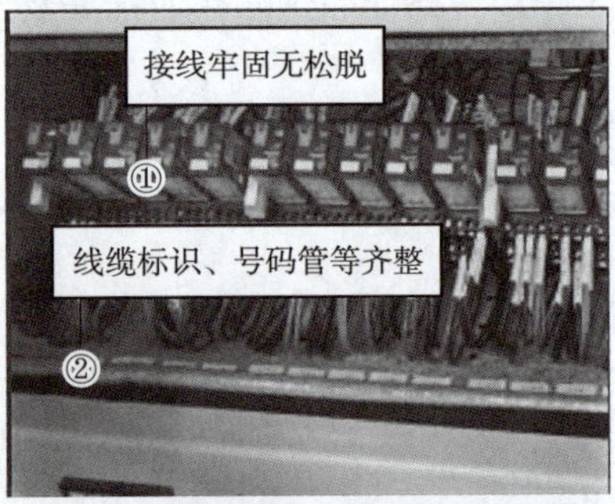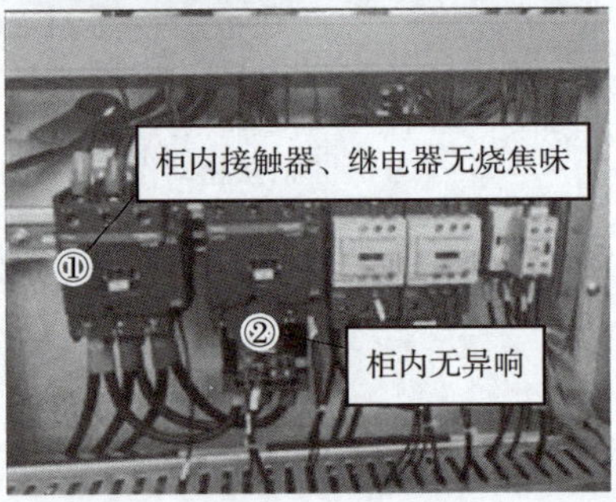
5		①控制柜内所有电器设备、元件及其附件在系统电压、系统额定频率允许范围内运行。 ②安装有变频器、软启动装置等的控制柜内散热风扇运行正常，无松动、异响	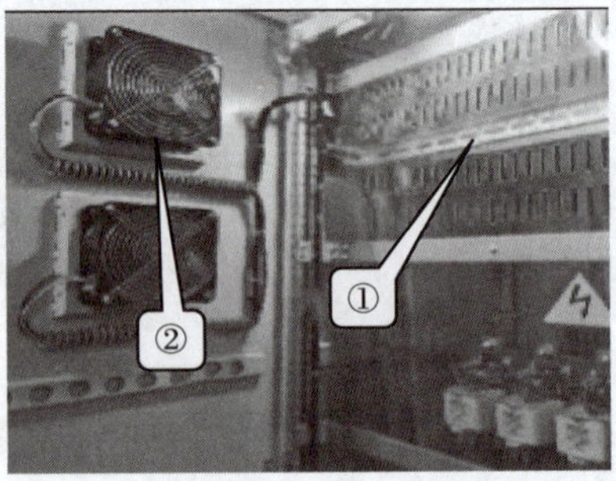

续表

序号	作业内容	作业标准及要求	补充说明及简图
6		①母排无过热痕迹；母排表面光洁，支架安装牢固。 ②母排固定螺栓需定位线，所有母排张贴温度贴纸	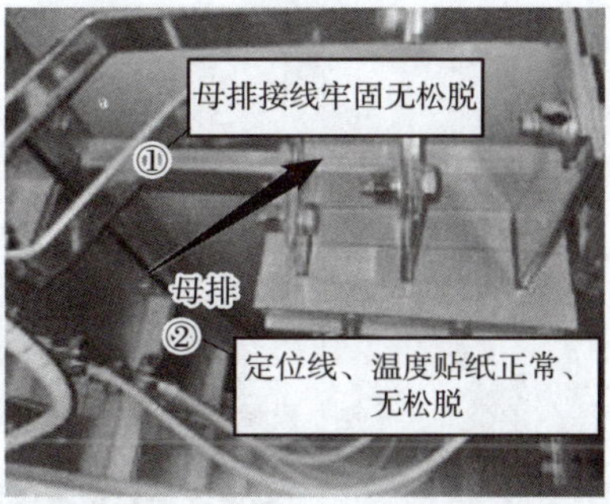
7	风水联动电控柜柜内检修	①检查柜内接线端子排无锈蚀、螺钉无松动，接线牢固。 ②柜内接地线接线无松动	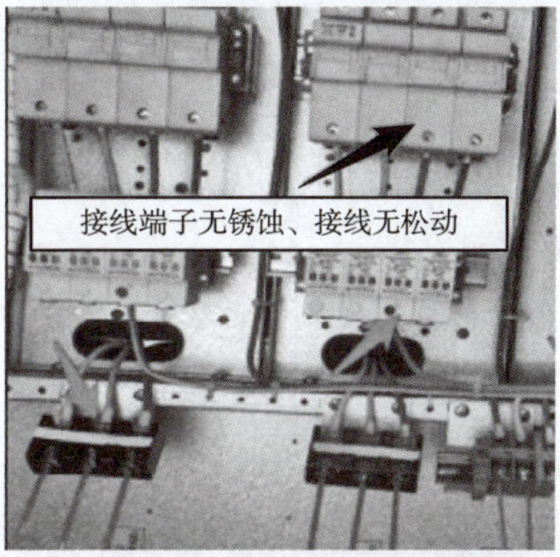 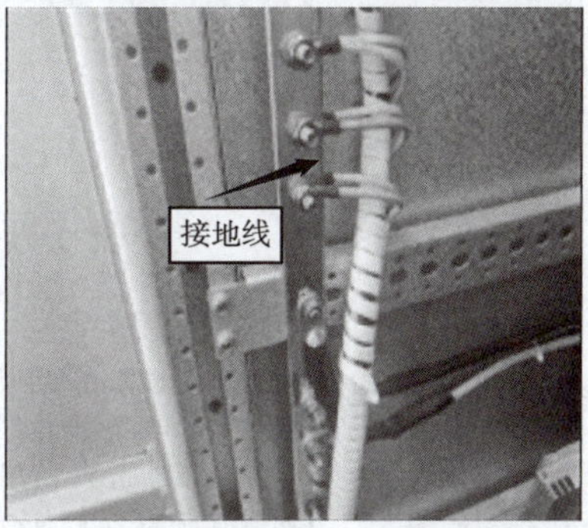
8		检查 PLC 主控器电源、通信线缆、各类模块： ①电源模块供电指示灯绿色，网关通信指示灯周期闪烁。 ②目测连接电缆紧固，接头无异样，无裸露导线，柜内设备安装紧固，柜内无异物。 ③网关运行正常，网关连接电缆无松动。 ④CPU 模块、以太网模块、总线模块、冗余模块运行正常。	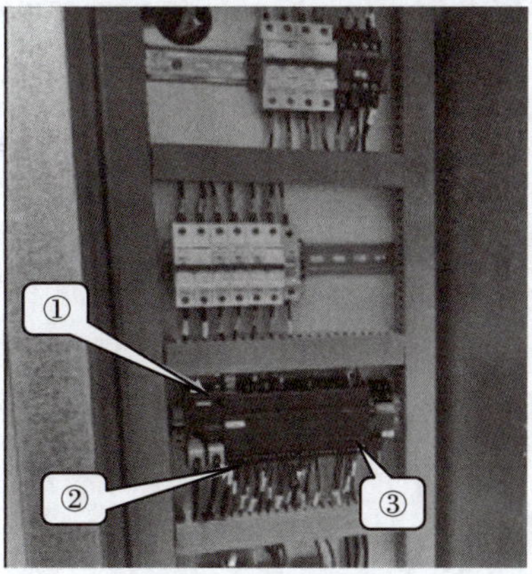

续表

序号	作业内容	作业标准及要求	补充说明及简图
8	风水联动电控柜柜内检修	⑤风扇运行正常(如有);空气开关分/合正常,标示完整。 ⑥接地线完整无松动(电表测试无漏电现象);控制柜内设备清洁,无尘积	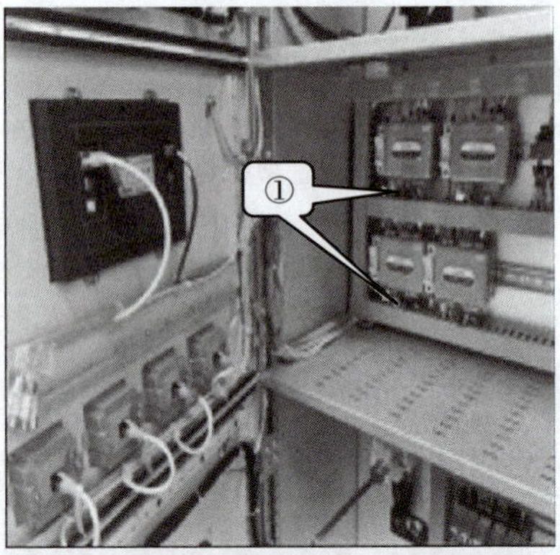 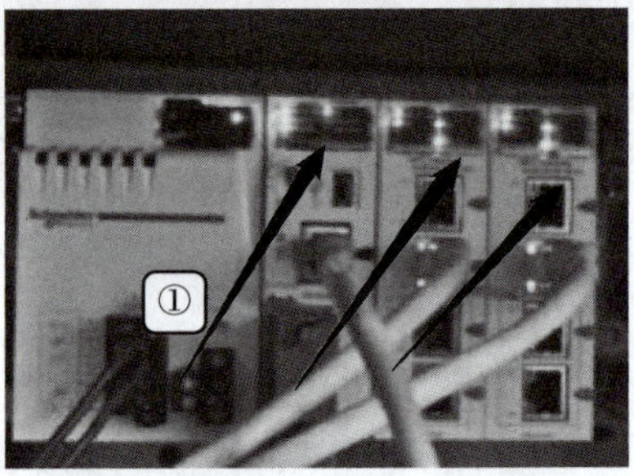
9		检查变频器、软启动器、马达保护器及接触器的电源、通信线缆、各类模块: ①变频器进出线端子连接牢固、定位划线清晰,需拆卸外壳对内部进行清洁。 ②软启动器进出线端子连接牢固,定位线划线清晰,需拆卸外壳对内部进行清洁。 ③马达保护器进出线端子连接牢固、划线清晰。定位线划线清晰。 ④接触器进出线端子连接牢固。 ⑤上述所有设备本体无灼烧痕迹,本体散热风扇工作状态良好无异响	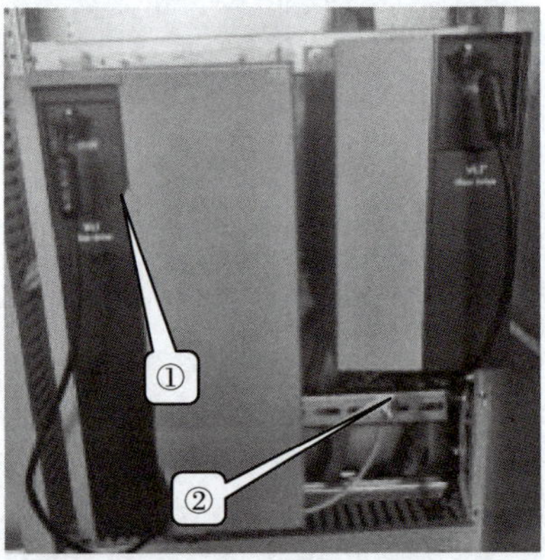 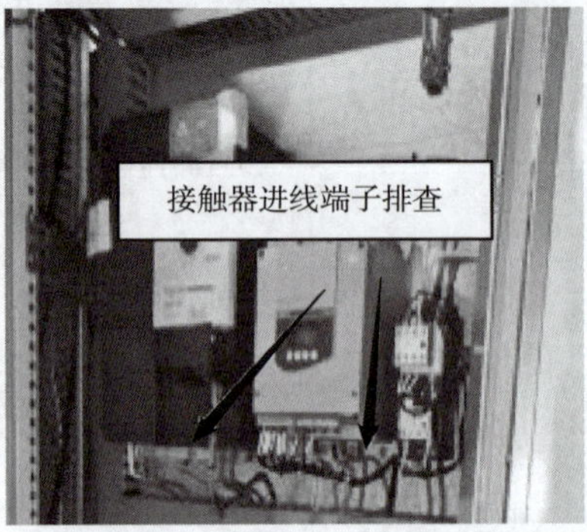

续表

序号	作业内容	作业标准及要求	补充说明及简图
10	风水联动电控柜柜内检修	孔洞防火泥封堵严实	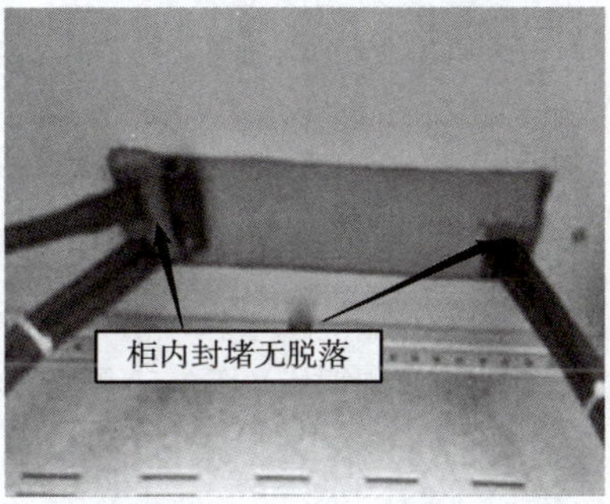
11	功能测试	触摸屏下发正常及火灾模式命令执行情况检查，测试各种模式下设备运行： ①大、小系统、空调水系统模式执行成功。 ②触摸屏上无故障报警、通信正常，权限切换功能正常。 ③风水联动电控柜内电机等设备运行电流、电压相关电气参数，确认符合设备铭牌参数整定要求。 ④温湿度传感器及加热装置正常。 ⑤电控柜无异味、异响。 ⑥软启动器、变频器、马达保护器无报警且运行正常	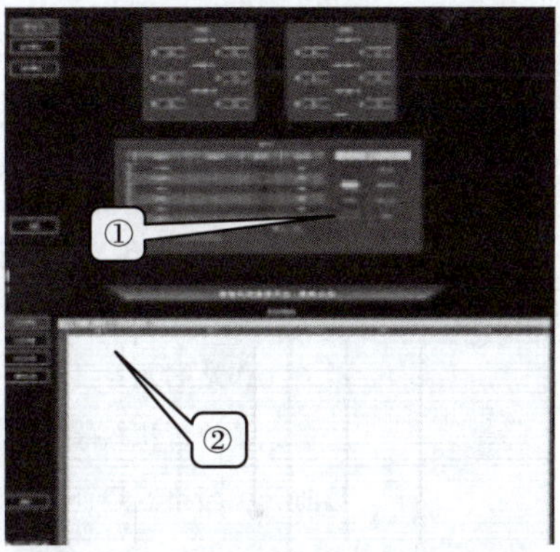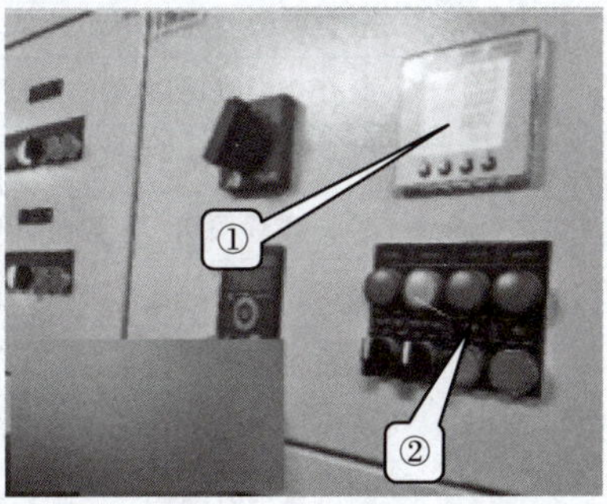
12	其他	检查室内通风、照明、室内孔洞封堵、消防设施及防鼠板安装、滴水等情况，环境条件是否满足要求	

六、智慧能源管理系统应急处置措施

智慧能源管理系统主要针对前端设备的数据收集、集中处理后生成相应控制命令，以及控制命令下发；且末端硬件设备设置有操作面板（又称就地控制装置），可进行状态查看与就地控制。因此硬件故障可通过现场设备指示灯显示判断其状态，而硬件故障之外的故障原因多产生在传输网络或端口、软硬件接口位置等。

当出现无法对下位设备状态进行监控、控制命令下发不成功、表计数据不更新等情况时，对于节能控制与灯具照明控制两部分功能应立即通过综合监控系统下发控制命令或通知专业人员就地操作设备；对表计数据抄录回归传统的“人工抄表”。

(1)专业人员利用工作站查看各接入子系统设备图元定位故障，如显示设备本体故障则现场查看设备状态指示灯等方式排除下位设备硬件故障，按照“先软件后硬件”检查接口通信数据、软件进程检查、线路设备检查等定位故障后相应处置。

(2)由于单子系统或单设备故障不影响整体功能，因此应由专业人员根据设备所属线路专业及维保界面开展故障处置，车站值班人员利用故障设备所属线路综合监控系统监控设备状态。

技能训练

综合监控智慧能源系统故障应急故障处置表见表2-4-5。

表2-4-5　综合监控智慧能源系统故障应急故障处置表

故障名称	检修内容	状态	故障说明
综合监控智慧能源系统离线	检查工作站图元等显示	□	
	查看系统报警状态信息(下位设备故障纳入专业处置)	□	
	检查开关断路器是否在合位	□	
	检查下位设备指示灯显示	□	
	检查综合监控与下位设备之间网线、光纤连接	□	
	检查交换机接口状态指示灯	□	
	风水联动控制柜就地操作正常	□	
	检查 PLC 模块、工作站 CPU 及内存占用率	□	
	检查服务器进程无丢失、无卡滞	□	
	重启运行异常设备，如 PLC 等	□	
	更换故障设备并导入备份软件	□	
	测试风水联动远程控制系统功能正常	□	
	测试智慧能源管理系统正常工作	□	
备注	故障处置顺序进行，完成一项检查且结果正常则在□内打√，否则打×，并在故障说明中描述故障特征，以备故障原因追溯		

任务评价

任务评价见表2-4-6。

表 2-4-6　任务评价

<table>
<tr><td colspan="3">任务四　智慧能源管理系统检修及应急故障处置</td><td colspan="4">日期：</td></tr>
<tr><td colspan="2">姓名：</td><td>班级：</td><td>学号：</td><td colspan="3" rowspan="3">教师签名：</td></tr>
<tr><td colspan="2">自评：□熟练　□不熟练</td><td>互评：□熟练　□不熟练</td><td>师评：□合格　□不合格</td></tr>
<tr><td colspan="2">日期：</td><td>日期：</td><td>日期：</td></tr>
<tr><td colspan="7">评分细则</td></tr>
<tr><td>序号</td><td>评分项</td><td>得分条件</td><td>分值</td><td>自评</td><td>互评</td><td>师评</td></tr>
<tr><td>1</td><td>接受任务</td><td>明确工作任务，理解任务在企业工作中的重要程度</td><td>5</td><td></td><td></td><td></td></tr>
<tr><td>2</td><td>前置知识</td><td>本次实训前需要掌握的知识程度</td><td>5</td><td></td><td></td><td></td></tr>
<tr><td rowspan="5">3</td><td rowspan="5">能力评价</td><td>能简述智慧能源管理系统的系统组成</td><td>5</td><td></td><td></td><td></td></tr>
<tr><td>能够描述智慧能源管理系统主要故障及应急处理措施及程序</td><td>10</td><td></td><td></td><td></td></tr>
<tr><td>结合智慧能源管理系统工作原理，辨识与 BAS 系统的异同</td><td>10</td><td></td><td></td><td></td></tr>
<tr><td>能协同完成智慧能源管理系统的检修作业</td><td>20</td><td></td><td></td><td></td></tr>
<tr><td>能根据综合监控智慧能源系统主要故障表征，采取有效措施进行应急处置</td><td>15</td><td></td><td></td><td></td></tr>
<tr><td rowspan="4">4</td><td rowspan="4">素养评价</td><td>工作计划性强，安排得当</td><td>5</td><td></td><td></td><td></td></tr>
<tr><td>团队合作能力强，善于沟通合作</td><td>5</td><td></td><td></td><td></td></tr>
<tr><td>自主学习能力强，勇于克服困难</td><td>5</td><td></td><td></td><td></td></tr>
<tr><td>严谨认真，积极参与课堂</td><td>5</td><td></td><td></td><td></td></tr>
<tr><td rowspan="2">5</td><td rowspan="2">评价反馈</td><td>学生能快速、正确地识别图片中设备，以小组评价方式组织客观评价</td><td>5</td><td></td><td></td><td></td></tr>
<tr><td>对学生在任务实施过程中发现问题，进行小组审议后及时反馈</td><td>5</td><td></td><td></td><td></td></tr>
<tr><td colspan="3">总　　分</td><td>100</td><td></td><td></td><td></td></tr>
</table>

巩固与练习

1. 智慧能源管理系统设备计划性检修术语与定义

(1)传统线路能源管理围绕__________的管理展开。

(2)智慧能源管理系统由__________、__________及__________集中节能三部分组成。

(3)用水用电电子智能表计将车站的智能化表计以__________接口等方式接入车站 BAS 系统，并最终与线网智慧管控平台联网。

(4)当出现能源管理系统无法对下位设备状态进行监控、控制命令下发不成功、表计数据不更新等情况时，对表计数据抄录回归传统的__________。

(5)查看运维审计系统事件记录报警信息时，应确保事件记录无__________报警信息，或针对高风险报警信息查看处置。

2. 智慧能源管理系统设备维修保养维修工作内容、标准及周期

(1)通风空调系统是集中节能控制设备，其组成是__________柜、__________和数据采集柜(箱)。

(2)风水联动控制系统的系统控制根据功能可分为由就地单体设备点动控制、__________、

__________等。

(3)长通道风机盘组控制策略是利用设置于风机盘管组的长通道处__________数据，对风机盘管组前端动态__________动态调节实现。

(4)空气幕组在空调季和非空调季的启停用于辅助__________控制。

3. 智慧能源管理系统设备检修与应急处置

(1)简述智慧能源管理系统月检的检修流程及作业标准。

(2)简述智慧能源管理系统网络故障的应急处置。

视野拓展

重庆轨道集团推动绿色发展

穿行在绿水青山、美丽花海之间的重庆轨道交通，与自然环境和谐共生，是绿色低碳出行方式的代表。重庆轨道集团是如何推动绿色发展的?

1. 做好顶层设计，打造绿智示范线

正在建设的重庆地铁24号线，是重庆轨道交通“绿智融合”关键技术示范项目，融生态、绿色、智慧于一体，将搭建重庆轨道交通工程建设安全管理综合平台、城轨快线全生命周期数字建管平台，建立生态智慧运维服核心系统，集成应用智慧列控系统、永磁牵引系统技术、智慧客服、智慧运维等一系列技术，在能耗管控、出行体验、行车调度、运维管理等方面形成重庆轨道交通绿色智慧发展品牌。

2. 应用节能技术，聚焦能源再利用

重庆轨道交通一方面发挥着大运量公共交通工具的优势，为减少碳排放做着贡献；另一方面加强科技创新，通过应用新技术，实现节能减排。将车辆制动时产生的电能转化为交流电回送电网，供车站信号、电扶梯、通风、照明、空调等附近其他用电设备使用，实现“变废为宝”，这便是重庆轨道交通再生制动能量回馈系统。

重庆轨道集团早在2号线建设时就使用了再生制动及逆变技术，后来建设的线路中也都有所应用。去年一年，重庆轨道集团再生制动及逆变技术回馈的电量达2 500万kW·h，节约电费约1 800万元。

针对夏季的“耗能大户”——空调系统，重庆轨道集团试点应用了以“磁悬浮高效冷水机组”为主体的全变频冷源系统、风水联动的群控集控系统、单端送风系统等，用技术革新、设备更新，实现节能降耗。

此外，“深部地下空间智能化运维和安全控制示范平台”在重庆地铁10号线红土地站试点运行已经1年多。平台整合了“在线监测、智能运维、安全预警”三方面的功能，拥有“空调智能运维”“扶梯安全运维”“全站能效管理”三个子系统。其中“空调智能运维”子系统可以根据环境，实现制冷系统、风系统、水系统的自动节能运行，系统运行以来，为车站减少用电近50万kW·h；“全站能效管理”子系统形成了车站级、系统级、设备级的三级能耗计量体系，能够直观显示车站各设备系统的异常能耗，帮助专业人员及时采取应对措施，减少不必要的能源消耗。这些环保、节能技术，是重庆轨道集团坚持绿色低碳的生动体现。

绿水青山就是金山银山。重庆轨道集团用绿色化、低碳化的高质量发展，保护着生态环境，守护着山清水秀美丽之地。

模块三

基于云技术的综合监控系统

任务 基于云技术的综合监控系统(ISCS)检修及应急故障处置

任务目标

知识目标:

1. 掌握基于云技术的 ISCS 系统与其他专业的硬件运行基础。
2. 区分常规 ISCS 系统与基于云技术的 ISCS 系统差异。
3. 掌握统一云技术管理与边缘云技术管理的差异。
4. 掌握基于云技术的 ISCS 系统架构、网络架构等。

能力目标:

1. 熟悉基于云技术 ISCS 系统的运行体系。
2. 具备基于云技术 ISCS 设备巡检、操作及检修的能力。
3. 能快速进行应急故障处置。

素养目标:

1. 具有 ISCS 系统检修安全作业的操作意识。
2. 具有标准化完成 ISCS 系统检修作业的工程思维。

任务导入

呼和浩特市城市轨道交通云平台项目采用云平台部署方式,统一构建城市轨道交通综合监控系统(ISCS)、自动售检票系统(AFC)、乘客信息系统(PIS)、门禁系统(ACS)、列车自动运行监视系统(ATS)、集中告警系统(CAS)、公务电话(PBE)等系统线网级平台,实现了各主要业务系统设备资源的横向融合,也实现了信息资源的纵向融合,最终实现了城市轨道交通相关业务系统的全方位融合及资源共享;优化既有综合监控系统(ISCS)、自动售检票系统(AFC)等业务系统应用架构,简化实时数据处理,实现业务应用的标准化、统一化,提升各业务系统数据共享及业务应用的效率;全方位覆盖系统应用、平台部署、网络架构,可为行业标准与规范制定以及为本地区后续线路和国内其他线路提供技术支撑。

任务描述

通过基于云技术的综合监控系统知识学习，认识统一云管理、边缘云管理技术、系统架构与设备组成，分辨与常规综合监控系统的差异，能利用常规综合监控系统的维修保养作业标准及要求进行基于云技术的综合监控系统设备的检修。

核心知识

基于云技术的综合监控系统（ISCS）的功能与常规综合监控系统并无区别。与常规综合监控系统最大的差异为，设备部署在性能强大的服务器（称为“云节点一体机”）提供云资源服务基础上，实现城市轨道交通控制中心、车站（或车辆段）各弱电专业数据融合。分布于控制中心、车站和车辆段的云节点一体机为综合监控系统（ISCS）、视频监控系统（CCTV）、乘客信息系统（PIS）、AFC 人脸识别及智慧安检系统、安防集成平台提供中央级、车站级系统的计算及存储资源，让这些弱电系统在控制中心、车站、场段不需再另行部署硬件设备。

利用云节点机融合后，被融合弱电系统的中央级、车站级软硬件架构、部署方式、数据流不产生形式上的变化或影响，系统组成如图 3-1-1 所示。利用软硬件一体化的形式提供一站式云计算解决方案，构成为“高性能服务器 + 云计算管理平台”，具备灵活弹性扩展以及完善的云计算服务能力，能够实现提高资源利用率，便于业务快速部署和扩展。

各城市线路在推进基于云技术的综合监控系统（ISCS）方面采取了不同的策略，主要可分为两种：在控制中心与车站均采用弱电融合云节点机提供计算及存储资源的，称为统一云技术管理；在车站（或车辆段）采用弱电融合云节点机提供计算及存储资源，而控制中心采用传统综合监控中央级架构部署方式的，称为边缘云技术管理。统一云技术管理和边缘云技术管的共有特点是采用统一的云资源服务器取代各专业的服务器、FEP 等设备；共用交换机取代各专业的交换机，合并各专业的网络设备及信息安全设备等。

一、基于云技术的综合监控系统特点

基于云技术的综合监控系统仍旧采用中央级、车站级和现场级三级控制方式（见图 3-1-2）。设备操作权限保持与常规综合监控系统相同。设备控制权限保持不变，处于“本地”状态时操作优先权限为最高级。在管理模式上依旧采用两级管理模式，即中央级和车站级管理。控制中心的主要责任人员是各调度员和相关管理人员，车站、车辆段等站点的主要负责人员是值班站长和相关值班人员，他们通过综合监控系统实现对全线机电设备等的监控，根据实际情况调整管理方式。

换言之，基于云技术的综合监控只是改变了系统软硬件的集成方式，接口通信适应性改变，但从使用端角度看却未做根本性的改变。针对多系统软件运行和数据服务集成至云节点机，通过采用超融合架构，云节点机提供虚拟主机服务，在单个一体化基础节点中同时具备计算、存储、网络和虚拟化等资源，而不对使用端造成使用体验的差异。

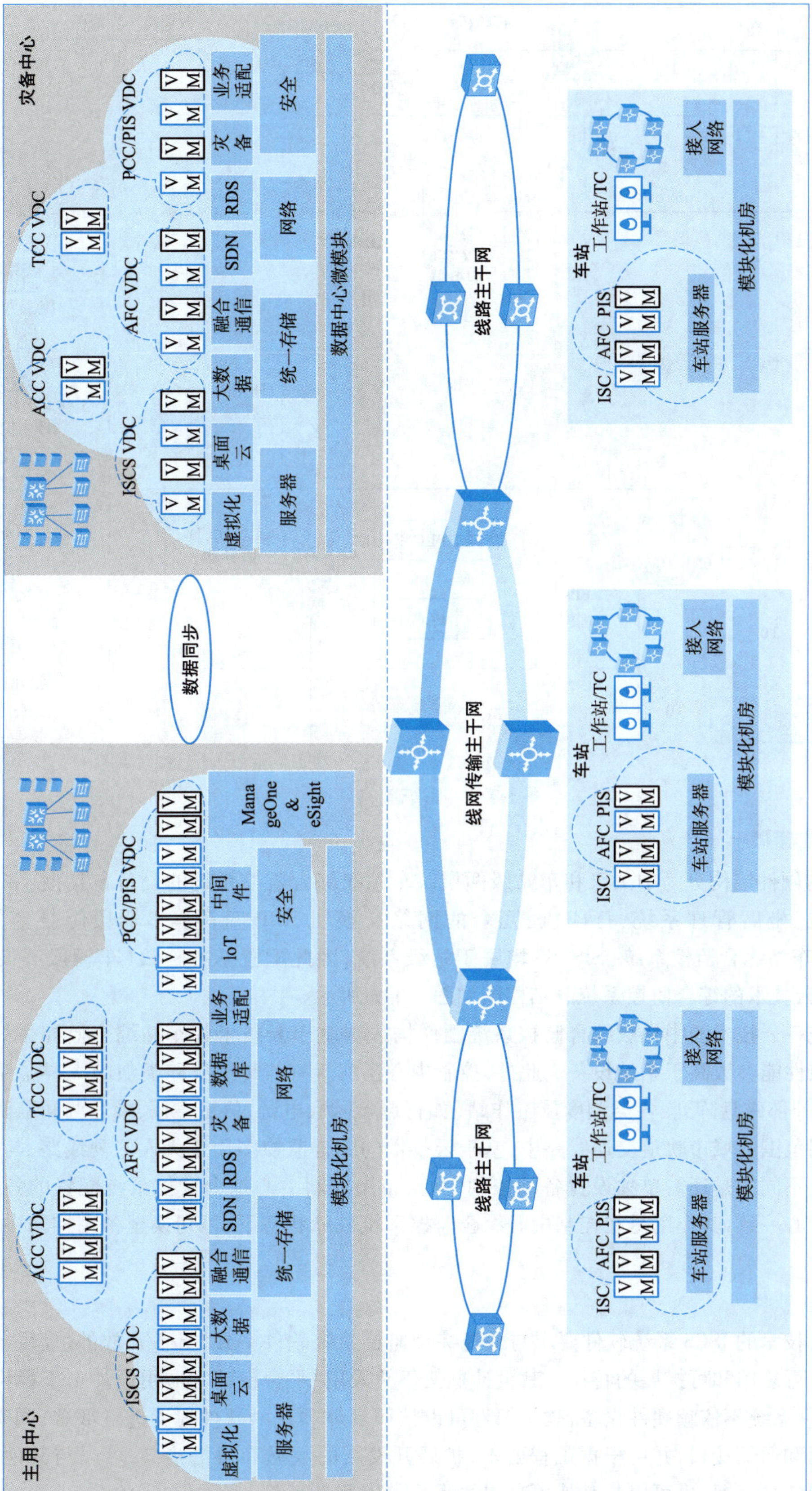
主用中心
ISCS VDC
ACC VDC
TCC VDC
AFC VDC
PCC/PIS VDC
虚拟化
桌面云
大数据
融合通信
SDN
RDS
灾备
数据库
业务适配
IoT
中间件
ManageOne & eSight
服务器
统一存储
网络
安全
模块化机房
数据同步
灾备中心
数据中心微模块
线网传输主干网
线路主干网
车站
ISC AFC PIS
工作站/TC
车站服务器
接入网络
模块化机房

图 3-1-1　系统组成

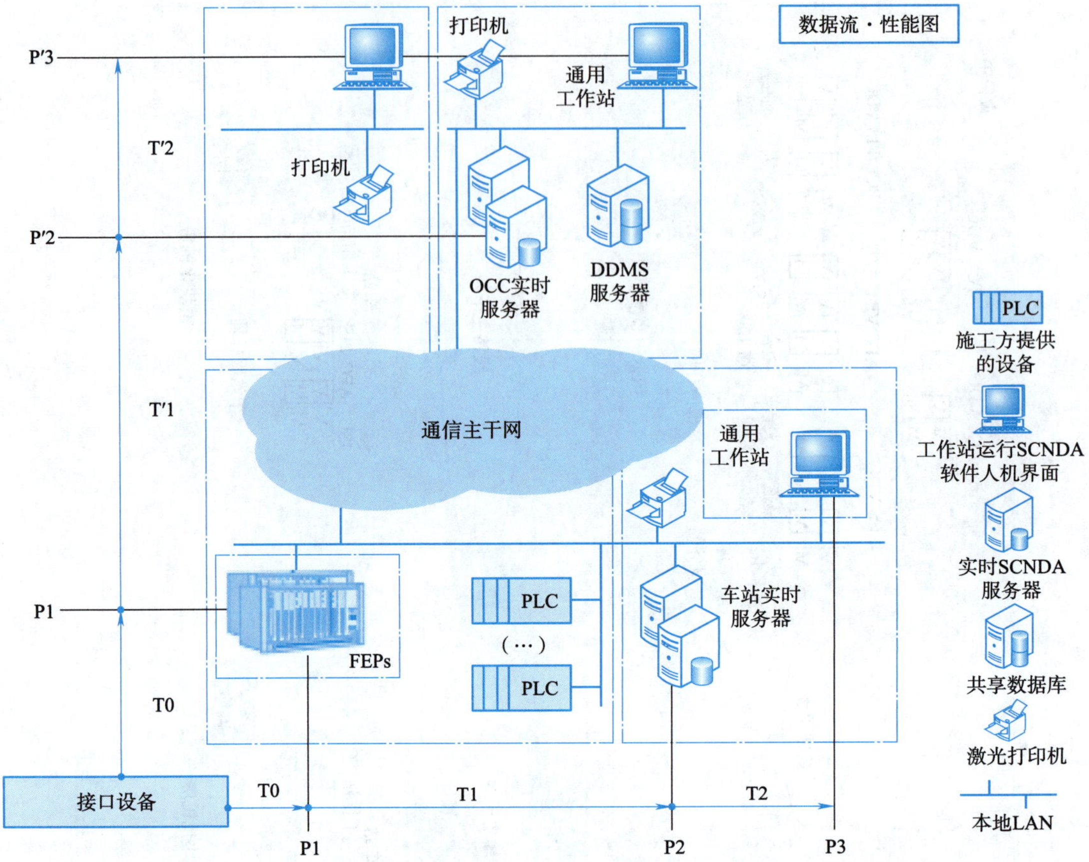

图 3-1-2　系统架构简图

1. 系统硬件

ISCS 的硬件结构分为中央级和车站级两层。车站级综合监控系统的设备包括但不限于：云节点一体机、坐席管理系统、打印机、冗余的网络交换机、IBP 盘等。车辆段综合监控系统（DISCS）与车站综合监控系统（SISCS）均属于站级系统，因此配置基本一致（车辆段不设置 IBP 盘）。边缘云技术的综合监控系统总结构图如图 3-1-3 所示。

基于统一云技术的中央级综合监控系统硬件构成与基于云技术的车站综合监控系统类似，但设备各项性能参数高于车站设备。此外，控制中心还配置有与传统线路类似的大屏幕系统（见图 3-1-4）、外部磁盘阵列、各类调度员工作站（如行调、环调、电调、值班主任、乘客调和维调等）。

在全国范围的城市轨道交通线路中，基于云技术的综合监控多用于无人驾驶线路，与常规综合监控系统不同的是还需单独设置备用控制中心，备用控制中心综合监控系统配置的各硬件功能与控制中心一致，其作用是在控制中心综合监控系统故障状态下，可切换至备用控制中心综合监控系统。

2. 系统软件

基于云技术的 ISCS 系统软件要求与常规综合监控系统软件一致，具备开放的、模块化、标准化、实用化、可复用和可扩展的特征。其设计框架仍然采用“平台设计＋应用设计＋工程设计”三层结构，软件系统不依赖硬件设备，软件部件可以按照具体项目的硬件配置进行部署；同时，具有丰富的数据和通信接口，并可根据工程要求，扩展开发新的数据和通信接口，可以与其他机电设备系统实现信息互通，也可以与其他更高层的系统实现信息互通。

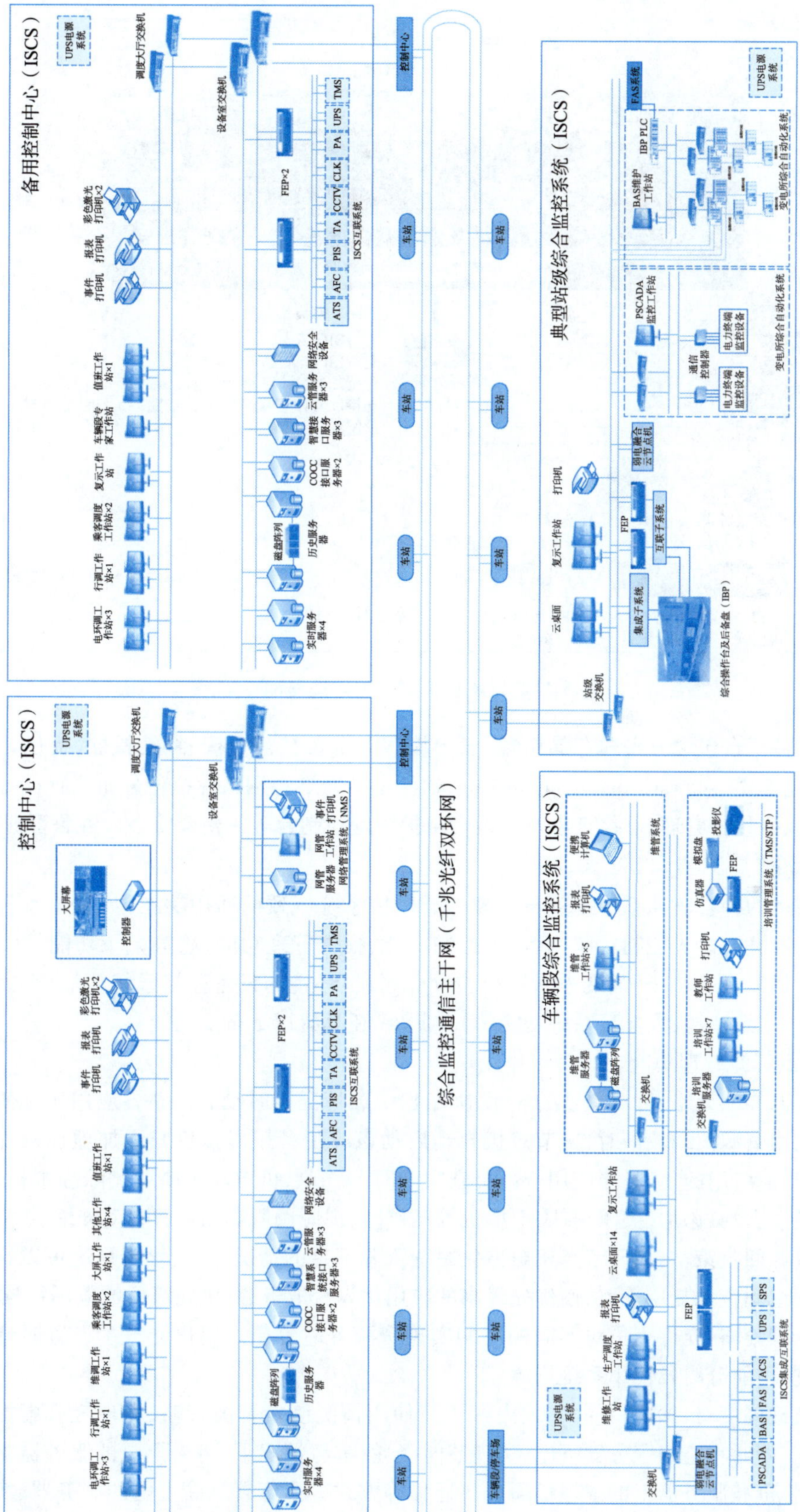

图 3-1-3　边缘云技术的综合监控系统总结构图

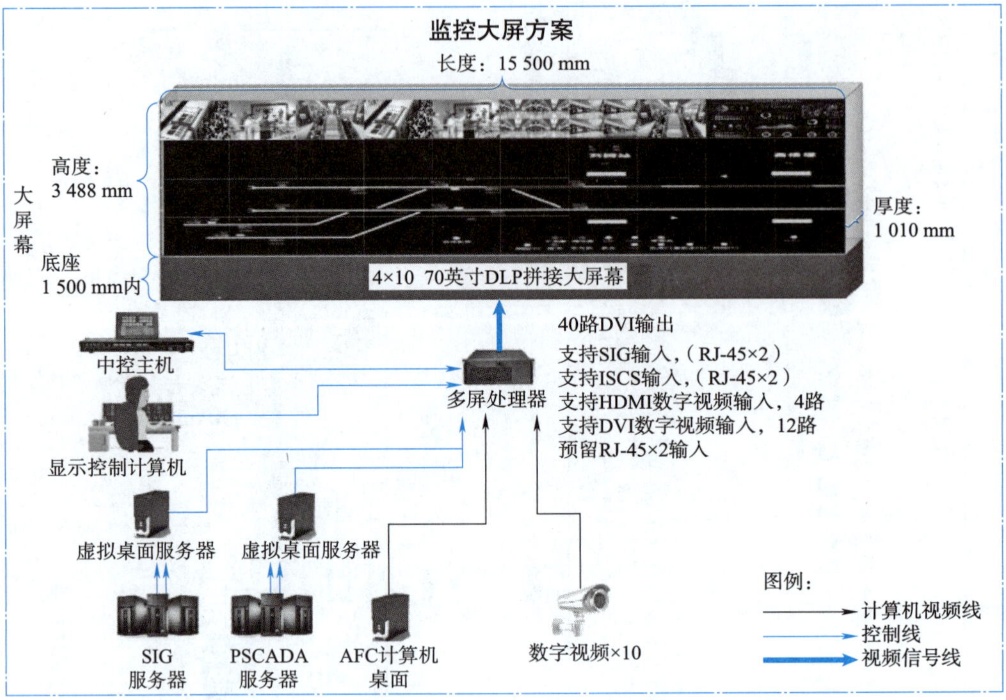

图 3-1-4 OCC 大屏幕系统连接图

云节点软件平台包含分布式存储引擎，云计算服务资源按需分配、线性扩展，提供计算虚拟化、网络虚拟化 SDN（software-define networking，软件定义网络）、网络虚拟化分布式存储等核心服务的统一管理、多租户管理、监控日志及云运营维护管理控制台等一整套核心云资源管理能力。

3. 系统功能

基于云技术的综合监控系统提供与常规综合监控系统一致的通用功能（如状态及告警显示功能、基本遥控功能、模式控制功能、远程组控制功能、报警管理功能、趋势记录功能等）；提供实现相关接口的机电系统功能（如变电所综合自动化系统、环境与设备监控系统功能、火灾自动报警功能、站台门系统功能、大屏幕系统功能等）。此外，还具有以下重要功能：

（1）云节点资源管理功能。

①动态资源伸缩策略：针对单独的应用，能根据负载情况实时动态调整各应用实际使用的资源。当一个应用资源负载较高时，云节点机自动启动该应用备用虚拟机或添加虚拟机并安装应用软件，分担当前应用的负荷；当应用资源负载很低时，云节点机自动关闭或删除虚拟机，释放相应的资源。通过启动、添加、关闭、删除虚拟机等动作，实现应用所需的资源自动伸缩。

②组间资源回收策略：在云节点机虚拟化系统资源不足的情况下，云管理系统可以根据管理员设置的应用组间资源复用策略，使优先级高的应用优先获取资源，优先级低的应用释放资源。

③时间计划策略：允许用户对不同的应用实现资源分时复用。用户能自主设置时间计划策略，使得不同应用能分时段使用系统资源。

④智能负载调度：根据应用的 CPU、内存负荷使用情况制定智能策略，实现轻载虚拟机合并到某台服务器，同时将空闲服务器下电，实现节能降耗；重载情况下，将未上电的服务器上电并投入系统使用，将重载服务器上的虚拟机通过热迁移等方式分离部署到新上电的服务器，实现服务器负载均衡。

(2)虚拟化平台安全防护功能:支持主流操作系统(Windows 和 Linux)无代理底层防病毒能力,不需要在虚拟服务器或虚拟桌面中部署安全防护代理;实现无代理防护能力嵌入到虚拟化软件底层,同时保护操作系统以及服务应用,利用防火墙及入侵防御[DPI(deep packet inspection,深度数据包检测)]功能,减少物理和虚拟服务器的攻击面,以及在已知漏洞修复之前,屏蔽漏洞防止入侵;防病毒功能和集中控管功能能够统一管理和配置,将日志统一集中呈现在管控平台上,并统一下发安全策略。

此外,软件功能还包括软硬件全冗余支持、冗余存储无缝切换、全可视化运维界面、细粒度报警信息、提供可热插拔硬件模块管理等,并提供稳定性、可用性、操作性皆为最佳实践的基础设施环境。

二、车站级综合监控系统

1. 车站综合监控系统

车站级综合监控系统由两台带路由功能的交换机接入全线主干传输网,并通过交换机上冗余的网络端口,连接云节点一体机、坐席管理系统、打印机等。主要配置为:云节点一体机、坐席管理系统、工业级以太网交换机、打印机和车控室一体化设备设施(含 IBP 盘、车站临窗操作台、多功能组合柜等);为保障车站设备安全、有序运行,配置有一套车站级云资源管理的综合监控系统软件(又称车站级组态软件,与中央级综合监控系统软件配套运行)。

其与传统综合监控系统设备的最大差别是设置有云节点一体机、坐席管理系统,如图 3-1-5 所示。

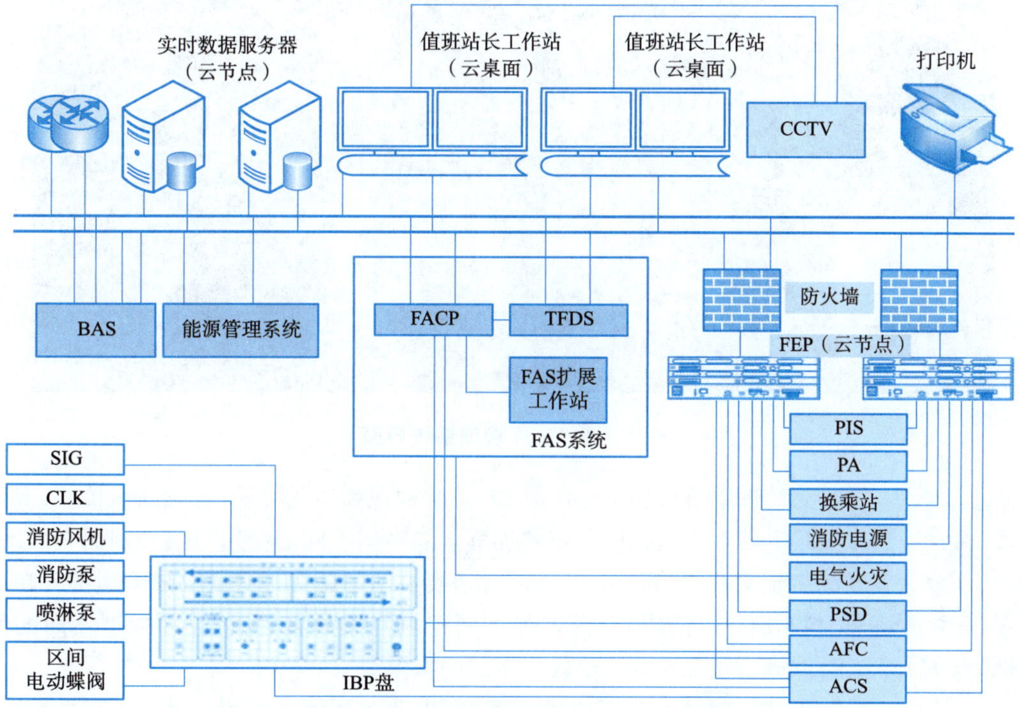

图 3-1-5　标准车站的综合监控系统连接图

(1)云节点一体机。云节点一体机采用超融合架构,在单个一体化基础节点中同时具备计算、存储、网络和虚拟化等资源。将多节点通过网络聚合实现模块化的无缝横向扩展,形成统一的资源池，使得这些系统不再单独设置服务器。因此，各车站、车辆段的综合监控系统(ISCS)、视频监控系统(CCTV)、乘客信息系统(PIS)、AFC 人脸识别及智慧安检系统、安防集成平台统一由云节点一体机提供管理服务器资源，实现各弱电子系统车站级应用融合至单一硬件平台。此外，为兼顾各专业的运营需要，利用云节点机的云桌面功能向各专业提供虚拟工作站数据投递服务(即通过云节点一体机的资源分配，定向投送各专业所需的数据信息等，从而维持使用端用户的无差别体验)。

鉴于各专业数据处理量的差异，云节点一体机针对各子系统对资源的需求情况进行动态分配，从而达到系统需求与硬件资源的平衡。云节点机还具备热迁移、高可用、双集群热备等技术保障系统可用性，各基础节点间彼此的数据支持复制与备份，以提供高可用性与数据保护能力。

(2)坐席管理系统。坐席管理系统用以整合车站控制室的多专业画面分离显示问题，实现车站控制室的显示器集中管理、统一调度、统一管理，实现人机分离，改善人员工作环境，提升人员工作效率，提高工作站设备的安全性和可视性。其由输入节点、输出节点、备份节点、交换机、坐席管理软件、分配器等辅材配件及专用线缆等组成。坐席管理系统界面如图 3-1-6 所示。

图 3-1-6　坐席管理系统界面

视频

坐席管理系统

坐席管理系统兼容 HDMI 或 DP 等多种视频格式传输；音频同步传输，混音报警以实现各专业在运营中的报警提醒。能根据不同的使用习惯和画面布局需要，实现坐席预案存储和调用，且可随时切换不同的预案。通过权限管理实现超级管理员、控制用户、普通用户等多种不同权限的用户管理机制，即根据不同的使用人、不同的职责、不同的岗位设置不同的权限。

标准站将 ISCS、CCTV、安防、ATS 弱电业务系统全部纳入坐席管理系统管理，各信号源在云节点机虚拟机内后台接入，具有全架构冗余功能，提供虚拟化信号的 ISCS 桌面云服务、安防集成平台桌面云服务、CCTV 桌面云服务。所有 HMI 通过配套的宽屏显示器显示、利用键盘鼠标操作，如图 3-1-7 所示。

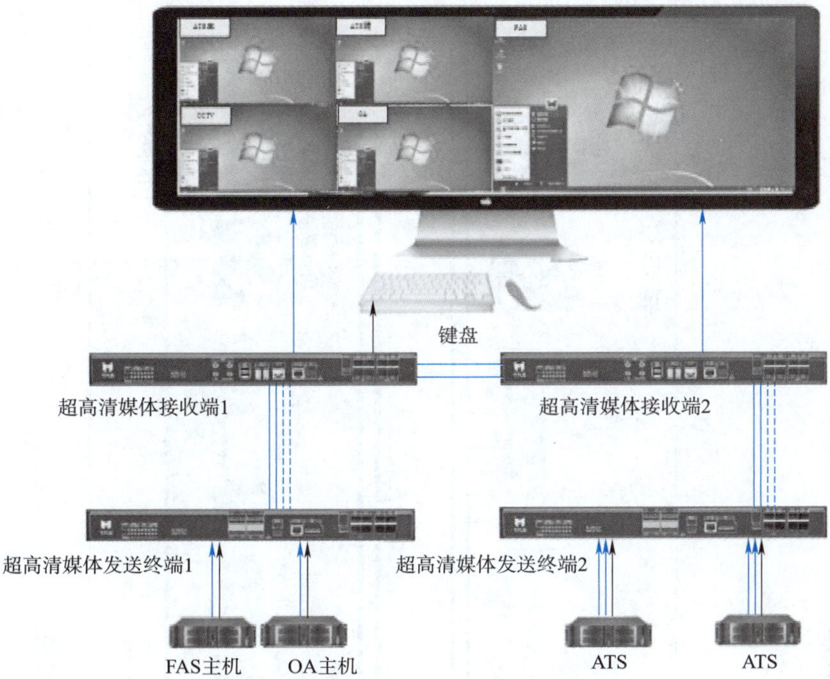

图 3-1-7　坐席管理系统连接图

2. 车辆段综合监控系统

车辆段综合监控系统设备构成与车站基本相同(车辆段不设置 IBP 盘,手动操作功能由 FAS 系统的联动控制盘完成),主变电所相关子系统(FAS、PSCADA、ACS)不同城市线路接入方式不一致,既有接入相邻车站的站级综合监控系统,也可视作为独立站点并配置软硬件设备,如图 3-1-8 所示。

三、中央级综合监控系统

中央级综合监控系统设置在控制中心(或备用控制中心),其设备及软件组成与车站级类似,但设备性能较车站级有明显提升(见图 3-1-9 和图 3-1-10)。除此之外,中央级综合监控系统还配置 OCC 独有的磁盘阵列与大屏幕显示系统设备。无人驾驶线路还需配置备用控制中心综合监控系统,其软硬件配置与控制中心一致。通过全线主干网将各车站级的综合监控、信号系统信息汇集到备用中心,从而实现多系统的行车综合自动控制。

为保障线路设备安全、有序运行,配置有一套中央级综合监控系统软件(又称组态软件,其软件架构与常规综合监控一致,即 B-S 架构或 C-S 架构)。

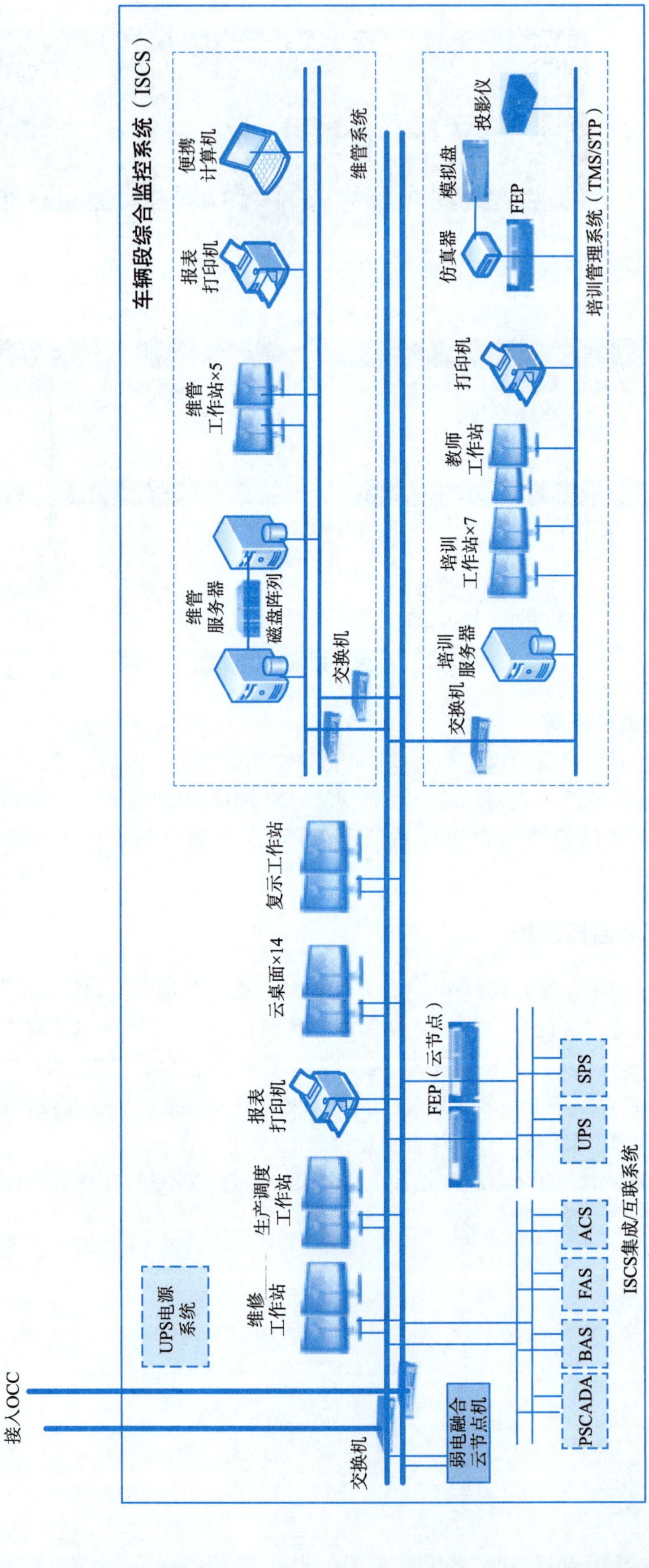

图 3-1-8　车辆段综合监控系统连接图

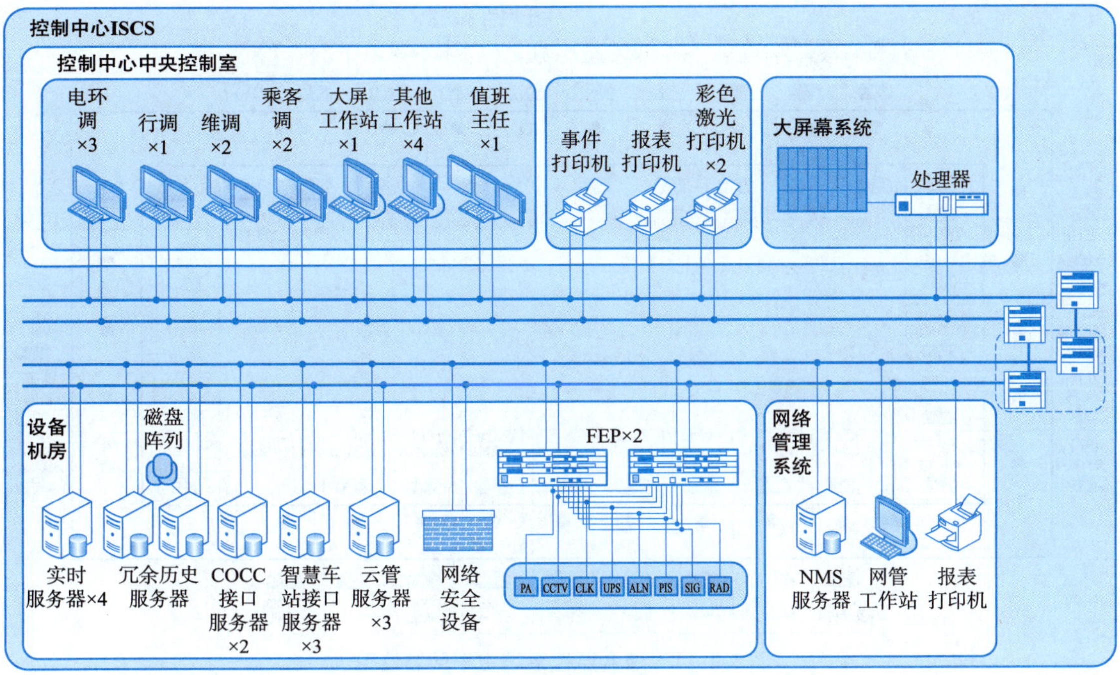

图 3-1-9　控制中心中央级综合监控系统连接图

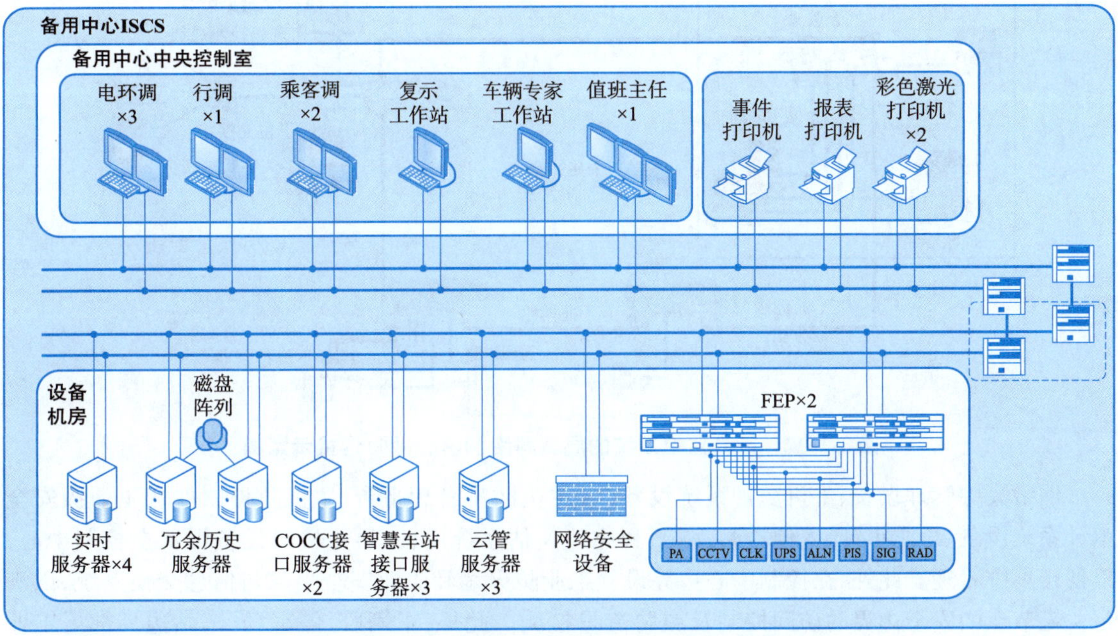

图 3-1-10　备用控制中心综合监控系统连接图

四、网络架构

基于云技术的综合监控系统网络架构与常规综合监控网络架构一致，依旧采用“主干网＋局域网”方式构建。主干网采用“跳站连接环网运行＋主备网冗余”方式搭建（见图 3-1-11）。为保证车站设备连续可靠运行，所有设备在具备冗余功能专用环状局域网络中运行（见图 3-1-12）。

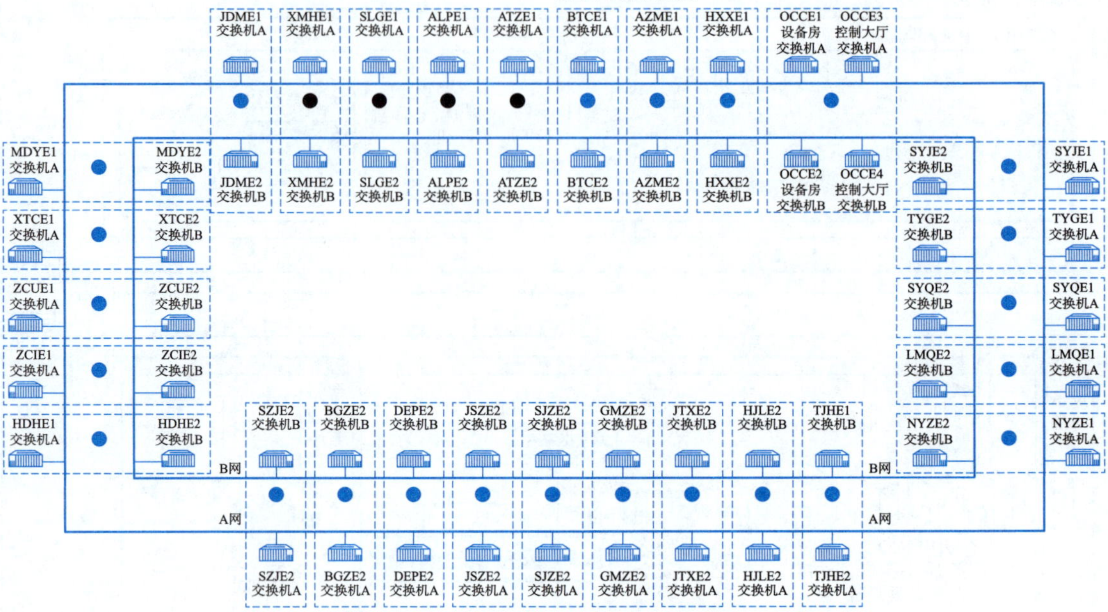

图 3-1-11　综合监控系统主干网连接图

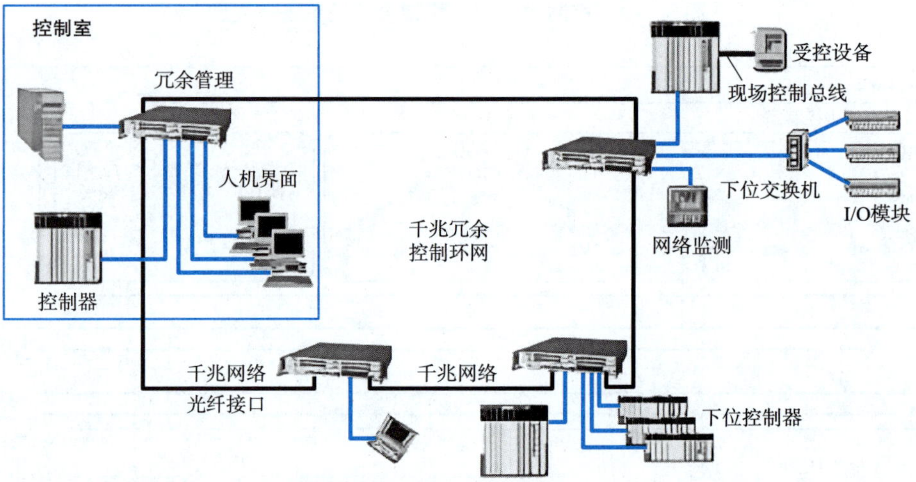

图 3-1-12　综合监控系统的局域网络(冗余环网)连接示意图

网络集中管理设备、主机防护系统设备(含主机防护管理平台、主机防护软件)、工业级安全审计系统设备、日志审计、入侵检测、漏洞和风险评估系统设备、堡垒机等设备设置在控制中心,以便于集中管理。此外,在控制中心边界设置工业防火墙和工业安全隔离与信息交换系统,以满足关键节点的安全边界的访问控制及威胁流量检测。此外,车辆段、停车场、车站边界部署工业级防火墙,所有的服务器和工作站部署主机防护软件。

五、基于云技术的 ISCS 系统与外部设备的接口

基于云技术的 ISCS 系统与外部设备接口功能及分界大部分内容与常规综合监控系统一致,但也存在较大差异,如车站级综合监控取消了 FEP,因此接口功能及分界要对应做出改变,即车站级综合监控系统中 ISCS 系统与外部设备接口分界在 FEP 处的改为在车站级交换机,其接口功能和通信方式不变。ISCS 系统与外部设备(示例)接口功能及分界见表 3-1-1。

表 3-1-1　ISCS 系统与外部设备接口功能及分界

<table>
<tr><th>编号</th><th colspan="3">ISCS</th><th>接口分界图</th></tr>
<tr><td>ISCS. FG. 1</td><td rowspan="2">防淹门系统（FG）</td><td>（1）每隔一定时间，采集下列数据：设备状态信息；设备报警信息；通道状态信息。
（2）每隔一定时间，ISCS 对 FG 与 ISCS 之间的通道进行检测。
（3）向 FG 提供网络时间同步信息</td><td>（1）按约定好的数据格式提供：设备状态信息、设备报警信息、通道状态信息。
（2）回应 ISCS 对 FG 与 ISCS 之间的通道检测。
（3）接收 ISCS 提供的网络时间同步信息</td><td rowspan="2">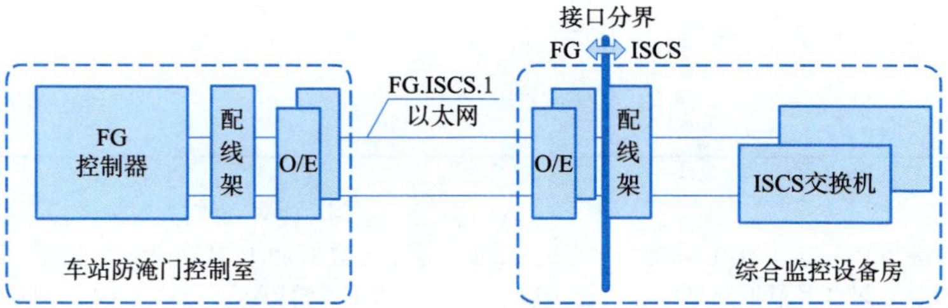

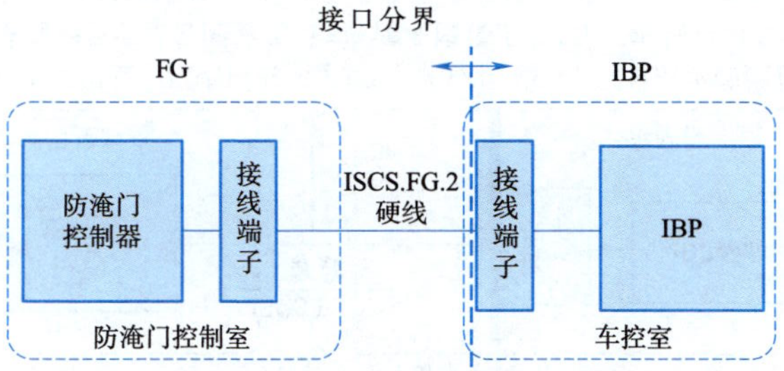

接口 ISCS. FG. 1 采用基于以太网的标准 MODBUS TCP 协议，ISCS 系统的交换机配置为主机，FG 系统的通信设备配置为从机，通信协议由 ISCS 提供；网络接口采用热备冗余设计，双方系统通过互相监察对应接口的工作状态，实现冗余切换，接口 ISCS. FG. 2 不考虑冗余。
接口 ISCS. FG. 1 采用基于以太网的标准 MODBUS TCP 协议</td></tr>
<tr><td>ISCS. FG. 2</td><td>统一设计 IBP 盘，提供 IBP 盘的按钮和指示灯</td><td>接收来自 ISCS 的 IBP 盘的控制，向 IBP 盘上传防淹门状态，并驱动 IBP 盘上开/关门操作的相关指示</td></tr>
</table>

续表

编号	ISCS			接口分界图
ISCS. PSD. 1	站台门系统（PSD）	（1）每隔一定时间，采集下列数据：①设备状态信息；②设备报警信息；③通道状态信息。 （2）每隔一定时间，ISCS 对 PSD 与 ISCS 之间的通道进行检测。 （3）向 PSD 系统提供网络时间同步信息	（1）按约定好的数据格式提供：①设备状态信息；②设备报警信息；③通道状态信息。 （2）回应 ISCS 对 PSD 与 ISCS 之间的通道检测。 （3）接收 ISCS 提供的网络时间同步信息	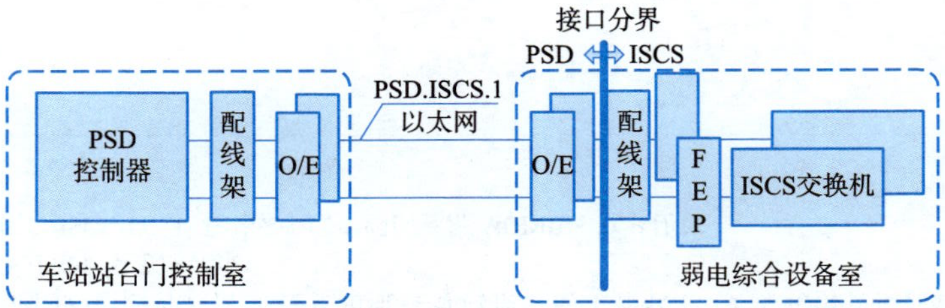
ISCS. PSD. 2		统一设计 IBP 盘，提供 IBP 盘的按钮和指示灯	接收来自 ISCS 的 IBP 盘控制，并驱动 IBP 盘上开/关站台门指示灯	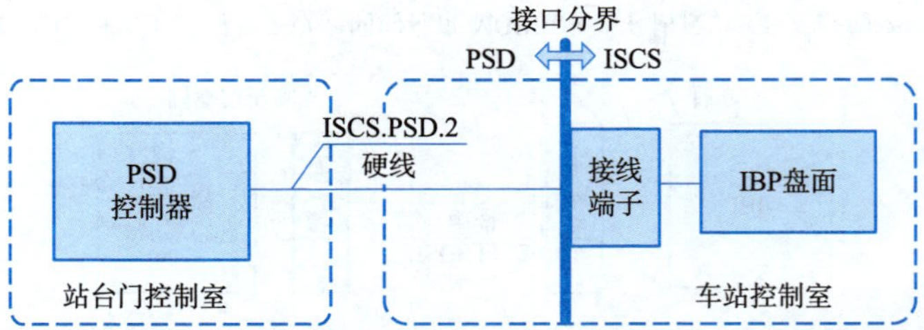 ISCS. PSD. 1 使用基于以太网的 MODBUS TCP/IP 协议，ISCS 系统的交换机配置为主机，PSD 系统的通信设备配置为从机，详细协议由 ISCS 侧提供；接口 ISCS. PSD. 2 定义了 ISCS（IBP）与 PSD 的接口，采用硬线连接，物理分界在车站控制室 IBP 接线端子；接口 ISCS. PSD. 1 采用热备冗余设计，双方系统通过互相监察对应接口的工作状态，实现冗余切换；接口 ISCS. PSD. 2 暂不考虑冗余；接口 ISCS. PSD. 1 当 PSD 机柜与 ISCS 机柜距离超过 80 m 时，采用光缆敷设

六、基于云技术的 ISCS 的检修与维护

基于云技术的 ISCS 设备检修因采用的设备与常规综合监控系统设备要求一致，检修内容及检修周期参照常规综合监控系统相关设备的功能和性能明确其检修时间和检修内容。

检修内容分为：车站的工作站、交换机、IBP 盘、云节点机与坐席管理系统设备检修等，以及 OCC 的云节点机、交换机、磁盘阵列（或磁带机）检修与大屏幕显示系统设备检修等。

鉴于云节点机实质为性能强大的特殊用途通用服务器，因此云节点机的检修要求按照常规综合监控系统服务器的检修要求执行。坐席管理系统的检修要求按照常规综合监控系统的工作站的检修要求执行。

七、基于云技术的 ISCS 系统重大故障应急处置

基于云技术的 ISCS 系统已发生的重大故障经事后复盘确认，与常规综合监控系统同类故障处置方式一致，只是变更了处置对象，较大的差异是将服务器变更为云节点机。其处置方案参照常规综合监控系统重大故障应急处置方案执行。

技能训练

1. 基于云技术的 ISCS 系统维护保养

某号线车站综合监控系统维护检修（季度）记录表见表 3-1-2。

表 3-1-2　某号线车站综合监控系统维护检修（季度）记录表

日期：　　　　　　　　　　　　　　巡检人员：

序号	检修工作内容	检修步骤	检修标准	检查结果	故障说明
1	工作站	检查工作站硬件、线路、线缆、铭牌的情况	硬件设备齐全，线路、线缆、铭牌完好无破损，整齐	□	
		检查机箱表面有无灰尘堆积。进行表面维护，使用软毛刷、干棉布除尘	工作站表面手摸及目测均无尘土	□	
		目测操作系统是否运行正常，打开系统设备管理器查看 CPU 使用率是否正常，查看工作站时间是否正确	操作系统运行正常；CPU 使用率低于给定值；检查车控室时间与工作站的时间差，并完成对时，误差应在 1 s/天以内	□	
		检查软件版本情况	保证软件版本最新	□	
		检查工作站硬件系统日志	工作站硬件系统日志检查无异常	□	
		检查 HMI 页面报警及网络情况，车站设备之间的通信	HMI 页面报警正常、网络正常；ping 车站服务器能 ping 通，且无丢包现象	□	
		查看工作站杀毒软件是否运行正常，查杀日志是否正常，外接 USB 端口封禁情况	工作站杀毒软件运行正常，查杀日志正常，完成手动全盘扫描；外接 USB 端口已通过硬件设备或软件进程完成封禁	□	
		重启工作站，检查并更新工作站，登录软件平台检查各系统运行正常	工作站可正常重启，运行综合监控软件各系统数据正常	□	
2	IBP	检查 IBP 盘面、卫生情况	无松脱、锈化、破皮现象；目测、手摸 IBP 盘无尘	□	

续表

序号	检修工作内容	检修步骤	检修标准	检查结果	故障说明
2	IBP	检查IBP盘面按钮及指示灯状态，标识是否完好，试灯按钮是否灵活无卡阻，所属系统按钮灯是否正常亮灯	IBP盘面按钮及指示灯状态正常，标识完好，试灯按钮灵活无卡阻，所属系统按钮灯正常亮灯	□	
		柜体元器件是否无破损，安装是否牢固；柜内线缆、铭牌摆放是否整齐	目测柜体上元器件无破损、安装无松动；柜内线缆、铭牌摆放整齐	□	
		综合监控主机柜内卫生、封堵及空开接线	目测、手摸无尘，柜内孔洞封堵完好，目测IBP机柜空开接线无破损、松动	□	
		IBP盘面及柜内卫生情况，检查灯管、风扇、锁具是否完好	IBP盘面保持干净，柜内干净整齐；灯管、风扇、锁具完好	□	
3	服务器	检查硬件是否齐全、安装是否牢固、外观是否完好整洁	硬件齐全、散热正常、安装牢固	□	
		检查画面及网络是否正常，进行设备表面除尘	画面显示正常、网络连接正常、表面清洁无积尘	□	
		服务器柜内封堵和附件(风扇、灯管、铭牌、KVM、显示器)是否正常	封堵完好、附件(风扇、灯管、铭牌、KVM、显示器)正常	□	
		检查电源、显示器、网卡及面板指示灯是否正常	指示灯显示正常	□	
		重启服务器，检查相关进程启动情况	服务器重启后进程均正常运行	□	
		检查服务器CPU使用率是否正常	CPU使用率低于标准值	□	
		关闭服务器活动节点，确认冗余情况	服务器冗余功能正常	□	
		检查各专业服务进程	服务器功能正常，软件运行正常	□	
		杀毒软件运行是否正常(并完成杀毒)，系统高危端口是否完成封禁	杀毒软件运行正常，手动完成一次全盘扫描，系统高危端口已封禁，系统漏洞完成补丁升级	□	
		检查软件版本情况	服务器软件为最新版本	□	
		重启服务器，检查相关进程软件启动情况	重启后服务器运行正常，进程软件均已启动	□	
4	交换机	检查硬件是否齐全、交换机温度是否正常、安装是否牢固、外观是否完好整洁	硬件齐全、散热正常、外观完好	□	
		设备表面除尘、设备是否异响	清洁无积尘、无异响	□	
		各类网线、铭牌是否牢固、整齐	铭牌无松动，线缆整齐	□	
		检查电源、网口指示灯是否正常	指示灯显示正常，指示灯闪烁正常，网络通信正常	□	
		登录交换机，查看交换机是否出现异常的情况、端口流量是否正常	登录交换机查看各端口状态运行正常，端口流量正常；交换机具备光衰查看功能的，光衰应保证在 -3 ~ -25 dB；交换机不具备光衰查看功能的，丢包率在正常范围内	□	

续表

序号	检修工作内容	检修步骤	检修标准	检查结果	故障说明
4	交换机	对网络柜检查封堵、附件(灯管、风扇、铭牌等)是否正常,清扫网络柜卫生	网络柜封堵、附件(灯管、风扇、铭牌等)正常,网络柜触摸无尘	□	
		完成交换机时钟检查并对时	完成交换机时钟检查并对时,误差应在1 s/天以内	□	
		查看交换机光口光衰情况	光衰在正常范围内,一般不超过 −20 dB	□	
5	配电箱	清理配电箱内外卫生	配电箱内无杂物,箱体无积尘	□	
		配电箱箱体是否破损,箱内封堵是否正常,目测电缆空开接线是否松动、裸露,是否有易导电异物	配电箱箱体无破损,箱内封堵正常,电缆空开接线正常,目测无松动、裸露情况,无易导电异物	□	
		检查配电箱线缆是否牢固,防止漏电,外壳不带电	配电箱接地紧固,无漏电现象	□	
		接地母排检查,箱柜接地跨接线检查	目测接地母排良好无破损,箱柜接地跨接线完好	□	
6	网络防火墙	查看防火墙运行指示灯是否报警	查看防火墙运行指示灯和端口指示灯,红灯为报警,绿灯为正常	□	
		查看防火墙的端口指示灯闪烁状态是否正常	在管理软件上查看防火墙各端口状态显示一切正常	□	
		查看防火墙表面有无破损	确认防火墙表面无划痕	□	
		对防火墙表面清扫	做到表面无灰尘	□	
7	坐席管理	检查线路、线缆、铭牌完好无破损,整齐	线路、线缆、铭牌完好无破损,整齐	□	
		各设备的端口指示灯闪烁状态正常,系统软件运行正常	端口指示灯正常闪烁、系统软件运行正常	□	
		设备表面、部件清洁无尘	表面、部件无灰尘	□	
		画面切换、账号权限功能测试验证功能正常	画面切换、账号权限功能正常	□	
		检查软件、工程版本情况	版本为最新	□	
备注		故障处置顺序进行,完成一项检查且结果正常则在□内打√,否则打×,并在故障说明中描述故障特征,以备故障原因追溯			

任务评价

任务评价见表3-1-3。

表 3-1-3　任务评价

<table>
<tr><td colspan="3">任务　基于云技术的综合监控系统(ISCS)检修及应急故障处置</td><td colspan="4">日期:</td></tr>
<tr><td colspan="2">姓名:</td><td>班级:</td><td colspan="2">学号:</td><td colspan="2" rowspan="3">教师签名:</td></tr>
<tr><td colspan="2">自评:□熟练　□不熟练</td><td>互评:□熟练　□不熟练</td><td colspan="2">师评:□合格　□不合格</td></tr>
<tr><td colspan="2">日期:</td><td>日期:</td><td colspan="2">日期:</td></tr>
<tr><td colspan="7">评分细则</td></tr>
<tr><td>序号</td><td>评分项</td><td>得分条件</td><td>分值</td><td>自评</td><td>互评</td><td>师评</td></tr>
<tr><td>1</td><td>接受任务</td><td>明确工作任务,理解任务在企业工作中的重要程度</td><td>5</td><td></td><td></td><td></td></tr>
<tr><td>2</td><td>前置知识</td><td>本次实训前需要掌握的知识程度</td><td>5</td><td></td><td></td><td></td></tr>
<tr><td rowspan="5">3</td><td rowspan="5">能力评价</td><td>能掌握云技术综合监控的架构</td><td>5</td><td></td><td></td><td></td></tr>
<tr><td>能够描述基于云技术综合监控的主要设备</td><td>10</td><td></td><td></td><td></td></tr>
<tr><td>能根据知识学习后区分与常规综合监控系统的差异</td><td>10</td><td></td><td></td><td></td></tr>
<tr><td>结合车站 ISCS 系统工作单,对 ISCS 系统设备进行巡检作业</td><td>20</td><td></td><td></td><td></td></tr>
<tr><td>结合 ISCS 系统现场检修标准,进行检修作业</td><td>15</td><td></td><td></td><td></td></tr>
<tr><td rowspan="4">4</td><td rowspan="4">素养评价</td><td>工作计划性强,安排得当</td><td>5</td><td></td><td></td><td></td></tr>
<tr><td>团队合作能力强,善于沟通合作</td><td>5</td><td></td><td></td><td></td></tr>
<tr><td>自主学习能力强,勇于克服困难</td><td>5</td><td></td><td></td><td></td></tr>
<tr><td>严谨认真,积极参与课堂</td><td>5</td><td></td><td></td><td></td></tr>
<tr><td rowspan="2">5</td><td rowspan="2">评价反馈</td><td>学生能快速、正确地识别图片中设备,以小组评价方式组织客观评价</td><td>5</td><td></td><td></td><td></td></tr>
<tr><td>对学生在任务实施过程中发现问题,进行小组审议后及时反馈</td><td>5</td><td></td><td></td><td></td></tr>
<tr><td colspan="3">总　　分</td><td>100</td><td></td><td></td><td></td></tr>
</table>

巩固与练习

1. 基于云技术的 ISCS 系统基础知识

(1)基于云技术的综合监控系统网络采用__________+__________。

(2)基于云技术的综合监控系统仍然采用__________、__________和__________控制方式。

2. 基于云技术的 ISCS 系统设备检修与应急处置

简述与常规综合监控系统应急处置的主要差异。

视野拓展

城市轨道交通大数据

城市轨道交通数据按照管理属性主要分为人员基础数据、组织基础数据、地理空间基础数据、物联数据、设施设备数据、通用资源数据、业务资源数据、事件数据等。城市轨道交通大数据分类如图 3-1-13 所示。

城市轨道交通数据具有产生速度快、动态性强,数据类型多样、关联性强,数据规模庞大、异构性强,数据安全要求高、保密性强的特点。

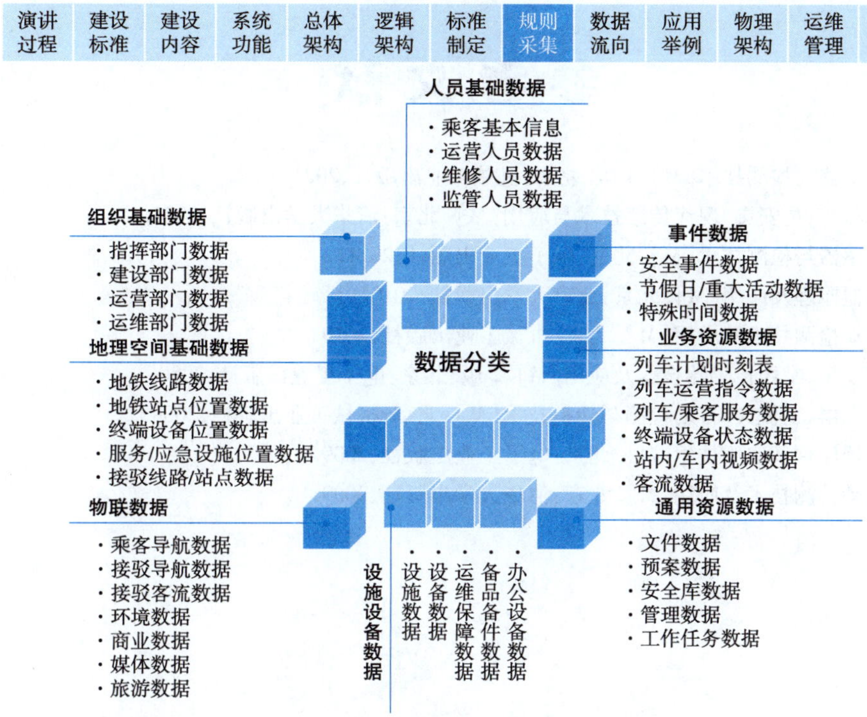

图 3-1-13　城市轨道交通大数据分类

1. 产生速度快、动态性强

城市轨道交通数据除了来自人财物等管理信息系统外，还来自设备设施维修维护系统和生产系统（综合监控、AFC、MSS、环境监控）。对设备设施维修维护来说，每一次维修都会产生工单；对生产系统来说，每时每刻的监测数据都在发生变化。以上数据以 ms 或 μs 的时间单位间隔进行变化，呈现出动态性强、随机性强、颗粒度多样的特点。

2. 数据类型多样、关联性强

根据城市轨道交通企业数据产生的来源，可以将数据分为内部数据和外部数据。内部数据包括安全生产数据、运营服务数据、维修维护数据、物资采购数据、人力资源数据、财务管理数据、企业管理数据；外部数据包括交通路况、天气数据、大型活动数据和其他相关公共数据等。

3. 数据规模庞大、异构性强

城市轨道交通数据源于多种不同系统和用户输入，非结构化数据占比较大。由于数据来源多、采集间隔小、业务繁多，因此数据量非常庞大。

4. 数据安全要求高、保密性强

城市轨道交通数据既有集团管控类的人财物数据，又有生产系统等物联网系统采集终端传感器的第一手数据，以上数据涉及企业秘密和公共安全，都需要较高的安全性。

参考文献

[1] 胡向东.传感器与检测技术[M].4版.北京:机械工业出版社,2021.
[2] 陈文仪,王巧兰,吴安岚.现代传感技术与应用[M].北京:清华大学出版社,2021.
[3] 徐科军.传感器与检测技术[M].北京:电子工业出版社,2021.
[4] 赵燕.传感器原理及应用[M].北京:北京大学出版社,2010.
[5] 武昌俊.自动检测技术及应用[M].北京:机械工业出版社,2010.
[6] 周润景,李茂泉.常用传感器技术及应用[M].2版.北京:电子工业出版社,2020.
[7] 梁森,欧阳三泰,王侃夫.自动检测与转换技术[M].北京:机械工业出版社,2008.
[8] 刘伟.传感器原理及实用技术[M].北京:电子工业出版社,2009.
[9] 刘丽华.自动检测技术及应用[M].北京:清华大学出版社,2009.